国家出版基金项目
NATIONAL PUBLICATION FOUNDATION

“十二五”国家重点图书出版规划项目

兰州大学“985工程”敦煌学哲学社会科学创新基地资助

敦煌讲座书系

杨富学 著

# 回鹘与敦煌

读者出版传媒股份有限公司
甘肃教育出版社

**图书在版编目（CIP）数据**

回鹘与敦煌 / 杨富学著. -- 兰州 ：甘肃教育出版社，2010.11（2021.6重印）
（敦煌讲座书系）
ISBN 978-7-5423-2362-0

Ⅰ. ①回… Ⅱ. ①杨… Ⅲ. ①回鹘－民族文化－研究 ②回鹘－民族历史－研究 Ⅳ. ①K289

中国版本图书馆CIP数据核字(2010)第228534号

**回鹘与敦煌**
杨富学　著

---

策　　划　王光辉　薛英昭
项目负责　秦才郎加　王露莹
责任编辑　朱满良　张　静
封面设计　徐晋林
版式设计　赵　鹏

---

出　版　甘肃教育出版社
社　址　兰州市读者大道 568 号　730030
网　址　www.gseph.cn　　E-mail　gseph@duzhe.cn
电　话　0931-8436483（编辑部）　0931-8773056（发行部）
传　真　0931-8773056
淘宝官方旗舰店　http://shop111038270.taobao.com

---

发　行　甘肃教育出版社　　印　刷　兰州新华印刷厂
开　本　787 毫米×1092 毫米　1/16　印　张　28.75　插　页　4　字　数　385 千
版　次　2013 年 11 月第 1 版
印　次　2021 年 6 月第 2 次印刷
印　数　2 001~3 000 册
书　号　ISBN 978-7-5423-2362-0　　定　价　88.00 元

---

# 总序

位于河西走廊西端的敦煌，曾经是游牧民族驰骋的舞台，也是中原王朝的边镇和经营西域的基地，更是东西文化交往的丝路重镇，蕴涵着多元文化。公元4世纪开始开凿的敦煌莫高窟，迄今仍保留大量的洞窟、塑像、壁画，而在莫高窟第17窟藏经洞发现的大量写本和绘画等，数以万计，内容丰富多彩。

敦煌石窟的美术作品和藏经洞的各种语言文字的文献，构成了百年来敦煌学研究的基本资料，加上周边石窟、简牍、墓葬出土文物，敦煌学研究的内涵并非仅仅限于敦煌。敦煌学研究的范围，涉及宗教、思想、历史、考古、语言、文学、美术、科技等等许多学科，利用敦煌保存的材料，学者们对于这些学科的研究构成了现代学术的一个新兴的分支学科——“敦煌学”。

20世纪二三十年代，中国学界有的学者把敦煌学看做是一部伤心史，陈寅恪先生虽然不太赞同这种说法，但也指出当时中国研究敦煌学者不过三数人而已，且“罕具通识”。历史的车轮转到21世纪初，中国敦煌学已经有了长足的进步，成果涉及多个领域，可谓蔚为大观。

然而，敦煌学越是深入发展，也有着题目越来越小、视野越来越窄的倾向。敦煌学的成果越来越多，有自己的刊物和专题会议，与学界其他领域的沟通因此受到一定程度的影响，外界面对如此庞大的敦煌学研究成果，即使想略知一二，也不知从何下手。这样的倾向其实严重影响着敦煌学的发展和进步。

在21世纪，敦煌学的发展不仅仅要追求新材料，还要向其他学科学习，进一步更新方法，思考新问题。

我们发起编纂《敦煌讲座》书系，就是希望利用集体的力量，来撰写一套敦煌学各个分支领域的通论性著作，体现百年来国内外敦煌学各个学科的研究成果，代表中国敦煌学研究的整体水平。这套书的作者队伍以中青年敦煌学研究者为主，希望新人写新书，把相关领域的敦煌学研究水平系统地呈现出来。每本著作既是作者对某一领域研究的代表作，又是能够让敦煌学领域外的人阅读、参考的读物，可以引导读者进入敦煌学的相关领域。

日本学者在20世纪80年代曾出版过9本一套的《讲座敦煌》丛书，主要以不同类别的文献为基础，对敦煌学的材料做了通论性的阐述。现在30年过去了，各国收藏的敦煌文献资料基本上刊布于世，敦煌石窟的图像资料也比较容易见到了。因此，我们编纂的《敦煌讲座》书系，力图区别于传统的敦煌文献研究，希望以跨学科的研究方法，从文献到历史，从文献到艺术，从文献到各个领域，把敦煌文献与历史、艺术等学科中的某个专题结合，把敦煌学的基础知识用新的方法、新的脉络串联起来，用新的视角来阐述敦煌学的各个方面。

敦煌学博大精深，在某些方面我们做得还远远不够，《敦煌讲座》书系可以说是我们努力的一个阶段性成果，我们期待今后敦煌学的新人谱写更加美好的篇章。

**《敦煌讲座》书系编委会**

（荣新江执笔）

2013年9月30日

# 目录

第一章

# 回鹘源流及漠北回鹘汗国

## 第一节
# 回鹘的来源与演变

### 一、回鹘的名称与族源

回鹘，是今天维吾尔族与裕固族的共同祖先。回鹘者，乃 Uighur 之古代译名，本义为“凝固、凝结”。该词在历史上各个时期写法不同，南北朝时作乌护、乌纥或袁纥，隋作韦纥。大业年间（605—618 年），以韦纥为首的铁勒诸部组成联盟，称作“回纥”。[①] 这是回纥/回鹘之名最早见诸史册。唐朝仍作回纥，唐德宗贞元四年（788 年），回纥首领合·骨咄禄·毗伽可汗（即回鹘汗国第四代可汗顿莫贺）向唐朝上表，请改“回纥”为“回鹘”，取“回旋轻捷如鹘”之意[②] 获准。以后史书多以“回鹘”称之，直到宋代。蒙元时代，回鹘常被译作畏兀儿，有时又译作瑰古、乌鸽、畏午儿、委兀儿、畏吾儿、畏吾尔、畏吾而、畏吾、畏兀、卫兀、外五、伟吾尔、伟吾而、伟兀、伟兀尔等。清代称为回子、缠回。民国二十四年（1935 年），始定名为维吾尔族。为便于叙述，

---

① 《旧唐书》卷一九五《回纥传》，北京：中华书局，1975 年，第 5195 页。

② 按《旧唐书》卷一九五《回纥传》载：“元和四年（809 年）蔼德·曷里禄·没弭施·合·密·毗伽可汗遣使请改为回鹘。”兹据《通鉴考异》订正为贞元四年，请改名称者为合·骨咄禄·毗伽可汗。

本书除引用文献原文及特殊情况外，一般概称之为回鹘。

关于回鹘的族源，学界长期存在着多种说法，目前比较一致的意见是回鹘的远祖应为秦汉时代活跃于漠北乃至西域的丁零，后来又演变为铁勒、高车等，至隋代始有乌护、袁纥之谓，唐代始称回纥/回鹘。

丁零属于北方突厥系的部落民族，约公元前 3 世纪时即已活跃于历史舞台，以游牧业为主，兼营狩猎。丁零的古音为 dian lian，原意指“河”，后来用以指“河边的人”，后来发展为东、西二部。东丁零人游牧在北海（今贝加尔湖）一带；西丁零人在鄂尔齐斯河和巴尔喀什湖之间。至南北朝时，丁零人被称为高车或者敕勒。据载：“高车，盖古赤狄之余种也，初号为狄历，北方以为敕勒，诸夏以为高车、丁零。”文中的“诸夏”，指的是中原地区的汉人、南朝人和汉化的鲜卑人等，而“北方”指蒙古语族的鲜卑、柔然等民族。

秦汉时期，匈奴强盛，丁零居其北。早在公元前 3 世纪，丁零人就活跃于贝加尔湖地区，并与中原华夏王朝有过交往。丁零与蒙古高原的匈奴关系十分密切，曾一度处于匈奴的控制之下，很多丁零人沦为匈奴的奴隶。到 1 世纪中叶，匈奴势力渐趋式微，丁零势力日张。匈奴南迁进入大漠后，部分丁零人随后南下。北魏时，敕勒游牧范围由贝加尔湖向西延伸到土拉河以西地区，甚至在阿尔泰山及塔尔巴哈台一带也有丁零人的活动，以后继续向南发展，越鹿浑海（今布伦托海）而散布于今天的新疆地区。

及至 5 世纪 20 年代，北魏政府将 10 万敕勒人迁到漠南（东至濡源，今河北斗宁县，西及五原阴山，近 3000 里）地区。当时的敕勒人仍继承漠北时代的传统，过着逐水草而居，衣皮食肉饮乳的生活。其主要畜产品有马、牛、羊、骆驼，牲畜繁盛，同时还从事狩猎活动，且弓器先进，兽皮是其向中原王朝入贡的上等产品，造车技术在当时比较发达，其所造车辆车轮高大辐数至多，故而得名高车部。高车迁居漠南后，受中原农业经济的影响而渐知农耕，畜牧业发达，各家各户都有了各自牲畜的识记，并时而向周边地区发动战争以掠夺日用品。到7世纪时，敕勒部又被称作“铁勒”，各部之间联合，构成部落联盟，史载：“无都统大帅，当种各有君长，为性粗猛，党类同心，至于寇仇，翕然相从。”① 这部分人后来又受到柔然的攻击而迁徙到色楞格河流域，被称作“袁纥”，而迁到天山者则被称作“乌护”。

6世纪时，突厥人兴起并打败了柔然，占领了鄂尔浑河流域，统治了铁勒诸部，由于其统治政策残酷，铁勒之中的袁纥、仆骨（仆固）、拔野古、同罗等部落自动联合起来反抗突厥的压迫，这个联合体称为回纥，所推选出来的最高首领叫俟斤。据《旧唐书》卷一九五《回纥传》《新唐书》卷二一七上《回鹘传上》及《唐会要》卷九八《回纥》等历史文献记载，回纥族分为内九姓和外九姓。

《旧唐书》卷一九五《回纥传》载回鹘“内九姓”如下：

> 一曰药罗葛，即可汗之姓；二曰胡咄葛；三曰咄罗勿；四曰貊歌息讫；五曰阿勿嘀；六曰葛萨；七曰斛嗢素；八曰药勿葛；九曰奚耶勿。

外九姓在《唐会要》卷九八《回纥》中是这样记载的：

> 其九姓：一曰回纥，二曰仆固，三曰浑，四曰拔曳固，五曰同罗，六曰思结，七曰契苾。以上七姓部，自国初以来，著在史传。八曰阿布思，九曰骨仑屋骨。恐此二姓天宝后始与七姓齐列。②

---

①《魏书》卷一〇三《高车传》，北京：中华书局，1974年，第2307页。

②［宋］王溥撰《唐会要》卷九八《回纥》，上海：上海古籍出版社，2006年，第2068页。

冯家昇等编《维吾尔史料简编》谓前者为“内九族”，后者为“外九部”。[①] 这一命名尚欠确切。前者乃组成回鹘部落的九个氏族，故应称之为“内九姓”，而后者则为与回鹘结为部落联盟的诸部，故应名之曰“外九姓”。其中浑、思结、契苾乃赤水军时期以来一直唇齿相依的部落；仆固、同罗、拔野古等则为南迁回鹘的另一支横水军五部的成员，亦与回鹘同历患难；骨仑屋骨部则似原属横水军五部之一的白霫部，不过以其首领命名而已。后来，回鹘又吞并了拔悉蜜、葛逻禄为其“客部”，于是，“外九姓”回鹘实际上已扩大为“外十一姓”或“外十一部”了。

在谈到回鹘“内九姓”时，不能不提到阿跌氏（即跌跌氏，Ädiz）。阿跌来源于汉代的呼揭。《通鉴注》：“呼揭，盖在乌孙之东，匈奴西北也。”呼揭，又作呼得，自汉至三国时期一直游牧于阿尔泰山和萨彦岭一带。北朝时期，呼揭曾与鲜卑右部为争夺草场而发生争执，大部分呼揭人受鲜卑右部逼迫而开始逐步向西迁移，进至阿姆河流域后重新建国，西迁时间大致在362—372年之间。那些未西迁而留居下来的呼揭人，后称呵嘀部落，它们仍在阿尔泰山北段游牧。当突厥在阿尔泰山南端勃兴的时候，它们与突厥阿史那部相邻，但彼此却互相敌对。呵嘀人在隋唐时期往东发展，成为阿跌部落，后来加入回鹘联盟，成为“内九姓”里的“阿勿嘀”。后来的文献中又出现“十姓回纥”之谓，可能是把阿勿嘀与阿跌作为并列存在的两个氏族来看待了。于史无征，这里仅为推测而已。

开元中，阿跌氏降唐，被安置于中受降城（内蒙古包头市敖陶窑子）一带，后来包括回鹘在内的横野军五部亦徙居于此，然后又一同返回漠北。《太平寰宇记》记载：“阿跌，铁勒之别部也。在多滥葛西

---

① 冯家昇、程溯洛、穆广文《维吾尔族史料简编》上册，北京：中央民族学院研究部编印，1955年，第11页。

北，胜兵千七百。隋代号诃咥部是也。迁徙无常所。”[①] 而多滥葛处于同罗水（今土拉河），说明阿跌部的居地在蒙古高原中部稍偏西北。其中的诃咥部，其实就是跌跌氏。

内九姓是回鹘最基本的氏族集团，以药罗葛为首，日后回鹘可汗多来自该氏族。然而至 8 世纪末 9 世纪初，药罗葛氏衰落，出身于跌跌氏的大相被回鹘贵族和民众拥立为可汗，唐朝册封之为“怀信可汗”。嗣后，回鹘汗国的汗位实际上已由药罗葛氏转入到跌跌氏手中。

综上所述，回鹘部落是由内九姓，即药罗葛、胡咄葛、咄罗勿、貊歌息讫、阿勿嘀（阿跌）、葛萨、斛嗢素、药勿葛、奚耶勿等九个氏族联合形成的。而回鹘部落又与仆固、浑、拔野古、同罗、思结、契苾、阿布思、骨仑屋骨联合，构成部落联盟，统名为回鹘，以回鹘部落为首。后来回鹘又吞并拔悉蜜、葛逻禄二“客部”，外九姓进而发展为十一姓（或十一部）。在突厥卢尼文《磨延啜碑》中也记载有回鹘九姓部落联盟。到 744 年漠北回鹘汗国建立以后，这些不同的部落亦统名曰回鹘。

## 二、隋唐时期回鹘的发展与壮大

隋唐之际，回鹘分布在突厥北之娑陵水（色楞格河）流域，“众十万，胜兵半之”，[②] 过着游移不定的生活。部众推时健俟斤为君长。在他死后，其子菩萨以智勇双全，作战时身先士卒、所向披靡而受部众拥戴，嗣其位。菩萨绳其祖武，战功显赫，其母乌罗浑“性严明，能决平部事”，[③] 使部内秩序井然。回鹘从此强盛起来，开始以独立的、具有较强大军事力量的一个民族而出现于历史舞台。

---

① ［宋］乐史撰，王文楚等点校《太平寰宇记》卷一九八《阿跌》，北京：中华书局，2007 年，第 3797 页。

②《新唐书》卷二一七上《回鹘传上》，北京：中华书局，1975 年，第 6111 页。

③《新唐书》卷二一七上《回鹘传上》，第 6112 页。

贞观元年（627 年），回鹘、薛延陀、拔野古等部叛离东突厥。颉利可汗派侄儿欲谷设率领 10 万骑兵讨伐之，回鹘酋长菩萨率 5000 骑兵迎击，在河西马鬣山大败之，斩获甚丰，回鹘军威由是大振，很快发展至 10 万人。翌年，铁勒各部共推薛延陀部首领夷男为可汗，菩萨便在独乐水（今蒙古国土拉河）树牙帐，自称颉利发。贞观三年（629 年），菩萨遣使向唐朝贡。次年，东突厥灭亡，回鹘与薛延陀两部称雄漠北。当时薛延陀多弥可汗在位，虽然内部矛盾重重，部落离心，但尚有强兵 20 万，直接威胁着唐朝的安全。菩萨死后，吐迷度继任酋长，贞观二十年（646 年）夏六月，吐迷度联合仆固、同罗等部进攻薛延陀，唐朝发兵相助，回鹘攻杀了薛延陀的多弥可汗。薛延陀汗国灭亡后，回鹘兼并了薛延陀在漠北的大片土地，独霸漠北。从此，东部铁勒诸部便都被称为回鹘了。

回鹘灭薛延陀，唐朝派遣使臣对其进行招谕。同年秋八月间，回鹘、拔野古、同罗、仆固、多滥葛、思结、阿跌、契苾、跌结、浑、斛薛等铁勒十一姓各遣使向唐朝贡。九月，唐太宗亲至灵州（宁夏灵武市西南）招抚铁勒诸部，各部俟斤派到灵州的使者多达数千人。冬十二月，回鹘首领吐迷度等到唐朝朝觐，表示愿意臣服于唐朝，开了回鹘与唐朝友好关系之先河。唐太宗受到回鹘的拥护，封吐迷度为怀化大将军，并将薛延陀的故地赐给回鹘，在那里设立瀚海都护府（内蒙古境内朱马尔河畔），吐迷度任都督，下设刺史、长史、司马等官职，此时吐迷度已自称可汗，并仿照突厥职官制度而设置了官号，漠北回鹘汗国的雏形至此基本奠定。吐迷度修了一条直通唐朝的“参天可汗道”，[①] 表达回鹘对唐的尊敬，沿途设置驿站，唐太宗也被回鹘及其他游牧部落称为“天可汗”。

唐朝皇帝之有天可汗（Tängri Qaɤan）称谓，始自唐太宗贞观四年

---

①《资治通鉴》卷一九八贞观二十一年春正月丙申条。

(630 年)，由四夷君长或西北诸蕃，在东突厥破亡之后所共同尊奉。[①]其后，到贞观二十年（646 年），再因薛延陀之败亡，回鹘可汗意欲倚重于唐而称雄漠北，故重申尊奉唐太宗的“天可汗”，请置唐官，并请开参天可汗大道，内属之意甚明。此后，唐朝皇帝“天可汗”之称长期使用，一直到郭子仪（697—781 年）与唐德宗（779—805 年在位）相继去世以后，才消失于无形。[②]

贞观二十二年（648 年），回鹘内乱，吐迷度被其侄乌纥伙同其连襟俱陆莫贺达官俱罗勃谋杀，事后乌纥投向东突厥乙注车鼻可汗，但此事被唐朝燕然都督府发现，并报告了唐朝，乌纥被擒杀，俱罗勃被送往内地软禁。由于唐朝当时无力平定回鹘的内乱，唐太宗遂派崔敦礼前往回鹘抚慰，封赠吐迷度为左卫大将军，并将其子婆闰封为左骁卫大将军，接任父职。永徽二年（651 年）初，西突厥首领阿史那贺鲁叛唐，西奔至双河、千泉，以之为根据地对抗唐朝，自号沙钵罗可汗。七月，唐以左武卫大将军梁建方、右骁卫大将军契苾何力为弓月道行军总管，发汉兵三万，回纥兵五万，率军发动了第一次西征，不胜。显庆二年（657 年），唐再次西征，在伊犁河、楚河等地大破阿史那贺鲁。贺鲁逃亡石国，被缚而献于唐廷。西域之乱乃平。[③] 当时，婆闰随燕然都护任雅相等出征，以功升任右卫大将军。此外，回鹘仆固部首领乙突朔野也曾率军“直践寇庭”，到达西突厥的根据地——双河、千泉。乙突朔野因战功而被封为“右武卫郎将，寻授护军，封林中县开国子，俄除左武卫大

① 《旧唐书》卷三《太宗本纪下》，第 39 页。关于唐太宗接受天可汗称号的时间，请参阅朱振宏《唐代“皇帝•天可汗”释义》，《汉学研究》第 21 卷第 1 期，第 413—433 页。

② 罗香林《唐代天可汗制度考》，《唐代文化史》，台北：台湾商务印书馆，1955 年，第 54—87 页；刘义棠《天可汗探原》，《庆祝札奇斯钦教授八十寿辰学术论文集》，台北：联合报文化基金会国学文献馆编印，1995 年，第 151—198 页。

③ 薛宗正《突厥史》，北京：中国社会科学出版社，1992 年，第 353—359 页；吴玉贵《突厥汗国与隋唐关系史研究》，北京：中国社会科学出版社，1998 年，第 389—393 页。

将军”。[①] 龙朔元年（661 年），婆闰去世，而其子比粟毒[②] 嗣立。此后，回鹘逐步走向强盛，并在部分守旧贵族的支持下，多次侵犯唐朝北部边境，致使唐朝在龙朔三年（663 年）不得已迁燕然都护府至回鹘地，并改名为瀚海都护府，总章二年（669 年）八月，又改名为“安北都护府”，以统辖漠北诸州府，从而进一步加强了对回鹘诸部的统治。[③] 到永隆元年（680 年），比粟毒死，其子独解支继位。永淳二年（683 年），阿史那骨咄禄建立后突厥汗国，铁勒各部重新处于后突厥汗国的统治之下。突厥势力的恢复并强大后，一度夺取铁勒故地，回鹘不断与东突厥交战，其势力不断强大，此后经历了伏帝匐、伏帝难等几位领导，逐渐成为北方民族中强大的一支，为漠北回鹘汗国的建立奠定了基础。

---

① 杨富学《唐代回鹘仆固部世系考——以蒙古国新出仆固氏墓志铭为中心》，《西域研究》2012 年第 1 期，第 70 页。

② 比粟毒，西安西郊出土回纥琼墓志作“卑粟”，见师小群、王建荣《西安出土回纥琼、李忠义墓志》，《文博》1990 年第 1 期，第 90—91 页。

③ 刘统《唐代羁縻府州研究》，西安：西北大学出版社，1998 年，第 80—82 页；王世丽《安北与单于都护府——唐代北部边疆民族问题研究》，昆明：云南人民出版社，2006 年，第 58—63 页。

第二节

# 漠北回鹘汗国的建立与发展

## 一、回鹘汗国的建立

开元二十九年（741年），唐玄宗联合回鹘等部南北夹击后突厥汗国。第二年，回鹘酋长骨力裴罗联合葛逻禄、拔悉密二部，合力斩杀突厥可汗，立拔悉密首领为颉迭伊施可汗，骨力裴罗与葛逻禄首领自称左右叶护。接着，突厥又立新可汗，号乌苏米施可汗。回鹘、拔悉密、葛逻禄三部派兵追击，于天宝三年（744年）击杀之。同年八月，回鹘首领骨力裴罗杀拔悉密颉迭伊施可汗，自称骨咄禄毗伽阙可汗（Qutluɤ bilgä kül qaɤan）。

骨力裴罗（Gur bala）本名逸标弊，原意为“贤慧、圣智”的意思，表示可汗有神圣之意。他建牙帐于乌德鞬山（今鄂尔浑河上游杭爱山之北山），被唐朝封为奉义王，稍后又改封奉义可汗，至此，雄强一时的漠北回鹘汗国正式建立。据载，骨力裴罗建国伊始，疆域即相当广袤，“东极室韦（今额尔古纳河一带），西金山（今阿尔泰山），南控大漠，尽得古匈奴地”。[1] 说明东起大兴安岭，西至今新疆北部，南抵长城，

---

① 《新唐书》卷二一七上《回鹘传上》，第6115页。

北至贝加尔湖，整个大漠南北，尽为回鹘所有。当然，上述疆域实指汗国建立之初的控地而言，与汗国建立之前回鹘人原先活动的地域有所不同，汗国中期以后，由于在西域与吐蕃、葛逻禄争战，疆域也随着势力的消长有所变化。

回鹘汗国之职官制度，主要沿用突厥旧制，同时使用唐官号。可汗（qaɣan）是汗国的元首和最高统治者。“可汗”一称来自柔然，后被吐谷浑、突厥所借用，[①] 但突厥存在着大、小可汗之别，回鹘则无之。回鹘自始至终，可汗名号一尊，不容二号并立，有别于突厥。可汗之妻称可敦，袭自突厥。“典兵者曰‘设’，子弟曰‘特勒（勤）’，大臣曰‘叶护’，曰‘屈律啜’，曰‘阿波’，曰‘俟利发’，曰‘吐屯’，曰‘俟斤’，曰‘阎洪达’，曰‘颉利发’，曰‘达干’，凡二十八等，皆世其官而无员限。卫士曰‘附离’”。[②] 上述这些官号大都直接来自突厥。与此同时，回鹘职官制度显然又受到唐朝的影响，据史籍记载，回鹘“有外宰相六，内宰相三，又有都督、将军、司马之号”。[③] 考古资料也证实了这一点，如早年考古学者曾在吐鲁番发现一件长270厘米，有125行文字的回鹘文《摩尼教寺院经济文书》，上盖汉文朱方印十一处，印文为汉字，分作四行，内容为：“大福大回鹘国中书门下，颉于迦思诸宰相之宝印。”[④] 颉于迦思，是回鹘官号而非人名，意“国之光荣、大臣”。天宝四年（745年），回鹘攻杀后突厥末代可汗——白眉可汗，后突厥汗国至此彻底灭亡。骨力裴罗遂前往唐朝报功，被唐加封为左骁卫员外大将军。[⑤]

---

① 罗新《可汗号之性质——兼论早期政治组织制度形式的演化》，氏著《中古北族名号研究》，北京：北京大学出版社，2009年，第1—26页。

②《新唐书》卷一一五上《突厥传上》，第6028页。

③《新唐书》卷二一七上《回鹘传上》，第6113页。

④ 耿世民《回鹘文摩尼教寺院文书初释》，《考古学报》1978年第4期，第497页。

⑤《新唐书》卷二一七上《回鹘传上》，第6114页。

## 二、回鹘助唐平定安史之乱

天宝六年（747 年），骨力裴罗死，可汗位由其子磨延啜（Bayan Čor）继承，号葛勒可汗。磨延啜勇敢强悍，善于用兵，与唐结为政治联盟。天宝十四载（755 年）冬十月，粟特与突厥混血儿，身兼唐之平卢、范阳、河东等三道节度使安禄山起兵造反。而当时唐之精兵劲旅皆在四方边镇，内部空虚，叛军一路势如破竹，攻陷洛阳、长安二京，玄宗仓皇逃奔四川，太子李亨别奔灵武，依托于当时实力尚保存完好的朔方军。天宝十五载七月十二日，李亨为臣下拥立，是为肃宗，改元至德，下诏四方出兵勤王，不惜放弃边陲领土，全力平叛，“八月，帝在灵武，回纥首领、吐蕃酋长相继而至，并请和亲，兼之讨贼”。[①] 然而，当时吐蕃已乘边兵内调，边备空虚之机侵占了唐之陇右等地。回鹘则始终为唐守卫封疆，秋毫无犯，因而唐朝决心拒吐蕃而借兵回鹘。“九月，封故邠王弟五男承寀为敦煌王，使回纥，仍令仆固怀恩送至回纥部落，请和亲。”[②] 所遣敦煌王承寀乃唐之宗室，仆固怀恩本出九姓铁勒部，为仆固部金微州第九任都督。[③] 其风俗、语言悉同于回鹘，故任为和亲专使。

当时，葛勒可汗已遣使到达灵武，请求助唐平叛。得唐肃宗应允，回鹘可汗遂遣其臣葛罗支率兵增援，与唐将郭子仪会合，大败叛军。

次年九月，葛勒可汗派太子叶护可汗率兵 4000 余人协助唐朝平叛，叶护还与唐肃宗之子广平王李俶结为兄弟。在回鹘的帮助下，唐朝先后收复了长安、洛阳。因回鹘助唐平乱有功，唐肃宗下诏称颂回鹘“功济

---

① 《册府元龟》卷九七三《外臣部·助国讨伐》，北京：中华书局，1960 年，第 11434 页。

② 《册府元龟》卷九七九《外臣部·和亲二》，第 11504 页。

③ 杨富学《唐代回鹘仆固部世系考——以蒙古国新出仆固氏墓志铭为中心》，《西域研究》2012 年第 1 期，第 76 页。

艰难，义存邦国，万里绝域，一德同心，求之古今，所未闻也”[①]。并册封回鹘叶护可汗为忠义王，约定每年送绢二万匹。还在边界设立官市，收购回鹘马匹。翌年，葛勒卒，其子移地健（Idikän）继位，即牟羽可汗，又称登里可汗。

宝应元年（762年）四月，唐肃宗病故，代宗李豫继位。史朝义乘唐室有丧，派人诱回鹘南下攻唐。九月，唐代宗遣使与回鹘修好，得知回鹘已为史朝义所诱，正发兵南下，急命殿中监药子昂往忻州（今山西忻州市）南犒劳回鹘军，又命仆固怀恩（牟羽可汗的岳父）去劝说牟羽可汗改变主意。牟羽可汗同意再次助唐讨伐史朝义，遣使上书：“请助天子讨贼”。[②] 十月，唐代宗以其子雍王李适为天下兵马元帅，仆固怀恩为诸军节度行营副元帅，与诸道节度使军队及回鹘兵会师于陕州（河南三门峡市西），进讨史朝义。二十三日，唐军从陕州出发。仆固怀恩与回鹘左杀为前锋，陕西节度使郭英、神策观军容使鱼朝恩为后继，由渑池（河南渑池县）东进；潞泽节度使李抱玉自河阳（河南孟州市）南下；河南等道副元帅李光弼由陈留（河南开封市）西出，会攻洛阳。雍王李适留镇陕州。史朝义闻唐军将至，召集诸将商议对策。其部将阿史那承庆认为，唐廷如果只派诸道节度使率所部而来，宜全力迎战，若与回鹘同来，其锋则不可挡，宜退守河阳以避其锋。史朝义不从。二十七日，唐军进至洛阳北郊，分兵攻怀州（今河南沁阳市）。二十八日，攻克怀州。三十日，唐军列阵于横水（河南孟津县西北）。史朝义命其部将率兵数万，于城外立栅自固，企图阻挡唐军。仆固怀恩则布阵于洛阳西原，另派骁骑及回鹘兵沿山迂回至城外史军栅营的东北，前后夹击，大破史军。史朝义亲率主力10万出城救援，列阵于昭觉寺。唐军发起猛烈攻击，杀伤甚众，但史阵坚持不动。鱼朝恩派五百名射生军去奋力

---

① 《旧唐书》卷一九五《回纥传》，第5199页。

② 《新唐书》卷二一七上《回鹘传上》，第6118页。

冲杀，对史军虽多有杀伤，但对其营阵的冲击仍不奏效。在此关键时刻，镇西节度使马璘，单骑驰入敌阵，英勇奋击，史军阵内顿时大乱，左右披靡。唐大军乘势而进，叛军大败。史朝义转战于石榴园、老君庙，又败。史军被歼 6 万人，被俘 2 万人。史朝义率轻骑数百落荒东走。唐军收复东京洛阳。接着，仆固怀恩之子仆固玚率领回鹘骑兵追击史朝义，喋血二千里。唐广德元年（763 年）一月，史朝义兵败，走投无路而自杀。至此，历八年之久的安史之乱终于最后平息。①

回鹘三次（而非学界常说的两次）参加平叛，为扭转唐朝危局立有大功，唐朝为酬谢回鹘，册封牟羽可汗为“登里颉咄登密施含俱录英义建功毗伽可汗”。回鹘可汗敬日，故名称前一般都有“登里”（Tängri）、“爱腾里逻”（Ai Tängridä）等修饰语，意思是“天”“天神”或“自天所立”之意。此外，还规定每年购买回鹘马的最高数额为 10 万匹，每年换绢达 40 万匹。这些优惠政策无疑对回鹘经济的稳定和发展起到了积极的作用。回鹘助唐平定安史之乱，一方面维护了中原人民生产生活的安定，而另一方面，客观上促进了回鹘自身势力的壮大。以其强大并有功于唐，回鹘贵族常居功自傲，甚至胡作非为，造成回鹘和唐朝之间摩擦不断。广德元年（763 年），唐将仆固怀恩因不满朝臣的猜忌，起兵造反。由于回鹘与唐有隙，回鹘伙同吐蕃皆参与仆固怀恩之乱，但为郭子仪所败。仆固怀恩于 765 年死后，郭子仪又亲往回鹘营帐与之结盟和好，史称“泾洛之盟”。之后，唐朝对回鹘的优遇，曾引起同样参与平定安史之乱的吐蕃贵族的不满，故唐朝大理卿刘元鼎对吐蕃元帅尚绮心儿解释说：“回纥于国家有救难之勋，而又不曾侵夺分寸土地，岂得不厚乎！”② 吐蕃对唐平叛虽有功，但对唐土有觊觎之心，不像回鹘对

---

① Ablet Kamalov, Turks and Uighurs during the Rebellion of An Lu-shan Shi Ch'ao-yi (755—762), *Central Asiatic Journal*, Vol. 45, No. 2, 2001, p. 245-253.

②《旧唐书》卷一九六下《吐蕃传下》，第 5265 页。

唐土分寸无求，故唐对回鹘的待遇特别优厚。

三、顿莫贺之变

安史之乱后，唐军内撤，边防空虚，吐蕃乘机攻城略地，占领了河西、陇右，对回鹘本部形成了直接威胁。形势的发展要求回鹘加强与唐军的合作以共同对抗吐蕃势力。但是，牟羽可汗看不到其中的利害，只是一味地向唐朝勒索财帛，同时，驻于长安的回鹘使节也仗势横行不法，以致发展到“擅出鸿胪寺，掠人子女。所司禁之，殴击所司”的地步。[①] 代宗迫于吐蕃大军压境之困，尽量维持与回鹘的和好，在马绢交易中竭力满足回鹘的要求，对回鹘使节的行为也予以容忍。但代宗的态度却使牟羽可汗更加肆无忌惮。大历十年（775 年）十二月，回鹘以“千骑寇夏州”。[②] 大历十三年正月回鹘再寇太原，唐军击退回鹘后，“上亦不问回纥入寇之故，待之如初”。[③] 久而久之，回鹘的贪求无度与暴行开始引起了唐朝朝野的愤怒，反击回鹘的呼声逐步高涨起来。

大历十四年（779 年）五月，代宗驾崩，“素恨回纥”的德宗继立，一改代宗对回鹘的绥靖政策，开始推行“德怀吐蕃”政策以对抗回鹘。继位当年就与吐蕃互相释放俘虏，遣使通好。回鹘可汗所倚重的“九姓胡”，即粟特人遂煽动牟羽可汗乘唐帝位轮替之机南下攻唐。《新唐书·回鹘传》记载：

> 德宗立，使中人告丧，且修旧好。时九姓胡劝可汗入寇，可汗欲悉师向塞，见使者不为礼。宰相顿莫贺达干曰：“唐，大国，无负于我。前日入太原，取羊马数万，比及国，亡耗略尽。今举国远

① 《资治通鉴》卷二二四大历七年正月甲辰条。

② 《资治通鉴》卷二二五大历十年十二月条。

③ 《资治通鉴》卷二二五大历十三年春正月戊辰条。

斗，有如不捷，将安归？”可汗不听。顿莫贺怒，因击杀之，并屠其支党及九姓胡几二千人①，即自立为合骨咄禄毗伽可汗，使（酋）长建（聿？）达干从使者入朝。

牟羽可汗攻唐之举，受到亲唐的回鹘宰相顿莫贺达干的反对，力阻之，但可汗不听，一意孤行，而多数士兵也不愿南下征战。于是，顿莫贺“乘人心之不欲南寇也”，② 于建中元年（780年）六月发动政变，击杀牟羽可汗，并杀其亲信及九姓胡两千人，致使当时由长安随回鹘酋长突董返回漠北的九姓胡“闻顿莫贺新立，多杀九姓胡人，惧不敢归，往往亡去。”③ 摩尼教由是而受到沉重打击，一时销声匿迹，转入地下。此后历忠贞、奉诚、怀信三代可汗，迄元和时方得恢复其势力。④

顿莫贺以武力夺取了政权，自立为合骨咄禄毗伽可汗，立即遣使入唐，表示：“愿为藩臣，垂发不剪，以待诏命。”⑤ 唐朝派京兆少尹源休持节册封顿莫贺为武义成功可汗，顿莫贺遣使进贡方物，以示谢恩。就在此时，唐朝振武军留后张光晟杀死了回鹘汗国的突董等九百余人，其中也包括粟特商人。此事关涉回鹘与唐朝之关系，如何对待和处理这一突发事件，对顿莫贺来说无疑是一次严峻的考验，因为他既要维护回鹘之民族尊严与实际利益，同时又不能以破坏回鹘与唐朝间之关系为代价，顿莫贺遂使人向唐朝使者传话：

国人皆欲杀汝以偿怨，我意则不然。汝国已杀突董等，我又杀

① 此句《唐会要》卷九八作“并杀其亲信及九姓胡所诱来者凡三千人”；《旧唐书·回纥传》作“并屠其支党及九姓胡凡二千人”；《资治通鉴》卷二二六建中元年条亦称：“并九姓胡二千人。”说明《新唐书》中的“几”字当为“凡”字之误。

②《资治通鉴》卷二二六建中元年六月甲午条。

③《新唐书》卷二一七上《回鹘传上》，第6121页。

④ 陈俊谋《顿莫贺与摩尼教》，《新疆社会科学》2005年第6期，第60页。

⑤《资治通鉴》卷二二六建中元年六月甲午条。

汝，如以血洗血，污益甚耳！今吾以水洗血，不亦善乎？唐负我马直绢百八十万匹，当速归之。[1]

顿莫贺之要求有理有节，唐朝遂付给回鹘帛10万匹、金银10万两，偿其马值，平息了一场几乎酿成大战的危机。顿莫贺“以水洗血”之思想与举措，妥善处理了突发事件，同时也有利于加深回鹘与唐朝间的友好关系。[2]

贞元三年（787年），顿莫贺向唐朝请婚称臣。贞元四年（788年）七月，顿莫贺又上书请求改名，将回纥改为回鹘，言“‘捷鸷犹鹘’然”。[3]唐朝加封顿莫贺为长寿天亲可汗。

对“回纥”改为“回鹘”的时间，诸史所载颇有出入。《旧唐书·回纥传》作元和四年（809年），义取“回旋轻捷如鹘”。《唐会要》卷九八《回纥》载：“贞元五年（789年）七月，公主至衙帐，回纥使李义进请因咸安公主下降，改‘纥’字为‘鹘’字，盖欲夸国俗俊健如鹘也。德宗允其奏，自是改为‘回鹘’。”《佛祖统纪》与《册府元龟》卷九六七皆采《唐会要》之说。《通鉴·考异》引《邺侯家传》称贞元四年（788年）七月可汗上表请改“纥”字为“鹘”字，与李繁《北荒君长录》及《新唐书·回鹘传》同。李泌死于贞元五年春，若五年七月方改，家传不应言之。故司马光主张在贞元四年。此后，唐朝正史中自此改称“回纥”为“回鹘”。本文采贞元四年说。

虽则如此，著名学者刘义棠仍主张“贞元五年七月”说，认为：“回纥请改名‘回纥’为‘回鹘’即使在贞元四年，而唐朝准其所请，

---

① 《资治通鉴》卷二二七建中三年二月辛亥条。

② 刘戈《论回纥可汗顿莫贺达干》，《西域史论丛》第2辑，乌鲁木齐：新疆人民出版社，1985年，第28—34页。

③ 《新唐书》卷二一七上《回鹘传上》，第6124页。

亦仍在咸安公主下嫁后之贞元五年也。"[1] 学界赞成此说的也大有人在。[2]

贞元五年十二月，顿莫贺去世，其子多逻斯继位，号"爱登里逻汨没密俱录毗伽可汗"，唐朝派鸿胪卿郭锋持节册其为"忠贞可汗"。但他在位还不到一年便被其弟所杀。其弟继其位，但不得人心，不久又为宰相颉于迦斯出兵杀死，忠贞可汗之子阿啜被立为可汗，唐朝封阿啜为"奉诚可汗"。当时吐蕃势力强大，占领河西与陇右，切断了唐朝与西域的交通，并占领了北庭，唐朝出使西域须绕道回鹘地区，回鹘人长期派兵护送唐朝过往使节，并不惜与吐蕃刀兵相见。贞元七年（791 年）八月，回鹘人再次出兵，"败吐蕃、葛［逻］禄于北庭（新疆吉木萨尔县北破城子）"。[3]

## 四、跌跌氏的统治

贞元十一年（795 年）四月，奉诚可汗卒，因其膝下无子，族人遂拥立当时的宰相、出身于跌跌氏的骨咄禄为可汗，称爱滕里逻羽录没蜜施合胡禄毗伽可汗，唐朝册封其为怀信可汗。《新唐书·回鹘传上》载：

> 骨咄禄本跌跌氏，少孤，为大首领所养，辩敏材武，当天亲（可汗）时数主兵，诸酋敬畏。至是，以药罗葛氏世有功，不敢自名其族，而尽取可汗子孙内之朝廷。

《资治通鉴》卷二二六唐顺宗永贞元年（805 年）十一月条所记与此同，文称："回鹘怀信可汗卒。遣鸿胪少卿孙杲临吊，册其嗣为滕里野合俱录毗伽可汗。"胡三省注曰："自怀信立，回纥药罗葛氏绝矣。此

---

① 刘义棠《突回研究》，台北：台湾经世书局，1990 年，第 815—816 页。

② 如李树辉《回鹘文摩尼教寺院文书写作年代及相关史事研究》，《西北民族研究》2004 年第 3 期，第 19 页。

③《旧唐书》卷一九五《回纥传》，第 5210 页。

后，史皆书册其嗣，以表怀信子孙也。”他的继立，标志着回鹘可汗汗位由药罗葛氏转至𨁂跌氏。

关于怀信可汗的生平事迹，新、旧《唐书》与《资治通鉴》的记载皆语焉不详，唯蒙古高原发现的《九姓回鹘毗伽可汗碑》（全称《九姓回鹘爱登罗汨蜜施合毗伽可汗圣文神武碑并序》）之汉文部分记述较详。碑文第 12 行至 18 行记其生平事迹，称其为“天可汗”，言其“自幼及长，英雄神武，坐筹帷幄之下，决胜千里之外。温柔惠化，抚育百姓，因作世则，为国经营，算莫能纪”，曾大破坚昆（即黠戛斯），从吐蕃手中收复北庭、龟兹，追奔逐北至珍珠河（今吉尔吉斯境内的纳林河），使这里的国王、百姓都臣服于他。[①] 他的功业为回鹘汗国的复兴奠定了基础。怀信可汗本出𨁂跌氏，但自幼为药罗葛氏所养，故平时不言自己为𨁂跌氏，而自称为药罗葛氏。

𨁂跌氏（亦作阿跌氏，Ädiz）早见于史册，在南北朝后期主要游牧于阿尔泰山北段及其西南，及至唐朝前期，这部分阿跌人已经东迁至蒙古高原一带。《太平寰宇记》言：“阿跌，铁勒之别部也。在多滥葛西北，胜兵千七百。隋代号诃咥部是也。迁徙无常所。”[②] 又同书记：“多滥葛，在［薛］延陀东界，居近同罗水，胜兵万人。”[③] 同罗水，丁谦认为系“今土拉河也”。[④] 然而，“土拉河”一名在突厥卢尼文碑铭中皆作 toɣla，如《毗伽可汗碑》东面第 30 行和《暾欲谷碑》第一石南

---

① 林梅村、陈凌、王海城《九姓回鹘可汗碑研究》，《欧亚学刊》第 1 辑，北京：中华书局，1999 年，第 161 页。

② ［宋］乐史撰，王文楚等点校《太平寰宇记》卷一九八《阿跌》，北京：中华书局，2007 年，第 3797 页。

③ ［宋］乐史撰，王文楚等点校《太平寰宇记》卷一九八《多滥葛》，北京：中华书局，2007 年，第 3797 页。

④ 丁谦《新唐书回纥等国传地理考证》，《蓬莱轩地理学丛书》第 2 册，北京：北京图书馆出版社，2008 年，第 273 页。

面第 8 行皆是。[①] 说明同罗水和土拉河非为一地。岑仲勉认为这里的同罗水应指今蒙古国境内哈拉河的上源通勒河。[②] 通勒河，又译通格勒河，蒙古语作 tongra，显系古同罗水名称的遗留。隋唐时期的同罗水，应指今哈拉河全流，发源于肯特山，汇流于鄂尔浑河。可知阿跌部的居地在蒙古高原中部稍偏西北。

永贞元年（805 年）十一月，怀信可汗卒，其子继位。至元和三年（808 年）三月，再传至保义可汗（爱登里罗汨没蜜施合毗伽可汗），回鹘势力重新强盛起来了。元和八年（813 年）十月，回鹘发兵越大漠南下，自柳谷（今新疆吐鲁番市西北）袭击吐蕃，保义可汗也曾多次向唐朝请婚，但唐宪宗未予应允。保义可汗以大局为重，不生二心，仍继续带兵到天山南北收复北庭、龟兹，重开东西交通，缓解了吐蕃对唐朝的压力。

保义可汗时期，回鹘相继击败了吐蕃、葛逻禄和黠戛斯联盟，控制了整个准噶尔盆地及葱岭西的楚河流域。元和十五年（820 年），唐宪宗去世，唐穆宗继位后答应了回鹘的请婚要求，但此时保义可汗已死，唐封其子登罗羽录没蜜施句主毗伽可汗为崇德可汗，并在长庆元年（821 年）五月，以唐穆宗第十妹太和公主下嫁崇德可汗。吐蕃人闻知回鹘迎娶唐朝公主而出兵阻挠，回鹘派一万骑兵出北庭（新疆吉木萨尔县北破城子）、安西（今新疆库车），迎娶公主。崇德可汗之后，其弟葛萨特勒（勤）继位，号爱登里罗汨没蜜施合毗伽可汗，唐朝封之为昭礼可汗。

昭礼可汗在位时（825—832 年），回鹘汗国渐露衰象，宰相拥兵自重，互相残杀，该可汗未能有所作为。大和六年（832 年），昭礼可汗被部下所杀，汗位由其从子胡特勤继承，被唐封为彰信可汗。彰信可汗立

---

① Talat Tekin, *A Grammar of Orkhon Turkic,* Indiana University Publica- tions, Mouton and Co.，1968，pp.244，250；耿世民《古代突厥文碑铭研究》，北京：中央民族大学出版社，2005 年，第 160、97 页。

② 岑仲勉《突厥集史》下册，北京：中华书局，1958 年，第 771 页。

于乱世，本身汗位不稳，难有什么作为。至开成四年（839年），宰相安允合及柴革欲杀彰信可汗作乱，被可汗所杀。又有宰相掘罗勿荐公拥兵在外，引沙陀兵攻可汗，彰信可汗自杀，国人立㕎特勤为可汗，是为汗国第十三位可汗。

五、漠北回鹘可汗世次及唐朝的封号

㕎特勤嗣立的第二年（840年），回鹘将军句录莫贺引黠戛斯（即今新疆柯尔克孜族和中亚吉尔吉斯人的祖先）十万兵攻回鹘，杀之，汗国灭亡。自744年骨力裴罗建立回鹘汗国至840年汗国灭亡，历时近一个世纪，共传十三位可汗其世次排列如下：

（1）骨咄禄毗伽阙可汗（Qutluγ Bilgä Kül Qaɣan，741—745年），名骨力裴罗，唐册怀仁可汗；

（2）葛勒可汗（745—749年），名磨延啜，唐册封英武威远毗伽阙可汗（Täŋridä bulmïš il itmiš bilgä qaɣan）；

（3）牟羽可汗（759—780年），名移地健，唐册为登里颉咄登密施舍俱录英义建功毗伽可汗（Ai täŋridä qut bulmïš ärdämin il tutmïš alp qutluɣ külüg bilgä qaɣan），汉籍史乘多称之为“登里可汗”；

（4）合骨咄禄毗伽可汗（Alp qutluɣ bilgä qaɣan，780—789年），名顿莫贺，唐册武义成功可汗（长寿天亲可汗）；

（5）爱登里逻汨没密俱录毗伽可汗（Ai täŋridä bulmïš külüg bilgä qaɣan，789—790年），又称泮官特勤，名多逻斯，唐册封忠贞可汗；

（6）汨咄禄毗伽可汗（Qutluɣ bilgä qaɣan，790—795年），名阿啜，唐册封奉诚可汗；

（7）爱滕里逻羽录没蜜施合胡禄毗伽可汗（Ai täŋridä qut bulmïš külüg bilgä qaɣan，795—805年），名骨咄禄，唐册封怀信可汗；

（8）腾里野合俱禄毗伽可汗（Ai täŋridä qut bulmïš külüg bilgä qaɣan，805—808年），又称登里逻羽德蜜施俱录毗伽可汗；

(9) 爱登里逻汨没蜜施合毗伽可汗 (Ai täŋridä qut bulmïš alp bilgä qaɣan，808—821 年)，唐册保义可汗；

(10) 登罗羽录没蜜施句主毗伽可汗 (Kün täŋridä qut ülüɣ bulmïš alp küčlüg bilgä qaɣan，821—825 年)，唐册崇德可汗；

(11) 爱登里罗汨没蜜施合毗伽可汗 (Ai täŋridä qut ülüɣ bulmïš alp bilgä qaɣan，825—832 年)，名曷萨特勤，唐册封昭礼可汗；

(12) 爱登里罗汨没蜜施合句禄毗伽可汗 (Ai täŋridä qut ülüɣ bulmïš alp külüg bilgä qaɣan，832—839 年)，名胡特勤，册封彰信可汗；

(13) 㕓馺特勤 (839—840 年)，又作㕓馺可汗。[①]

在十三位可汗中，前六位出自药罗葛氏。自怀信可汗始，药罗葛氏中断，汗位转入跌跌氏氏族，但仍冒认传统汗族的药罗葛氏。这些可汗中，受到唐朝册封的达十一位之多。

① 冯家昇、程溯洛、穆广文《维吾尔族史料简编》上册，北京：中央民族学院研究部编印，1955 年，第 22—23 页。

第三节

# 社会演进与经济状况

## 一、回鹘的社会演进

回鹘西迁之前，本为一“居无恒所，随水草流移”① 的游牧民族。就其社会性质而言，在漠北回鹘汗国时期已实现了由原始社会向封建社会的过渡。

回鹘社会最基本的单位是家庭。由若干家庭组成氏族，由 9 个氏族组成“九姓回纥”部落。这 9 个氏族为药罗葛、胡咄葛、啒罗勿、貊歌息讫、阿勿嘀、葛萨、斛嗢素、药勿葛、奚耶勿，史称“内九姓”（又作内九部）。这一氏族集团在汗国时代是最高的贵族阶级，可汗常是从药罗葛氏族中产生。只是在 795 年以后，由于药罗葛氏可汗无子，汗位才传给跌跌氏骨咄禄。骨咄禄虽出跌跌氏，但他因为有药罗葛氏养子身份而一直冒姓药罗葛氏，从而获取支持。“内九姓”又与仆固、浑、拔野古、同罗、思结、契苾、拔悉蜜、葛逻禄等八个部落联合，构成部落联盟，史称“外九姓”（又作外九部）。

由氏族而部落，再到联盟，体现了原始社会时期“胞族”组织形式

---

①《旧唐书》卷一九五《回纥传》，北京：中华书局。1975 年，第 5195 页。

在回鹘社会中的存在与遗留。《旧唐书·回纥传》载：回纥“在后魏时，号铁勒部落……无君长。”《新唐书·回鹘传》说：回鹘原为高车的一个部落，“初无酋长”，后来臣属于突厥。而流传于回鹘后裔中的传说表明，当时“这些畏兀儿（回鹘）部落还没有指定的君长”，后来才“从诸部中最聪明的额必失里克部落选出一个名为忙古台的人，授以亦勒一亦勒迪必儿之号。他们还从兀思浑都儿（嗢昆）部落选出另一个具有良好品性的人，把他称作古勒一亦儿勒”。[①] 于是回鹘部落有了两个并列的首领。估计他们和其他古代部落一样，一人管民政，一人管军事。

及至隋代，大业元年（605 年）突厥处罗可汗攻击铁勒诸部，铁勒叛离突厥以后，回鹘与仆固、同罗、拔野古、覆罗等五部首领始自称“俟斤”。据《新唐书·回鹘传》记载：“有时健俟斤者，众始推为君长。”这是回鹘的第一位君长。至吐迷度统治时期，回鹘开始了对周边部落土地的掠夺，以适应其社会经济发展的需求。贞观初，吐迷度“大破薛延陀多弥可汗，遂并其部族，奄有其地”。[②] 到 646 年，回鹘势力“南过贺兰山，临黄河”，[③] 俨然已经发展成为一个疆域广大的政权。这一时期，回鹘传统的部落首领选举制也被父死子继的世袭制度多代替。君长的出现，世袭制度的形成，标志着回鹘社会由原始公社制正在向阶级社会迈进。

至于漠北回鹘汗国时期的社会性质，学界存在着不同意见：一种意见认为是奴隶制；[④] 另一种意见认为是存在着大量奴隶的宗法封建

---

① [波斯] 拉施特著，余大钧、周建奇译《史集》第 1 卷第 1 分册，北京：商务印书馆，1983 年，第 240 页。

②《旧唐书》卷一九五《回纥传》，北京：中华书局，1975 年，第 5196 页。

③《旧唐书》卷一九五《回纥传》，北京：中华书局，1975 年，第 5196 页。

④ 何应中《试论公元七至十世纪回纥的社会发展》，林幹编《突厥与回纥历史论文选集》（下册），北京：中华书局，1987 年，第 625—646 页；林幹、高自厚《回纥史》，呼和浩特：内蒙古大学出版社，1994 年，第 61—62 页。

制。[①] 笔者同意后一种说法。

早在北魏时期，回鹘氏族部落内部已产生了贫富分化现象，富有者“其畜产自有记识，虽阑纵在野，终无妄取”。[②] 这是回鹘生产发展和作为生产资料的牲畜变为私有财产的必然发展结果。至突厥汗国统治时期，回鹘社会开始出现蓄奴之风。勒立于732年的突厥卢尼文《阙特勤碑》在追述突厥汗国王子阙特勤（686—731年）的事迹时写道：

> 一年春天，我们出兵征伐乌古斯（回鹘），阙特勤受命留守。敌人乌古斯偷袭汗庭，阙特勤身骑白马，毙敌九人，并守住了汗庭。使吾母可敦及诸母、诸姊、诸媳等活着者免于沦为奴婢，使亡故者不致暴尸于野。[③]

突厥的这次征伐发生在7世纪末8世纪初，说明那时回鹘人中已存在蓄奴之风。759年勒立的突厥文回鹘碑《磨延啜碑》更两次提到回鹘汗之奴，一见于东面第1行，作 qulum küngüm；一见于南面第9行，作 küngüm qulum，其义均为“我的奴隶”，即可汗的奴隶。[④] 此载堪与《阙特勤碑》相印证，说明在漠北回鹘汗国时期蓄奴之制是存在的。但是，这些记载尚不足以表明那个时代回鹘已迈入了奴隶制社会。

---

① 如《维吾尔族简史》编写组《维吾尔族简史》，乌鲁木齐：新疆人民出版社，1991年，第28页；张广志《回纥与奴隶制——“从少数民族史看初始阶级社会的非奴隶制性质”专题研究之四》，《青海师范大学学报》1983年3期，第110—113页；杨圣敏《回纥史》，桂林：广西师范大学出版社，2008年，1994年，第81—88页。

② 《魏书》卷一〇三《高车传》，第2307—2308页。

③ Talat Tekin，*A Grammar of Orkhon Turkic*. Bloomington 1968，p.271.

④ G. J. Ramstedt，Zwei uigurische Runenischiriften in der Nord-Mongolei，*Journal de la Societe Finno-Ougrienne*，XXX，1913，S. 13，17；森安孝夫、铃木宏节、齐藤茂雄、田村健、白玉冬，《シネウス碑文译注》，《内陆アジア言语の研究》第24卷，中央ユーラシァ学研究会，2009年，第12、16页。

回鹘是游牧民族，逐水草而居。一般而言，牧业经济不需要大量的劳动力。在奴隶制度下，奴隶无任何财产，更无身份地位，甚至连基本的生命保障都难以得到，故缺乏劳动积极性，通常需在强制下从事劳动。一有机会，他们便会逃亡。在辽阔的草原上，既难对其进行严密的监督，又无法阻止其逃亡。所以，当时回鹘所蓄之奴，主要是用于家务的。从前引《阙特勤碑》的相关内容看，当时回鹘所蓄之奴主要是女奴，可见并非用于生产劳动。回鹘没有从氏族社会经由奴隶社会而直接步入封建社会，除了自身原因外，来自突厥及中原王朝的影响也是不可忽视的因素。中原王朝自战国时代起即已进入封建社会，在唐代臻至极盛。而北方的突厥也是一个封建的游牧社会，且长期统治回鹘人。在此情况下，回鹘不可能再回到奴隶制阶段。严格来讲，回鹘的封建制有其独特个性，可称之为封建的、宗法的游牧社会。[①]

## 二、漠北回鹘汗国的经济发展

回鹘汗国时期，随着回鹘社会的演进，加上受到封建制度高度发展的唐王朝的巨大影响，回鹘经济得到了迅速发展，主要表现在作为主要经济部门的畜牧业、商业与城镇的发展，社会生活也开始出现半定居化趋势。

回鹘放牧的家畜主要有马、羊、驼、牛等。羊在回鹘畜牧业中地位重要，肉类、奶制品可为回鹘人提供食物，羊毛则提供粗呢、氍毹、毡毯、帐篷、织袋等各种毛织品，其中尤以大足羊为特产，据载，“其地沙卤，有大羊而足长五寸”。[②] 马则为主要代步工具，平日骑以放牧羊

① 如冯家昇、程溯洛、穆广文《维吾尔族历史分期问题》，《中国民族问题研究集刊》第5辑，中央民族学院研究部编印，1956年，第36页。

② ［宋］王溥《唐会要》卷九八《回鹘》，上海：上海古籍出版社，2006年，第2067页。

群，战时则背驮骑士驰骋疆场。

回鹘畜牧业中以马最盛。马既是回鹘人的生产资料，也是回鹘人的生产果实。《唐会要》记回鹘、拔野古、同罗、仆固、思结、契苾、浑、葛逻禄、拔悉蜜九部各有许多马群聚集于某山某水，马身上都打有各部落的印记，叫做“纳马印”。[①] 回鹘生产大量马匹，除自己食用外，还用于与周边民族的交换。自8世纪中叶回鹘三次出兵助唐平定安史之乱以后，唐朝出于对回鹘人的感激，每年都用大量的丝绢和茶与回鹘博易，购买回鹘的马匹。[②] 回鹘每年向唐朝输入马匹的数量，《新唐书·

图1–1　用唐磨遗物堆砌的敖包

① [宋] 王溥《唐会要》卷七二《诸蕃马印》，上海：上海古籍出版社，2006年，第1546—1549页。

② 参见刘义棠《回鹘马研究》，《维吾尔研究》，台北：正中书局，1975年，第321—371页。

食货志》记载有十万匹。《旧唐书·回纥传》记载了大历八年(773年)唐与回鹘马绢互市情况："仍岁来市，以马一匹易绢四十匹，动至数万马。"按每匹马的价格为四十匹绢计算，一年之中，唐朝输入回鹘的绢就有四百万匹。这个数目是相当大的。

随着与唐朝经济联系的加强，回鹘的社会经济结构也越来越多地受到了中原地区的影响，生产与生活方式也随之逐步发生转化，由不定居而转向半定居。在发展游牧业的同时，农业、商业和手工业也都得到了一定的发展。

在汗国都城斡耳朵八里（今蒙古国哈拉和林哈喇巴喇哈逊故城遗址）以及鄂尔浑河畔的考古发掘证明，当时这里已形成了一定规模的农业区，灌溉渠和灌溉田园的渠道网遗迹在这里都有发现，而且在很多住所中还发现有台架和磨盘。[①] 哈喇巴喇哈逊故城附近的蒙古牧民将散落当地的来自唐朝的旧磨盘遗物收集在一起（图1-1），堆积成敖包，用于祭祀。

1957年于蒙古杭爱山西北发现的突厥卢尼文《铁尔浑碑》（又称《默延啜第二碑》）中也有关于回鹘农业的记载：

> 在八［条河流］之间，那里有我的草场和耕地。色楞格、鄂尔浑、土拉等八［条河流］使我愉快。在那里，在 Qarɣa 和 Burɣu 两条河之间，我居住着和游牧着。[②]

甚至在840年回鹘汗国崩溃后，南逃的乌介可汗还曾致书唐朝，乞请种粮等物。唐朝回复说，一定满足他的请求："所求种粮及安存

① Д. И. Тихонов, *Хозяйство и Общественный Строй Уйгурского Государства X-XIV вв*, М.–Л. 1966, стр. 29—30.

② 耿世民《古代突厥文碑铭研究》，北京：中央民族大学出版社，2005年，第208页。

摩尼……并当应接处置，必遣得宜。”[①] 既然需要种粮，自必为农耕所需，足证当时回鹘农业确有一定发展。

而农业的发展，又势必会促成一部分回鹘牧民的定居，于是，农业居民点也就应运而生了。考古人员在这里发现有工匠住宅，宅中残存有松香、铜片、铜镜等，说明定居人口的增加又促成了回鹘手工业、商业的发展。[②] 9 世纪时，阿拉伯旅行家塔米姆·伊本·巴赫尔(Tamim Ibn Bahr) 曾行至回鹘地区，并撰有游记，称回鹘的首府是个大城镇，农业兴盛，周围布满乡村。这个城镇有十二扇巨型铁门，人口众多，聚落稠密，有集市经营各种商业。[③]

商业是回鹘汗国兴起后在九姓胡，即粟特人帮助下发展起来的。回鹘初兴，不擅理财，故历代回鹘可汗很重视在这方面有特长的粟特商人。[④] 粟特原居河中，自古以善于经商、理财而闻名于世。利至所在，无远弗届。远在突厥汗国时代就已有大批粟特人定居漠北，7 世纪至 8 世纪间，粟特故国被大食帝国占领，粟特人无家可归，更是云集漠北，以贾求售。丝绸贸易则是他们传统经营的项目。虽然时至唐朝养蚕制丝技术早已传播于四域，但唐土输送到漠北的丝绸，经他们转手贩至中亚，瞬间利增十倍，成为回鹘汗国的滚滚财源。[⑤] 回鹘汗国之所以接受来自粟特地区的摩尼教，此为一重要因素。

---

① [唐] 李德裕著，傅璇琮、周建国校笺《李德裕文集校笺》卷五《赐回鹘书意》，石家庄：河北教育出版社，2000 年，第 65 页。

② С.В.Киселев, Древние города Монголии, *Советская археология*, 1957, No.2, стр. 45—46.

③ V. Minorsky, *Türk, Iran, and the Caucasus in the Middle Ages* Vol. 1, London 1978, p. 295.

④ [苏] С. Г. 克利亚什托尔内著，李佩娟译《古代突厥鲁尼文碑铭——中亚细亚史原始文献》，哈尔滨：黑龙江教育出版社，1991 年，第 116—123 页。

⑤ Colin Mackerras, *The Uighur Empire according to the T'ang Dynastic Histories: A Study in Sino-Uighur Relations 744-840*, Canberra: Australian National University Press 1972, p. 48.

第四节

# 宗教信仰

## 一、萨满教的流行及其演变

漠北回鹘汗国初期，以萨满教为国教。萨满教是在原始社会条件下形成的世界性宗教，以万物有灵论为思想基础，在内容上包括自然崇拜、图腾崇拜和祖先崇拜三个方面。

回鹘自然崇拜的对象繁多，诸如天地山川、日月星辰、草木湖海等。[①] 天，回鹘语写作 Tängri，是阿尔泰语系诸民族萨满教所崇拜的首要神祇。《魏书·高车传》载回鹘祖先高车人于文成年间（453—454 年）曾在漠南举行祭天仪式，载歌载舞、杀牲聚会，“众至数万”，场面是相当壮观的。在 8 世纪中叶回鹘建立政权后，对天的崇拜有增无减，其可汗名号前一般都要加上“登里（Tängri）”“滕里逻(Tängridä)”等修饰语，以表示自己为天、天神所立。

太阳，给人以温暖和光明，旭日所出的东方也就成为人们崇拜的方向。回鹘对太阳更是崇拜有加，漠北回鹘可汗坐常面东。[②] 西迁后仍保

---

① 杨富学《回鹘宗教史上的萨满巫术》，《世界宗教研究》2004 年第 3 期，第 123—132 页。

②《新唐书》卷二一七下《回鹘传下》，北京：中华书局，1975 年，第 6130 页。

留这种习惯。太平兴国六年（981 年），宋朝使者王延德到达高昌，“见其王及王子侍者，皆东向拜受赐”。[①] 这种敬日之俗，与唐代突厥完全相同。

水，是人类生存所不可或缺的。元代虞集撰《高昌王世勋之碑》载：“考高昌王世家，盖畏吾而之地有和林山，二水出焉：曰秃忽剌，曰薛灵哥。一夕有天光降于树，在两河之间，国人即而候之。树生瘿，若人妊身（娠）然。自是光恒见者，越九月又十日而瘿裂，得婴儿五，收养之。其最稚者曰卜古可罕。既壮，遂能有其民人土田，而为之君长。”[②] 正是由于回鹘人自认为其先祖出自秃忽剌和薛灵哥二河之间的和林山，故对水崇拜有加。职是之故，远在 8 世纪前，漠北回鹘汗国的许多可汗就开始在自己的名号前加上“阙”(kül，“湖泊”之意)，以示自己是水神之裔。

回鹘还崇拜山。据载，回鹘所崇拜的山叫 Qutluɣ Taɣ（胡力答哈），意为“福山”，回鹘之强盛正是仰仗此山之赐福。中国文化遗产研究院藏回鹘文写本 XJ 222–0661.9 第 51 行有“Bay Tag”一词。[③] Bay Tag 者，即“福山”之意，或 Qutluɣ Taɣ（胡力答哈）之异写，未可知也。后来，唐朝使者巧使毒计，以烈火烧毁“福山”，于是，回鹘可汗卒，“灾异屡见，民弗安居，传位者又数亡，乃迁于交州”。[④]

一般说来，自然崇拜大约产生于血缘家庭阶段，当血缘家庭被母系氏族公社代替的时候，人们的血缘观念已在日常生活中起着决定性的支配作用。人们相信同一氏族的人是最亲密的。为了区别本氏族成员与他

---

① 《宋史》卷四九〇《高昌传》，北京：中华书局，1977 年，第 14112 页。

② ［元］虞集《道园学古录》卷二四《高昌王世勋之碑》，四部丛刊本。

③ Zhang Tieshan-P. Zieme，A Memorandum about the king of the On Uygur and his Realm，*Acta Orientalia Academiae Scientiarum Hungaricae* 64(2)，2011，p.143,148.

④ 《元史》卷一二二《巴而术阿而忒的斤传》，北京：中华书局，1976 年，第 2999—3000 页。

氏族成员的不同，各氏族都有一个特殊的标记，这就是图腾。同其他许多北方民族，如乌孙、突厥、蒙古一样，回鹘是将狼作为图腾的，自认其祖先原为一个女子，“为狼妻而产子，后遂滋繁成国，故其人好引声长歌，又似狼嗥”。① 故唐代回鹘之国旗上常绣有狼的形象，被称为“狼纛”。② 狼在古代回鹘人的心目中是异常神圣的，被视为勇敢的象征，故其强有力的可汗常被称为“附邻可汗”。③ “附邻”，史籍又作附离、步离、佛狸等，即突厥—回鹘语 böri 的音译，意为狼。附邻可汗即为狼可汗之意。

唐朝中期，回鹘汗国强盛，其可汗于贞元四年（788 年。一说元和四年，809 年）上表改“回纥”为“回鹘”，“义取回旋轻捷如鹘也”。④ 回鹘可汗要求将族名改为回鹘，显系崇拜鹘所致。鹘者，系体形较小之鹰属鸟类，或通名之为隼，属于肉食猛禽类之一。⑤ 在古代维吾尔族神话传说中，乌古斯可汗有许多子孙，其氏族的“汪浑”（族徽或图腾崇拜对象）都是鹰、鹫、青鹰。⑥ 结合上引摩尼教诗歌内容，似乎也可将鹰视作古代回鹘的图腾。

随着母系氏族社会向父系氏族社会的过渡，人们的世系观念大大增强，对人的崇拜逐步占据了统治地位，这样就产生了祖先崇拜。回鹘之祖先崇拜主要表现在丧葬观念上，其祖先高车之丧葬方式是“掘地作坎，坐尸于中，张臂引弓，佩刀挟矟，无异于生”。⑦ 以此方式寄托让

---

①《魏书》卷一〇三《高车传》，北京：中华书局，1974 年，第 2307 页；《北史》卷九八《高车传》，北京：中华书局，1974 年，第 3270 页。

②《新唐书》卷二一七上《回鹘传上》，第 6115 页。

③ 岑仲勉《突厥集史》下册，北京：中华书局，1958 年，第 881 页。

④《旧唐书》卷一九五《回纥传》，北京：中华书局，1975 年，第 5210 页。

⑤ 毕长朴《回纥与维吾尔》，台北：新文丰出版公司，1986 年，第 3 页。

⑥［波斯］拉施特主编，余大钧、周建奇译《史集》第 1 卷第 1 分册，北京：商务印书馆，1983 年，第 142—145 页。

⑦《北史》卷九八《高车传》，第 3271 页。

死者灵魂永生的愿望。依照当时的习俗，人死后，亲属要“剺面”痛哭，其妻以及生前的日用品也要殉葬。如回鹘毗伽可汗死，“国人欲以宁国公主殉”。[①] 死者生前是主人，死后他的灵魂还要成为主人。祖先崇拜是对业已死去的人物，亦即氏族祖先的崇拜，与以往的自然崇拜和图腾崇拜相比，则更趋于人格化，即已把祖先看成半人半神的形象。

然而，要使神和人联系起来，中间必须要有一个“中介”。大凡比较完备的原始宗教在其发展过程中，必然要形成具有一定形式的神职人员来充当人和神之间联系的中介和宗教教义的解释者。早在5世纪，我国史书所记载的高车人中的“巫”就是这种神职人员。史载高车人“喜致雷霆。每震，则叫呼射天而弃之移去。来岁秋，马肥，复相率候于震所，埋羖羊，燃火拔刀，女巫祝说，似如中国袚除”。[②] 高车斛律部首领倍侯利“善用五十蓍筮吉凶”。[③] 这里的“巫”“蓍筮”，在突厥语中称为qam。qam一词有“动”“急动”“震动”“摇之向上”等意，另外还有“跳跃”之意。这不能不使人联想到巫师跳神的动作。《突厥语辞典》著录qam一词，即径直释之为Shaman，即萨满。[④]

## 二、摩尼教在回鹘汗国的盛行

摩尼教是公元3世纪中叶波斯人摩尼（Mani，216—277年?）所创立的一种宗教，它摄融了早已在中亚流行的祆教、诺思替（Gnostic）教、景教和佛教的各种因素，主要思想则是世上光明与黑暗斗争的二元论。摩尼教在波斯曾盛极一时,后来因受到波斯王瓦拉姆一世(Vahrām I，274—277年）的残酷迫害，教徒流徙四方。其中向东的一支进入河中地

---

① 《新唐书》卷二一七上《回鹘传上》，第6117页。

② 《北史》卷九八《高车传》，第3271页。

③ 《北史》卷九八《高车传》，第3272页。

④ 麻赫穆德·喀什噶里《突厥语辞典》第3卷（现代维吾尔文版），乌鲁木齐：新疆人民出版社，1984年，第215页。

区，以后逐渐东传至中国，再辗转传入回鹘，于8世纪和9世纪时在回鹘取得了长足的进展，迅速替代了原来盛行的萨满教，一跃成为回鹘的国教，实现了柳暗花明的大转折。

关于摩尼教传入回鹘的具体过程，有两件最重要的资料可供参考——《九姓回鹘可汗碑》和《牟羽可汗入教记》。此外，在1981年于新疆吐鲁番柏孜克里克石窟新发现的回鹘文写本中，有一件编号为81TB10: 06–3的残片内容也涉及摩尼教始入回鹘的史实，但文字残毁严重，从中可以看出，初入回鹘的摩尼教慕阇，除牟羽可汗从洛阳引入者外，还有一些直接来自西域地区。[①] 惜文献残损过于严重，许多内容无法确定，故此不论。

《九姓回鹘可汗碑》用突厥文、汉文、粟特文三种文字写成，而《牟羽可汗入教记》仅使用了回鹘文。以二者相较，不难看出其间差异不少。碑铭对摩尼教传入回鹘的过程是这样记载的：

> 可汗乃顿军东都，因观风俗，败民弗师，将睿息等四僧入国，阐扬二祀，洞彻三际。况法师妙达名门，精通七部，才高海岳，辩若悬河，故能开正教于回鹘，以茹荤屏乳酪为法，立大功绩，乃曰汝傒悉德。于时都督、刺史、内外宰相、司马佥曰：“今悔前非，愿事正教。”奉旨宣示，此法微妙，难可受持。再三恳恻：“往者无识，谓鬼为佛；今已悟真，不可复事，特望□□。”□□□曰：“既有志诚，任即持赍。”应有刻画魔形，悉令焚爇，祈神拜鬼，并摈斥而受明教。薰血异俗，化为蔬饭之乡；宰杀邦家，变为劝善之国。故圣人之在人，上行下效。法王闻受正教，深赞虔诚。□□□□德（愿），领诸僧尼，入国阐扬。自后□慕阇徒众，东西循环，

① ［德］茨默著，王丁译《有关摩尼教开教回鹘的一件新史料》，《敦煌学辑刊》2009年第3期，第1—7页。

往来教化。[①]

碑中的可汗，实即漠北回鹘汗国第三代君主——牟羽可汗（759—780年在位）。从碑文可知，在唐朝爆发安史之乱后，牟羽可汗曾出兵助唐，宝应元年（762年）兵抵洛阳，在这里逗留期间与摩尼教高僧发生了联系，随之将睿息等四人带回漠北，令其布道。很快，摩尼教即在漠北战胜回鹘旧有宗教——萨满教而一跃成为回鹘的国教。这些记载与唐代诸汉文史料所见大体吻合。依汉文史料，牟羽可汗原是在唐肃宗于宝应元年（762年）五月驾崩后应叛将史朝义之诱而入中原的，结果被中原劳军使药之昂说服，不仅未按既定方针助叛军攻取长安，反而率兵东向，由陕州（河南三门峡市西）渡黄河直捣洛阳，夹击史朝义，并于十一月二十日攻克洛阳，与旅居洛阳的摩尼教高僧发生了联系，随之将睿息等四人带回漠北，令其布道。至于牟羽可汗将摩尼教引入回鹘的时间，学术界一般定为宝应元年。[②] 严格来说，定于宝应二年似乎更接近史实。[③] 牟羽可汗于十一月二十日率军攻克洛阳后有所逗留，直到次年三月方北归。说明牟羽可汗将摩尼教引入回鹘的时间当在宝应二年（763年）三月之后。

由碑文观之，摩尼教取代萨满教似乎是在一夜之间发生的，不免令

① 程溯洛《释汉文〈九姓回鹘毗伽可汗碑〉中有关回鹘和唐朝的关系》，《中央民族学院学报》1978年第2期，第21页；林梅村、陈凌、王海诚《九姓回鹘可汗碑研究》，余太山主编：《欧亚学刊》第一辑，北京：中华书局，1999年，第160—161页。

② Éd. Chavannes & P.Pelliot, Un traité manichéen retrouvé en Chine, Journal Asiatique, 1913, p. 199（[法] 沙畹、伯希和著，冯承钧译《摩尼教流行中国考》，《西域南海史地考证译丛八编》，北京：中华书局，1958年，第62页）；Samuel N. C. Lieu, *Manichaeism in the Later Roman Empire and Medieval China: a historical survey*, Tubingen 1992, p. 234.

③ 孙培良《摩尼教及其东西传播》，《西南师范学院学报》1979年第4期，第36页；林悟殊《摩尼教及其东渐》，北京：中华书局，1987年，第88页；王见川《从摩尼教到明教》，台北：新文丰出版公司，1992年，第156—157页。

人生疑。如前所述，在摩尼教入回鹘之前，回鹘中盛行的是萨满教，摩尼教始入回鹘时，萨满教正处于炽盛阶段，若单凭四个摩尼僧在汗国中的活动和牟羽可汗的一纸敕令，就能使摩尼教取得如此迅速的传扬，一夕间成为回鹘人的全民宗教，以理度之，难以取信。宗教是一种社会意识，属于上层建筑的范畴，社会改变了，人们的社会意识也就必然会随之改变，但是社会意识往往落后于社会存在。就回鹘而言，由于萨满教长期流行，在思想上的影响根深蒂固，已形成为一种强大的习惯势力，使之改宗，绝非易事。那么，回鹘人改宗摩尼教的具体过程如何呢？

根据《牟羽可汗入教记》残卷的记载，摩尼教始入回鹘时曾遭到强烈的反对，甚至在各地不断发生压迫和杀害摩尼教徒及胡商的事件。反对者不仅有萨满，更多的则是那些担心因改宗而使自己利益受损的回鹘官员和传统意识强烈的民众。对早期到达回鹘的四位摩尼教僧，他们扬言要“压制并杀死”，使之随时都有可能“遇到大的压力和危险”，“一旦被抓住，就全部杀死，一个活的也不留”。这一文献还告诉我们，当时摩尼教徒面临的最大敌人是汗国内掌权的达干。这从摩尼僧要求牟羽可汗不要“重任这些达干”，要“远离这些达干”一事中就可以看得出来，后来的历史事实，即建中元年（780 年）顿莫贺达干发动政变，大批屠杀摩尼僧及九姓胡一事也可证明，达干是摩尼教徒的最大危险。

由于各方面的压力，牟羽可汗在当初也曾对改宗一事产生过动摇，经过激烈的思想斗争，“与众僧一起讨论了两天两夜。第三天，他们继续争论到很晚，此后，天王就有所动心了”，于是，“天王牟羽可汗亲自来到徒众聚集处，恭敬地跪在众僧面前，乞求恕罪”。① 这些详细记

---

① 杨富学《西域敦煌宗教论稿》，兰州：甘肃文化出版社，1998 年，第 16—17 页；Larry Clark, The Conversation of Bögü Khan to Manichaeaism, *Studia Manichaica. IV. International Kongreβ zum Manichäismus, Berlin, 14.-18. Juli 1997*, Berlin 2000, pp. 102–103.

载都不见于《九姓回鹘可汗碑》，这就存在着记载之翔实与否的问题。

我们知道，《九姓回鹘可汗碑》勒立于回鹘汗国第九代君主保义可汗时期（808—821年在位），碑文歌颂了回鹘建国以来直到保义可汗时的历代可汗事迹，特别是对牟羽可汗始传摩尼教于回鹘一事记载尤详，崇敬有加，故牟羽可汗曾对摩尼教产生动摇一事被略去当是很自然的事。碑文将汗国的君臣民众等都描绘成一开始就是萨满教的激烈反对者，摩尼教一传入，他们一下子就将萨满教的"刻画魔形"全部焚毁，进而接受摩尼教。从碑文看，回鹘君臣此举对萨满教的打击是极为强烈的，故有人轻信此条史料，得出了"无须乎经过三年，萨满教便荡然无存"[①] 的结论。实际上这是经不住推敲的。

根据汉文史料的记载，广德二年（765年）回鹘在与唐作战时，身边还带有巫师。当回鹘与唐和议时，其首领十分高兴，"分缠头彩以赏巫师"。[②] 此巫师即为汉族对萨满的通称。当时在场的回鹘首领共有七位，其中五位拥有达干称号。可见，由于反对摩尼教的中坚力量达干的支持，巫师在回鹘汗国仍然拥有相当的势力。

考虑到自己的统治以及回鹘臣民尚未完全改宗的现状，牟羽可汗就不能不进行宗教宣传。《牟羽可汗入教记》告诉我们，牟羽可汗举行过一次特大持斋仪式。文献载："他们持斋了"，那时，"天王进了城，头上戴着王冠，身穿深红色［长袍］，坐在黄金宝座之上，并向官员和平民传佳令"。[③] 这是目前所见唯一的记载这方面情况的资料。这种规模盛大的持斋场面，恐怕不能简单地从风俗习惯上去理解，而牟羽可汗

---

① 如艾尚连《试论摩尼教与回鹘的关系及其在唐朝的发展》，《西北史地》1981年第1期，第36页。

② 《旧唐书》卷一九五《回纥传》，第5206页。

③ 杨富学《西域敦煌宗教论稿》，第18页；Larry Clark，The Conversation of Bögü Khan to Manichaeaism，*Studia Manichaica.IV.International Kongreβ zum Manich äismus，Berlin*，14.-18. Juli 1997，Berlin 2000，p.104.

当时的盛装打扮，也并非完全出于节庆的需要，而旨在表明牟羽可汗对摩尼教的重视，其用意无非是想借由持斋仪式而大张旗鼓地进行改宗宣传。

此文献又载："国王经常劝促全体平民行善。天王还公布了这样一个法规：在每十个男子中委任一个头领作为行善和精神［活动］的监督者。"牟羽可汗在劝民行善的同时，利用国家机器，设立法规，并从基层选拔、设置官员作为"监督者"。如果"谁忽视此法"，就被视为"犯了罪"，并有可能受到惩处。一方面劝民行善，另一方面又用强权迫使别人改宗，这是摩尼教在回鹘开始传布时牟羽可汗采用的两种主要手段。

牟羽可汗积极地支持、宣传摩尼教，并大力向外传播，使这个历时数百年，所到之处常常受到统治者压制、迫害的古老宗教在回鹘汗国获得了新生。

在汗国内部，摩尼教渗透到社会、经济、外交及文化的各个方面。来自粟特地区的摩尼师受到了牟羽可汗的信任和倚重，甚至能左右国家大事，以至于形成了"可汗常与共国"的局面。[①] 唐人李肇《唐国史补》卷下载："回鹘常与摩尼议政，故京师为之立寺，其法曰：'晚乃食，敬水而茹荤，不饮乳酪。'其大摩尼数年一易，往来中国，小者年转。江岭西市商胡驼橐，其源生于回鹘有功也。"这一记载说明，摩尼教势力在回鹘中的膨胀是相当迅速的，甚至可以操纵汗国的政治。建中元年（780年）六月，九姓胡（包括摩尼师）劝牟羽可汗南下寇唐，引起公愤，宰相顿莫贺达干苦谏，可汗不听。于是，"顿莫贺乘人之心，

---

① 《资治通鉴》卷二三七胡三省注文，北京：中华书局，2007年，第7638页；《新唐书》卷二一七上《回鹘传上》，北京：中华书局，1975年，第6126页。

因击杀之，并杀其亲信及九姓胡，所诱杀者凡二千人”。[①] 这次流血事件，祸起于九姓胡对回鹘政治的操纵。

在经济生活中，摩尼僧和九姓胡成为牟羽可汗获得经济利益的重要帮手。粟特人善于经商，牟羽可汗就利用他们同唐朝展开商业贸易。代宗时，京城长安住有回鹘人千数，冒回鹘之名的“九姓胡”人数还要再增加一倍。他们“殖赀产，开第舍，市肆美利皆归之，日纵贪横，吏不敢问。或衣华服，诱取妻妾”。[②] 这些九姓胡既为摩尼教僧徒，又为行商大贾，一方面通过传教活动参与回鹘汗国的政治，另一方面又依靠回鹘的政治力量牟取暴利。在回鹘汗国灭亡后不久，唐政府遂下令没收回鹘人在京的“庄宅钱物”和“产赀”。[③]

在外交活动上，牟羽可汗更是任用摩尼师来充当重要角色，“元和初，再朝献，始以摩尼至。其法日宴食，饮水茹荤，屏乳酪”。[④]《新唐书·王锷传》载王锷为河中节度使时，“回鹘并摩尼师入朝”。白居易《白氏长庆集·与回鹘可汗书》亦载：“今赐少［信］物，具如别录。内外宰相及判官摩尼师等，并各有赐物，至宜准数分付。内外宰相、官吏、师僧等，并存问之。遣书指不多及。”《旧唐书》卷一九五《回纥传》还记载了唐与回鹘和亲时摩尼师的活动。据载，元和八年(813 年)十二月二日，“宴归国回鹘摩尼八人，令至中书见宰臣。先是，回鹘请和亲，使有司计之，礼费约五百万贯，方内有诛讨，未任其亲。以摩尼为回鹘信奉，故使宰臣言其不可。乃诏宗正少卿李孝诚使于回鹘，太常博士殷侑副之，谕其来请之意”。长庆元年（821 年）五月，“回鹘宰

---

①《旧唐书》卷一九五《回纥传》，第 5208 页。

②《资治通鉴》卷二二五大历九年秋七月庚辰条。

③［宋］王溥《唐会要》卷四九《摩尼寺》，上海：上海古籍出版社，2006 年，第 1012 页。

④《新唐书》卷二一七上《回鹘传上》，第 6126 页。

相、都督、公主、摩尼等五百七十三人入朝迎公主，于鸿胪寺安置”。①

自唐代中叶开始直到11世纪，回鹘诸政权的涉外活动多离不开摩尼师的参与，“其敬重等于宰相都督，其亲信等于骨肉”。②

牟羽可汗不仅在国内推行摩尼教，而且还凭借自己在唐朝的优越地位和强大的政治力量在唐帝国内大力推行之。如前所述，回鹘的摩尼教是由唐朝传入的，但在牟羽可汗以前，摩尼教在唐朝的传播并不顺利，一度在唐玄宗统治时期遭到禁断。杜佑《通典》卷四十载：“开元二十年（732年）七月，敕末摩尼法本是邪见，妄称佛教，诳惑黎元，宜严加禁断。”③ 直到牟羽可汗时，摩尼教在唐朝才找到了出路，唐政府应回鹘可汗之请，许其于中原建寺，嗣后，摩尼寺在唐朝各地相继建立起来。先是于大历三年（768年）六月，于京师建寺，赐额“大云光明之寺”。三年后，“又敕荆、越、洪等州各置大云光明寺一所”。④ 元和二年（807年）正月，又于河南府、太原府置摩尼寺。可见，自牟羽可汗始，摩尼教极受宠信。凭借回鹘之力，摩尼教势力在唐朝很快得到蔓延，从回鹘接受摩尼教起，10余年间，就将其势力由鄂尔浑河流域推广到唐帝国的腹心地区——黄河流域与长江流域。尤有进者，“贞元十五年（799年）四月，以久旱，令摩尼师祈雨”。⑤ 说明唐政府不仅认可了摩尼教，而且对它的态度也开始由排斥向信服转化。这一丕变的深层原因，其实在李德裕致回鹘乌介可汗的一封信中就已说得很明白了。他说：“摩尼教天宝以前，中国禁断。自累朝缘回鹘敬信，始许兴行；江

---

①《旧唐书》卷一九五《回纥传》，第5210—5211页。

② 陈垣《摩尼教入中国考》，《陈垣学术论文集》第1集，北京：中华书局，1980年，第339页。

③［唐］杜佑著，王文锦等点校《通典》卷四〇《职官二十二》，北京：中华书局，2003年，第1103页。

④［宋］赞宁《大宋僧史略》卷下，《大正藏》第五四卷，No. 2126，页253c。

⑤［宋］王溥《唐会要》卷四九《摩尼寺》，第1012页。

淮数镇，皆令阐教。”[①] 很显然，唐政府允许摩尼教“兴行”，是因“回鹘敬信”。牟羽可汗在位时，国势强盛，助唐戡乱，唐报答优厚，使之获得了大量的绢帛等物，又娶唐室公主为可敦，依托唐朝，雄长漠北。为了进一步从唐朝谋取利益，“回鹘可汗王（即牟羽可汗）令明教僧进法于唐”。[②] 鉴于回鹘势力的强大，唐朝也不得不认可此事。

---

① ［唐］李德裕著，傅璇琮、周建国校笺《李德裕文集校笺》卷五《赐回鹘可汗书意》，石家庄：河北教育出版社，2000年，第67页。

②《资治通鉴》卷二三七胡三省注引《唐书会要》，第7638页。

第五节

## 文化的发展

### 一、语言、文字

回鹘人操突厥语。在蒙古高原、准噶尔盆地和南西伯利亚，凡属于丁零、高车、铁勒、突厥、回鹘等联合体内的部落，他们使用的语言都可称为突厥语，词汇、语音、语法都很接近，只有细微差别。在语言学上，这些民族或部落所使用的语言都被归入阿尔泰语系突厥语族。

与突厥汗国碑铭及黠戛斯碑铭之语言相比，漠北回鹘碑铭语言与之几无差别，即使有，也只是方言上的细微差异，如词头 b 和 m 的替代，词末 s 和 š 的交替等。共同点大大超过不同点，故而这些文献以其发现地点而被统称作鄂尔浑—叶尼塞文献。

回鹘与其他操突厥语言的部落一样，最早使用的文字是突厥卢尼文。《周书》卷五十《突厥传》称“其书字类胡”。《北齐书》卷二十《斛律羌举传》也载：

> 代人刘世清……能通四夷语，为当时第一。后主命世清作突厥语翻《涅槃经》，以遗突厥可汗，敕中书侍郎李德林为其序。

据《隋书·李德林传》记载，德林“除中书侍郎”在武平三年(572年)，由此可以推定，刘世清译《涅槃经》为突厥语的时间必在572年以后。

古代突厥文是一种音素、音节混合型文字，如同北欧一度行用的卢尼文一样，多由竖线和斜线写成；曲线和横线很少使用。它由38—40个符号构成。各碑铭和文献中使用的字母数和符号不完全相同。[①]“由于这种文字在外形上和古日耳曼人的卢尼文有些相似”，[②] 西人便先入为主地将突厥文也称作卢尼文了，一直沿用至今。在回鹘文创制和普遍流行之前，回鹘人使用的主要是突厥卢尼文，如蒙古高原发现的属于漠北回鹘汗国的5方碑刻，即《磨延啜碑》《铁尔浑碑》《九姓回鹘可汗碑》《台斯碑》《塞福列碑》全都使用了这种文字。[③] 在蒙古国的一些山岩上，考古学家们先后发现了不少属于漠北回鹘汗国时期的卢尼文题刻，如在南戈壁省诺莫根苏木达兰山南面的山沟里，发现有一行突厥卢尼文题铭，长65cm，字高6.5cm，宽0.9cm。题铭刻写在岩石上方阳面的较为平整处。内容为 qïpčïng čanu idi qutluɤ bol [(ung) ~ (zun)]，意为：“愿保佑我主卡皮秦·恰奴（qïpčïng čanu）吉祥。”[④]

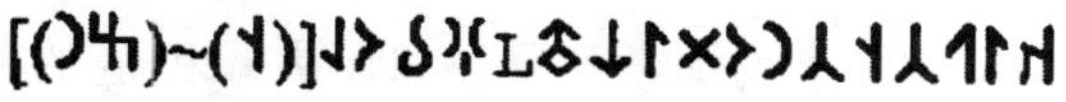

达兰山突厥卢尼文题铭

① 详见耿世民《古代突厥文碑铭研究》，北京：中央民族大学出版社，2005年，第57页。

② A.von Le Coq，*Buried Treasures of Chinese Turkestan*，London 1928，p.59.

③ A.von Le Coq，Köktü rkische aus Turfan，*SPAW*，1909，S.1047-1061；耿世民《古代突厥文碑铭研究》，北京：中央民族大学出版社，2005年，第49—56页。

④ Ц. Баттулга，Далан Уулын Бичээс，*Mongolian Journal of Anthoropology, Archaeaology and Ethonoly* Vol.3 no.1，2007，pp.87-89.

在巴彦乌列盖省乌兰胡斯苏木地区的小维格尔山上，有岩刻的突厥卢尼文题铭：tapï tun äd erig ildä。意为："心情愉悦；平安；富饶的地方；在这个国家。"

小维格尔山突厥卢尼文题铭

值得注意的是，题铭的发现地被称为 oigor（维格尔），很有可能就是"回鹘"（uigur）的变音。[①]

与使用卢尼文同时，回鹘人还使用汉文。贞观二十一年（647 年），回鹘诸部请求唐太宗给他们派遣"能属文人，使为表疏"。[②] 此后，回鹘人逐步掌握了汉文。回鹘人对汉文的使用是一以贯之的。前述著名的《九姓回鹘可汗碑》就使用了突厥卢尼文、粟特文和汉文三种文字。如众所周知，墓碑是供人瞻仰的，用汉文撰写，据碑铭汉文部分可知，立碑者为回鹘内宰相颉于伽思，汉文的撰写人为伊难主和莫贺达干。这些自然很能反映回鹘人对汉文字的接受程度。这里不妨再举几例。唐人娄师德曾为回鹘契苾部首领契苾明撰写碑文，今可见者仅有汉文而无他种文字。[③] 1973 年于西安西郊发现的唐代回鹘王族成员回纥琼（曾任瀚海都督、右将军卫大将军、经略军使等职）的墓志，也是仅有汉文而无其他。[④] 2009 年 7 月，在蒙古国乌兰巴托西北 280 公里处土拉河东岸又发现了《大唐故右骁卫大将军金微州都督上柱国林中县开国公仆固府君墓

---

① Ц. Баттулга，Бага Ойгорын Бичээсийг Дахин Нягтлах Нь，*Mongolian Journal of Anthoropology，Archaeaology and Ethonoly* Vol.2 no.2，2006，pp.81–84.

②《资治通鉴》卷一九八贞观二十一年春正月丙申条。

③［唐］娄师德《镇军大将军行左鹰扬大将军兼贺兰州都督上柱国梁国公契苾府君碑铭并序》，《全唐文》卷一八七，上海古籍出版社，1990 年，第 836—838 页。

④ 师小群、王建荣《西安出土回纥琼、李忠义墓志》，《文博》1990 年第 1 期，第 89—91 页。

志铭并序》，记述了仆固部金微州第三任都督乙突朔野的生平事迹。即使在回鹘文流行的蒙元时代，回鹘人立碑时仍继续使用汉文，如著名的《重修文殊寺碑》（1326 年立）和《亦都护高昌王世勋碑》（1334 年立）都是回鹘文、汉文合璧镌刻的。

此外，粟特文在漠北回鹘汗国也得到了使用，如著名的《九姓回鹘可汗碑》在突厥卢尼文、汉文之外还使用了粟特文，《塞福列碑》则使用了卢尼文和粟特文。回鹘人对粟特文的使用，则主要与回鹘奉摩尼教为国教，粟特人地位较高有关。

上文列举的回鹘碑铭，堪称最古老的突厥语文献之一。时代稍早于回鹘碑铭的文献也均发现于蒙古高原鄂尔浑河流域，为突厥汗国时期的碑铭，主要有《雀林碑》《暾欲谷碑》《阙特勤碑》《毗伽可汗碑》《翁金碑》和《阙利啜碑》等，其中以《雀林碑》时代最早，制成于 7 世纪 80 年代，其余诸碑均属 8 世纪上半叶之物。而晚于回鹘碑铭的则是叶尼塞河流域黠戛斯部的文献。840 年，黠戛斯灭回鹘汗国而建立自己的政权，与唐朝保持友好关系。黠戛斯及其辖下的诸部在叶尼塞河流域一带留下了一些碑刻、墓志铭等，如《苏吉碑》《乌尤克·塔尔拉克碑》《乌尤克·阿尔浑碑》《乌尤克·土兰碑》等。[①] 另有一些带有突厥文铭文的器皿及钱币。这些被称为叶尼塞文献。由于突厥碑铭、回鹘碑铭、黠戛斯碑铭同用突厥卢尼文撰写，故这些文献被统称作鄂尔浑—叶尼塞文献。

突厥卢尼文是一种音节音素混合体文字，从右往左书写，一般认为共有 38—40 个字母，其中 23 个字母来源于古代西亚阿拉米文字，其余的多来自部落印记和某些表意符号。[②] 不管是属于突厥、回鹘还是黠戛

① 胡振华《黠戛斯碑文选译》，《民族语文论文集》，北京：中央民族学院出版社，1993 年，第 249—261 页。

② 胡振华《黠戛斯叶尼塞文献使用的字母》，《突厥语言与文化研究》，北京：中央民族大学出版社，1996 年，第 58 页。

斯的碑铭文献，其语言间均无实质性差别，即使有也只是方言上的细微差异（如词头 b 和 m 的交替，词末 s 和 š 的交替等）。因此，庶几乎可以认为，鄂尔浑—叶尼塞文献语言是一个统一的书面语言，突厥碑铭、回鹘碑铭与黠戛斯文献差不多都是用这一统一的书面规范而写成，尽管时代不同，地域有异。①

由于受外来语影响，突厥语中的借词不断增加。这些借词的来源有汉语、梵语、粟特语、波斯语、藏语、吐火罗语和希腊语等。其中最多的是汉语借词，名物方面有帛、褐、锦缎，面团、墨、茶、包子等，职官方面有宰相、都督、将军、都统等。由于回鹘人信奉摩尼教，故语言方面也多受粟特语影响，粟特语借词有 äzrua（梵王天）、dïntar（贤圣）、nom（经、教义）、šmnu（魔鬼）、satïr（两，重量单位）等。古代波斯语借词则有 nara（石榴）、badman（巴特满，重量单位）、nušadir（硇砂）、pitpidi（胡椒）、šäkär（糖）等。

## 二、摩尼教对回鹘文化的影响

回鹘崛起朔漠，草昧初开，文化比较落后。8 世纪中期摩尼教的传入，给回鹘文化的发展带来了契机，回鹘得以接触到发展水平较高的粟特文化及其文字。摩尼教的传播，在客观上促进了回鹘文化的大发展。

摩尼教是一种综合了多种因素，如诺斯替教、祆教和佛教而形成的新宗教。加之摩尼教徒遍布丝绸之路沿线，在回鹘汗国时期，摩尼教高僧及信徒往返于唐朝与漠北之间，不断地将先进的唐文化及来自东西方的诸文化加以吸收，与回鹘结合后又获得了新的发展，融通合成而形成多元的回鹘文明。

回鹘文形成于 8 世纪中叶，是以粟特文字母为基础而创制的。遗憾

① 耿世民、阿不都热西提·亚库甫编著《鄂尔浑—叶尼塞碑铭语言研究》，乌鲁木齐：新疆大学出版社，1999 年，第 26—27 页。

的是，回鹘文在漠北回鹘汗国中行用的证据却甚为稀见，唯一的证据就是20世纪50年代于蒙古国乌布苏省图尔根苏木发现的回鹘文碑铭《乌兰浩木碑》（图1-2）。[①] 该碑的时代无法确定，仅知为840年回鹘迁徙之前的遗物，差强可证回鹘文在漠北回鹘汗国时代的使用。在西徙入河西走廊和新疆以后，回鹘文得到了广泛推广，回鹘人用这种文字著述了大量的文学、世俗作品，并翻译了大量的摩尼教、佛教、景教和道教经典。从近、现代的出土文物看，回鹘文一直流行到15世纪，其后虽趋衰亡，但并未立即退出历史舞台，直到16世纪还为吐鲁番、哈密等地的维吾尔人所使用，在甘肃河西走廊更是使用到17世纪后期。

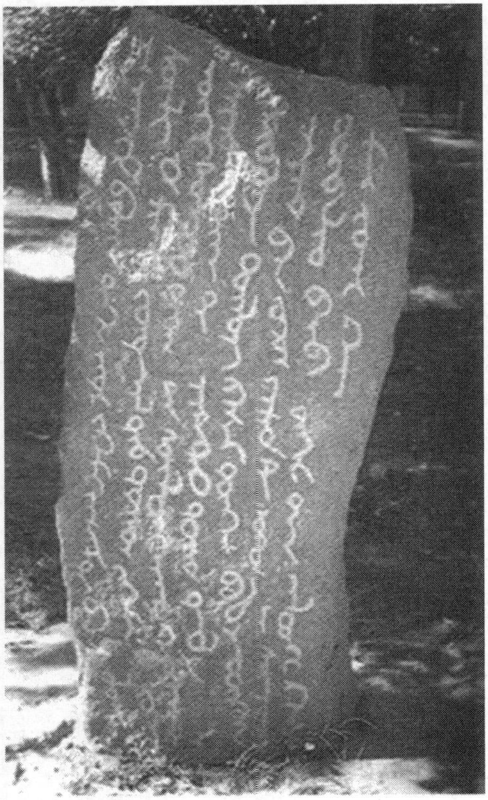

图1-2 最早的回鹘文文献——乌兰浩木碑

① 卡哈尔·巴拉提《多罗郭德回鹘文碑的初步研究》，《新疆大学学报》1982年第4期，第76—78页。

第六节

# 漠北回鹘汗国的崩溃与部众的西迁

## 一、漠北回鹘汗国的衰落

漠北回鹘汗国的强盛持续了近一个世纪，至9世纪30年代开始由盛转衰。

建中元年（780年），回鹘顿莫贺发动政变，杀牟羽可汗而代之。他执政后，又与牟羽可汗之子“及相国、梅录各拥兵数千人相攻”。[①] 嗣后，汗国内部的纷争就断断续续，愈演愈烈。在内讧中，仆固氏、跌跌氏和葛萨氏的地位不断上升，汗族药逻葛氏日见削弱。在唐朝的安排下，仆固部首领怀恩二女——光亲可敦和崇徽公主——自牟羽可汗始，历天亲、忠贞三代可汗相继为可敦，其中，崇徽公主在怀恩死后被唐代宗收为养女，而其父怀恩在生前曾任唐诸军节度行营副元帅，身贵位显，与唐朝廷之间存在着特殊的关系。这些因素使仆固氏在汗国内权势日盛。到贞元六年（790年），竟发生仆固氏崇徽公主所生女——叶公主毒死忠贞可汗而立可汗弟的事件。再后的奉诚可汗，“年十五”，已成

---

①《资治通鉴》卷二二六建中元年八月甲午条。

傀儡，称掌兵的大相为父，并自谓“仰食于父也”。[①] 及至贞元十一年（795 年），一位“典兵马用事”的跌跌氏骨咄禄夺取了汗位，是为怀信可汗。长庆元年（821 年），汗位可能又转到葛萨氏之手。统治回鹘达 200 年之久的药逻葛氏的失势，给更多的旁姓贵族以觊觎汗位的机会。他们纷纷拥兵自重，又各自勾引外援。黠戛斯、沙陀、唐朝边将都成为其依托的对象。[②] 大和六年（832 年）以后，汗位的争夺更趋激烈，统治阶层完全分裂为两派。从这一年到汗国灭亡。8 年间更换了 3 位可汗，而且 3 个人都是在内讧中被杀或自杀的。

大约自 8 世纪 60 年代始，回鹘与唐、吐蕃一样共遇相同的自然危机，即气候变冷，[③] 8 世纪 80 年代至 10 世纪 20 年代是一个总体上冷于现在的冷期，其中 9 世纪 30 年代正处于冷谷时期。[④] 气候干冷变化对游牧地区及农牧交错地带的影响极为深远：连年的干旱对生产，尤其是对牧业生产的严重打击，使其生产量不能维持暖湿时期已经增长起来的人口的基本需求，国力下降，致使其既无法有效处理内部纷争，更无法抵挡外族的攻击。

此时，漠北地区自然灾害频频发生，《唐会要》卷九八回纥条云：“连年饥疫，羊马死者被地，又大雪为灾。”李德裕《异域归忠传序》亦云：“岁久不稔，畜产大耗，国邑为虚，流亡遍于沙漠，僵仆被于草莽。”[⑤] 在此情况下，回鹘社会中原来被掩盖的各种矛盾都迅速暴露无

① 《新唐书》卷二一七上《回鹘传上》，第 6125 页。

② G. J. Ramstedt，Zwei uigurische Runenischriften in der Nord-Mongolei，*Journal de la Societe Finno-Ougrienne*，XXX，1913，S.3–9；李经纬《突厥如尼文〈苏吉碑〉译释》，《新疆大学学报》1982 年第 2 期，第 114—117 页。

③ 满志敏《关于唐代气候冷暖问题的讨论》，《第四纪研究》1998 年第 2 期，第 20 页。

④ 葛全胜、方修琦、郑景云《中国历史时期温度变化特征的新认识》，《地球科学进展》2002 年第 4 期，第 312—313 页。

⑤ ［唐］李德裕著，傅璇琮、周建国校笺《李德裕文集校笺》卷二《异域归忠传序》，石家庄：河北教育出版社，2000 年，第 18 页。

遗，尤其是统治阶级内部的矛盾更是日益尖锐，宰相拥兵自重，互相残杀，造成“种落未安，君长之间，互相疑阻”[①]的混乱局面。这些天灾人祸直接促成了汗国的衰落与败亡。

《新唐书·回鹘传》《旧唐书·回纥传》及《资治通鉴》卷二四六等文献也都对汗国境内发生的天灾人祸进行了如实记录。兹引《新唐书》卷二一七下《回鹘传下》有关记载如下：

> 大和六年（832年），可汗为其下所杀，从子胡特勒立，使者来告。明年，遣左骁卫将军唐弘实与嗣泽王溶持节册为爱登里罗汩没蜜施合句录毗伽彰信可汗。开成四年（839年）其相掘罗勿作难，引沙陀共攻可汗。可汗自杀，国人立㕎馺特勒为可汗。方岁饥，遂疫，又大雪，羊、马多死，未及命。

## 二、回鹘与吐蕃、黠戛斯的冲突与征战

漠北回鹘汗国的衰落，除了内部原因之外，与吐蕃及黠戛斯的冲突与征战，力量被严重削弱，也是重要因素之一。

吐蕃是今天藏族的祖先，世代居住青藏高原。8世纪中叶以后，吐蕃乘安史之乱爆发之机，出兵从唐朝手中夺取了陇右与河西走廊，同时在西域与唐朝旧部展开争夺，并占领了天山南麓地区，而与此同时，回鹘出兵占领了天山以北地区。贞元五年（789年），吐蕃攻北庭（新疆吉木萨尔县北破城子），回鹘大相颉于迦思与唐北庭节度使杨袭古联合守城，因北庭附近的沙陀、葛逻禄、白服突厥等部及城内的汉人“苦于回鹘诛求”，“皆密附吐蕃”，[②]北庭遂陷。接着，吐蕃势力逐步向天山以

---

① ［唐］李德裕著，傅璇琮、周建国校笺《李德裕文集校笺》卷八《授历支特勤以下官制》，石家庄：河北教育出版社，2000年，第133页。

②《新唐书》卷二一七上《回鹘传上》，第6125页。

北渗透，从回鹘手中夺取了准噶尔盆地的东部地区。但“北庭去回纥尤近”，它不仅是控制西段商道的要津，实际上也是回鹘的西部门户，因此，回鹘倾全力与吐蕃展开争夺。到贞元七年（791 年），夺回了北庭。此后，双方在北庭、焉耆、龟兹一线展开拉锯战，在数十年间，回鹘相继与吐蕃、葛逻禄进行了一系列大战，到 9 世纪初，回鹘在西域之争中逐步占据上风。回鹘与吐蕃在西域的争夺，事涉高昌回鹘王国史，拟在下章详述，兹不复赘。这里仅就回鹘与黠戛斯的征战进行论述。

黠戛斯为今天柯尔克孜族、图瓦族、阿尔泰族和哈卡斯族的祖先，唐代居住于叶尼塞河上游地区。黠戛斯与回鹘发生冲突，始于回鹘汗国第二代可汗磨延啜时期（747—759 年）。《磨延啜碑》东面第 19 行记载：

anč̈ïp bars yïlqa čik tapa yorïdïm.ekinti ay tört yigirmikä kämdä.

在虎年我出兵攻打鞠部(čik)。二月十四日，我作战于剑河。①

回鹘磨延啜可汗率兵袭击了黠戛斯所属的鞠部（čik)。具体的时间，《磨延啜》北面第 22—24 行碑文记为兔年，应即唐天宝十一载（751 年)。文中有如下记载：

qïrqïz tapa är ïdmïs.siz tašqngï čikig tašïɤïrïng timis……qïrqïz qanï kögmän ičintä，äb barqïnta ärmis.

---

① С. Е. Малов，*Памятники Древнетюркской Письменности Монголии и киргизии*，М.–Л.1959，стр.36，40；耿世民《古代突厥文碑铭研究》，北京：中央民族大学出版社，2005 年，第 198 页。

并往黠戛斯派人说："你们出征吧！你们也叫鞠部（čik）人出征吧！"……黠戛斯汗在曲漫［山］里边，在其牙帐那里。①

《磨延啜碑》南面第1行紧接着说：

Is［ingä］är kälti.qarluq isingä kälmädük tidi……bolču ügüzdä üč qarlyqïɤ amta toqïdïm.

已经有人来到其可汗及其同盟者处，［但］葛逻禄还没有来到其同盟者处……在Bolču河把三姓葛逻禄击败了。②

分析以上不相连贯的碑文内容，可以推测，当时黠戛斯为了对付强大的回鹘，似乎曾与葛逻禄结成军事联盟，以共同对抗回鹘的侵扰。磨延啜得知这个消息后，立即作出部署，派人去讨伐黠戛斯所属鞠部（čik），同时派人拦截葛逻禄人，而同时受到打击的还有拔悉密人。磨延啜趁机把其势力范围扩大到剑河流域部分地区。此后，黠戛斯在与回鹘的对抗中渐趋劣势。

在《铁尔浑碑》西面第5行，有对《磨延啜碑》上述内容的补充：

birigärü učï altun yïš kedin učï kögmän ilgärü učï költi.

保卫……在金山（阿尔泰）山林的西边疆界［和］在曲漫山的

---

① С. Е. Малов，*Памятники Древнетюркской Письменности Монголии и киргизии*，М.–Л.1959，стр.36，40–41；耿世民《古代突厥文碑铭研究》，北京：中央民族大学出版社，2005年，第199页。

② С. Е. Малов，*Памятники Древнетюркской Письменности Монголии и киргизии*，М.–Л. 1959，стр. 36，41；耿世民《古代突厥文碑铭研究》，北京：中央民族大学出版社，2005年，第199—200页。

东边疆界。[①]

说明此战之后，为了防御黠戛斯人的报复，磨延啜下令自阿尔泰山的西端直到曲漫山的东端，全都派军队进行守卫。上引文献中反复出现的曲漫，乃突厥文 Kögmän 的音译，应指今天的西萨彦岭，明显可以看出是突厥与黠戛斯之间的主要屏障之一。唐人段成式著《酉阳杂俎》卷四记载：黠戛斯先人“所生之窟，在曲漫山北，自谓上代有神，与牸牛交于此窟”。正与突厥碑铭所载黠戛斯位置一致。当时磨延啜还曾于色楞格河畔建立城池，以御黠戛斯。《磨延啜碑》西面第 5 行记载：

soɤdaq tabɤač sälängädä bay balïq yapïtï bertim.

我让粟特人和中国人在色楞格河处建造了富贵城。[②]

除了碑铭的记载外，近年考古学者在蒙古高原还发现了磨延啜时期的城堡和城墙。回鹘人用长方形砖坯，从萨彦岭南麓向叶尼塞和赫姆奇科河流域，一个城堡接着一个城堡，连成一条长达 230 公里的黏土墙，城墙相当于回鹘汗国的北部边界线。[③] 这些工事的主要功能，是为了防御北方黠戛斯的进攻。

---

① 片山章雄，《タリアト碑文》，载森安孝夫、オチル编《モンゴル国现存遗迹·碑文调查研究报告》，中央ユーラシア学研究会，1999 年，第 170、172、173 页；耿世民《古代突厥文碑铭研究》，北京：中央民族大学出版社，2005 年，第 209 页。

② С.Е.Малов，*Памятники Древнетюркской Письменности Монголии и киргизии*，М.–Л. 1959，стр. 38；耿世民《古代突厥文碑铭研究》，北京：中央民族大学出版社，2005 年，第 203 页。

③ Ю. С. Худяков，Памятики уйгурской культуры в Монголии，*Центральная Азия и соседние территории в средние века*，Новосибирск 1990，стр. 84–89；林俊雄、白石典之、松田孝一，《バイバリク遗迹》，载森安孝夫、オチル编《モンゴル国现存遗迹·碑文调查研究报告》，中央ユーラシア学研究会，1999 年，第 196—198 页。

天宝十四载（755年）冬十月，安史之乱爆发，长安、洛阳两京陷落，唐朝岌岌可危，不得不借兵回鹘，磨延啜可汗亲自统兵援唐，后方空虚。黠戛斯乘势向回鹘发动进攻。乾元元年（758年），磨延啜可汗回兵，与黠戛斯大战于剑水（叶尼塞河）流域，回鹘击破黠戛斯军五万人。黠戛斯损失惨重，力量大减，“自是不能通中国”。[①] 差不多一个世纪的时间，黠戛斯都没有与唐朝发生往来。

黠戛斯还曾与吐蕃联合，共同对抗回鹘。叶尼塞河上游发现的《恰库尔碑》记载，820年左右，碑主人“为了高尚的事业，我去吐蕃汗那里，往返为使臣”。[②] 汉文史料也记载，从790年到840年间，黠戛斯又与葛逻禄及吐蕃结成了共同对付回鹘的联盟。在《新唐书》卷二一七下《黠戛斯传》中有如下记载：

> 然常与大食、吐蕃、葛禄相依仗，吐蕃之往来者畏回鹘剽钞，必往葛禄，以待黠戛斯护送。

据此可知，至8世纪末，黠戛斯似乎又逐步恢复了与回鹘抗衡的能力。然而，作为漠北回鹘的北方劲敌，漠北回鹘是不敢轻视黠戛斯人的。《九姓回鹘可汗碑》汉文部分第13—14行有如下记载：

> 初，北方坚昆之国，控弦卌余万。［彼可汗］□□□□□自幼英雄智勇，神武威力，一发便中。坚昆可汗，应弦殂落，牛马谷量、［杖］械山积，国业荡尽，地无居人。[③]

---

① 《新唐书》卷二一七下《黠戛斯传》，第6149页。

② W. Radloff, *Die alttürkischen Inschriften der Mongolei*, St.Peter-sbourg 1895, S.336.

③ 林梅村、陈凌、王海城《九姓回鹘可汗碑研究》，《欧亚学刊》第1辑，北京：中华书局，1999年，第161页。

考诸碑文所述史实，由于黠戛斯常与其他民族联合以共同反对回鹘，回鹘以此为由，动辄发动对黠戛斯的战争，以弱其势。按照《九姓回鹘可汗碑》的说法，黠戛斯可汗所辖四十万大军，均被回鹘消灭。黠戛斯君长阿热被迫接受回鹘授官，为“毗伽顿颉斤”。[①]

回鹘保义可汗（808—821年）在西面与吐蕃交战的同时，北方又和黠戛斯为敌，最终通过武力从吐蕃手中夺回北庭（今新疆吉木萨尔县北），势力及于中亚地区。后来嗣位的回鹘崇德可汗（821—825年），继续向西用兵，以对付吐蕃和葛逻禄。此间，无暇顾及黠戛斯，黠戛斯得到喘息之机，国力很快恢复。漠北回鹘却自9世纪20年代开始，由于天灾人祸，渐显衰势。[②] 在与黠戛斯的长期较量中，逐步处于下风。

### 三、漠北回鹘汗国的崩溃与西迁

漠北回鹘汗国后期，无力荡涤吐蕃在西域的势力，也无法继续讨伐已经对自己构成重大威胁的黠戛斯人。回鹘曾遣宰相率军讨伐过黠戛斯，结果却被黠戛斯阿热可汗击溃。阿热甚至对回鹘可汗说：“尔运尽矣！我将收尔金帐，于尔帐前驰我马，植我旗，尔能抗，亟来，即不能，当疾去。”[③] 黠戛斯在对回鹘的争斗中开始处于上风，开始了对漠北回鹘的反攻；而回鹘势力日衰，不仅屡遭败绩，甚至失去了组织反击的能力。开成五年（840年），黠戛斯与回鹘叛将句录莫贺合力以骑兵十万攻回鹘，杀其可汗，汗国灭亡。《新唐书·回鹘传》记载：

开成四年（839年）其相掘罗勿作难，引沙陀共攻可汗。可汗

---

① 《新唐书》卷二一七下《黠戛斯传》，第6149页。

② 周尚兵《聚合与波散之间：感受回鹘文化——读杨富学先生〈回鹘文献与回鹘文化〉》，《新疆师范大学学报》2006年第3期，第30页。

③ 《新唐书》卷二一七下《黠戛斯传》，第6149页。

自杀，国人立㕎馺特勒为可汗。方岁饥，遂疫，又大雪，羊、马多死，未及命。武宗即位，以嗣泽王溶临告，乃知其国乱。俄而渠长句录莫贺与黠戛斯合骑十万攻回鹘，杀可汗，诛掘罗勿，焚其牙。[①]

回鹘诸特勒也不敌黠戛斯的强大攻势，纷纷溃败。阿热命部下焚毁回鹘可汗常坐的牙帐，完成了对回鹘可汗的挑战。[②] 这一历史事件在黠戛斯勒立的《苏吉碑》中也有所反映。该碑内容保存完整，共有文字11行，其中的1—2行记载：

uyɤur yirintä yaɤlaqar qan ata kältim. qïrqïzo ɤlï män. boula qutluɤ yarɤan.

我从回鹘之地，为追逐药罗葛汗而来。我是黠戛斯之子，我是裴罗·骨咄禄·亚尔汗。[③]

据考证，此碑勒立于840年，系黠戛斯击溃漠北回鹘不久所立。黠戛斯人在攻破回鹘牙帐后，回鹘残部纷纷南下、西奔：

有回鹘相馺职者，拥外甥庞特勤及男鹿并遏粉等兄弟五人、一十五部西奔葛逻禄，一支投吐蕃，一支投安西。又有近可汗牙十三

① 《新唐书》卷二一七下《回鹘传下》，第6130页。

② M. R. Drompp，*Tang China and the Collapse of the Uighur Empire: A Documentary History*. Leiden 2004，pp.159–190.

③ G. J. Ramstedt，Zwei uigurische Runenischriften in der Nord-Mongolei，*Journal de la Societe Finno-Ougrienne* 30，1913，p. 3；С.Е.Малов，*Памятники Древнетюркской Письменности Монголии и киргизии*，М. –Л. 1959，стр. 84；李经纬《突厥如尼文〈苏吉碑〉译释》，《新疆大学学报》1982年第2期，第114页。

部，以特勤乌介为可汗，南来附汉。[①]

回鹘汗国灭亡后，可汗的兄弟子侄和汗国的宰相、都督及其他贵族，大部分人还控制着众多的部落，这些人大都留在漠北草原，以后基本上融入了他族。直到10世纪契丹人进军漠北时，还曾多次与这些回鹘遗民相遇。以后，辽朝还在漠北设“回鹘国单于府”统辖当地的回鹘部落。[②] 留在漠北的回鹘人后来差不多都融合进了别的民族之中。如在蒙古国成吉思汗和窝阔台时期的位至宰相田镇海一族，就是回鹘人的后裔。

其他的回鹘人，则分为数支，在各部首领的统率下有组织地撤离了漠北，分别向南、向西奔去。

南下的回鹘被分为两支，分别沿参天可汗道而进。其中主要的一支为靠近回鹘牙帐的十三部，以乌希特勒（勤）为首。另一支由回鹘王子嗢没斯等率领。南迁的两支回鹘，分别属于互相敌对的两派。因此他们是抱着不同目的分别南下的。[③]

由嗢没斯所率领的一支中有不少王公贵族，在进入漠南后就归附了唐朝。李德裕《异域归忠传序》记载：“会昌二年（842年）四月甲申，回鹘大特勤嗢没斯所率其国特勤、宰相、尚书、将军凡十二人，大首领三十七人，骑士二千六百一十八人内附。”[④] 唐朝封嗢没斯为怀化郡王，授右吾卫大将军，任归义军使。其余阿历支等四人封郡公，还有回鹘其他降唐诸将被唐朝分封后安置在中原各地。但以其势单力孤，有的归附

---

① 《旧唐书》卷一九五《回纥传》，第5213页。

② 《辽史》卷四六《百官志·北面属国官》，北京：中华书局，1974年，第757页。

③ 杨圣敏《回纥史》，桂林：广西师范大学出版社，2008年，第151页。

④ ［唐］李德裕著，傅璇琮、周建国校笺《李德裕文集校笺》卷二，石家庄：河北教育出版社，2000年，第18页。

唐朝，有的被地方势力所统属，不知所终。[①]

而乌希特勤所率的一支，更是集中了原汗国统治阶层的众多名王贵臣，其中有宰相5人，特勤11人，将军8人，另外还有可汗之姊、大都督、啜、尚书等多人。他们有恢复故国的意向，故而在南下途中即拥立乌希特勤为乌介可汗。回鹘亡国后，乌介可汗至少在名义上是各支回鹘，包括西迁回鹘的可汗，成为回鹘人瞻望的中心。因此，在南迁回鹘覆亡之前，西迁回鹘的首领庞特勤一直自称叶护。在会昌元年（841年）春二月，乌介可汗南下错子山。唐武宗派专人前去慰问，并提供了2万斛粮食。次年，乌介可汗拥兵10万驻扎在大同北闾门山，意欲借唐兵复国，并借天德城（今内蒙古乌拉特旗东北）居住。会昌三年，乌介可汗又率兵进逼振武（今内蒙古和林格尔），引起唐朝不悦，唐麟州刺史夜袭乌介可汗的牙帐，乌介败走，在胡山被唐军追兵所伤，无奈投奔了黑车子族。到会昌六年（846年）时，回鹘乌介可汗余众不足3000人，乌介被其宰相逸隐啜杀死在金山，其弟遏捻特勤继立为可汗，以后又附于室韦。大中二年（848年），南迁回鹘覆亡。

南迁回鹘破亡后，部众大多进入中原，融合进了汉族之中。会昌三年（843年）二月，"诏停归义军，以其士卒分隶诸道为骑兵，优给粮赐"，[②] 结束了嗢没斯"归义军使"的使命。嗢没斯部的上层人物后来都携家带口迁入长安，并"赐甲第于永乐坊"。[③] 另外，原那颉啜所统领的7000帐以及乌介可汗部被唐俘虏或自动归降的回鹘三四万人，也

① 王日蔚《唐后回鹘考》，《国立北平研究院史学集刊》第1期，1936年，第19—69页；［日］安部健夫著，宋肃瀛、刘美崧、徐伯夫译《西回鹘国史的研究》，乌鲁木齐：新疆人民出版社，1986年，第169—179页；森安孝夫，《ウィグルの西遷について》，《东洋学报》第59卷1—2号，1977年，第105—130页。

②《资治通鉴》卷二四七会昌三年（843年）二月庚申条。

③［宋］王溥《唐会要》卷九八《回纥》，上海古籍出版社，2006年，第2075页。

被唐朝“分隶诸道”。[1] 很多骑兵被唐朝边将收为部下，幽州节度使张仲武的部下李贸勋、李可举父子就是回鹘旧将。这些南迁内附的回鹘军士，多剽悍善战，屡立战功，为唐朝所倚重，有不少回鹘贵族因功而被唐封官晋爵，日后成了中原王朝统治阶级的一部分。特别是在唐末的藩镇割据和五代的纷争中，很多回鹘旧将都扮演了重要角色。

其中“投吐蕃”的一支，到达了当时被吐蕃占据的今甘肃河西走廊，成为吐蕃的属民。848 年张议潮于沙州发动起义，赶走了吐蕃守将，占领了沙州、瓜州等地。大中元年（851 年），唐于沙州设归义军政权，张议潮被任命为节度使。河西回鹘人又附属于张议潮，这部分回鹘人到五代时强大起来，牙帐设在甘州，以后还一度控制了兰州、河州等地。

“投安西”的一支回鹘人，是西迁的主要部分。会昌二年（842 年），黠戛斯占据北庭，庞特勤退至焉耆，再自称叶护。“安西”（指原安西都督府，治所在今新疆库车县）境内，大中十一年（857 年），唐朝册封庞特勤为怀建可汗。在咸通七年（866 年），这支回鹘人在其首领仆固俊率领下打败了吐蕃，占领了西州（今新疆吐鲁番）和北庭。此后，西迁回鹘逐渐分裂为高昌回鹘和喀喇汗王朝两部分。仆固俊建立了高昌汗国，其疆域大致东接酒泉，西抵库车，南临大漠，北越天山，都在盆地、戈壁上，有很多小城镇。高昌王自称阿斯兰汗，最高统治者又叫亦都护（意为幸福之王），权力世袭，国王权力很大，是立法者也是执法者。宋嘉定二年（1209 年），高昌回鹘归附成吉思汗。元朝建立后，它成为元朝的一部分。元朝后期，蒙古察合台汗的子孙们在塔里木盆地各绿洲上拥兵自重，在混战中，伊斯兰教向东发展。到 15 世纪末，佛教被排挤出吐鲁番。1514 年，察合台的后裔赛义德汗统一了塔里木盆地，建立了叶尔羌汗国。统一的政权和宗教加强了盆地居民的民族意识。回鹘人与土著居民在文化、风俗和血缘上的融合完成，形成了今天的维吾

---

① 《资治通鉴》卷二四七会昌三年（843 年）二月庚申条。

尔族。高昌人的体质特征据《松漠纪闻》中描述是具有突厥人的特征，卷发、深目、眉浓面修，再生毛发达，自眼睫之下多髯，与今天维吾尔族的相貌特征几无二致。

“西奔葛逻禄”的那支回鹘人，共十五部远迁垂河（即楚河）南和其近族葛逻禄相汇合。葛逻禄原附属于回鹘，属回鹘十一部落之一。唐肃宗至德年间（756—757年），该部逐步兴盛，“与回纥争强，徙十姓可汗故地，尽有碎叶、怛逻斯诸城”。[①] 于789年脱离回鹘而独立。至于后来回鹘迁入其领地的情况，中外史籍均无直接记载。根据穆斯林作家杰马尔·卡尔西（Jamal Qarshī）在14世纪初写成的《苏赫拉词典补编》所引录的11世纪作家阿不都·伽费尔《喀什噶尔史》的一些片断，喀喇汗王朝的始祖是阙毗伽·卡迪尔汗（Kül Bilgä Qadir Khan），建牙于八剌沙衮（今中亚托克马克东南楚河南岸）。[②] 有关毗伽阙·卡迪尔汗的生平业绩，目前尚不清楚。到五代后晋年间，西奔葛逻禄的回鹘人再与垂河、喀什之间的属于九姓铁勒的样磨（牙格马）人相融合，至北宋初年，以哈喇汗家族为主，推翻了波斯萨马尼王朝而建立了自己的政权——喀喇汗王朝。“喀喇（kara）”一词，在突厥—维吾尔语中，本意为“黑”“黑色”，引申为“伟大”“总”“最高”等含义。辖地大致包括锡尔河以东巴尔喀什湖以南以及今新疆西部、北部地区。王朝西与中亚萨曼尼王朝相接，东南与高昌王国相邻。

喇喀汗王朝的统治者虽然以回鹘贵族及其后裔为主，但回鹘人在汗国境内所占的比重还是比较小的。他们逐渐与其他部落或民族融合，于是，作为回鹘的意识变得淡薄。10世纪中叶，喇喀汗王朝统治者放弃旧有的信仰摩尼教而皈依伊斯兰教，为示与信仰佛教与摩尼教的西域、河

---

① 《新唐书》卷二一七下《葛逻禄传》，第6143页。

② 华涛《贾玛尔·喀尔施和他的〈苏拉赫词典补编〉》，《元史与北方民族史研究集刊》第10辑，1986年，第65页。

西回鹘有别，其统治者似乎已不再自称回鹘，而仅仅自认为是铁勒人，有时也自称突厥人。但他们并没有忘记自己来自东方的历史，仍然自称是一个属于中国的王朝。[①]

在阙毗伽·卡迪尔汗死后，汗国由二子分别统治。长子巴兹尔为大汗，驻守八剌沙衮，称“阿尔斯兰汗”，意为“狮子汗”，次子奥古尔恰克为卡迪尔汗，驻怛逻斯，称“博格拉汗”，意为“公驼汗”，后者为副可汗，把整个汗国分为两大部分，由汗族的长幼两支分治，这就是喀喇汗王朝政治体制中颇具特色的“双王制”。除以上两个最高统治者外，还有四个低一级的伊利克（王）和特勤。官职有宰相、将军、内侍官、秘书官、财务官等。其下又有于伽、俟斤、将军、伊难珠、匐等多种名目的官号。有意思的是，在这些官号上，往往加有兽禽的名称，用以表示更细的等级差别。通常所使用的兽禽名称有贝里（狼）、亚干（象）、卡吉尔（鹰）、托格鲁尔（鹫）等。这些称号都属于汗族成员，他们组成了一个特别的等级体系，如遇缺位，依次升迁。而实际上，自王朝初期开始就未能遵守这种以“双王制”为基础的晋升制度，确切地讲，喀喇汗王朝实行的是封地制度。[②]

双王制下的喀喇汗王朝被分作东西两支，东支首府原设在八剌沙衮（今中亚楚河畔碎叶城东四十里）；西支首府设在怛罗斯（哈萨克斯坦的江布尔城），旋即于893年迁都至喀什噶尔。西支始祖名布格拉汗（即公驼可汗），首先信仰伊斯兰教。其子哈拉汗先灭东支，然后于1006年征服和田，统一并扩大了王朝的疆域，并使王朝境内全部伊斯兰化。以后王朝又分裂为以喀什为中心的东支哈三系和以费尔干为中心的阿里系。阿里系的图干汗时期是王朝的鼎盛时期，后因分东西两支进行管

① 张广达《关于马合木·喀什噶里的〈突厥语词汇〉与见于此书的圆形地图》，张广达著《文书、典籍与西域史地》，桂林：广西师范大学出版社，2008年，第62—66页。

② 魏良弢《喀喇汗王朝史稿》，乌鲁木齐：新疆人民出版社，1986年，第75—77页。

理，导致了王朝的长期分裂。12 世纪末 13 世纪初，因西辽的入侵、花剌子模的独立和乃蛮王子的篡位，王朝于 1211 年灭亡。大汗称阿尔斯兰汗（狮子为其图腾），王朝存在时期，东部突厥语成为文学语言，并开创了伊斯兰突厥文化的新时期，诞生了文学巨著《福乐智慧》、语言学巨著《突厥语大辞典》和哲学名著《真理的入门》等重要著作。

第二章

# 高昌回鹘及其与敦煌的关系

第一节

# 高昌回鹘王国的形成与发展

## 一、漠北回鹘势力之西倾

回鹘居留天山南北，并非始自840年漠北回鹘的西迁。早在南北朝后期，东部天山即游牧着一个名叫“乌讙”的部落：

> 铁勒之先，匈奴之苗裔也，种类最多。自西海之东，依据山谷，往往不绝……伊吾以西，焉耆之北，傍白山，则有契弊、薄落职、乙咥、苏婆（娑）、那曷、乌讙、纥骨、也咥、于尼讙等，胜兵可二万。①

伊吾指隋朝的伊吾郡，故址在今新疆哈密市。白山即天山，因其山峰多有终年积雪者，呈白色而得此别名。乌讙又称乌纥、乌鹘、乌骨，究其原音，当作Uɣuz（乌古斯），无疑是后来回鹘的重要组成部分。

8世纪中叶，回鹘于蒙古高原中部崛起，不断扩张，征服了游牧于金山（今阿尔泰山）南部的拔悉密和天山内外的葛逻禄，将其收为客

① 《隋书》卷八四《铁勒传》，北京：中华书局，1973年，第1879页。

部。744 年，回鹘首领骨力裴罗建汗国，势力已深入准噶尔盆地东部。

8 世纪 60 年代，吐蕃攻占甘、凉等河西重镇，唐置安西、北庭二都护府辖地成为西陲孤地。唐军依靠漠北回鹘的支援以对抗吐蕃，西域赖此驻守了二十余年。史载："永徽二年（651 年），贺鲁破北庭，诏将军梁建方、契苾何力领兵二万，取回纥五万骑，大破贺鲁，收复北庭。"[①]然而，贞元五年（789 年）吐蕃与葛逻禄联兵进攻北庭，西域形势为之大变。北庭之战的爆发，不仅造成唐朝势力很快退出西域，也使已经迁居七河流域的葛逻禄部正式加入与回鹘、吐蕃争夺天山霸权的角逐之中。起初，回鹘与葛逻禄保持着通和关系，但因回鹘对葛逻禄和沙陀、白服突厥"肆其抄夺"，造成各部不满。吐蕃乘机"厚赂见诱"，使葛逻禄等转而与其结盟。贞元五年岁末，吐蕃率领葛逻禄、白服突厥大举进攻北庭，大败回鹘大相颉于迦斯的援军。第二年（790 年），攻克北庭。当年秋，颉于迦斯悉举国兵数万，将复北庭，又为吐蕃所败。"葛逻禄乘胜取回鹘之浮图川（今新疆奇台县东北）。回鹘震恐，悉迁西北部落羊马于牙帐之南以避之。"[②]

根据《旧唐书》记载，吐蕃于贞元五至六年间（789—790 年）勾结与回鹘有隙之葛逻禄等部落进攻北庭，陷之。[③]贞元七年，回鹘、唐军联合收复北庭，败，回鹘"死者大半"，杨袭古率领的唐朝军队也仅存部众百六十人，战斗之惨烈由此可见。

这次战斗的结果就是"唐与安西阻隔"，中原"莫知存亡"，而且，

---

① 《旧唐书》卷一九五《回纥传》，第 5197 页。

② 《旧唐书》卷一九五《回纥传》，第 5210 页。

③ 吐蕃进攻北庭的年代，《资治通鉴》卷二三三系于贞元五年十二月，此与《旧唐书·吐蕃传》所记的贞元冬的记载相合。北庭陷落的时间，按《旧唐书·回纥传》中言，贞元六年四月，"[回纥] 忠贞可汗为其弟所杀而篡立。时回鹘大将颉于迦斯西击吐蕃未回"，以及《资治通鉴》卷二三三中所记载的颉于迦斯六月战败返回回鹘牙帐来看，此当在贞元六年四至六月之间。

“唯西州之人，犹固守焉”。[①] 然而，北庭失守，西州难以支撑许久，《元和郡县图志》西州条记曰：“贞元七年没于西蕃。”[②] 敦煌写本 P.3918（2）《佛说金刚坛广大清净陀罗尼经》尾部有“西州没落官甘州寺户、唐伊西庭节度留后使判官、朝散大夫、试太仆卿”赵彦宾所写题记，称：“去年西州倾陷。”[③] 案此文书作于贞元九年（793 年），同《元和郡县志》的记载基本相吻合。北庭、西州陷蕃之后，安西都护府情况不明。故贞元七至八年被视作唐朝军政势力退出西域，进而结束长达一个半世纪西域经营活动的一个明显标志。[④]

贞元六七年“北庭之战”失利，葛逻禄从回鹘手中夺取浮图川，并迫使回鹘“悉迁西北部落羊马于牙帐之南以避之”。七年（791 年）八月，“回纥遣使献败吐蕃、葛［逻］禄于北庭所捷及其俘畜。先是，吐蕃入灵州，为回纥所败，夜以火攻，骇而退。十二月，回纥遣杀支将军献吐蕃俘大首领结心。”[⑤] 这里所言为两件事。《新唐书·回鹘传》亦记：“是岁，回鹘击吐蕃、葛［逻］禄于北庭，胜之，且献俘。”[⑥] 经欧阳修删节后，两件事却变成了一件。《资治通鉴》卷二三三记其事曰：“贞元七年八月，吐蕃攻灵州，为回鹘所败，夜遁。九月，回鹘遣使来献俘。冬，十二月，甲午，又遣使献所获吐蕃酋长尚结心。”[⑦] 相较而言，《资治通鉴》所述更为明晰，即从贞元七年八月至十二月，回

---

① 《旧唐书》卷一九五《回纥传》，第 5210 页。

② ［唐］李吉甫著，贺次君点校《元和郡县图志》卷四〇《陇右道下》，北京：中华书局，1983 年，第 1031 页。

③ 杨富学、李吉和辑校《敦煌汉文吐蕃史料辑校》第一辑，兰州：甘肃人民出版社，1999 年，第 276 页；上海古籍出版社、法国国家图书馆编《法藏敦煌西域文献》第 30 册，上海：上海古籍出版社，2003 年，第 39 页。

④ 大致在贞元六至七年之间，天山南部的于阗等地也陷入吐蕃之手。

⑤ 《旧唐书》卷一九五《回纥传》，第 5210 页。

⑥ 《新唐书》卷二一七上《回鹘传上》，第 6125 页。

⑦ ［宋］司马光著，［元］胡三省注《资治通鉴》卷二三三，北京：中华书局，2007 年，第 7524—7525 页。

鹘与吐蕃之间共发生了三件事，并皆可同《旧唐书》里所述比照，但是唯“回鹘击吐蕃、葛禄于北庭，胜之且献俘”这件事，司马光仅以“九月，回鹘遣使来献俘”一句概括。《唐会要》于贞元七年九月记曰：“[回纥]败吐蕃于北庭，使献捷。”《资治通鉴》载贞元十年春正月，“吐蕃与回鹘争北庭，大战，死伤甚众，征兵万人于云南。”[①] 这或许是对于其前面简略记载的一个重要的补充。

从上可知，唐贞元七年九月，回鹘复派兵“败吐蕃、葛[逻]禄于北庭”，并获胜，重夺对北庭的控制权。对此，19世纪末于漠北回鹘汗国故址哈喇巴喇哈逊发现的《九姓回鹘可汗碑》中有关记述可为之佐证。该碑主系回鹘汗国的保义可汗，但是一般认为碑文里汉文部分第14—18行的内容则是怀信可汗事迹。[②] 根据《旧唐书》的记载，唐贞元十一年（795年）（《册府元龟》卷九六六《外臣部·继袭》及《唐会要》卷九八皆记作贞元十年），回鹘汨咄禄毗伽可汗（Qutluɣ bilga qaɣan，即“奉诚可汗”）死后，无子承嗣汗位，贞元十一年六月，国人立相骨咄禄为可汗，唐册封其为滕里逻羽录没蜜施合胡禄（《旧唐书·回纥传》作“禄胡”）毗伽怀信可汗。[③] 此怀信可汗极可能是此前一直与吐蕃作战的回鹘大相颉于迦斯。《资治通鉴》卷二三五记道：“骨咄禄，本姓跌跌氏，辩慧有勇略，自天亲时，典兵马用事，大臣诸酋长，皆畏服之，既为可汗，冒姓药罗葛氏。”

《九姓回鹘可汗碑》汉文部分记道：

---

① 《资治通鉴》卷二三四贞元十年正月条。

② 羽田亨《唐代回鹘史の研究》附录二，《羽田博士史学论文集》上卷《历史篇》，京都：同朋舍，1975年，第319—322页；孟凡人《北庭史地研究》，乌鲁木齐：新疆人民出版社，1985年，第175页。

③ 《新唐书》卷二一七上《回鹘传上》，第6126页；又参见《旧唐书》卷一九五《回纥传》，第5210页。

(14行) 自幼英雄智勇，神武威力，一发便中。坚昆可汗，应弦殂落，牛马谷量、[杖] 械山积，国业荡尽，地无居人。复葛禄与吐蕃连[兵，□□□] 偏师于匀曷户对敌，智谋弘远。(下阙14字)

(15行) □北庭，半收半围之次，天可汗亲统大军，讨灭元凶，却复城邑。[率] 土黎庶，含气之类，纯善者抚育，悖戾者屏除。遂[奔逐至狐] 媚碛。凡诸行人及畜产 (下阙17字)

(16行) □□□遗弃后，吐蕃大军攻围龟兹。天可汗领兵救援，吐蕃夷 [灭]，奔入于术，四面合围，一时扑灭。尸骸臭秽，非人所堪，遂筑京观，败没余烬。(下阙20字)

(17行) □□□百姓，与狂寇合从，有亏职贡。天可汗躬总师旅，大败贼兵，奔逐至真珠河。俘掠人民，万万有余，驼马畜乘，不可胜计。余众来归，(下阙24字)

(18行) [龟兹王] 自知罪咎，哀请祈诉。天可汗矜其至诚，救其罪戾。遂与其王，令百姓复业。自兹已降，王自朝觐，进奉方[物，与左右] 厢、踏实力 (下阙 23字)①

一般认为：碑文中所记是回鹘攻围吐蕃，收复北庭、攻取龟兹的史实。碑文中“北庭，半收半围之次，天可汗亲统大军，讨灭元凶，却复城邑。[率] 土黎庶，含气之类，纯善者抚育，悖戾者屏除。遂[奔逐至狐] 媚碛。凡诸行人及畜产”讲的是回鹘可汗收复北庭后安抚民众的情景。职是之故，《资治通鉴》卷二三四贞元十年春正月条才有记载：“先是，吐蕃与回鹘争北庭，大战，死伤甚众，征兵万人于云南。”②然

① 林梅村、陈凌、王海城《九姓回鹘可汗碑研究》，《欧亚学刊》第1辑，北京：中华书局，1999年，第161页。

② [宋] 司马光著，[元] 胡三省注《资治通鉴》卷二三四，北京：中华书局，2007年，第7552页。

而，回鹘并不以此为满足，碑文又记道：怀信可汗后复发兵至龟兹，打败了围攻龟兹的吐蕃军队，亦即碑文中所谓“遗弃后，吐蕃大军攻围龟兹。天可汗领兵救援，吐蕃夷［灭］，奔入于术，四面合围，一时扑灭。尸骸臭秽，非人所堪，遂筑京观，败没余烬”。这里的于术即于术守捉，地当西距龟兹四百六十里，东距焉耆七十里。[①] 由此可知，回鹘不仅在于术地区打败了吐蕃军队，而且还控制了龟兹。

在巩固了对龟兹的统治以后，怀信可汗率领回鹘大军乘胜西进，将势力范围向西拓展到中亚地区，“□□□百姓，与狂寇合从，有亏职贡。天可汗躬总师旅，大败贼兵，奔逐至真珠河。俘掠人民，万万有余，驼马畜乘，不可胜计。余众来归”，龟兹王“自知罪咎，哀请祈诉。天可汗矜其至诚，救其罪戾。遂与其王，令百姓复业。自兹已降，王自朝觐，进奉方［物，与左右］厢、踏实力”。这里的真珠河，在唐代汉文史料中一称药杀水，即今中亚的锡尔河。“□□□厢踏实力”应指葛逻禄的三部之一“踏实力”。因而，一般认为这里所言的“有亏职贡”“与狂寇合从”的“□□□百姓”是指葛逻禄部。[②] 在同回鹘北庭之争中，葛逻禄是吐蕃强有力的同盟者。碑文第20行的内容也是记述回鹘在中亚地区追逐吐蕃、葛逻禄残部的情况：“□□□□□，攻伐葛禄、吐蕃。搴旗斩馘，追奔逐北，西至拔贺那国，［克］获人民及其畜产。叶护为不受教令，离其土壤。”

总之，贞元十一年以前，漠北回鹘汗国不仅从吐蕃手中夺回了北庭地区，且还占领了龟兹一带，控制了西域大部分地区，而且将势力西伸至中亚锡尔河流域。另据吐鲁番出土编号为U 1a，b（旧编号T II K 173）的回鹘文摩尼教历史文书记载，怀信可汗曾于贞元十九年（803年）亲抵高昌，邀请当地的三位摩尼教慕阇（传教士）前往漠北回鹘汗

---

① 参见《新唐书》卷四〇《地理志四》所引“安西入西域道”。
② 余太山主编《西域通史》，郑州：中州古籍出版社，1996年，第192页。

廷传教。① 而另一件同样出土于吐鲁番的中古波斯文《摩尼教赞美诗集》题记则显示：在虔诚的听众名单里，既有王室家族成员，也有城镇地方官员，已知的地方官吏就有潘吉坎特（北庭）、喜南康（西州）、阿尔卡（焉耆）以及库斯（库车）等地的。②《摩尼教赞美诗集》写本记载道，文献始抄于761年或762年，但未抄完，一直保存在焉耆（Ark）的摩尼寺中，直至Ai täŋridä qut bulmïš alp bilgä uyɣur qaɣan在位时才最终抄完。③ 关于该可汗之归属，学界一直存在两种意见：一为昭礼可汗（824—832年在位）；④ 二为保义可汗（808—821年在位）。⑤ 由

① A. von Le Coq，Ein manichäisches Buch - Fragment aus Chotscho，*Festschrift für Vilhelm Thomsen zur Vollendung des 70. Lebensjahres*，Leipzig 1912，S.145-154.

② F. W. K. Müller，Ein Doppelblatt aus einem Manichäischen Hymnenbuch（Mahrnamag），*APAW 1912*，Berlin 1913，S.1—40；王媛媛《中古波斯文〈摩尼教赞美诗集〉跋文译注》，朱玉琪主编《西域文史》第2辑，北京：科学出版社，2007年，第129—153页。

③ H. -J. Klimkeit，*Gnosis on the Silk Road. Gnosis Texts from Central Asia*，San Francisco 1993，p.274-275；同氏《中古波斯文〈摩尼教赞美诗集〉跋文译注》，朱玉麒主编《西域文史》第2辑，北京：科学出版社，2007年，第150—152页；王媛媛《从波斯到中国：摩尼教在中亚和中国的传播》，北京：中华书局，2012年，第66—68页。

④ F.W.K.Müller，Ein Doppelblatt aus einem manichäischen Hymenbuch（Maḫrnamag），APAW，1912，Berlin 1913，S.29；A.von Gabain，Steppe und Stadt im Leben der altesten Turken，*Der Islam* 29-1/2，1949，S.61；Mary Boyce，*A Reader in Manichaean Middle Persian and Parthian*，Leiden 1975，p.52；W. Sundermann，Iranian Manichaean Turfan Texts concerning the Turfan Region，A. Cadonna（ed.），*Turfan and Tun-huang. The Texts*，Firenze 1992，p.71；H.-J. Klimkeit，*Gnosis on the Silk Road. Gnosis Texts from Central Asia*，San Francisco 1993，p.274.

⑤ W.B.Henning，Argi and the "Tokharians"，*BSOS* IX-3，1938，p.568；森安孝夫，《增补：ウィグルと吐蕃の北庭争夺战及びその后の西域情势について》，流沙海西奖学学会编《アジア文化史论丛》3，东京：山川出版社，1979年，第213~215页；吉田丰，《ソグト文在で表记きれた汉字音》，《东方学报》（京都）第66册，1994年，第371页；王媛媛《从波斯到中国：摩尼教在中亚和中国的传播》，北京：中华书局，2012年，第74—75页。

于昭礼可汗和保义可汗的尊号完全相同，均作 Ai täɣridä qut ü lü ɣ bulmïš alp bilgä qaɣan，与摩尼教赞美诗所见基本一致，若仅据其名号难以确定其归属，[①] 但结合 9 世纪初西域的情势，似以保义可汗时期更具说服力。这里暂采此说。这一文献证明了当时回鹘对上述地区的军政管理。除此之外，唐代汉籍史书也透露出一些蛛丝马迹。例如《资治通鉴》卷二四一长庆元年（821 年）五月癸亥条载：

> 以太和公主嫁回鹘。公主，上之妹也。吐蕃闻唐与回鹘婚，六月，辛未，寇青塞堡；盐州刺史李文悦击却之。戊寅，回鹘奏："以万骑出北庭，万骑出安西，拒吐蕃以迎公主。"[②]

藉此可知，自贞元十一年（795 年）之前回鹘从吐蕃手中规复北庭、安西等地后，再未易手，并维持对于该地区的控制一直至 9 世纪初，亦即 840 年回鹘西迁以前。回鹘汗国"北庭之战"以后对于天山南北大部分地区的控制及经营，其重要意义在于不仅为后来漠北回鹘汗国衰亡之时打开了生存之路，还为回鹘西迁以后落居于此，迅速发展壮大及而后该地区的"回鹘化"打下基础。北庭地区作为高昌回鹘的发祥地这一事实的确立还有助于解释后来 866 年仆固俊创建西州回鹘国为何从北庭出兵的原因。

---

① Tsuguhito Takeuchi，The Tibetan and Uighurs in Pei-t'ing，An-shi（Kucha），and Hsi-chou（790—860 A.D.），《近畿大学教养部研究纪要》第 17 卷 3 号，1986 年，第 51—68 页（[日] 继仁竹内著，陈楠译《公元 790—860 年吐蕃、回鹘在北庭、安西（龟兹）与西州》，《国外藏学研究译文集》第 8 辑，西藏人民出版社，1992 年，第 232—252 页。其中，继仁竹内乃"武内绍人"之误译）。

②《旧唐书》卷一九五《回纥传》也有一致的记载："长庆元年……吐蕃犯青塞堡，以回纥和亲故也，盐州刺史李文悦发兵击退之。回纥奏：以一万骑出北庭，一万骑出安西，拓吐蕃以迎太和公主归国。"

## 二、漠北回鹘之西迁

840年，漠北回鹘汗国灭亡，部众四散外逃，其路线分为向南、向西两个方向。南迁回鹘中的一支是乌介特勤率领的“近可汗牙十三部”，逃至唐朝边塞的错子山，自立为汗，劫掠边境，侵扰百姓，被唐将张仲武击破，余众东窜，依附室韦。从史书记载看，与乌介南下同时，又有嗢没斯、阿历支、习勿啜、爱耶勿弘顺等也率部南下，依附于唐朝。但因其实力单薄，均未造成重大影响，[①] 亦无甚争议。然而，长期以来，中外学者一直对唐开成五年（840年）回鹘西迁之事有着不同看法。唐宋时期官修史书对此多有记载。

《旧唐书》卷一九五《回纥传》：

> 有将军句录莫贺恨掘罗勿，走引黠戛斯领十万骑破回鹘城，杀𢾾馺，斩掘罗勿，烧荡殆尽，回鹘散奔诸藩。有回鹘相馺职者，拥外甥庞特勤及男鹿并遏粉等兄弟五人、一十五部西奔葛逻禄，一支投吐蕃，一支投安西。

《新唐书》卷二一七下《回鹘传下》：

> 诸部溃，其相馺职与庞特勒（勤）十五部奔葛逻禄，残众入吐蕃、安西。

《资治通鉴》卷二四六会昌五年二月庚辰条：

① 关于回鹘的南迁，参见薛宗正《回鹘南迁考》，《西域研究》1997年第4期，第40—52页；赵贞《回鹘归义军始末》，《西域研究》2006年第2期，第23—30页。

回鹘诸部逃散。其相馺职、特勒庞（庞特勤）等十五部西奔葛逻禄，一支奔吐蕃，一支奔安西。

《旧唐书》与《资治通鉴》记载一致，但“十五部西奔葛逻禄，一支奔吐蕃，一支奔安西”一句语意模糊。《新唐书》对《旧唐书》进行了修订，改成“残众入吐蕃、安西”，语意倒是清楚了，但混淆了史实，故而也由此引发了许多争议。归纳起来，主要有以下二说：一说西迁回鹘分为三支：一支奔葛逻禄，一支达安西，一支走吐蕃；另一说称西迁回鹘先走葛逻禄，再一分为二，一支奔安西，一支投吐蕃。① 本文采用前一说，即西迁者分为三支，一支投奔至当时吐蕃统治下的河西走廊，先后以甘州（今甘肃张掖市）、沙州（今甘肃敦煌市）为中心建立了自己的政权，通称河西回鹘，后为西夏所灭。另外两支，即迁至中亚葛逻禄统治区的一支和迁入今新疆东部、吐鲁番盆地的一支。迁至葛逻禄地区的一支，由于在地理位置上处于帕米尔高原（葱岭）西部，故被汉文史料称为葱岭西回鹘；而迁入当时西州、北庭、龟兹地区的一支，前期在庞特勤的率领下称安西回鹘，后被仆固俊建立的高昌回鹘所代替。

三、庞特勤与安西回鹘国

由回鹘相馺职及其外甥庞特勤等率领的奔西域的一十五部则经“回鹘路”西进，即从漠北草原越金山而下，经今木垒、奇台而至北庭，由此再往西去，落居于安西（今新疆库车县）一带。所谓“一支投安西”，盖因唐朝曾于此设立过安西都护府（治所一度在库车）之故。但是，其活动的具体地方则是焉耆，对此《新唐书》记载比较准确：

---

① 有一些学者否认回鹘曾经西迁七河流域，先后提出许多依据，论证西迁回鹘只是在东部天山地区有活动。此说似有道理，但又对三史“西奔葛逻禄”之载难以给出合理的解释。

> 及其破灭（指漠北回鹘汗国溃败），有特庞勒居焉耆，称叶护，余部保金莎领，众至二十万。①

文中的“特庞勒”显系“庞特勤”之误。“特勤”为突厥语称号 tegin 的对音。《新唐书》中的这条资料说明了如下问题：（1）庞特勤率领部众落居焉耆，以此作为其治所；（2）由于当时南迁的回鹘可汗乌介可汗未亡，所以庞特勤没有称汗，仅自称“叶护”；（3）西迁回鹘人数多“至二十万”；（4）虽然西迁回鹘大本营在焉耆，但有“余部保金莎岭”。按“金莎岭”一称“金岭”，指今吐鲁番至吉木萨尔之间的天山某一段。

如此众多的回鹘人“奔安西”，势必会对当时社会产生重大影响。会昌四年（844 年），唐朝宰相李德裕在奏文中谈到：

> 昨日，幽州奏事官论博言到，传［张］仲武语与臣，近稍得回鹘消息，人心颇有离异。缘可汗欲得投安西，其部落百姓皆云骨肉尽在向南，愿投国家。②

这段资料虽然反映了回鹘南迁的乌介可汗等人的想法，但是也侧面说明了唐朝宫廷也知道回鹘西迁的情况，特别是其落居的具体方位。会昌六年，乌介可汗为其属官国相逸啜所杀，乌介弟特勤遏捻被部众拥立为汗，而南迁回鹘之衰微已无可挽救。遏捻可汗亲率余众依附于室韦。唐大中二年（848 年），遏捻可汗又被迫携其妻、子等九骑于深夜脱逃西遁，余众追之不及，南下回鹘残部遂为室韦七姓共分之。由是，《旧唐

---

①《新唐书》卷二一五下《突厥传下》，第 6069 页。

②［唐］李德裕著，傅璇琮、周建国校笺《李德裕文集校笺》卷一七《论回鹘事宜状》，石家庄：河北教育出版社，2000 年，第 337 页。

书》载：

在外犹数帐，散藏诸山深林，盗劫诸蕃，皆西向倾心望安西庞勒(庞特勤）之到。庞勒已自称可汗，有碛西诸城。其后嗣君弱臣强，居甘州，无复昔时之盛。①

《新唐书》载：

遗帐伏山林间，狙盗诸蕃自给，稍归庞特勤。是时，特勤已自称可汗。居甘州，有碛西诸城。②

《资治通鉴》载：

犹有数帐，潜窜山林，钞盗诸胡；其别部庞勒（庞特勤），先在安西，亦自称可汗，居甘州，总碛西诸城。③

南迁回鹘是回鹘外逃的主力之一，也是可汗的近亲，外逃回鹘视乌介可汗为共主，及至乌介可汗被杀，遏捻可汗失踪，回鹘失去共主，随之庞特勤自称可汗。但《资治通鉴》与《新唐书》庞特勤居甘州，总碛西诸城，而只有《旧唐书》称庞特勤的后裔才迁居甘州，《旧唐书》所载符合历史事实。二者之差异在于，居甘州称可汗的不是庞特勤，而是“其后嗣”，庞特勤在位时“居焉耆”，而不是甘州。这不仅有前面所引《新唐书·突厥传》所载“有特庞勒居焉耆城，称叶护”为证，《唐大诏

① 《旧唐书》卷一九五《回纥传》，5215页。

② 《新唐书》卷二一七下《回鹘传下》，第6133页。

③ 《资治通鉴》卷二四八大中二年正月条。

令集》卷一二八所载大中十年二月诏更为力证："又有回鹘随黠戛斯李兼至朝廷……皆云，庞特勒今为可汗，尚寓安西，众所悦附。"前条所谓"降者"当指后面至唐朝进贡的"回鹘随黠戛斯李兼"的使臣。文献中的"碛西"指大漠以西，唐朝曾于西域设"碛西节度使"以统领原安西大都护府辖下之焉耆、龟兹、于阗、疏勒四镇兵马。

综上所述，大中二年（848年），安西回鹘国于焉耆建立，庞特勤为首任可汗。然而迄大中十年以前，唐朝政府似乎对于安西回鹘政权的情况并不了解，这从是同年二月唐朝颁发的《议立回鹘可汗诏》中看得很清楚：

> 朕君临万有，子育兆人，雨露之所沾濡，日月之所照烛，欲令自遂，必念好远。乃眷朔易之雄，况当勋力之后，每思报德，实用究怀。所以颁遣诏书，俾勤寻访，穹庐莫睹，瓯脱已平……沙漠既空，井邑犹在。近有回鹘来款，朔方帅臣得之，送至阙下。又有回鹘随黠戛斯李兼至，朝廷各令象胥，征其要领，音尘可访，词旨必同，愿复本邦，仍怀化育。皆云庞特勒（勤）今为可汗，尚寓安西，众所悦附，飏宰相以忠事上，誓复龙庭，杂虏等以义向风，颇闻麕至，既契素愿，慰悦良多，俟其归还衙帐，当议特举册命。今遣使臣，且往慰谕……大中十年二月。[①]

《资治通鉴》卷二四九大中十年三月辛亥条记道：

> 诏以回鹘有功于国，世为婚姻，称臣奉贡，北边无警。会昌中虏廷丧乱，可汗奔亡，属奸臣当轴，遽加殄灭。近有降者云，已庞历（庞特勤）今为可汗，尚寓安西，俟其归复牙帐，当加册命。

① ［宋］宋敏求编《唐大诏令集》卷一二八，北京：中华书局，2008年，第693页。

此载显然是根据《唐大诏令集》有关内容整理而成，但是因删节过略，致使二者内容已出现一些差异；上文中“近有回鹘来款，朔方帅臣得之，送至阙下。又有回鹘随黠戛斯李兼至，朝廷各令象胥，征其要领，音尘可访，词旨必同，愿复本邦，仍怀化育。皆云……”则变成“近有降者云……”如不注意宋代文人记载史实时常有夹叙夹议之特点，就很有可能得出与事实相违的结论。

唐王朝对于庞特勤建立的安西回鹘政权十分关注，又因是时唐朝内部的牛李党争已告一段，李德裕失势，朝中将以往同回鹘关系破裂的因素皆归之于曾就任宰相的李德裕，所谓“会昌中，虏庭丧乱，可汗奔亡！属奸臣当轴”，即对李之指斥；因此，欲假回鹘势力，尽快填补唐朝对漠北草原地带自黠戛斯衰微后的政治真空状况。另外还因为二者关系之特殊，诏文中“回鹘有功于国，世为婚姻，称臣纳贡，北边无警”等语就是对以往两者关系的评价。庞特勤对沟通与唐之联系显得更为主动与迫切。他出于巩固自己的统治地位的目的，期望早日受封，以得到唐朝的支持。唐朝派出的“且往慰谕”的使臣“轺车才至于灵武，蕃使（指安西回鹘）已及于塞垣，迨至阙庭，深沉血恳，称可汗已立，诸部宾归”。由此可知庞特勤急于同唐朝建立友好关系的迫切心情。为了安抚安西回鹘部众，从大中十年到十一年两年间，唐朝先后颁发三通令旨予以册封确认。其中最早的《议立回鹘可汗诏》上面已经引录。至大中十一年（857年）又颁《遣使册回鹘可汗诏》：

> 朕自纂承丕图，常多轸恻。爰命使者，将远抚之，讯厥存亡，俾求嗣立，轺车才至于灵武，蕃使（指安西回鹘）已及于塞垣，迨至阙庭，深陈血恳，称可汗已立，诸部宾归……果能克绍，叶纂旧图，颇协人愿，深契朕志。尚恐未为诸蕃所信，犹疑新造之邦。是用特命使臣，遵行册礼……可册为嗢禄登里罗汩没密施合俱录毗伽

怀建可汗。[①]

嗣后，复颁《大中十一年册回鹘可汗文》曰：

皇帝若曰：我国家诞膺天命，光宅中土，居临九有，包举八荒，声教所加，册命咸及。而况回鹘，北方之强，代济忠烈，惠行邻境，俗慕华风。立国以来，尝效诚节，代为甥舅，每岁通和，推诚不疑，为我与国。当会昌之际，自属天灾，人罕粒食，上下离散，牙帐为墟。地多种落所侵，国甚黍离之叹。朕自登宝祚，每轸素怀，爰发使臣，访其后裔。轺车既出，蕃使爰来，咨尔回鹘可汗，挺此雄材，生于贵族，能收既绝之烬，常怀再振之心，愿嗣天骄，载归地著，发使请命，诚辞可哀。夫亲仁善邻，国家之宝，兴灭继绝，王者之宜。况朕布德滂仁，施于海外。尔乃坚诚励节，行乎域中，所以公侯子孙，道在必复。华夏屏卫，理宜长存。既将还定旧封，领承坠绪，克绍崇构，允膺鸿休。今遣使臣朝议郎、检校、秘书监兼卫尉少卿、御史中丞、上柱国、赐紫金鱼袋王端章，副使臣朝议郎、检校尚书、工部郎中兼国子礼记博士、御史、赐绯鱼袋李浔持节备礼，册命为九姓回鹘嗢禄登里罗汨没密施合俱录怀建可汗。尔其服我恩荣，膺兹位号，勉修前好，恢复故疆。宜克己于蹛林，长归心于魏阙，无追尔志，永孚于休。[②]

此事在敦煌写本 P.2962《张议潮变文》中亦有反映，其文曰：

先去大中十载，大唐册立回鹘使王瑞（端）章持节而赴单于，

---

① [宋] 宋敏求编《唐大诏令集》卷一二八，北京：中华书局，2008 年，第 693 页。
② [宋] 宋敏求编《唐大诏令集》卷一二九，北京：中华书局，2008 年，第 698 页。

下有押衙陈元弘走至沙州界内，以（与）游卒使佐承晗相见。承晗忽于旷野之中迥然逢着一个人，猖狂奔走，遂处分左右领至马前，登时盘诘，陈元弘进步向前，“称是汉朝使命，北入回鹘充册立使，行至雪山南畔，被背乱回鹘劫夺国信，所以各自波逃，信脚而走，得至此间，不是恶人。伏望将军希垂照察。”承晗知是汉朝使人，与马驮至沙州，即引入参仆射。陈元弘拜跪起居，且（具）述根由，立在帐前。仆射问陈元弘：“使人于何处遇贼？本使伏（疑为复）是何人？”元弘进步向前，启仆射：“元弘本使王瑞（端）章，奉敕持节北入单于，充册立使，行至雪山南畔，遇逢背逆回鹘一千余骑，当被劫夺国册及诸敕信，元弘等出自京华，素未谙野战，彼众我寡，遂落奸虞！”仆射闻言，心生大怒，“这贼争敢辄尔猖狂，恣行凶害”。向陈元弘道：“使人且归公馆，便于根由。”[①]

这件敦煌出土的变文虽然残缺，所幸王端章西使安西回鹘政权未成之原因交代的还算清晰，只可惜“根寻”结果因缺未详。变文中“大中十载”应是“十一载”之误，查相关文献，尚知大中十年二月唐朝颁布《议立回鹘可汗诏》。翌年发《遣使册回鹘可汗诏》，同年春复颁《大中十一年册回鹘可汗文》。既然“充册立使”，并被“劫夺国册及诸敕信”，自然为大中十一年之事。文中“仆射”显系归义军节度使张议潮，其初加“尚书”，继加“仆射”，后加“太保”。变文所称“仆射”正是张议潮大中十年左右的加衔。沙州为当时节度使治所。这里的雪山，应指伊州折漫罗山。[②]从这里也可以看出，伊州当时为归义军所控制。《张淮

① 见王重民等编《敦煌变文集》上集，北京：人民文学出版社，1957年，第116—117页；周绍良、张涌泉、黄征辑校《敦煌变文讲经文因缘辑校》（上），南京：江苏古籍出版社，1998年，第137页。图版见上海古籍出版社、法国国家图书馆编《法藏敦煌西域文献》第20册，上海：上海古籍出版社，2002年，第2596页。

② 刘美崧《论归义军节度与回鹘关系中的几个问题》，《中南民族学院学报》1986年第3期，第128页。

深碑》讲到当时归义军的辖境时也说“西尽伊吾，东接灵武，得地四千余里，户口百万之家。六郡山河，宛然而旧”。[①] 该处所谓六郡应指甘、凉、肃、瓜、沙、伊州。西州自然不在其中。

这些记载说明，大中十一年唐朝曾派王端章为正使，以李浔为副使，至西域册封回鹘可汗庞特勤。但是，王端章一行途中遇阻，未遂其愿。《资治通鉴》卷二四九大中十一年十月己巳条记道：“王端章册立回鹘可汗，道为黑车子所塞，不至而还。辛卯，贬端章贺州司马。”

黑车子，本为室韦之别种，[②] 据会昌三年（843年）李德裕奉敕撰《赐黠戛斯书》云：“黑车子犹去汉界一千余里，在沙漠之中。”[③]《新五代史》卷七二《四裔附录》引胡峤《陷虏记》云：“契丹北有黑车子。”说明黑车子族帐远在天德军之极东北境，去汉界一千里。他们何以在伊州地区阻挠通道，劫夺唐使，殊难理解。依《张议潮变文》，在“雪山南畔”劫夺唐使的为“背逆回鹘”，也就易于理解了。“背逆回鹘”应为西迁回鹘散众之一，当不属于安西庞特勤部。然从“押衙陈元弘走至沙州界内”“行至雪山南畔”诸字及唐与安西回鹘使节在灵武相遇一事判断，大中十年十月，灵州西逾河西通达西域的道路已经开通。时河西重镇凉州（今甘肃省武威市）尚未光复，唐使北至灵州，只能西逾沙碛沿额济纳河（黑河）至甘州，经肃、瓜、沙一线而达西域。《张议潮变文》又云，大中十一年八月，有“背叛回鹘五百余帐，首领翟都督等将回鹘百姓已到伊州侧”。[④] 而从此后的事态发展看，进攻伊州的

① 荣新江《敦煌写本〈敕河西节度兵部尚书张公德政之碑〉校考》，《周一良先生八十生日纪念论文集》，北京：中国社会科学出版社，1993年，第208页。

② 王国维《黑车子室韦考》，《观堂集林》卷一四，北京：中华书局，1959年，第623—628页。

③［唐］李德裕著，傅璇琮、周建国校笺《李德裕文集校笺》卷六《赐黠戛斯书》，石家庄：河北教育出版社，2000年，第89页。

④《敦煌变文集》上集，第117页；《敦煌变文讲经文因缘辑校》（上），第138页。

"背叛回鹘"亦即劫夺使团的"背乱回鹘"。这些回鹘在伊州附近，很可能来自纳职（今新疆哈密四堡拉布乔克古城），属于西州回鹘系统。从他们劫夺唐政府册封庞特勤的使团看，此时的西州回鹘确实与安西回鹘不属于同一个系统，[①] 而且相互有敌对倾向。

安西回鹘政权虽然未得到册立文书，但是庞特勤被封为怀建可汗之事尚不为虚，而且此后两地关系良好。唐朝先册命庞特勤为安西回鹘可汗，未果，"后十余年，［庞特勤］一再献方物"。[②] 咸通四年（863年），黠戛斯使臣合伊难支诣唐朝献贡，表请"欲讨回鹘，使安西以来悉归唐"，唐朝不允。[③] 这些大致都比较真实地反映了双方间联系较为密切的实况。同时还说明庞特勤统治数十年这一史实。

## 四、仆固俊与高昌回鹘的建立

仆固，又称仆骨，本漠北九姓铁勒强部，在突厥汗国时代已崭露头角。关于其原居地，学界分歧很大，有肯特山北楚库河附近[④]、土拉河北库伦城一带[⑤]、贝加尔湖东巴而忽真河畔[⑥] 及鄂嫩河上游[⑦] 等多种说法。莫衷一是。2009年7月，在蒙古国中央省的扎穆日苏木(Zaamar Sum，位处乌兰巴托西北280公里，在土拉河东岸）出土有《大唐故右骁卫大将军

---

① 李军《关于晚唐西州回鹘的几个问题》，《西北第二民族学院学报》2007年第2期，第23页。

②《新唐书》卷二一七下《回鹘传下》，第6133页。

③《资治通鉴》卷二五〇咸通四年八月条。

④［清］何秋涛《朔方备乘》卷三二《周齐隋唐北徼诸国传叙》，《中国西北文献丛书》第94册，兰州古籍书店，1990年，第45页。

⑤ 丁谦《新唐书回纥等国传地理考证》，《蓬莱轩地理学丛书》第2册，北京：北京图书馆出版社，2008年，第273页。

⑥ 岑仲勉《突厥集史》下册，北京：中华书局，1958年，第663页。

⑦ 刘美崧《两唐书回纥传回鹘传疏证》，北京：中央民族学院出版社，1988年，第126页。

金微州都督上柱国林中县开国公仆固府君墓志铭并序》（图 2-1），[①] 说明仆固部的中心活动区域当在土拉河由南向东转弯处，即土拉河以东和以北之河套地带。《北史》及《隋书》之《铁勒传》均谓“独乐河北有仆骨”。二者大致相契合。而这一地区，过去学界一般将之定为阿跌部及多览葛部的活动范围。该墓志铭的发现，对于重新确认唐代回鹘诸部之活动范围有重要参考价值。

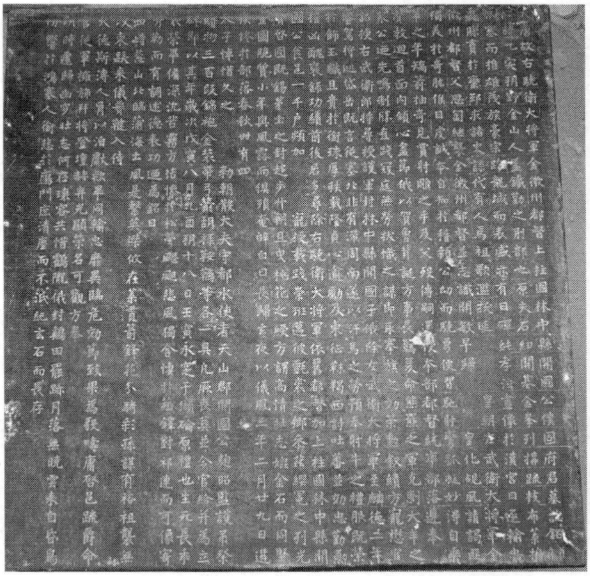

图 2-1　蒙古国新出仆固氏墓志铭

贞观二十年（646 年）十二月，“铁勒九姓大首领率众降”，[②] 揭开了九姓铁勒十三部纷纷降唐的序幕。翌年正月，唐朝择其部落，因其土地，置为州府，以回纥部为瀚海都督府，多滥葛部为燕然都督府，仆骨部为金微都督府，拔野古部为幽陵都督府，同罗部为龟林都督府，思结部为卢山都督府，浑部为皋兰州，斛萨部为高阙州，奚结部为鸡鹿州，阿跌部为鸡田州，契苾部为榆溪州，思结别部为蹛林州，白霫部为寘颜州，即六府七州。“各以其酋长为都督或刺史，于是北荒悉平”。[③] 武则天时期，后突厥汗国勃兴，默啜可汗攻取铁勒诸部之地，唐在漠北的羁縻统治土崩瓦解。《资治通鉴》卷二〇三垂拱元年（685 年）六月条载：“同罗、仆固等诸部叛，遣左豹韬卫将军刘敬同发河西骑士出居延海讨之，同罗、仆固等皆破

① 有关报导详见 New Archaeological Findings of the Early Nomads, *Nomadic Monthly Newspaper* No.81, 2009, p.5.

②《新唐书》卷二二四上《仆固怀恩传》，北京：中华书局，1975 年，第 6365 页。

③《资治通鉴》卷一九八贞观二十一年春正月丙辰。

散。敕侨置安北都护府于同城以纳降者。”注曰：“同城，即删丹之同城守捉。”按，安北都护府在南迁后，先侨置于同城（今内蒙古额济纳旗东南），不久就移泊于删丹南99里的西安城。《通鉴》注中把同城定位于删丹境内，是因为原在同城的安北都护府南移之后被定于删丹以南，其地在今甘肃省山丹县境内。说明仆固部曾在河西地区（删丹），至少说在河西走廊附近的地区活动过。840年漠北回鹘汗国灭亡后，仆固部随回鹘向西迁徙至新疆地区，于咸通七年（866年）攻取西州。

《旧唐书》卷十九上《懿宗本纪上》：

[咸通七年（866年）]十月，沙州张义潮奏：“差回鹘首领仆固俊与吐蕃大相尚恐热交战，大败蕃寇，斩尚恐热，传首京师。”

《新唐书》卷二一七下《回鹘传下》：

懿宗时（860—874年），大酋仆固俊自北庭击吐蕃，斩论尚热，尽取西州、轮台等城，使达干米怀玉朝，且献俘，因请命，诏可。

《新唐书》卷二一六下《吐蕃传下》：

[咸通]七年，北庭回鹘仆固俊击取西州，收诸部。鄯州城使张季颙与尚恐热战，破之，收器铠以献。吐蕃余众犯邠、宁，节度使薛弘宗却之。会仆固俊与吐蕃大战，斩恐热首，传京师。

《资治通鉴》卷二五〇咸通七年春二月条：

[咸通]七年春二月，归义军节度使张义潮奏北庭回鹘固俊克

西州、北庭、轮台、清镇等城。论恐热寓居廓州，纠合旁侧诸部，欲为边患，皆不从；所向尽为仇敌，无所容。仇人以告拓跋怀光于鄯州，怀光引兵击破之……闰月，吐蕃寇邠宁，节度使薛弘宗拒却之……冬，十月……拓跋怀光以五百骑入廓州，生擒论恐热，先刖其足，数而斩之，传首京师。其部众东奔秦州，尚延心邀击，破之，悉奏迁于岭南。吐蕃自是衰绝，乞离胡君臣不知所终。

《考异》又引《懿宗实录》：

[咸通七年春二月] 义潮奏仆收西河及部落胡、汉皆伏，并表贺收西州等城事。义潮又奏鄯州城使张季颙押领拓跋怀光下使送到尚恐热将，并随身器甲等，并以进奉。

上述诸资料中，经数年研讨，现代西域史学者一般认为《资治通鉴》及《懿宗实录》记载为是。[①] 而《新唐书》和《旧唐书》编撰时，因误将北庭回鹘仆固俊收复西州、清镇、轮台一事同鄯州城使张季颙击败吐蕃大将尚恐热混在一起，所以曾导致后来一些人认识上的分歧。此时吐蕃大将论恐热活动的主要地点在鄯州、廓州（均在今青海省境内），故《资治通鉴》方记载拓跋怀光“以五百骑入廓州，生擒论恐热，先刖其足，数而斩之，传首京师。其部众东奔秦州”。此时间为咸通七年（866年）十月，该地点、时间俱与《新唐书》和《旧唐书》不符，可见仆固俊并非从吐蕃人手中夺得西州等地。又因为这两件事均由沙州节度使张议潮上报唐朝，所以，《旧唐书·懿宗本纪》在“回鹘首领仆固

① 藤枝晃《沙州归义军节度使始末》（二），《东方学报》（京都）第12册第4分，1942年，第54—55页；刘美崧《论归义军节度与回鹘关系中的几个问题》，《中南民族学院学报》1986年第3期，第129页。

俊……”前面又多了一个“差”字，仿佛仆固俊附于张议潮。而据《考异》所引《懿宗实录》里的记录，则是张议潮“表贺”仆固俊收取西州、轮台等地，说明二者并无上下级隶属关系。①

前文已讲过，北庭、西州早在9世纪中叶漠北回鹘残众西迁以前已经为回鹘控制，那么，西州、轮台诸地之收复应同吐蕃无涉。所以，一种观点便认为，仆国俊是从黠戛斯人手中收复西州、轮台等地，其资料依据主要是《资治通鉴》卷二四六会昌二年（842年）冬十月条所载。当时，黠戛斯使者踏布合祖诣唐朝奏言：“[黠戛斯]将徙就合罗川，居回鹘故国，兼已得安西、北庭、达靼等五部落。”翌年二月，又有黠戛斯使者注吾合索献贡，“上欲令太仆卿赵蕃就黠戛斯求安西、北庭，李德裕等上言：‘安西去京师七千余里，北庭五千余里，借使得之，当复置都护，以唐兵万人戍之。不知此兵于何处追发，馈运从何道得通，此乃用实费以易虚名，非计也。’上乃止”。②《考异》引《德裕传》曰：“三年二月，赵蕃奏黠戛斯攻安西、北庭都护府，宜出师影（应）援。”③说明会昌初年，黠戛斯人在摧毁漠北回鹘汗国以后，继续南下，一度占领安西、北庭等地，不过占领的时间极短，否则，将无法解释众多文献里在大中二年（848年）以后所记载的庞特勤于安西建立回鹘政权这一事实，而唐朝使节王端章受命西使册封之事恐也成子虚乌有。所以，会昌二年，黠戛斯可能缘回鹘道南下乘势攻陷安西、北庭一地区。然而，起码是在大中二年以前，回鹘人又恢复了对于这一带的控制。安西方面

---

① 参见藤枝晃《沙州归义军节度使始末》（二），《东方学报》（京都）第一二册第四分，1941年，第57页；安部健夫著，宋肃瀛等译《西回鹘国史研究》，乌鲁木齐：新疆人民出版社，1985年，第182页；刘美崧《论归义军节度与回鹘关系中的几个问题》，《中南民族学院学报》1986年第3期。

②《资治通鉴》卷二四七会昌三年二月辛未条。又见《旧唐书》卷一七四《李德裕传》，第4522页。

③《资治通鉴》卷二四七，第7974页。

有庞特勤称汗史实可资证明，西州诸地则有大中五年回鹘宰相安宁至唐朝贡并受册命为证。这里，还注意到，咸通四年（863年）八月，有黠戛斯使臣合伊难支进贡奏言“又欲讨回鹘”，此请求为唐朝所拒绝。[①]此处的“又”颇耐人寻味。假如是时安西以东各地都为黠戛斯人所占，那就没必要再发兵讨回鹘了。

既然仆固俊也不是从黠戛斯人手中攻取西州等地的控制权，那么只能认定这一事实：这位“北庭回鹘”的大酋势必是从立足于焉耆的安西回鹘国的庞特勤手中夺取对西州、轮台等地之统治权的。职是之故，沙州归义军节度使张议潮的这份奏文实际上反映了这时在安西回鹘国内部发生了重大变故。而在此之前诸资料里出现的所谓与张议潮关系不睦的“背叛回鹘”及劫夺王端章委封庞特勤册命的“背逆回鹘”应该是“北庭回鹘”大酋仆固俊的手下人，或者同仆固俊辖下的北庭回鹘有关。11世纪印度旅行家加尔迪齐（Abū Sa'id'Abd-al-Ḥaiy ibn Ḍahhāk ibn Maḥmūd Gardīzī）著《纪闻花絮（Zayn-al-akhbār）》（又译《记述的装饰》）所记载的某位九姓铁勒（九姓乌古斯）首领的传说，就隐约反映了如上事实：

> 九姓乌古斯是一个民族，其王被称作九姓乌古斯可汗。古时，九姓乌古斯可汗是一位人称菊儿特勤（Gür Tegīn=Köl Tegin）的人，其母为中国血统，其弟为可汗。菊儿特勤之母系自由民，来自阿跌(Az)氏。菊儿特勤之同父异母兄弟欲杀之，他割断其喉咙，将他弃于祖辈埋骨之地。菊儿特勤有一个老奶妈，把他送到摩尼教徒（MānīYyān）那里，并托付给选民（电那勿，Dīnāvarīyān）[②]，期望他们用药治疗他，直

① 《资治通鉴》卷二五〇咸通四年八月条，第8107页。

② 译者注：Dīnāvarī，为“真正信仰”之意，亦即敦煌写本BD00256《摩尼教残经》所见的“电那勿”的对应词。据考，应指摩尼教的专职修道者。

到他恢复健康。后来菊儿特勤去了焉耆（Anki，Agin/Agni）城，那是九姓乌古斯的都城，并躲藏起来。有几次他策划阴谋，消息传到了九姓乌古斯汗那里，可汗对之进行了抚慰。最后，九姓乌古斯汗在王宫召见了他。但是，九姓乌古斯汗不让他回到原来的部族，而是把北庭（Panj-kaθ，即 Beš-Baliğ）封给了他。后来，菊儿特勤渐起反叛之心。一方面善待领地里的人民，促进本族人口增长，一方面耐心等待时机。［最终］，他得到了九姓乌古斯汗外出游猎的消息。菊儿特勤召集了一大批人，并开始找寻九姓乌古斯汗的行踪。

二人相遇后，干了一仗，菊儿特勤赢得了胜利，吞并了可汗的部队。九姓乌古斯汗逃到了他的城堡。［但是］，菊儿特勤用水冲垮了城堡的城墙。然后，菊儿特勤让传令兵向城堡内喊话，宣称会保护投降者并饶恕他们。城堡内的士兵因为饥饿而士气低落，全都从城堡中逃出来请求他所承诺的宽恕。九姓乌古斯汗依然躲在城堡中，菊儿特勤的士兵冲进了城堡并缢杀之。兹后，菊儿特勤就成为了九姓乌古斯的可汗。①

据学者考证，《纪闻花絮》约成书于哥疾宁王朝阿布德·阿尔·拉施德在位时期（1050—1053 年），其资料多源出哲汗尼、伊本·穆卡法厄和伊本·胡尔达德贝赫等早期穆斯林地理学家的著述，史料价值颇高。按这里的“九姓铁勒”是穆斯林作家对西迁后回鹘之称呼，已为众多著述辨明。这里的“阙特勤”，一些学者以为即仆固俊，“九姓铁勒可汗”则应是庞特勤。汗之驻地“Azel”即阿赀尔，今焉耆，唐代及早一些的魏晋时期的文献称作“阿耆尼”，是当时回鹘汗帐所在。故事反映的就

① A. P. Martinez，Gardīzī's Two Chapters on the Turks，*Archivum Eurasiae Medii Avei* 2，1983，p.133.

是仆固俊发动内乱之事。[①] 据此，再结合史书的记载，可知仆固俊先被庞特勤任命为五城（别失八里）即北庭的总督，咸通七年自北庭起兵，攻占了西州、轮台等地，最终杀庞特勤自立。西州回鹘自此建立，“安西回鹘”与“北庭回鹘”两支汇同为一，高昌地区成为其政治中心，高昌回鹘历史掀开了新的一页。

① 森安孝夫在《ウイグルの西迁について》（《东洋学报》第 59 卷 1—2 号，1977 年，第 105—130 页）一文中，最早指出阙特勤及回鹘可汗与仆固俊及庞特勤的对应关系。钱伯泉赞同此说，见《喀喇汗王朝是庞特勤创建的吗？——回鹘西迁和庞特勤问题》，《西北民族文丛》第 3 辑，1983 年，第 25—37 页。薛宗正认为其中的九姓铁勒可汗即指庞特勤，阙特勤即仆固俊，见《回鹘西迁新考》，《新疆大学学报》1996 年第 4 期，第 36—40 页。田卫疆认为文中所记有可能与仆固俊、庞特勤争夺汗国统治权有关，见《“卜古汗传说”史实解析》，《民族研究》2000 年第 3 期，第 79—87 页。

第二节

# 高昌回鹘的经济与文化

## 一、高昌回鹘的经济发展

西迁以前，回鹘虽有城镇与农业的发展，但毕竟都是很初步的，不能从总体上改变回鹘逐水草而居的游牧社会性质。西迁以后，由于地理环境的改变，尤其是进一步强烈地受到了中亚、西域、河西地区发达的农业文化的影响，社会生活与文化面貌都发生了翻天覆地的变化。主要表现在以下几个方面：

（一）其社会生活方式由天幕移徙改变为城郭定居生活，与之相应，饮食亦由原来的牛羊乳酪型改变为麦米型，兼牛羊乳酪；

（二）在生产方式方面，则由草原游牧改为以农耕为主，同时兼营畜牧与狩猎，而且在手工业、商业等方面也都有突出的发展；

（三）民族性格的变化也是明显的。草原游牧时代，回鹘“人性凶忍，善骑射，贪婪尤甚，以寇抄为生”，[①] 属于典型的草原游牧民性格，在西迁后，这种生活方式发生了很大的变化，和平而淳朴成为该民族比较典型的性格特征；

---

①《旧唐书》卷一九五《回纥传》，第 5195 页。

（四）文化面貌亦由原来比较单一的形态向多元文化形态转化。①

上述四个方面的变化都很大，但其中起决定作用的应是其生产方式的转化。塔里木盆地周边绿洲自古以来就以农业发达著称，这里土地肥沃，水利灌溉便利，除小麦、大麦、青稞、稻谷、芝麻、粟、豆、黍、棉、麻、桑等能生长成熟外，还适宜生产各种蔬菜瓜果。回鹘入居以后，受当地汉人及其他农业居民的影响，逐步放弃原来的游牧生活而改事定居的农业生产，并在原有农业的基础上取得了新的发展。② 多种文献对此均有记载：

> ［高昌］有水源出金岭，导之周围国城，以灌田园，做水硙。地产五谷，惟无荞麦。③
>
> ［龟兹］国有米、麦、瓜果。④

此外，元人邱处机所撰《长春真人西游记》、明人陈诚的《西域山川风物行程纪录》⑤ 等，也都对回鹘的农业有多方面记载，可以参见。

这些说明迁往西域诸地的回鹘人已由游牧民族转化为以农耕为主的民族。当然，他们在发展农业的同时，并未轻易丢弃他们所熟悉的特长——游牧业。大约成书于981—982年间的波斯文史籍《世界境域志(Ḥudū d al- ʻĀlam)》第十二章《关于九姓乌古斯国及其诸城镇》对回鹘的畜牧业情况多有反映：

---

① 刘义棠《回鹘西迁对其社会文化之影响研究》，《维吾尔研究》，台北：正中书局，1998年，第265—266页。

② 樊保良《维吾尔族历史上的一个重要转折时期》，《西北史地》1985年第2期，第32—39页；王天津、白研《回鹘经济发展史上的一个逆演进现象》，《甘肃民族研究》1987年第1—2期合刊，第93—100页。

③《宋史》卷四九〇《高昌传》，第14111页。

④《宋史》卷四九〇《龟兹传》，第14123页。

⑤［明］陈诚《陈竹山文集》内篇卷一，嘉庆乙卯刻本。

> 他们是一个好战的民族，拥有大量的武器。他们随着气候之适宜，冬夏沿草场转移迁徙。九姓乌古斯国出产大量麝香，还有黑、红色狐皮，灰鼠皮，黑貂皮，貂皮，黄鼠狼，羚羊角，犀牛角及牦牛等。该国宜人之环境甚少，其物产就是上述那些，还有羊、牛、马……九姓乌古斯的国王夏天住在Panjikath村。九姓乌古斯之北是一草原，该草原在他们和黠戛斯人之间伸展开去，直到基马克境。①

这里的九姓乌古斯指的就是高昌回鹘，而其中的Panjikath村，其实就是北庭，汉文史籍又译别失八里（Beš-balïq，意为“五城”）。其中的Panji，应为回鹘语beš（意为“五”）的音转，kath呢，则为波斯语kent（城）的音转。

差不多与之同时，宋使王延德到达高昌，在其行记中记载北庭川长广数千里，水草丰美，禽兽很多，是放牧与狩猎的理想场所，成为回鹘王室的牧马场：

> 北庭地多马，王及王后、太子各养马，放牧平川中，弥亘百余里，以毛色分别为群，莫知其数。

关于吐鲁番、别失八里等地畜养马、牛、羊、驼的记载，在陈诚的《西域山川风物行程纪录》中也有屡见不鲜的记载。

回鹘人向来以善于经商著称。洪皓在《松漠纪闻》中记载：

> 回鹘自唐末浸微……甘、凉、瓜、沙旧皆有族帐，后悉羁縻于

① V.Minorsky, *Hudū d al- ‘Ālam. The Regions of the World. A Persian Geography 372 A.H.-982 A.D.*, London 1937, p.94.

> 西夏……多为商贾于燕，载以橐它，过夏地，夏人率十而指一，必得其最上品者，贾人苦之……［其人］尤能别珍宝，番汉为市者，非其人为侩，则不能售价。①

由此可以看出回鹘商人能力之强，对沟通中西商业贸易起到了非常重要的作用。

商业的发展又直接带动了回鹘商品货币经济的繁荣。《宋史》载龟兹"国城有市井而无钱货，以花蕊布博易"②。这里的"花蕊布"实际上就是吐鲁番出土回鹘文社会经济文书中经常出现的用作交换等价物的Böz——粗棉布。这是回鹘人最常用的货币。③《宋史》所谓龟兹"无钱货"的记载，要么有误，要么只反映龟兹一时一地的情况，因为从吐鲁番出土的回鹘文社会经济文书看，回鹘人对"钱货"的使用还是相当频繁的，既有金、银，也有纸币。④此外，还有数枚回鹘文钱币出土（由于这些钱币数量有限，且种类不一，故其是否用于流通是颇值得怀疑的）。⑤

总之，9世纪中叶以后，回鹘西迁西域及河西走廊一带，随着生活环境的改变，加上受当地高度发展的汉文化的影响，回鹘之生产、生活方式也逐渐由游牧向定居过渡，其经济类型也逐步实现了由草原型向农

---

①［宋］洪皓《松漠纪闻》卷上，《辽海丛书》第1册，沈阳：辽沈书社，1985年，第204页。

②《宋史》卷四九〇《龟兹传》，第14123页。

③ 杨富学《古代新疆实物货币——粗棉布》，《中国钱币》1989年第3期，第14—17页。

④ 杨富学《回鹘文书所见高昌回鹘王国的纸钞与铸币》，《中国社会经济史研究》1992年第1期，第8—14页。

⑤ 杨富学《吉木萨尔文管所收藏的一枚回鹘文钱币》，《中国钱币》1991年第3期，第11—16页；Yang Fuxue, Two New Uighur Coins, *East and West,* 45-1/4, 1995, pp.375-380.

业型的转化，但同时又保留了部分旧有的历史传统。

二、宗教信仰

维吾尔族自古以来就是一个善于接受外来文化的民族，当他们从蒙古高原西迁新疆、河西走廊后，很自然地受到了当地流行的宗教的影响，一部分人改信了景教，大部分民众则皈依了佛教，而统治者则继续信仰他们原来所尊奉的国教——摩尼教。

太平兴国六年（981 年），宋朝使者王延德到达高昌，见这里有“佛寺五十余区……复有摩尼寺”[①]。说明当时回鹘之摩尼教虽不如佛教之盛，但势力仍然是不可忽视的。

1981 年，吐鲁番柏孜克里克石窟出土粟特文摩尼教书信三封，其中，A、B 两封的收件人同为马尔·阿鲁亚曼·普夫耳（mr'ry'm'n pwxr），系东方教区的慕阇。这一现象表明，东方教区的慕阇一度驻节于柏孜克里克石窟。考虑到石窟居住条件的局限性，文献刊布者吉田丰先生认为，在高昌城的两座摩尼教寺院（遗址 K 和 α）中应该有一座是慕阇的正式居住场所，需要时才到柏孜克里克石窟来。[②]

如所周知，摩尼教的主教住于巴比伦，下辖十二个教区，各教区设慕阇一人，统领全区。高昌有慕阇之设，体现了该地在摩尼教界中的重要地位。

新疆吐鲁番等地发现的用回鹘文、摩尼文书写的回鹘语摩尼教文献有数百件，其中最重要的有以下三部典籍：其一为吐鲁番、敦煌等地都有出土的《摩尼教徒忏悔词（Xuāstvānīft）》。它是俗人忏悔自己罪过的一种文献；其二为吐鲁番发现的《二宗经（Ïki Yiltïz Nom）》，现存有

① 《宋史》卷四九〇《高昌传》，第 14112 页。
② ［日］吉田丰《粟特文考释》，新疆吐鲁番地区文物局编《吐鲁番新出摩尼教文献研究》，北京：文物出版社，2000 年，第 3—4 页。

许多回鹘文残片，尚待全面研究；其三为吐鲁番木头沟发现的贝叶书，内容有摩尼大赞美诗、摩尼父赞美诗、商人阿拉赞的故事、忏悔文书及施主题跋等。敦煌、吐鲁番出土的用回鹘文、摩尼文书写的摩尼教文献，极大地充实了古代摩尼教的文化内涵。

在柏孜克里克石窟的回鹘壁画中常可见到摩尼教遗迹（图 2-2）。早在 20 世纪初，德国探险家格伦威德尔（A.Grünwedel）就详细记录了柏孜克里克石窟第 38 窟（格伦威德尔编号第 25 窟）的摩尼教壁画，经俄国学者奥登堡的仔细研究，此洞始被确认为摩尼教洞窟。[①] 在该窟的摩尼教壁画中“摩尼教传教士被一些穿着代表不同等级的白色服装的摩尼师与女弟子围绕着。这些人物，画得较小，胸口书写有美丽的粟特文字，标出各人的波斯语姓名。”[②]

图 2-2　摩尼及其弟子

日本学者森安孝夫进一步研究认为：第 38 窟原为佛教洞窟，当回鹘人西迁后才被改造成摩尼教窟，后来，随着摩尼教的衰落，该窟再改回佛教窟。情况与此相类似的摩尼教洞窟尚有第 27 窟（格伦威德尔编号第 17 窟）。另外，第 35 窟（格伦威德尔编号第 22 窟）及第 2 窟也可能为摩尼教洞窟。其中，第 38 窟壁画中的生命树象征摩尼教所称光明王国，它有三杆，分别代表着三个方位：东部、西部和北部，窟中的其

① С.Ф.Ольденбург, *Русская туркестанская Экспединция 1909-1910г г.*, СПБ 1914, стр.44–46.

② A.von Le Coq, *Buried Treasures of Chinese Turkestan*, London 1928, p.58.

他壁画如寺宇图也属于摩尼教的内容。[①] 近年，我国学者晁华山在前人研究的基础上，进一步细致地探讨了吐鲁番地区各石窟中的摩尼教因素，指出，除了柏孜克里克石窟之外，在吐峪沟和胜金口诸石窟中也有摩尼教壁画存在，现已觅出数十个摩尼教洞窟，其中 39 个大体上可以确认，另有 30 多个需再考察取证。[②] 他的调查结果引起了学界高度的重视，但持异议者也大有人在。[③] 目前对摩尼教壁画的寻找，主要集中于吐鲁番诸石窟中。笔者认为，由于回鹘摩尼教深受佛教的影响，其艺术风格接近，而且摩尼教洞窟又与佛教洞窟混杂在一起，要准确区分出来，非为易事。除第 38、27 窟较为确定外，对其他摩尼教石窟的确定尚需进一步细致的工作。

在高昌故城，摩尼寺亦与佛寺比肩而立。在故城内 K 遗址正厅西侧的废墟中曾发现有一幅摩尼教女神像，头戴精致的白色摩尼教扇形帽，头后有日光光轮，细眉柳目，腴面小口，佩有耳环。她左手举起，作施无畏说法印，[④] 与龟兹佛画中的天女、菩萨几无二致。若非帽子上的标志，很难说这不是一幅佛教绘画。在同一遗址北部西南角，还出土有另一幅摩尼教众神像，上有三个女性头像，佩戴王冠似的头饰和包头布。他们圆盘大脸，与富有装饰性的龟兹、高昌佛教绘画中的菩萨极其类似，形象地反映了回鹘佛教艺术对摩尼教绘画的强烈影响。

佛教是维吾尔族历史上流行时代最长且影响最大的宗教。汉文史籍

---

① 森安孝夫《ウイグル=マニ教史の研究》(=《大阪大学文学部纪要》第 31/32 卷合并号)，大阪：大阪大学文学部，1991 年，第 6—34 页。

② 晁华山《火焰山下无名的摩尼古寺》，《文物天地》1992 年第 5 期，第 26—29 页；《初寻高昌摩尼寺的踪迹》，《考古与文物》1993 年第 1 期，第 84—93 页；《寻觅湮没千年的东方摩尼寺》，《中国文化》第 8 期，1993 年，第 1—20 页。

③ 参见贾应逸《新疆吐峪沟石窟佛教壁画泛论》，《佛学研究》第 4 期，1995 年，第 240—249 页；柳洪亮《吐鲁番胜金口北区寺院是摩尼寺吗?》，新疆吐鲁番地区文物局编《吐鲁番新出摩尼教文献研究》，北京：文物出版社，2000 年，第 231—249 页。

④ H.J.Klimkeit, *Manichaean Art and Calligraphy* (=Iconography of Religions.Section XX: Manichaeism), Leiden 1982, p.30, pl.14.

对高昌回鹘佛教兴盛之状的明确记载，可见于10世纪晚期北宋使者王延德的出使报告：

> 佛寺五十余区，皆唐朝所赐额，寺中有《大藏经》《唐韵》《玉篇》《经音》等，居民春月多群聚遨乐于其间。①

从这一记载看，当时高昌回鹘的佛教即已获得蓬勃发展，佛寺遍地开花，仅区区高昌一地就有五十余座，而且拥有众多的信徒。寺中除收藏有《唐韵》《玉篇》《经音》等来自中原的典籍外，还藏有卷帙浩繁的《大藏经》。敦煌出土汉文写本S.6551讲经文对高昌回鹘佛教流行情况有如下记载：

> 天王……早授诸佛之记，赖蒙贤圣加持，权称帝主人王，实乃化身菩萨……更有诸宰相、达干、都督、敕使、萨温、梅录、庄使、地略，应是天王左右，助佐金门。官僚将相等，莫[不]外匡国界，内奉忠勤，为主为君，无词（辞）晓夜。善男善女，檀越信心，奉戒持斋，精修不倦。更有诸都统、毗尼法师、三藏法律、僧政、寺主、禅师、头陀、尼众、阿姨师等，不及一一称名，并乃戒珠朗耀，法水澄清，作人天师，为国中宝。②

以其内容，大致可将该文献的时代推定在10世纪初期，文中充满了对佛教的景仰、赞美之情，尤有进者，从中可以看出原本信奉摩尼教

① 《宋史》卷四九〇《高昌传》，北京：中华书局，1977年，第14112页。

② 张广达、荣新江《有关西州回鹘的一篇敦煌汉文文献——S.6551讲经文的历史学研究》，《北京大学学报》1989年第2期，第24—25页；中国社会科学院历史研究所等编《英藏敦煌文献（汉文佛经以外部分）》第11册，成都：四川人民出版社，1994年，第107—108页。

的回鹘汗王竟被视作化身菩萨，相国百揆则被视作护法天王，境内存在着都统、僧统大师、毗尼法师、三藏法律、僧政、寺主、诸寺毗尼、法师、律师、禅师等多种僧官。

北庭作为高昌回鹘王国的夏都，文化昌盛，于10世纪左右造就了胜光法师（Singqu Säli）这一伟大的回鹘文佛经翻译家，他先后译出的经典有《金光明最胜王经》《玄奘传》《千手千眼观世音菩萨广大圆满无碍大悲心陀罗尼经》《观身心经》等；981年王延德至北庭会见回鹘王时，即曾憩于高台寺，并瞻仰了唐太宗贞观十四年（640年）于此地兴建的应运太宁寺。[①] 推而论之，两寺在回鹘王国中当有较高的地位。在蒙元时代，这里更是人才辈出，出现了许多著名的回鹘佛教僧徒，如安藏、阿鲁浑萨理、全普庵撒里、洁实弥尔、阔儿古思、亦黑迷失等。

景教，即基督教之聂思脱里派，该派以其创始人聂思脱里而得名。因其主张基督耶稣只有人与神的二重性，在431年的以弗所宗教会议上被斥为异端。后为罗马皇帝所逐，其信徒流亡东方，约于唐太宗贞观九年（635年）始由叙利亚人阿罗本传入中国，习称景教。唐初，由于受到统治者的支持，景教很快传播开来，迄高宗时，已是“法流十道”“寺满百城”[②] 了。据香港学者罗香林的研究，这时的西安、洛阳、灵武、盩厔、沙州、广州、高昌等地都已有了景教徒的活动。[③] 但这种发展并未能持续很久，到9世纪中叶即告中断。会昌五年（845年），唐武宗下令拆毁天下僧寺四千六百区，使道教以外的诸宗教都受到了沉重的

---

① 《宋史》卷四九〇《高昌传》，第14112—14113页。

② 《大秦景教流行中国碑》，文载［英］阿·克·穆尔著，郝镇华译《一五五〇年前的中国基督教史》，北京：中华书局，1984年，第42—52页；朱谦之《中国景教——中国古代基督教研究》，北京：东方出版社，1993年，第223—230页；翁绍军《汉语景教文典诠释》，北京：三联书店，1996年，第43—81页，等等。

③ 罗香林《唐元二代之景教》，香港中国学社，1966年，第13—14页。

打击。从此以后，在内地的景教便趋于灭绝，有一部分景教徒可能改宗其他信仰，而另一部分则被迫流入边地。西域的高昌一带，便由此而增加了景教势力，再加上其他诸种因素，很快发展成为景教的一大中心。

1904 年至 1906 年，德国吐鲁番探险队在吐鲁番及附近地区进行了多次发掘，获得了不少文物，其成员之一的勒柯克（A .von Le Coq）在高昌地区的遗址上发现了景教寺院的壁画残片，上绘圣枝节(Pamsunday) 欢迎基督进入耶鲁撒冷城的仪式，另外，尚有回鹘文、粟特文及叙利亚文的景教经典残卷出土。这些古物，经学者考订，多为晚唐、五代时期的遗物。在出土的遗物中还有若干教士书信和叙利亚教会通讯。[①] 在高昌出土的回鹘文《伊索寓言》的翻译也和景教的传播有着密切的联系。[②]

太平兴国六年（981 年），北宋使者王延德到达高昌，见这里“佛寺五十余区，皆唐朝所赐额……复有摩尼寺，波斯僧各持其法”。[③] 这里的“波斯僧”，过去多认为指的是摩尼教徒。但从敦煌出土高昌回鹘文献 S. 6551 讲经文看，“波斯僧”似乎专指景教徒。兹节录如下：

> 门徒弟子言：归依佛者，归依何佛？且不是磨（摩）尼佛，又不是波斯佛，亦不是火祆佛，乃是清净法身、圆满报身，千百亿化身释迦牟尼佛……且如西天有九十六种外道，此间则有波斯、摩尼、火祆、哭神之辈，皆言我已出家，永离生死，并是虚诳，欺谩

---

① R. Y. Seaki, *The Nestorian Documents and Relics in China,* Tokyo 1937, Chapter 16; T. F. Carter, *The Invention of Printing in China and Its Spread Westward,* New York 1925, p. 104.

② 耿世民《维吾尔族古代文化与文献概论》，乌鲁木齐：新疆人民出版社，1983 年，第 21 页。

③《宋史》卷四九〇《高昌传》，第 14112 页。

人天。惟有释迦弟子是其出家，堪受人天广大供养。[①]

文献中的佛教、摩尼教与火祆教都是明白无误的，其中的“波斯佛”，也可以说是比较明确的。首先，可以肯定该教来自波斯。回鹘宗教中来自波斯的有摩尼教、祆教和景教三种。既然摩尼教与祆教都已明确，那么文中的“波斯”也就只能是景教了。

大约成书于公元981—982年间的波斯文史籍《世界境域志》对回鹘境内的景教情况也有所反映。其中第十二章《关于九姓乌古斯国及其诸城镇》记载：

伯克·特勤诸村，包括五个粟特人的村子。村中住着基督教徒、祆教徒和不信教的人。[②]

在吐鲁番出土的景教文献相当多，比较著名的有回鹘文《圣乔治殉难记》《巫师的崇拜》和叙利亚文、粟特文的景教祈祷书断片。这些文献是研究我国及亚洲地区景教历史不可多得的宝贵资料。

近代的历史学和考古学也证明历史上的高昌回鹘、甘州回鹘、沙州回鹘诸政权都奉行着比较宽容的宗教政策。尤其是高昌回鹘，其统治者对任何宗教都不抱什么偏见，听任流行。他们“对于基督教，显然加以优容，对佛教也加以奖掖”，而汗室贵族则继承蒙古高原时代的传统，仍然“信仰摩尼教。佛教是多数人民信奉的宗教，景教则为少数人信

---

① 张广达、荣新江《有关西州回鹘的一篇敦煌汉文文献——S.6551讲经文的历史学研究》，《北京大学学报》1989年第2期，第24—25页；中国社会科学院历史研究所等编《英藏敦煌文献（汉文佛经以外部分）》第11册，成都：四川人民出版社，1994年，第111页。

② V.Minorsky, *Hudud al- ʻĀlam."The Regions of the World", a Persian Geography 372 A H.-982 A.D.*, London: 1937, p.95；［波斯］佚名著，王志来译注《世界境域志》，上海：上海古籍出版社，2010年，第70页。

奉。”[①] 11世纪50年代印度旅行家加尔迪齐也谈到了回鹘人信奉多种宗教的情况。他说：“九姓乌古斯可汗传统上信仰摩尼教（maδhab-e=Dīnāvarī）。然而，在九姓乌古斯的首都（šahr）和疆域（welyāyat）内，还有基督教（tarsā）、二神教（θanawī，即拜火教）和佛教（šomanī/ šamanī）……每天有三四百个选民聚集在当地统治者之宫殿门口，高声诵读摩尼的著作。［然后］走到统治者前，向其致礼后返回。”[②] 这种宽容的宗教政策，促进了回鹘地区多种宗教的流行与发展，为回鹘多元文化的形成提供了条件。

三、文化

回鹘自古以来就是一个善于接受外来文化的民族，这从其千余年来使用文字种类之多就可得到反映。大致从744年漠北回鹘汗国建立至840年汗国消亡，近一个世纪间，回鹘使用的文字主要是突厥卢尼文、粟特文和汉文文献资料，均为碑铭。回鹘文尽管已经创制出来，但使用尚少。回鹘文的广泛使用，主要是840年回鹘西迁以后，以至1346年察合台后王秃黑鲁帖木儿占领高昌止，通行了5个世纪，主要流行于新疆及河西走廊地区。与回鹘文并行的还有摩尼文、粟特文、突厥卢尼文、叙利亚文、汉文、婆罗迷文、吐蕃文、八思巴文等。

如同世上其他各种文字一样，回鹘诸文字不是符号的任意堆积，而是多种因素综合作用的结果。作为记录语言的工具，回鹘每一种文字的产生、使用到消亡，都不是孤立的现象，而是通过诸要素之间的互相联

① A.von Le Coq, *Buried Treasures of Chinese Turkestan*, London 1928, p. 24.

② A.P.Martinez, Gardīzī's Two Chapters on the Turks, *Archivum Eurasiae Medii Aevi*, II (1982), 1983, p. 133–134, 136.参见 В.В.Бартолид, Извлечение из сочнения Гардизи *Зайн ал–Ахбāр*, Приложение k《*Отчету о поездке в Среднюю Азию с научною целью 1893–1894гг.*》, СПБ 1897, стр.115–116.

系和相互制约，从而形成一种组织严密的网络，历史的、宗教的、社会的，以至外来的影响，都对回鹘文字的演变起过程度不同的作用，对这些进行研究，是回鹘文化研究中一项特殊而有意义的工作。因为，回鹘文字递嬗之频、所用文字的种类之多、受宗教影响的程度之深，都是世界文化史上不多见的现象。[①]

回鹘是一个富有文学传统的古代民族。《北史·高车传》即称其先人敕勒（高车）人“好引声长歌”，脍炙人口的《敕勒歌》便是他们留给后人的一份宝贵文学遗产。在吐鲁番出土的回鹘文文献中，文学作品占有相当的比例，其中又以诗歌作品居多。可以说，诗歌创作是古代回鹘文学最重要的成就之一。这些诗歌内容丰富，涉及面广，既有佛教、摩尼教、景教诗歌，也有数量相当丰富的民间诗作，如田园诗、爱情诗、格言诗、劝喻诗、挽歌等。[②]

古代回鹘语诗歌的最大特征就是押首韵，不管在总结诗歌或民间文学中，这种韵律形式都得到了普遍的采用。如吐鲁番出土编号为T II D 169的一首回鹘文摩尼教赞美诗第一段曰：

| | |
|---|---|
| tözün bilgä kišilär, tirilälim | 一起来吧，善良聪明之众！ |
| tngrining bitigin biz išidälim! | 请把天神的教诲聆听！ |
| tört ilig tngrilärkä tapïnalïm! | 向四天王顶礼膜拜！ |
| tört uluɤ ämgäkdä qurtulalïm! | 跳出四大苦难的牢笼！ |

其中，第一、三、四行均押头韵 tö-，唯第二行不同韵，学界称之为

① 杨富学《论多种文字在古代维吾尔族中的行用》，《民族史研究》第5辑，北京：民族出版社，2004年，第288—315页。

② A. von Gabain, Zentralasiatische türkische Literaturen, 1: Vorislamische alttürkische Literatur, *Handbuch der Orientalistik* 5:1, Leiden 1963, S. 207–228.

abaa 韵式。此外尚有 abab 韵式，即一三行押韵，二四行押韵，如同诗第三段：

| | |
|---|---|
| körügmä kün t(ä)ngri. | 无所不见的日神， |
| siz bizni küzäding | 您保护了我们 |
| körünügmä ay t(ä)ngri | 无所不见的月神， |
| siz bizni qurtɤarïng. | 愿您拯救我们！① |

此外，aaaa（即四行均押头韵）、aaba（即一、二、四行押韵，三行不押韵）的韵脚形式也广泛存在。不管采用什么样的韵式，都使摩尼教诗歌具有较为浓郁的诗味。

回鹘文诗歌节奏鲜明，旋律优美而和谐，读来朗朗上口，给人以美的享受。如同诗第一、五段：

| | |
|---|---|
| tang t(ä)ngri kälti. | 黎明之神来了， |
| tang t(ä)ngri özi kälti. | 黎明之神自己来了。 |
| tang t(ä)ngri kälti. | 黎明之神来了， |
| tang t(ä)ngri özi kälti. | 黎明之神自己来了。 |

| | |
|---|---|
| tang t(ä)ngri. | 黎明之神， |
| yïdliɤ yïparlïɤ | 香味芬芳， |
| y(a)ruqluɤ yaruq luɤ | 光芒四射， |
| tang t(ä)ngri. | 黎明之神！ |

① A. von Le Coq, *Türkische Manichäica aus Chotscho. II, Abhandlungen der Preussischen Akademie der Wissenschaften, Phil.-hist. Klasse,* 1919, Nr.3, S. 9.汉译文见耿世民《古代维吾尔族诗歌选》，乌鲁木齐：新疆人民出版社，1982 年，第 47 页。

tang t(ä)ngri　　　　黎明之神！①

重复和排比作为文学修辞的主要手段，有利于增强诗歌的音乐性，上举这两段诗即采用这种手法，恰到好处，诵读之时，自然会有一种倾听优美音乐或是聆听美妙歌声的感觉。

回鹘民间文学特别发达，英雄史诗《乌古斯可汗的传说》堪称代表。史诗以人物活动的时间先后为线索来组织安排记叙顺序，首先记述了乌古斯可汗在未建国之前的生长过程和从事打猎及娶妻生子的各种灵异事迹，接着描写他带领臣民向异族进行的征战活动。前者反映了回鹘先民在创世阶段为生活、生存同大自然作斗争所做的种种努力，后者则表明他们在那个崇尚武功的英雄时代攻城略地不断壮大自己的英雄业绩。他在苍狼的帮助下，先后击败乌鲁木皇帝，接着又相继征服了女真、印度、西夏、沙木（叙利亚）和巴尔汗（西辽）等地。史诗的末尾讲乌古斯可汗将辖地分封给他的六个儿子。②

回鹘谚语也是该民族在历史长河中对自己所创造的物质文化和精神文化的浓缩反映。在古今维吾尔族民间文学中，谚语一直占有相当重要的地位。如吐鲁番交河故城出土的谚语（编号为 T II Y 19）写道：

qoču taɤïnda qaplan yok　　　　-da 4+8 yok.
quduɤ suwïnda balïq bolmaz.　　　　-da 4+9 yok
高昌山上没豹子。
井水中无游鱼。

① A. von Le Coq, *Türkische Manichäica aus Chotscho. II, Abhandlungen der Preussischen Akademie der Wissenschaften, Phil. -hist. Klasse*, Berlin 1919, Nr. 3, S. 9–10. 汉译文见耿世民《古代维吾尔族诗歌选》，乌鲁木齐：新疆人民出版社，1982 年，第 47—50 页。

② 耿世民《古代维吾尔史诗〈乌古斯可汗的传说〉》，《新疆文史论集》，北京：中央民族大学出版社，2001 年，第 114—125 页。

ärdämlig kiši ärdini birlä tüz ol，　6+12　ol
ärdämsiz kiši ätük ičindäki ulyaq birlä tüz ol. 8+17　ol
有德行的人好比珍宝，
无德行的人好比靴垫。

buyanliɤ kiši burqanlar birlä tüz ärür，6+13　ärür
buyansïz kiši boq baqïr birlä tüz ärür.7+13　ärür
有功德的人好比佛爷，
无功德的人好比废铜。

är qutï bäling，3+5　-ing
suv qutï täring. 3+5　-ing
男子的本质在于无畏，
水流的价值在于深邃。①

从上述谚语诗中，可以看到古代回鹘人的谚语具有相当高的艺术水准。它用词生动，语言朴实，形象鲜明而活泼风趣。且时代较早，约为10世纪末至11世纪中叶的遗物，成为认识那个时代回鹘文学发展状况的不可多得的宝贵资料。

由于受周边多种文化的影响，高昌文化呈现出多种多样的趋势，如回鹘的历法即采用多种纪年形式，归结起来，大致可分为为以下七种：

（一）十二兽+年+序数词（或专用词）+月+基数词+向格。这是碑铭及出土文献中最常见的纪年格式。例如：yunt yïl törtünč ay säkiz yigirmigä（马年四月十八日），taqïɤu yïl üčünč ay iki yangïɤa（鸡年三

① G. R. Rachmati，*Türkische Turfan-texte.* VII，Berlin 1936，S. 54.

月初二)。

(二)五行+十二兽+年+序数专词+月。例如:to bičin yïlïn tun čor ayïn……(土猴年,秋季第一个月〈Tumya:ra 月〉)。

(三)五行+修饰语+十干+十二兽+年+序数词+月+基数词+向格。例如:suv qutluɤ zim it yïl üčünč ay bäš yegirmi-gä(水,吉祥的壬狗年三月十五)。

(四)修饰语+五行+修饰语+十二兽+年+向格+修饰语+向格+序数词+月+基数词+向格+星座。例如:qutadmïš qutluɤ topraq qutluɤ bičin yïl-ɤa ödrülmiš ädgü ödgä qutluɤ quluɤa toquzunč ay tört otuz-ɤa purva-pulguni yultuz-ɤa(赐福的、吉祥的土,吉祥的猴年,择定的良辰吉时,九月二十四,张宿)。

(五)修饰语+十二兽+年+序数词+月+基数词+向格。例如:qutluɤ tawïšqan yïl törtünč ay yetti yigirmigä(吉祥的兔年四月十七)。

(六)修饰语+天干+五行+修饰语+十二兽+年+序数词+月+基数词+yangï+向格。例如:qutluɤ ge ot qutluɤ qoyn yïl ikinti ai üč yangïɤa(吉祥的革火,吉祥的羊年二月初三)。

(七)中原王朝年号+atlïɤ(之称的)+年+属格+序数词+年+时位格。多见于汉语文献的译作之中。例如:šinki atlïɤ yïlnïng üčünč yïlïnta(显庆三年)、lïntïq atlïɤ yïlnïng baštïnqï yïlïnta(麟德元年)。[①] 这些明显都受到了汉文化的影响。

同时,来自波斯的七曜历在回鹘中同样也有使用。据载,当时高昌国“用开元七年历,以三月九日为寒食,余二社、冬至亦然”。[②] 这里所谓的“开元七年历”,实际上指的就是七曜历,以其于开元七年传入唐

---

① 李树辉《博采众长、兼容并蓄的高昌回鹘文化》,《丝绸之路民族古文字与文化学术讨论会文集》,西安:三秦出版社,2007 年,第 261—262 页。

②《宋史》卷四九〇《高昌传》,第 14111 页。

朝而得名。

高昌回鹘医学发达，20世纪初于吐鲁番发现的回鹘文医学残卷有十余件，其中以TID 120《杂病医疗百方》保存最为完好。[①] 以此文献为基本依据，结合吐鲁番发现的其他回鹘文医学文献残卷，大致可以看出古代回鹘医学的基本概貌。归纳起来，大致可将古代回鹘医学的内容划分为辨证、药物和施治三个方面。

辨证方面见于《杂病医疗百方》的有胸闷、气喘、受风、腹泻等，计达六十多种病症。《杂病医疗百方》提到的药物品种多种多样，其中与动物有关者居多，如熟筋、肉汤、山羊胆、兔胆、肺等，计有五十余种。植物药物也不少，有狼毒、石榴籽、阿魏、小豆蔻等，计四十余种。另有硇砂、粗盐、岩盐、红盐等矿物九种。加工类药物五种，即葡萄酒、葡萄醋、麦酒、糖、醋。此外的药物还有人胆、人肉、人尿、人乳等。

除《杂病医疗百方》外，在吐鲁番出土的回鹘文医书残片中还可见到不少其他药物，如苋蒿（ardun）、戴胜骨之类。

施治方面《杂病医疗百方》开列的药方共有84个，既有内科、外科，也有妇科、伤科、五官科及儿科，还有牙科、神经科、皮肤科等。[②]

艺术方面。在高昌石窟和古城中发现了高昌回鹘时期的壁画，大都属于佛教画像，也有摩尼教壁画。所画人像有汉人、回鹘人、印度人和欧罗巴人种的画像。壁画的风格以中国式和希腊—印度犍陀罗式二者的混合为主，有明显的东西文化交融的倾向。高昌回鹘人喜爱音乐，"好游赏，行者必抱乐器"。高昌王宴请宋朝使臣王延德等时，"张乐饮宴，为优戏"；泛舟游湖时，在"池四面作鼓乐"。[③] 历史上著名的龟兹乐当时仍在龟兹和高昌一带盛行不衰。

---

① G.R.Rachmati, *Zur Heilkunde der Uiguren,* SPAW, Berlin 1930, S.451–473.

② 杨富学《高昌回鹘医学稽考》，《敦煌学辑刊》2004年第2期，第127—137页。

③《宋史》卷四九〇《高昌传》，第14112—14113页。

第三节

# 高昌回鹘与敦煌之关系

## 一、高昌回鹘与归义军的早期接触

唐开成五年（840 年），回鹘内乱，渠长句录莫贺联合回鹘劲敌黠戛斯，合兵十万，攻破回鹘都城，杀可汗，回鹘汗国破灭。近可汗衙帐的十三部以乌介特勤为可汗，南下附唐。回鹘相馺职则拥可汗外甥庞特勤率十五部西迁，其中部分进入河西走廊，而主力则随庞特勤到达天山东部地区，希望在这块回鹘汗国的旧领地内求得生存和发展。据唐朝史料记载，会昌二年（842 年）冬十月，黠戛斯遣使向唐朝报告击破回鹘的情况，称“将徙就合罗川，居回鹘故国，兼已得安西、北庭、鞑靼等五部落”。[①] 黠戛斯派兵追击西迁回鹘并取得一定的成果是肯定的，但其所得并非安西、北庭都护府的全境，因为大约与此同时，庞特勤已在焉耆立足，号称叶护。[②] 大中元年（847 年），乌介可汗被杀，其弟遏捻被立为可汗，投依奚王。翌年，唐幽州节度使张忠武令奚王送遏捻来幽州。遏捻惧，与妻、子等西奔，不知所终。庞特勤随后在安西地区称可

① 《资治通鉴》卷二四六会昌二年冬十月条。

② 《新唐书》卷二一五下《突厥传下》，第 6069 页。

汗，据有“碛西诸城”。[①]

大中二年（848年），张议潮起事敦煌，收复瓜沙。敦煌写本S.6161+S.3329+S.6973+P.2762+S.11564《敕河西节度兵部尚书张公德政之碑》记张议潮初起时的事迹云：

> 残烬星散，雾卷南奔。敦煌、晋昌收复已讫，时当大中二载。题笺修表，纡道驰函。（原注：沙州既破吐蕃，大中二年，遂差押衙高进达等，驰表函入长安城，已［以］献天子。）上达天闻……图谋得势，转益雄豪。次屠张掖、酒泉，攻城野战，不逾星岁，克获两州。再奏天阶，依前封赐，加授左仆射。官高二品，日下传芳，史策收功，名编上将。[②]

大中三年（849年），收复肃、甘二州。四年收复伊州，S.367《沙州伊州地志》残卷伊州条记：

> 大中四年，张议潮收复，因沙州卌户居之，羌龙杂处，约一千三百人。[③]

此外，P.2854有《竖幢伞文》，其中有“奉为尚书北征，保无灾难之所为也……士马无伤，旋还本郡”的祝愿。“北征”即指张议潮远征伊州之事。大中五年，张议潮先后派遣的几路沙州使者，都到达了唐朝的都城长安，并以瓜、沙、伊、肃、鄯、甘、河、西、兰、岷、廓十一州天宝旧图进献。无独有偶，西州的回鹘使者也同时到达长安。杜牧

---

① 《旧唐书》卷一九五《回纥传》，第5215页。

② 荣新江《敦煌写本〈敕河西节度兵部尚书张公德政之碑〉校考》，《周一良先生八十生日纪念论文集》，北京：中国社会科学出版社，1993年，第208页。

③ 郑炳林《敦煌地理文书汇集校注》，兰州：甘肃教育出版社，1989年，第67页。

《樊川文集》卷二十收录有《西州回鹘骁卫大将军制》，其文如下：

> 敕：古者天子守在四夷，盖以恩信不亏，羁縻有礼。《春秋》列潞子之爵，西汉有阴阳之封，考于经史，其来尚矣。西州牧守颉干(于)伽思俱宇合逾越密施莫贺都督宰相安宁等，忠勇奇志，魁健雄姿，怀西戎之腹心，作中夏之保障。相其君长，颇有智谋。今者交臂来朝，稽颡请命。丈组寸印，高位重爵，举以授尔，用震殊邻。无忘敬恭，宜念终始。可云麾将军守左骁卫大将军［员］外置同正员，余如故。[①]

此制大约作于大中五年冬。对于安宁的归属，学者们有许多争议，主要观点有二：一是认为安宁系由焉耆的庞特勤派遣治理西州；[②] 一是认为受张议潮控制。[③] 如果安宁果真是庞特勤的属部，此次西州使者入朝，应当已经把庞特勤的消息报告给唐朝。但据《唐大诏令集》卷一二八所载大中十年二月《议立回鹘可汗诏》，唐朝在大中十年方才得到安西庞特勤的消息。因此，安宁不应是庞特勤的部属。从西州此前的历史背景来看，安宁等很可能是原回鹘汗国的守土封臣。[④] P.3554 悟真撰《上河西道节度公德政及祥瑞五更转兼十二时共一十七首并序》称：

> 伏惟我尚书渥洼龙种，丹穴凤鶵，禀气精灵，生便（辩）五

---

① ［唐］杜牧《樊川文集》卷二〇，上海：上海古籍出版社，1987 年，第 304—305 页。

② 森安孝夫，《ウイグルの西迁について"》，《东洋学报》第 59 卷 1—2 号，1977 年，第 120 页。

③ 刘美崧《论归义军与回鹘关系中的几个问题》，《中南民族学院学报》1986 年第 3 期，第 131 页。

④ 荣新江《张氏归义军与西州回鹘的关系》，《敦煌学国际研讨会文集·史地语文编》，沈阳：辽宁美术出版社，1995 年，第 121 页。

色。讨凭陵而开一道，奉献明王；封秘策而通二庭，安西来贡。[①]

据荣新江所考，文书中的尚书指张议潮。[②] 这里的二庭指的是伊、西、庭三州之境。[③] 这里似乎透露出张议潮大概是通过外交手段与西州回鹘取得了联系，并招引其一起向唐朝入贡。这就是大中五年西州、沙州使者同在唐朝受封的缘由。这样一来，张议潮就给唐朝一个它有能力控制包括西州在内的河陇十一州的印象。同年十一月，唐朝于沙州设立归义军，以张议潮为节度使、十一州观察使。

敦煌自古以来即为多民族聚居区，“华夷所交，实一都会之府也”。[④] 如何处理与周边政权及民族的关系，随即成为新崛起的沙州政权所面临的迫切问题之一。

此时的天山东部地区，既有原回鹘汗国的属部旧臣，也有随庞特勤而来的西迁回鹘主力，还有一些散在诸处而以盗劫存生的小族帐。P.2962《张议潮变文》记大中十年（856年）时，有回鹘部众与吐谷浑占据伊州西纳职城，并不断抄掠伊州。张议潮于同年六月亲自率兵前往讨伐，虽然取胜，但并未攻克纳职城。同年冬十一月，唐朝因得知庞特勤在安西已称可汗，于是派使臣王端章等充使册庞特勤为怀建可汗。王端章一行半路被伊州一带的回鹘劫走国信，无功而返。《张议潮变文》又载：“至十一年八月五日，伊州刺史王和清差走马使至，云有背叛回鹘五百

---

① 上海古籍出版社、法国国家图书馆编《法藏敦煌西域文献》第25册，上海：上海古籍出版社，2002年，第235页。

② 荣新江《沙州归义军历任节度使称号研究（修订稿）》，《敦煌学》第19辑，1992年，第18页。

③ 详见唐长儒《唐肃代期间的伊西北庭节度使及留后》，《山居存稿》，北京：中华书局，1987年，第411—428页所引文献及解说。

④［宋］乐史撰，王文楚等点校《太平寰宇记》卷一五三《沙州》，北京：中华书局，2007年，第2955页。

余帐，首领寨赌毒等将回鹘百姓已到伊州侧。”[①] 可惜变文后残，不知结果如何。这些事实表明，西迁回鹘开始了对伊州的渗透，但伊州城仍在归义军手中。P.4660《故前伊州刺史改授左威卫将军银青光禄大夫检校太子宾客殿中侍御［史］临留左公赞》，其中称伊州刺史王和清的继任者“封疆受土，典郡西陲”。后署“法师恒安书”。[②] 按同卷又有惠菀述《敦煌唱导法将兼毗尼藏主广平宋律伯彩真讚》，尾题“维大唐咸通八年岁次丁亥（867年）六月庚午朔五日甲戌题记，弟子比丘恒安书”。[③] 据此知《左公讚》是恒安在咸通八年以后升任法师之后所写，当时伊州仍为归义军所守。

大中、咸通之际，正是西迁回鹘部众各自为政，相互争夺地盘之时。张议潮也着力经营河西，无暇西顾。咸通二年（861年），张议潮率军收复河西重镇凉州（今甘肃省武威市）。S.6161+S.3329+S.6973+P.2762 +S.11564《敕河西节度兵部尚书张公德政之碑》称颂此事道：

> 姑臧虽众，勍寇坚营。忽见神兵，动地而至。无心掉战，有意逃形。奔投星宿岭南，苟偷生于海畔。我军乘胜逼逐，虏群畜以川量。掠其郊野，兵粮足而有剩；生擒数百，使乞命于戈前；魁首斩腰，僵尸染于蓁莽。良图既遂，摅祖父之沉冤。西尽伊吾，东接灵武，得地四千余里，户口百万之家。六郡山河，宛然而旧。[④]

---

① 王重民等编《敦煌变文集》上集，北京：人民文学出版社，1957年，第114—120页。

② 郑炳林《敦煌碑铭赞辑释》，兰州：甘肃教育出版社，1992年，第182页；姜伯勤、项楚、荣新江《敦煌邈真赞校录并研究》，台北：新文丰出版公司，1994年，第159页。

③ 郑炳林《敦煌碑铭赞辑释》，第185页；姜伯勤、项楚、荣新江《敦煌邈真赞校录并研究》，第156页。

④ 荣新江《敦煌写本〈敕河西节度兵部尚书张公德政之碑〉校考》，《周一良先生八十生日纪念论文集》，北京：中国社会科学出版社，1993年，第208页。

这可以说是归义军政权最强盛的时期。

## 二、纳职回鹘对沙州的侵扰及张淮深的反击

张议潮于咸通八年（867年）"束身归阙"后，张淮深继其位。张淮深主政期间（867—890年），有"破残回鹘"进攻瓜、沙二州，事见P.3451《张淮深变文》。

该文献前部内容残损，残存部分记载了两次反击回鹘进军的史事，填补了传世文献记载的空白，对回鹘史及回鹘与沙州归义军关系史的研究具有非常重要的意义。故学界研究、校录者甚众。如王重民等编《敦煌变文集》，张鸿勋《敦煌讲唱文学作品选注》，项楚《敦煌变文选注》，潘重规《敦煌变文集新书》，周绍良、张涌泉、黄征辑校《敦煌变文讲经文因缘辑校》等均有录文与校注。尤其是孙楷第、郑炳林先生，曾分别撰写专文对《张淮深变文》进行研究，钩沉索隐，卓有贡献。[①] 兹依《敦煌变文讲经文因缘辑校》录文为底本，[②] 校以原卷照片，[③] 移录其全文如下：

（前缺）

尚书见贼□降伏，□

莫遣波逃星散去，□

蒙尘首领陈辞曲，□

① 孙楷第《敦煌写本张淮深变文跋》，《中央研究院历史语言研究所集刊》第7本第3分，1937年，第385—404页；郑炳林《敦煌本〈张淮深变文〉研究》，《西北民族研究》1994年第1期，第142—155页；郑炳林、张红丽《〈张淮深变文〉的年代问题》，《1994年敦煌学国际研讨会文集·宗教文史卷》（上），兰州：甘肃民族出版社，2000年，第319—332页。

② 周绍良、张涌泉、黄征辑校《敦煌变文讲经文因缘辑校》，第134—152页。

③ 上海古籍出版社、法国国家图书馆编《法国国家图书馆藏敦煌西域文献》第24册，上海：上海古籍出版社，2002年，第250—254页。

奉命差来非本意，▭
今朝死活由神断，▭
鸟入网中难走脱，▭
回鹘既败，当即生降，▭
归。厶乙所来为寇非▭
实虑尚书征兵来伐，▭
为游军。何期天道助▭
厶乙首领而已。尚书▭
业，累致逃亡，使安西▭
之窟，奈何先陈降▭
非一二，据汝猖狂，尽▭
且留性命。首领等▭
离鼎上当则收贼戈▭
首尾相连，俘诸丁▭
写表闻天处，若为［陈说］：
尚书神算运筹谋，廓清龙□□□□。
破却吐蕃收旧国，黄河□□□□□。
诸蕃纳质归唐化，尽欲输□□□□。
敢死破残回鹘贼，星驰羽□□□□。
初言纳款投旌戟，续变□□□□□。
早向瓜州欺牧守，今朝此处□□□。
黄天不许辜神德，败绩横□□□□。
生降不可全坑却，且放严□□□□。
首领马前称万岁，言终泣下□□□。
尚书见贼已归降，蹔假威容驻道旁。
念汝失乡沦落众，那堪更遣负寒霜。
中军处分收弓□，表进戈矛奉大唐。

然后收军遮逆虏，陌刀生拥入敦煌。

尚书既擒回鹘，即处分左右马步都虞候，并令囚系。遂请幕府修笺，述之露布，封函结款，即□□□，不逾旬月之间，使达京华。表入凤墀，帝亲披览，延映天朝。帝谓群臣曰："□□□□表奏，获捷匈奴千余人，絷于囹圄。朕念□□□□□旧懿，曩日曾效赤诚；今以子孙流落□□河西，不能坚守诚盟，信任诸下，辄此猖狂。朕闻往古，义不伐乱，匈奴今岂（其）谓矣！"因而厚遇之。群臣皆呼万岁。乃命左散骑常侍李众甫，供奉官李全伟，品官杨继瑀等，上下九使，重赍国信，远赴流沙。诏赐尚书，兼加重锡，金银器皿，锦绣琼珍，罗列球场，万人称贺。诏曰："卿作镇龙沙，威临戎狄，横戈大漠，殄扫匈奴。生降十角于军前，对敌能施于七纵。朕闻嘉叹，即更勉怀！"尚书捧读诏书，东望帝乡，不觉流涕处，若为陈说：

皇华西上赴龙庭，驲骑骈阗出凤城。
诏命貂冠加九锡，虎旗龙节曜双旌。
初离魏阙烟霞静，渐过萧关碛路平。
盖为远衔天子命，星驰犹恋陇山青。
行歌圣日临荒垒，土（玉）勒相催倍去程。
遥望敦煌增喜气，三危峰翠目前明。
到日球场宣诏谕，敕书褒奖更丁宁。
尚书既睹丝论诰，蹈舞怀惭感圣聪。
"微臣幸遇陶唐化，得复燕山献御容。
报国愿清戎落静，烟消万里更崇墉（庸）。
今生岂料亲临问，特降天官出九重，
锡赉缣缃难捧授，百生铭骨誓输忠！"

尚书授敕已讫，即引天使入开元寺，亲拜我玄宗圣容。天使睹往年御座，俨若生前。叹念敦煌虽百年阻汉，没落西戎，尚敬本朝，余留帝像。其于（余）四郡，悉莫能存。又见甘、凉、瓜、肃，雉堞雕残，居人与蕃丑齐肩，衣着岂忘于左衽。独有沙州一郡，人物风华，一同内地。天使两两相看，一时垂泪，左右骖从，无不惨怆。安下既毕，日置歌筵，球乐宴赏，无日不有。是时也，日藏之首，境媚青苍，红桃初熟，九酝如江。天使以王程有限，不可稽留。修表谢恩，当即进发。尚书远送郊外，拜表离筵，碧空秋思，去住怆然，踌躇塞草，信宿流连。握手途中，如何分袂处，若为陈说：

□从收复已多年，万里西门绝戍烟。

去岁官崇骢（总）马政，今秋宠遇拜貂蝉。

无何猃狁侵唐境，引旆奔冲过大泉。

圣主远忧怀轸虑，皇情颁诏虏庭宣。

丹霄内使人难见，玉岭风沙塞草寒。

跋涉金河劳俊（骏）骑，深惭常侍降楼阑（兰）。

归程保重加飧饭，张掖姑臧在目前，

到后金銮朝奏日，冲融敷对为周旋。

感戴鸿恩何日报，权兵静塞□龙颜。①

天使既发，分袂东西，尚书感皇帝之深恩，喜朝廷之天遇。应是生降回鹘，尽放皈（归）回。首领苍遑，咸称万岁。岂料蜂虿有毒，豺性难驯，天使才过酒泉，回鹘王子，领兵西来，犯我疆场。潜于西桐海畔，蚁聚云屯，远侦烽烟，即拟为寇。先锋游弈使白通吉，探知有贼，当即申上。尚书既闻回鹘□□，□诸将点锐精兵，将讨匈奴。参谋张大庆越班启曰：“金□□□，兵不可妄动。季秋西行，兵家所忌。”尚书谓诸将[曰]：“[回][鹘]失信，来此窥阚。《军志》有言：‘兵有事不获而行之。’□□□事不获矣！但持金以压

① 原卷此两句旁用墨笔改为“感戴鸿恩终不忘，水清河陇献天颜”。

王相，此时必须剪除。”言讫，□□□军，誓其众曰：“回鹘新受诏命，今又背恩，此所谓□□，理合扑灭，以雪朝廷之愤。将士勉怀尽节，共扫欃抢（枪）!”传令既讫，当即胤（引）兵，凿凶门而出。风驰雾卷，不逾信宿，已近西桐。贼且依海而住，控险为势，已（以）拒官军。尚书乃处分诸将，尽令卧鼓倒戈，人马衔枚。东风猎猎，微动尘埃；六龙才过，誓不空回。先锋远探，后骑相催，铁衣千队，战马云飞。分兵十道，齐突穹庐。鞞鼓大振，白刃交麾，匈奴丧胆，獐窜周诸。头随剑落，满路僵尸。回鹘大败，天假雄威处，若为陈说：

尚书闻贼犯西桐，便点偏师过六龙。总是敦煌豪侠士，

□曾征战破羌戎。霜刀用（明）若光威日，虎豹争奔煞气浓，

□钲鼙闹里纷纷击，戛戛声齐电不容。恰到平明兵里合，

始排精锐拒先冲，弓开偃月双交羽，斧斫□□立透胸。

血染平原秋草上，满川流水变长红。南风助我军威急，

西海横尸几十重。儿郎气勇①心胆壮，天恩从□□□公。

儿郎气勇，胆颤肉飞，陌刀乱揺，虎斗□□，□□棒锤，□□阵败

贼透重围，骨挝［提手+则］，宝剑挥，俘诸生口，匹骑无遗

猃狁从兹分散尽，□□歌乐却东□。

自从司徒归阙后，有我尚书独进奏。□

持节河西理五州，德化恩沾及飞走。天生神将

□英谋，南破西戎北扫胡，万里能令烽火灭，

百城黔首贺来苏。几回献捷入皇州，天子临

轩许上筹。“卿能保我山河静，”即见推轮拜列

① “儿郎气勇”四字，《敦煌变文集》作“是日尚书”。兹据原卷照片改。

侯。河西沦落百年余，路阻萧关雁信稀。赖得
将军开旧路，一振雄名天下知。年初弱冠即登
庸，匹马单枪突九重。曾向祁连□□□，
几回大漠虏元凶。西取伊州□□□，□□□□
复旧疆。邻国四时□□□，□□□□□□□
唐。退浑小丑□□□（下缺）

这一记载反映的是沙州归义军节度使张淮深在西桐击败入侵沙州的“破残回鹘”之事。关于文献的时代，孙楷第先生称：“以其事推之，至晚不得在中和四年之后，或当在乾符中，未可知也。”[①] 郑炳林先生认为张淮深破西桐“破残回鹘”的战争应为二次，第一次发生在咸通十五年（乾符元年，874年），第二次发生在乾符元年九月至二年正月间。[②] 近年荣新江教授根据《张淮深碑》记张议潮于咸通八年（867年）“束身归阙”后，“官授司徒”，于咸通十三年卒后“诏赠太保”等因素，结合《张淮深变文》尾部之唱词“自从司徒归阙后，有我尚书独进奏”，将文献所述尚书张淮深破西桐回鹘事推定在咸通八年至咸通十三年间。[③] 后来，进一步将回鹘散众进犯瓜州，被张淮深击败事定于咸通十年（869年），而把“破残回鹘”犯沙州，在西桐海畔被张淮深击败的时间系于咸通十一年。[④] 可以信从。考虑到《张淮深变文》有“季秋西行，兵家所忌”之语，可以把张淮深出兵的时间进一步精确至咸通十一年九月。

---

① 孙楷第《敦煌写本张淮深变文跋》，《中央研究院历史语言研究所集刊》第七本第三分，1937年，第386页。

② 郑炳林《敦煌本〈张淮深变文〉研究》，《西北民族研究》1994年第1期，第150页。

③ 荣新江《沙州归义军历任节度使称号研究（修订稿）》，《敦煌学》第19辑，1992年，第28页。

④ 荣新江《归义军史研究——唐宋时代敦煌历史考索·归义军大事纪年》，上海：上海古籍出版社，1996年，第7页。

从变文看，当时有“破残回鹘”进攻瓜州，被尚书张淮深击败，捕获甚众。沙州上书朝廷，唐朝遣使左散骑常侍李众甫、供奉官李全伟、品官杨继瑀等到达敦煌，将生俘之众尽皆放还。然而，使者东还，刚过酒泉，又有“回鹘王子，领兵西来”，进攻沙州，潜于西桐海畔。尚书遂领兵征伐西桐，大破之。

文中的多次出现的“獫狁”“匈奴”等称号，指代的均为入侵沙州的“破残回鹘”。至于这些回鹘人的来源，文献未作明确交代，学界人言言殊，形成了西来说和东来说两种截然相反的观点。早在70多年前，孙楷第先生在研究《张淮深变文》时就非常注意这个问题，认为这支回鹘应来自安西，即庞特勤所部。理由如下：

> 此本第十二行尚存“安西”二字，且记用兵在沙州以西也。西桐地名，《张义潮变文》记义潮征吐浑、吐蕃，亦经此地，云取西南疾路，信宿即至。此本云回鹘王子领兵西来，尚书传令出兵，不逾信宿，已近西桐，贼且依海而住……知西桐在沙州之西，地有泽泊，且距敦煌不甚远。①

孙先生此说既出，学界半个世纪来多因循之，认为张淮深平定的是安西回鹘。邓文宽则提出不同观点，认为张淮深两次降服的均是甘州回鹘。他列举了两条主要证据，其一，《变文》所载张淮深第一次平定回鹘之后，唐天子曾遣使到敦煌封赐慰问，在沙州球场举行了隆重的庆功仪式。张淮深接读诏书，感激涕零：

① 孙楷第《敦煌写本张淮深变文跋》，《中央研究院历史语言研究所集刊》第七本第三分，1937年，第385页。

尚书（张淮深）既睹丝纶诰，蹈舞怀惭感圣聪。微臣幸遇陶唐化，得复燕山献御容。

张淮深收复的“燕山”，其实就是燕支山，即今甘肃张掖市山丹县和金昌市永昌县之间的焉支山，这里在唐末已成为甘州回鹘的辖地。

邓先生的第二条证据为《变文》记述回鹘第二次入侵归义军的一段文字：

天使既发，分袂东西，尚书感皇帝之深恩，喜朝廷之天遇。应是生降回鹘，尽放皈（归）回。首领苍遑，咸称万岁。岂料蜂虿有毒，豺性难驯，天使才过酒泉，回鹘王子，领兵西来，犯我疆场。

邓先生认为第二次进军沙州的回鹘，仍是此前被张淮深“生降”又放归的那支，而非别一支。《变文》称回鹘再次前来，张淮深得报后说：“回鹘新受诏命，今又背恩。”即证明此说之不误。这一次回鹘对沙州的侵扰是由“回鹘王子，领兵西来”的。按照邓先生的理解，若是安西回鹘前来，安西居于敦煌之“西”，那么《变文》作者站在沙州归义军立场上，就应说“领兵东来”。可是《变文》却明确记载是“领兵西来”，清楚无误，表明此一回鹘居于沙州之东。由此反推，亦可看出，张淮深第一次将其“生降”并放归时，回鹘的去向是由西而东。否则，甫放归回，便又前来，无论如何也不能说“领兵西来”。从而认定这些回鹘应居于沙州之东，是甘州回鹘。[①]

对于以上两种观点，笔者都不敢苟同。先说安西回鹘说。孙先生所谓“此本第十二行尚存‘安西’二字”之说有可怀疑之处。揆诸原卷，

---

① 邓文宽《张淮深平定甘州回鹘史事钩沉》，《北京大学学报》1986 第 5 期，第 86—87 页。

第12行仅存8字："业，累致逃亡，使安西"。"西"字以下残缺，故不能确定这里的"安西"是否为地名。变文明言侵入归义军政权境内的回鹘为"破残回鹘"，系"失乡沦落众"，而张淮深平定他们的地方在西桐海畔，孙先生由此而认定入侵者来自西方，是正确的，但把这些回鹘比定为安西回鹘则有些于理不通。如所周知，回鹘西迁发生于840年，史载：

有回鹘相馺职者，拥外甥庞特勤及男鹿并遏粉等兄弟五人、一十五部西奔葛逻禄，一支投吐蕃，一支投安西。①

这里的安西指的是唐代安西都护府的辖境。安西回鹘在庞特勤的率领下，有众二十万，势力强盛，不久即以焉耆为中心建立了地方政权。《新唐书》载：

及其破灭（指漠北回鹘汗国溃败），有特庞勒居焉耆，称叶护，余部保金莎领，众至二十万。②

文中的"特庞勒"显系"庞特勤"之误。当时庞特勤虽势力强大，但由于南迁的回鹘可汗乌介未亡，所以庞特勤仅自称"叶护"而不称可汗。会昌六年（846年），乌介可汗被杀，其弟遏捻被部众拥立为汗。遏捻可汗亲率余众依附于室韦。大中二年（848年），遏捻可汗仅率妻、子等九骑夜逃，不知所终，于是，"其别部庞勒（即庞特勤）先在安西，亦自称可汗"。③ 可汗所在，代表着回鹘的正统。所以说，"安西回鹘"

---

①《旧唐书》卷一九五《回纥传》，中华书局，1975年，第5213页。
②《新唐书》卷二一五下《突厥传下》，第6069页。
③《资治通鉴》卷二四八大中二年正月条。

是不能被称作“破残回鹘”的，更不能被称作“失乡沦落众”。

这里再说第二种观点，即甘州回鹘说。此说论据之一建立在对燕山即燕支山（焉支山）的比定上。这一比定本身是成立的，况且自唐末始，燕山一带已成为回鹘的辖地，隔断了唐与归义军政权间的联系，长期是归义军政权的大患，故张淮深在表忠心时言称要“得复燕山献御容”是情理所致，并不能由此而证明张淮深所击一定为甘州回鹘，况且变文中的燕山不一定为实指。此说的第二个论据是“回鹘王子，领兵西来”一语，作者认为既称西来，必为由东向西。其实未必。古往今来，“西来”二字，既有由西而东之意，也有自东向西之意。前者如唐人希运《黄檗断际禅师宛陵录》云：“达摩西来，无风起浪；世尊拈花，一场败缺。”[①] 再如元代中峰禅师《怀净土诗》云：“弥陀西住祖西来，念佛参禅共体裁；积劫疑团如打破，心华同是一般开。”[②] 后者如岑参《碛中作》“走马西来欲到天”。[③] 晋王李存勖于天祐九年（后唐乾化二年，912年）讨刘守光于幽州，赵行实上策言：“老贼在东，别将西来，尚可从容画策。”[④] 显然也是由东向西意。看来，“西来”具体含义的确定，须揆文而别，不可一概而论。相较而言，以第一种用法似乎更为普遍。易言之，西桐回鹘东来之说尚缺乏证据。

要解决张淮深所破回鹘之来源问题，最重要的证据应从西桐海地理位置的确立入手。关于西桐海的所在，学界存在着不同的说法，大体有沙州西、沙州西北、沙州西南三说。据李正宇、李并成先生考证，不约而同地得出结论：其地应为今敦煌西南阿克塞哈萨克自治县的苏干

---

① ［唐］希运《黄檗断际禅师宛陵录》，《大正藏》第四八卷，No.2012B，页387b。

② 《续藏经》第七〇卷，No.1402，页747a。

③ ［唐］岑参著，陈铁民等校注《岑参集校注》卷二，上海古籍出版社，2004年，第110页。

④ 《册府元龟》卷三六七《将帅部·机略第七》，第4370页。

湖。[1] 今从之。《张淮深变文》有言："参谋张大庆越班启曰：'金□□□，兵不可妄动。季秋西行，兵家所忌。'"可见，当时张淮深用兵的方向也是沙州之西。

其地既在沙州以西，不管正西、西北或西南，都不支持回鹘来自甘州之说。据《张淮深碑》等文献记载，张议潮大中二年（848年）收复瓜沙二州，三年收复甘肃二州，四年收复伊州（不包括纳职），咸通二年（861年）收复凉州，取得"西尽伊吾，东接灵武，得地四千余里，户口百万之家。六郡山河，宛然而旧"[2] 的辉煌战绩。反观张氏归义军时期的回鹘，其势力是非常弱小的，各种史籍及敦煌文献都不见反映。如P.3720(7)《张淮深造窟记》为咸通八年至十三年间张淮深建造莫高窟第94窟的功德记，其中颂扬其功德时曰："加以河西异族狡杂，羌、龙、嗢末、退浑，数十万众，驰诚奉质，愿效军锋。"乾符三年（876年）以前任瓜州刺史的阎英达在《申报河西政情状》（S.5697）中也申述"河西诸州，蕃、浑、嗢末、羌、龙狡杂，极难调服"。二者都没有提到回鹘。中和二年（882年）勒立的《敕河西节度兵部尚书张公德政之碑》，在颂扬张淮深之武功时，亦言："河西创复，犹杂蕃、浑，言音不同，羌、龙、嗢末，雷威慑伏。"[3] 同样无回鹘踪影。这些都说明，在张氏归义军统治的河西地区，回鹘还没有形成真正能够对归义军政权构成威胁的势力。退一步说，即使真有游牧于甘州地区的回鹘人入侵瓜沙二州，也应该先攻西行的必经之地肃州和玉门军，而不应直接攻打瓜

① 详见李正宇《西同考——附论六龙地望》，《敦煌研究》1997年第4期，第110—120页；李并成《"西桐"地望考——附论明安定卫城》，《西北民族研究》1998年第1期，第45—50页。

② 荣新江《敦煌写本〈敕河西节度兵部尚书张公德政之碑〉校考》，《周一良先生八十生日纪念论文集》，北京：中国社会科学出版社，1993年，第208页。

③ 荣新江《敦煌写本〈敕河西节度兵部尚书张公德政之碑〉校考》，《周一良先生八十生日纪念论文集》，北京：中国社会科学出版社，1993年，第206—216页。

州，更不会绕到敦煌西南的西桐海。[①]

既然安西回鹘与甘州回鹘之说都不成立，那么这些回鹘应来自何处？由于变文称入侵归义军境内的回鹘为“破残回鹘”或“失乡沦落众”，荣新江先生推测，“这些回鹘是从漠北逃亡而来的回鹘散部。[②]此说还可得到变文中“帝谓群臣”之语的支持：

> □□□□□表奏，获捷匈奴千余人，縶于图圄。朕念□□□□□旧懿，曩日曾效赤诚：今以子孙流落□□河西，不能坚守诚盟，信任诸下，辄此猖狂。朕闻往古，义不伐乱，匈奴今岂（其）谓矣！

文中的“匈奴”指的就是回鹘。看来，张淮深所平定的是回鹘散部之说是可以成立。但这里的散部究为何指，尚不明确。吾人固知，回鹘汗国亡于840年，残众纷纷外逃。《旧唐书》卷一九五《回纥传》载：

> 有回鹘相馺职者，拥外甥庞特勤及男鹿并遏粉等兄弟五人、一十五部西奔葛逻禄，一支投吐蕃，一支投安西。又有近可汗牙十三部，以特勤乌介为可汗，南来附汉。

既有西迁的，也有南下的。即使西迁的，也是四分五裂，一支“西奔葛逻禄，一支投吐蕃，一支投安西”，各部不相统属，都可称作“回鹘散部”。揆荣先生之意，应指此三支西迁回鹘之外的逃亡者。如果接受此说，那就不好理解 P. 2570《毛诗卷第九》的有关记载了。在该卷子

---

① 郑炳林《敦煌本〈张淮深变文〉研究》，《西北民族研究》1994年第1期，第152页。

②荣新江《归义军史研究——唐宋时代敦煌历史考索》，上海：上海古籍出版社，1996年，第300页。

背面书写有小字一行，云：

> 咸通拾陆年正月十五日，官吏待西同大却回鹘至。[①]

咸通拾陆年即唐僖宗乾符二年（875年）。咸通是唐懿宗年号，仅使用了十五年。咸通十四年“七月辛巳，皇帝崩于咸宁殿”。[②] 咸通十五年十一月初五日冬至，改元乾符元年。然而由于敦煌地域偏鄙，消息闭塞，不知中原年号已改，在两年之后仍在继续使用咸通年号，属于正常现象。咸通十六年距离张淮深870年攻打西桐回鹘已过5年，回鹘仍有能力入侵归义军政权，并且能够再入西桐，显然有向归义军寻衅或复仇的意味。他们虽然再次被固守于那里的归义军将士所击败，但足以证明这批回鹘人是颇具一些实力的，很顽强，非一般散兵游勇所可为。据《张淮深变文》记载，张淮深征西桐，战斗是很激烈的：

> [归义军] 先锋远探，后骑相催，铁[衣]千队，战马云飞。分兵十道，齐突穹庐。鞞鼓大振，白刃交麾，匈奴丧胆，獐窜周诸。头随剑落，满路僵尸。

归义军有“铁[衣]千队”，被“分兵十道”，由是以观，当时回鹘兵力当不在少数。尽管他们在西桐曾败于张淮深，但实力尚存，数年之后，仍有力量入侵沙州。

张淮深所击“破残回鹘”既非来自安西，又非甘州，究由何来呢？郑炳林先生认为“张淮深征伐之西桐回鹘只能来自于西州回鹘系统，属

---

① 池田温《中国古代写本识语集录》，东京：东京大学东洋文化研究所，1990年，第402页。

② 《新唐书》卷九《懿宗纪》，北京：中华书局，1975年，第262页。

西州回鹘”。[1] 笔者基本同意这一观点。更具体一点说，我认为他们很可能是西州回鹘系统，居于伊州附近的纳职回鹘。按《新唐书》卷二一七下《回鹘传下》载：

> 懿宗时，大酋仆固俊自北庭击吐蕃，斩论尚热，尽取西州、轮台等城，使达干米怀玉朝，且献俘，因请命，诏可。其后，王室乱，贡会不常，史亡其传。

仆固俊时期，西州回鹘力量强大，但其后不久，仆固部王室丧乱，部属分离，互不统属。犯沙州西桐之回鹘，当为仆固俊旧部，其居地当距沙州不远。这支回鹘人曾于869至875年间曾屡犯瓜沙二州，考虑到P. 2962《张议潮变文》所记大中十年（856年）在沙州西劫夺唐政府册封庞特勤的使团的回鹘来自伊州附近之纳职这一因素看，张淮深时期侵入沙州西桐的回鹘亦应来自纳职。

S. 367《沙州伊州地志》记载纳职县在伊州西一百二十里，“唐初有土人鄯伏陀，属东突厥，以征税繁重，率城人入碛奔鄯善，至并吐[谷]浑居住，历焉耆，又投高昌，不安而归，胡人呼鄯善为纳职，既从鄯善而归，逐（遂）以为号”。[2] 张议潮大中四年（848年）收复伊州，但是纳职却一直为回鹘所控制。P. 2962《张议潮变文》记载的大中十年、十一年归义军两次征伐西州回鹘，但是并未攻下纳职城。回鹘在败北之后“走投入纳职城，把劳（牢）而守”。十一年八月，伊州刺史王清和报告回鹘翟都督带五百帐再侵伊州。[3] 这应该是败入纳职城的西州回鹘军队。《张议潮变文》记载：“敦煌北一千里镇伊州城西有纳职

---

① 郑炳林《敦煌本〈张淮深变文〉研究》，《西北民族研究》1994年第1期，第155页。

② 郑炳林《敦煌地理文书汇辑校注》，兰州：甘肃教育出版社，1989年，第68页。

③ 王重民等编《敦煌变文集》上集，北京：人民文学出版社，1984年，第116页。

县，其时回鹘及吐谷浑居住在彼，频来抄掠伊州，俘虏人物，曾无暂安。”表明归义军时期纳职城为回鹘所有，其居民主要由回鹘和吐谷浑构成。北宋时，王延德奉旨出使高昌，途经纳职城。他写道：“次历纳职城，城在大患鬼魅碛之东，南望玉门关甚近。”① 晚唐时期，纳职一直属于西州回鹘的势力范围。

伊州自大中四年被张议潮收复后，长期处于归义军的掌控之中，撰写于咸通十年的《伊州刺史临淄左公邈真赞》（P. 4660）记载左公卒于伊州刺史位，说明直到此时伊州城仍在归义军辖下。乾符三年（876年），西州回鹘从归义军手中夺取了伊州。P. 5007《诗》残题中记载了此事：“仆固天王乾符三年四月二十四日打破伊州。”② 这里的“仆固天王”即西州回鹘的首领仆固俊（或称“仆骨俊”）或其后继者。③ 纳职回鹘势力的存在及其对归义军的侵扰，无疑会对西州回鹘对伊州的收复起到重要作用。

由上文的论述可以看出：

1. 沙州及其周边地区早在初唐时期就已有回鹘诸部的活动，840年，漠北回鹘汗国灭亡后，有回鹘人迁入甘、凉、瓜、沙地区，但势力不强，尚不能对归义军政权构成威胁，故敦煌出土写本中对其少有记载。

2.《张议潮变文》和《张淮深变文》中所言入侵瓜沙的回鹘，既非安西回鹘，也非甘州回鹘，而是来自西州回鹘系统的纳职回鹘。

3.《张淮深变文》所言张淮深发动西桐之战，征伐回鹘的时间应在咸通十一年（870年）九月至咸通十六年（乾符二年，875年）正月间，纳职回鹘又攻西桐，再为归义军所败。

---

①《宋史》卷四九〇《高昌传》，北京：中华书局，1977年，第14111页。

② 徐俊纂辑《敦煌诗集残卷辑考》，北京：中华书局，2000年，第656页。

③ 荣新江《归义军及其与周边民族的关系初探》，《敦煌学辑刊》1986年第2期，第33页。

## 三、使节往来与商业贸易

西州回鹘与归义军政权的使节往来与商业贸易情况，史书未见记载，唯敦煌写本有较多反映，藤枝晃辑录出有关文书十余件，[①] 在此基础上，荣新江进一步又找到了不少新文献，经其汇辑整理，西州与沙州关系事可历历在目。[②]

归义军与高昌回鹘之使节往来，最早见载于P.3569《光启三年(887年)四月归义军官酒户龙粉堆牒与押衙阴季丰牒》，其中有张淮深判词：

> 右奉 判令算会，官酒户马三娘、龙粪堆从三月廿二日于官仓请酒本粟贰拾驮，又四月九日请酒本粟壹拾伍驮，两件共请粟叁拾伍驮。准粟数合纳酒捌拾柒瓮半。请处供给使客及设会赛神，一一逐件算会如后：
>
> 西州回鹘使上下叁拾伍人，每一日供酒捌斗陆升，从三月廿二日到四月廿三日，中间计叁拾贰日，计供酒肆拾伍瓮伍斗贰胜……［四月］廿二日，西衙设回鹘使用酒叁瓮。已上诸处供给，计用酒捌［拾］壹瓮半贰胜。准粟数使用外，余欠酒伍瓮伍斗捌胜。
>
> 右通前件酒一一检判凭算会如前，伏请处分。牒件状如前，谨牒。
>
> 光启三年四月 日，押衙阴季丰牒。

① 藤枝晃《沙州归义军节度使始末》（四），《东方学报》（京都）第13册第2分，1942年，第70—71、80页。

② 荣新江《归义军史研究——唐宋时代敦煌历史考索》，上海：上海古籍出版社，1996年，第351—374页。

西州使今月廿五日发□，□酒瓮自给，廿三日。[①]

可见，光启三年时，西州回鹘即曾向归义军派出规模较大的使团，上下达 35 人，于三月二十二日到达敦煌，逗留月余后，于四月二十五日离开。文书中既有张淮深的判词，无疑是由官府招待这批回鹘使者的，行前沙州首脑还在西衙设宴款待，说明二者间关系是较为友好的。

曹议金时期，沙州与西州间的关系更趋频繁。在其当政之初的某年四月，西州、伊州使至沙州，并巡礼莫高窟。事见 S.1366《归义军衙内面油破用历》第 18—19 行："新来伊州使下担细供两分，面五升，用面八升八合，油一合六勺。"第 23—25 行又载："西州使及伊州使上窟迎顿，细供二十五分，中次料十五分，用面六斗五升五合，油二升六合。"[②]

贞明九年（923 年）三月二十八日，曹议金遣使王犳敦至伊州。北殷 41《癸未年（923 年）三月廿八日王犳敦贷绢契》记载：

癸未年三月廿八日立契。王犳敦欠阙[绢][帛]，遂于押衙沈弘礼面上贷生绢壹疋，长四十尺，幅阔一尺八寸二分。伊舟（州）使到来之日，限十五日，便须田（填）还……悉犳敦身故，东西不在，一仰口承人丈白面上，取为本绢。[③]

同年四月十五日，沙州张修造出使西州，事见北殷 41《癸未年

① 卢向前《关于归义军时期一份布纸破用历的研究——试释伯四六四〇背面文书》，《敦煌吐鲁番文献研究论集》第 3 辑，北京：北京大学出版社，1986 年 2 月，第 455—458 页；上海古籍出版社、法国国家图书馆编《法藏敦煌西域文献》第 25 册，上海：上海古籍出版社，2002 年，第 346—347 页。

② 唐耕耦、陆宏基编《敦煌社会经济文献真迹释录》第 3 辑，北京：全国图书馆文献缩微复制中心，1990 年，第 282 页。

③ 沙知辑校《敦煌契约文书辑校》，南京：江苏古籍出版社，1998 年，第 181 页。

(923年) 四月十五日张修造雇驼契》:

> 癸未年四月十五日，张修造遂于西州充使，欠阙驼叶（乘），遂于押衙王通通面上，雇五岁父驼一硕（头）。断作驼价官布十六疋，长柒搊，到日还纳。驼若路［上］贼打病死，一仰要同行［证］见。①

可见，沙州与西州间的往还是比较频繁的。

长兴元年（930年），由西州使僧来沙州，P.2049背《长兴二年(931年) 正月沙州净土寺直岁愿达手下诸色入破历计会》第308—309行载：“油贰胜，纳官供志明及西州僧食用。”又第378—379行亦载：“面柒斗，纳官供志明及西州僧食用。”②

清泰二年正月一日，沙州“灵图寺僧善友往于西州充使”。③

同年三月七日，归义军节度“押衙就弘子往于西州充使”。④

天福元年，沙州归义军遣武达儿之弟，然“不达乡际亡殁”。⑤

天福五年四月六日，沙州索僧正去西州。⑥

---

① 唐耕耦、陆宏基编《敦煌社会经济文献真迹释录》第2辑，北京：全国图书馆文献缩微复制中心，1990年，第38页。

② 唐耕耦、陆宏基编《敦煌社会经济文献真迹释录》第3辑，北京：全国图书馆文献缩微复制中心，1990年，第382、385页。

③ S.4504v(6)《乙未年（935年?）灵图寺僧善友贷绢契》，沙知辑校《敦煌契约文书辑校》，南京：江苏古籍出版社，1998年，第197页。

④ S.4504v(5)《乙未年（935年?）押衙就弘子贷绢契》，沙知辑校《敦煌契约文书辑校》，南京：江苏古籍出版社，1998年，第197页。

⑤ P.4638(13)《丙申年（938年）正月归义军马军武达儿状》，唐耕耦、陆宏基编《敦煌社会经济文献真迹释录》第4辑，北京：全国图书馆文献缩微复制中心，1990年，第507页。

⑥ S.5937《庚子年（940年）十二月廿二日都师愿通沿常住破历》，唐耕耦、陆宏基编《敦煌社会经济文献真迹释录》第3辑，北京：全国图书馆文献缩微复制中心，1990年，第207页。

天福六年十月二十五日，沙州贾彦昌出使西州。事见P.3453《辛丑年（941年）贾彦昌贷绢契》：

> 辛丑年十月廿五日，贾彦昌缘往西州充使，遂于龙兴寺上座心善面上贷生绢一疋，长叁仗柒尺贰寸，幅壹尺捌。又贷帛拖（絁）锦绫一疋，长二仗（丈）叁尺陆寸，幅壹尺玖寸半。自贷后，西州回日还利头好立机两疋，各长贰杖（丈）伍尺。若路上般次不善者，仰口承人弟彦祐于尺数还本绫。①

开运三年（946年）正月二十二日，沙州洪润乡百姓宋虫□出使西州。②

天福十三年（948年）四月十六日，归义军"兵马使徐留通往于西州充使"。③

乾祐四年（951年）四月十八日，归义军节度使"押衙康幸全往于伊州充使"。④

显德二年（955年）二月十三日至二十四日，西州使者在敦煌逗留。三月十九日，又有西州使至沙州，住馆驿中，二十三日，归义军官负于大厅内设宴，款待西州来使。S.3728《乙卯年归义军知柴场司安祐成牒》（图2-3）记载：

> ［二月］十三日，供西州使人，逐日柴壹束，至贰拾肆日断

① 沙知辑校《敦煌契约文书辑校》，南京：江苏古籍出版社，1998年，第205页。

② P.2652v《丙午年（946年?）正月廿二日宋虫□雇驼契》，沙知辑校《敦煌契约文书辑校》，南京：江苏古籍出版社，1998年，第315页。

③ P.3472《戊申年（948年）四月十六日徐留通兄弟欠绢契》，沙知辑校《敦煌契约文书辑校》，南京：江苏古籍出版社，1998年，第213页。

④ P.2504附断片2《辛亥年（951年）四月十八日康兴全贷绢契》，沙知辑校《敦煌契约文书辑校》，南京：江苏古籍出版社，1998年，第215页。

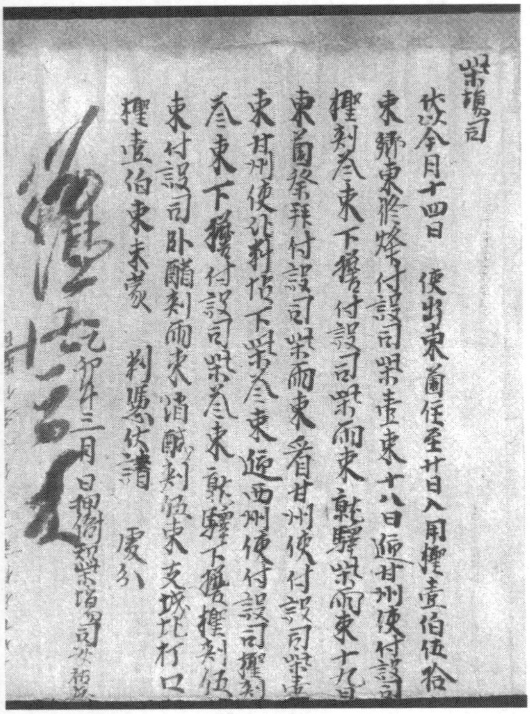

图 2–3 S.3728《乙卯年（955 年）归义军知柴场司安祐成牒》

……［三月］十九日……迎西州使，付设司柽刺叁束，下檐，付设司柴叁束，就驿，下檐，柽刺伍束。付设司卧醋刺两束，消碱刺伍束，支城北打□柽壹佰束。①

其中的乙卯年，学界推定为 955 年。② 从中可以看出，是年二月、三月间，来自西州的使人，在沙州曾多次受到归义军官府的款待。

显德三年（956 年）三月二十三日，沙州三界寺僧法宝出使西州，事见 P.3051v《丙辰年（956 年）三界寺僧法宝贷绢契》：

丙辰年三月廿三日，三界寺僧法宝往于西州充使，欠阙绢帛，遂于同寺法［律］戒德面上贷黄丝生绢壹疋。③

显德五年（958 年）四月二十五日，沙州康员奴出使伊州，

① 唐耕耦、陆宏基编《敦煌社会经济文书真迹释录》第 3 辑，北京：全国图书馆文献缩微复制中心，1990 年，第 618—620 页。

② D. Eliasberg, Les signature en forme d'oiseau dans les manuscrits chinois de Touen-Houang, *Contributions aus etudes sur Touen-houang* (1), Geneva 1979, p. 32；张广达、荣新江《关于敦煌出土于阗文献的年代及其相关问题》，《纪念陈寅恪先生诞辰百年学术论文集》，北京：北京大学出版社，1989 年，第 293 页。

③ 沙知辑校《敦煌契约文书辑校》，南京：江苏古籍出版社，1998 年，第 217 页。

P. 3501v(7)《戊午年（958年）四月廿五日伊州使头康员奴牒》有载。[①] 本件内含10件文书，其中有显德五年（958年）四月的文书，故可将该戊午年定为958年。[②]

同年六月十六日，归义军“兵马使康员进往于西州充使”。[③]

乾德二年（964年）正月二十四日，西州使至敦煌。四月二十五日返回。五月十八日，伊州使至敦煌。二十一日，归义军官府于南城设宴招待伊州使者。二十五日，归义军长官看望伊州使者。十月八日，又有伊州使至敦煌，归义军官府于十日、十四日，两次宴请伊州来使。事见敦研001 + 敦研369 + P. 2629《归义军衙府酒破历》：

> 去正月贰拾肆日，供西州使逐日酒壹斗，至肆月贰拾伍日夜断，除月小尽，中间玖拾壹日，内两日全断，两日断半，计用酒壹拾肆瓮肆斗。五月……十八日，支伊州使酒壹斗……廿一日，南城设伊州使酒贰斗伍升……廿五日，看甘州使酒贰斗伍升。又看伊州使酒伍升……［十月］八日，迎伊州使酒贰斗；下担酒贰斗。九日，比料帖下供伊州使酒贰斗。十日……设伊州使酒壹瓮……十四日……设伊州使酒贰斗。[④]

开宝四年（971年）六月一日，沙州“塑匠马报达在伊州作客”，事见北新1013《天请问经》尾题。

① 上海古籍出版社、法国国家图书馆编《法藏敦煌西域文献》第24册，上海：上海古籍出版社，2002年，第365—366页。

② 陈国灿《敦煌所出诸借契年代考》，《敦煌学辑刊》1984年第1期，第8页。

③ P. 3501v(9)《戊午年（958年）六月十六日康员进贷绢契》，沙知辑校《敦煌契约文书辑校》，南京：江苏古籍出版社，1998年，第219页。

④ 唐耕耦、陆宏基编《敦煌社会经济文书真迹释录》第3辑，北京：全国图书馆文献缩微复制中心，1990年，第271—276页。

太平兴国七年（982年）正月前后，沙州遣使赴西州：

> 面玖秤，还西州使头边买褐用。九日，面两秤，连还面壹斗，于西州使头边买褐用……［壬午年正月］十日，面肆秤，还于西州使头边买褐用。[①]

本件年代仅知为壬午年，土肥义和考其为982年之物，[②] 可信，从之。此处记西州使头在行前或回来后与沙州寺院贸易事，时间在辛巳年末至壬午年初，估计这批沙州使人出使在太平兴国七年正月前后。

雍熙二年（985年），沙州神沙乡百姓吴保住等出使西州。使者般次路上被贼人打劫，保住被俘至伊州界内。至十一月，被沙州使安都知一行赎回，事见P. 3579《雍熙五年（988年）十一月神沙乡百姓吴保住牒》：

> （前残）贼打破般次，驱拽直到伊州界内。（中残）却后到十一月，沙州使安都知般次（中残）押衙曹闰成收赎……今经三年。[③]

又本卷背面有残文："十一月廿七日，将取西州去物色目。"正背面文书均已残，但文意仍依稀可见。吴保住牒为雍熙五年所上，据文中"今经三年"，上推其出使当在雍熙二年。背面应是当时所写文书，月份大体相合。

---

① S.6452(2)《辛巳年（982年）十二月十三日周僧正于常住库借贷油面物历》，唐耕耦、陆宏基编《敦煌社会经济文书真迹释录》第2辑，北京：全国图书馆文献缩微复制中心，1990年，第239页。

② 土肥义和编《西域出土汉文文献分类目录初稿·非佛教之部·古文书类》II，东京：东洋文库，1967年，第157页。

③ 唐耕耦、陆宏基编《敦煌社会经济文书真迹释录》第2辑，北京：全国图书馆文献缩微复制中心，1990年，第308页。

庚寅年（990 年?）十月一日之后不久，沙州住儿自西州返回，事见 P.3156 断片 4《庚寅年（990 年?）十月一日已后住儿西州到来破緤数》。年代未能确定。

癸巳年（993 年）九月二日，归义军原都头令狐愿德出使西州，事见 P.2737（4）《癸巳年（993 年）九月归义军驼官马善昌牒》："伏以今月二日，先都头令狐愿胜将西州去群上大驳驼壹头，未蒙判凭，伏请处分。"① 后有归义军节度使判文与画押。②

除了汉文史料之外，敦煌发现的回鹘文文书，也提供了两地交往的明证。其中，P. ouïgour 4 即为沙州唐古西·艾尔代姆·于迦（Taŋ quš Ärdäm Ögä）致哈密（Qamil，伊州）卡尔·艾尔代姆夷男（Qar Ärdäm Ïnal）的信，兹摘录其内容如下：

> yamä bizingä ayaɣuluq ayïraɣuluq täg ming ögmäkka tümän alqamaqqa tägimlig ayaɣlaɣ tüzün ädgü atï qar ärdäm ïnal qutinga tangquš ärdäm ögä esängümüz yïraq yerdän üküš köngül ayïtï ïdur biz bitigdä nä üküš saβ ayu ïdayin……kim qa berzün qamalta qar tangquš bitibimiz

> 值得我们敬仰的，千赞万颂的，有尊敬、正直、善良之名的卡尔·艾尔代姆夷男，我唐古西·艾尔代姆·于迦从远方寄去我们的问候。在这封信中，我们有许多话要说……请交给哈密的卡尔！写信

① 上海古籍出版社、法国国家图书馆编《法藏敦煌西域文献》第 18 册，上海：上海古籍出版社，2001 年，第 25 页。

② 荣新江《归义军史研究——唐宋时代敦煌历史考索》，上海：上海古籍出版社，1996 年，第 372 页。

人唐古西。①

P. ouïgour 12 则是沙州某人致高昌回鹘王国中某人的信，其中含有若干种礼物，如葡萄干、杏干、枣子等，但未详何故，书信未能发送出去，信中提到了哈密。②

除了由沙州发往西州的回鹘文书信外，敦煌文献中还保存有西州发往沙州的回鹘文书信，如 P.ouïgour 3：

mängi silig küč tüzün qutluɤ tüzün esängü bitigimiz……šaču-da tüz yegän sangun-qa

满基·斯力克·库启·都督和骨咄录·都信的问候信……请交给沙州的都信·叶干将军。③

这些书信年代不详，但应为 9—10 世纪之物，可视作高昌回鹘与沙州归义军政权间商贸交往的证据。

这里还需注意森安孝夫揭橥的 P. 3672 Bis 正面的信文。该书信的书写者为“赏紫金印检校廿二城胡汉僧尼事内供奉骨都禄沓密施呜瓦伊难支都统”，收信人为“沙州宋僧政、索判官、梁校授”。④ 文书中的廿城

---

① J. Hamilton, *Manuscrits ouïgours du IXe-Xe siècle de Touen-houang,* tome 1, Paris 1986, pp. 143-145；杨富学、牛汝极《沙州回鹘及其文献》，兰州：甘肃文化出版社，1995 年，第 101—103 页。

② J. Hamilton, *Manuscrits ouïgours du IXe-Xe siècle de Touen-houang,* tome 1, Paris 1986, pp. 103-104；杨富学、牛汝极《沙州回鹘及其文献》，兰州：甘肃文化出版社，1995 年，第 86—88 页。

③ J. Hamilton, *Manuscrits ouïgours du IXe-Xe siècle de Touen-houang,* tome 1, Paris 1986, pp. 147-149；杨富学、牛汝极《沙州回鹘及其文献》，兰州：甘肃文化出版社，1995 年，第 104—106 页。

④ 上海古籍出版社、法国国家图书馆编《法藏敦煌西域文献》第 26 册，上海：上海古籍出版社，2002 年，第 290 页。

城，指的就是高昌，如11世纪50年代印度旅行家加尔迪齐所撰《纪闻花絮》[①]即称高昌（Činānj-kath，意为“汉人的城市”）“比库车小，有二十二个村镇（dih），地势平坦”。[②]高昌故城出土的摩尼文回鹘语文献断片（编号为TM 176）中有“qočo uluš ikï otuz balïq waxšikï（高昌国二二城的幸运与守护之灵）”。[③]文书的年代不明，据考，下限应为11世纪前半叶。[④]体现了高昌回鹘与敦煌佛教界之间的密切联系。

---

① 参见K. Czeglédy，Gardīzī on the History of Central Asia，*Acta Orientalia Academiae Scientiarum Hungaricae* 27–t3，1973，pp. 257–267.

② В.Бартольд，*Отчет о поездке В Среднюю Азию С научною Цепью*，*1893–1894гг*，СПБ 1897，стр.116；森安孝夫《ウイグルの西迁について》，《东洋学报》第59卷1—2号，1977年，第114页。

③ A. von Le Coq，*Türkische Manichäica aus Chotscho*，III，*Abhandlungen der Preussischen Akademie der Wissenschaften*，*Phil. -hist. Klasse*，1922，Nr.2，S.40.

④ 森安孝夫《敦煌と西ウイグル王国——トゥルファンからの书简と赠り物を中心に——》，《东方学》第74号，1987年，第63页。

## 第四节

# 高昌回鹘与敦煌佛教艺术之关系

高昌回鹘与敦煌归义军政权间的关系，幸赖敦煌文书的存在，一些头绪才得以理清。及至沙州回鹘国和西夏统治时期，敦煌与西州回鹘之关系由于缺乏史料记载而不甚明了。然则沙州回鹘与西州回鹘的统治者同是一个民族，敦煌与吐鲁番地域相连，不可能没有任何接触与联系，如果把目光聚焦在两地石窟艺术上，便会有许多令人惊异的发现。

贾应逸先生通过对莫高窟409窟与柏孜克里克石窟的回鹘供养人像进行比较研究，发现他们具有很多共性："这两处供养人的面型长圆，两腮丰肥，鼻梁高挺，柳叶形的眉，鱼形眼，小嘴。他们的身材匀称，端庄挺拔，双腿多是直立，具有稳健勇敢的美感，无疑是回鹘人的典型形象。男性头戴回鹘饰莲瓣形尖状帽，用红色丝带将其系于颏下。身穿团花纹织錦长袍，领口圆，下摆宽。腰系的鞶带，悬挂剑、短刀、巾、解结锥、火石袋、绳索等蹀躞；脚蹬长腰靴。女性头梳的博鬓冠上插金钗、步摇，总发为髻，顶竖桃形金饰。身着回鹘式红或茜色通裾长襦，在V字形领上，刺绣着漂亮的云纹图案。总之，在面型和服饰上均反映了同一个民族的共同性。"[①] 这种艺术上的共同性必定有一种传承或者

① 贾应逸、侯世新《莫高窟409窟与柏孜克里克石窟供养人对比研究》，《吐鲁番学研究》2008年第1期，第114页。

交流的因素存在。如在石窟壁画中，本生因缘故事是一个永恒的题材，云童子受决经变便是其中之一，故事说释迦往世为云童子时在莲花城见燃灯佛，布发掩泥，于是燃灯佛为云童子授决定记，无数劫后当得作佛。[①] 据学者研究，在柏孜克里克石窟中有多处云童子受决经变画面(有时一个洞窟甚至出现两次)，第18、20、22、31、33、37、48号窟均有绘制。[②] 其中18号窟云童子受决经变(图2-4)，画面完全采用写实手法，忠于佛经，云童子五体投地，长长的黑发铺散在燃灯佛脚下。

图2-4　柏孜克里克石窟第18窟云童子受决经变

与此相对，31、33、48号窟则采用象征性的构图方法，云童子位于画面上方，立佛左上侧的圆内，这应是高昌石窟艺术的一个首创，然而，在榆林窟第39窟云童子受决经变，云童子绘在画面左上角圆环中，有着与柏孜克里克石窟第31、33、48窟同一题材的内容，可能是出于对释迦牟尼的尊敬。只是画面构图从简，绘工显得粗放，与高昌同类壁画相比显得过于贫乏单调，但题材显然来自高昌。

沙州回鹘既亡，西夏统治敦煌。吾人固知，西夏是一个崇佛的国度，西夏立国前后，多次延请回鹘高僧讲经说法，在西州回鹘高僧白法信与白智光的主持下，历时53年，将汉文《大藏经》译为西夏文。[③]

① [隋] 阇那崛多译《佛本行集经·受决定记品》，《大正藏》第三卷，No.190。

② 承哉熹《柏孜克里克石窟方形窟誓愿画配置状况的比较——以图像构图与主题的演变为中心》，《吐鲁番学研究——第三届吐鲁番学暨游牧民族的起源与迁徙国际学术研讨会论文集》，上海：上海古籍出版社，2010年，第807—813页。

③ 杨富学《回鹘僧与〈西夏文大藏经〉的翻译》，《敦煌吐鲁番研究》第7卷，北京：中华书局，2004年，第339—341页。

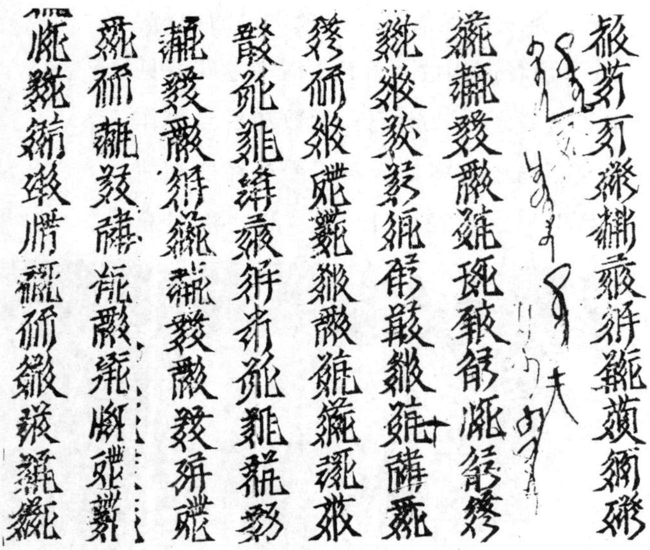

图 2–5　西夏文《阿毗达磨大毗婆沙论》

在敦煌出土的西夏文文献中还可以看到用回鹘文字母作的注音。[1] 美国普林斯顿大学东亚图书馆藏有出自敦煌的西夏语文献《阿毗达磨大毗婆沙论》残卷1页（图2-5），15.6×18.8厘米，馆藏号为 Peald 6f。[2] 可与敦煌莫高窟北区第157窟出土的B157：54–2号文书缀合，由是可以推断：普林斯顿大学所藏的这篇西夏文断片应出自莫高窟北区第157窟，系元代之物。

有意思的是，在标题下空白处有回鹘语题字，依其笔迹，当为杂写之属。经释读，这些题字可以理解为西夏文《阿毗达磨大毗婆沙论》标题之回鹘语翻译，当系回鹘佛教徒所做的标记。[3] 不唯如此，西夏在受到回鹘文化影响的同时，也出现了反馈现象，在吐鲁番出土了 4 件西夏文佛教文书，[4] 这无疑反映了西夏与西州回鹘间文化关系的密切。因此

① 杨富学《论回鹘文化对西夏的影响》，《宋史研究论丛》第 5 辑，保定：河北大学出版社，2003 年，第 292—293 页。

② 荒川 慎太郎《プリソストソ大学所藏西夏文佛典断片（Peald）について》，《アヅア·アフリカ言语文化研究》第83号，2012年，第5—36页。

③ 松井太《敦煌出土西夏语佛典に插入されたウイダル文杂记》，《人文社会论丛》（人文科学篇）第27号，2012年，第61页。

④ E. von Zach，Entzifferung des Turfan-Manuscriptes T. M. 190 des Berliner Museum für Völkerkunde，*Orientalische Literaturzeitung*，1928，Nr. 11，S. 952-954，Taf. 1；孙伯君《德藏吐鲁番所出西夏文〈瑜伽长者问经〉残片考》，《丝绸之路民族古文字与文化学术讨论会文集》上册，西安：三秦出版社，2007 年，第 30—31 页。

如果要关注西夏与西州回鹘之间的佛教文化交流，一个不容忽视的领域就是敦煌与西州之间的佛教艺术，特别是两地之间的石窟艺术。

1. 色彩

从河西走廊诸石窟，如敦煌莫高窟、西千佛洞、安西榆林窟、东千佛洞、酒泉文殊山石窟中现存的西夏壁画看，西夏人开凿的洞窟基本上是一洞一种主色，以石青、石绿，绘画基调成冷色，但有时又以大红为主色，基调明显成暖色；图案规矩而少变化，给人以千篇一律的感觉，这些都可以说是回鹘艺术风格的影响所致。

西夏中期壁画构图最明显的特点是简约、疏空，以经变画为例，画面人物减少而形体增大，同时省去建筑衬景。偌大画面，仅寥寥数人，空空荡荡。经变构图简化到同说法图无甚差异。加上画风比较粗放，敷彩比较简约，已距唐宋壁画构图的传统较远，倒与高昌回鹘佛画构图颇为相近。

2. 装饰性图案

回鹘人在绘制佛像时喜欢采用编制纹、火焰纹、古钱文及双重八瓣莲花纹、波状三瓣花卷草纹等，在西夏晚期的洞窟中都不时可以看到。西夏绘画之花纹边饰特别丰富，制作考究，既有荷花、牡丹、石榴、团球及忍冬等植物纹，也有龟背纹、连环纹、古钱纹、万字纹等形式不一的规矩纹，还有团龙、翔凤、卷云等有活动感的祥瑞纹，更有风格独特的波状卷草式云纹。这些纹饰简单朴素，色泽鲜艳，以大红大绿居多。从纹样结构、编排方法到敷色、勾线、填绘等手法的运用，在吐鲁番柏孜克里克石窟、吐峪沟石窟的壁画及木头沟、吉木萨尔回鹘佛寺遗址等地出土的佛教艺术品中都可以看到。

顺便提一下，回鹘人绘制佛像的装饰性图案对西藏地区的藏传佛教艺术亦有影响。如西藏地区的扎塘寺壁画，存在着来自西域地区的艺术因素，其中与高昌回鹘佛教艺术相关的，主要表现在一些装饰图案上，如佛和菩萨头光与身光的形状；背光的某些花卉图案，诸如火焰纹的画法等，也显示出与高昌回鹘艺术的某些相似性。① 以火焰纹为代表的回鹘装饰性图案，最初由高昌传到敦煌，再而传播到西藏地区。同样，西州回鹘接受藏传佛教的一个重要途径，应该经由西夏时期的敦煌传播到高昌地区。

3. 西夏壁画中的涅槃经变

与莫高窟相比，东千佛洞 2、5、7 三窟的西夏涅槃经变所处的位置很特殊。“这几个石窟均为甬道式中心柱窟，形制也基本一样，都是单室窟，平面为长方形，分前后两部分，后部安置中心柱，但又不同于莫高窟直通到顶的中心柱，而只是侧壁、后壁凿出可以绕柱右旋的甬道。这种洞窟的形制大约在 4、5 世纪时形成于西域龟兹境内，后来西魏、北齐和高昌回鹘时期也先后流行过这种窟型，龟兹境内甬道式中心柱后面往往画涅像或涅槃经变。西夏佛教文化多数是从中原、吐蕃和西域各国输入，回鹘僧人常受到西夏统治者的礼遇和重视，有的还被奉为国师，西夏时期再现这种石窟形制和绘画形式，或许是受龟兹石窟艺术的影响。”②

图 2-6 甘肃武威西郊林场西夏墓出土西夏木版画五侍女

4. 发式及冠饰

元人马祖常《河西歌》曰：“贺兰山下河西地，女郎十八梳高髻。”高髻为回鹘妇女的发式。《新五代史·回鹘传》载：“[甘州回鹘] 可汗常居楼。妻

① 张亚莎《11 世纪西藏的佛教艺术——从扎塘寺壁画研究出发》，北京：中国藏学出版社，2008 年，第 140 页。

② 张宝玺《东千佛洞西夏石窟艺术》，《文物》1992 年第 2 期，第 87 页。

号天公主，其国相号媚禄都督。见可汗，则去帽披发而入以为礼。妇人总发为髻，高五六寸，以红绢裹之；既嫁，则加毡帽。”① 1977 年，甘肃武威西郊林场西夏墓葬出土了 29 幅彩绘木版画（图 2-6），在编号4 的五侍女中有 4 人即梳高髻，颇类回鹘发式。

这种高发髻的女性形象在西夏故地屡有出土。1995 年 7 月，宁夏回族自治区海原县贾塘乡马营村的西夏古城临羌寨出土一陶模（图 2-7），头发上梳成高髻状，在耳鬓上形成较大的发髻，额头上用结绶系成蝴蝶结。头顶戴有较大的宝冠，冠顶有一朵宝相花，再向下匀称的分布着 3 朵宝相花，宝相花下衬托树叶。此陶模面带微笑，大眼、高鼻梁、厚唇（图 a）。1996 年 5 月，临羌寨又出土一高发髻妇女头像陶模，头发上梳，在额头上系结绶并打成蝴蝶结头顶上戴有较大的宝冠，为回鹘式头巾，头巾的边缘有三朵西域的宝相花组成（图 b）。1992 年9 月，临羌寨出土一抱鼓女彩陶人，头盘高发髻，涂

图 a　妇女头像陶模

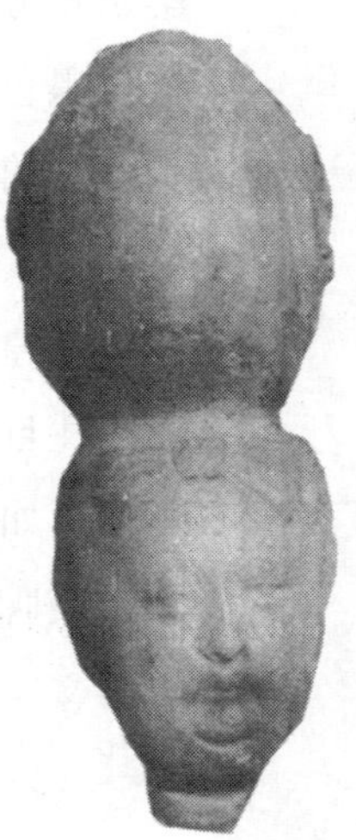
图 b　妇女头像陶模

图 c　抱鼓女彩陶人

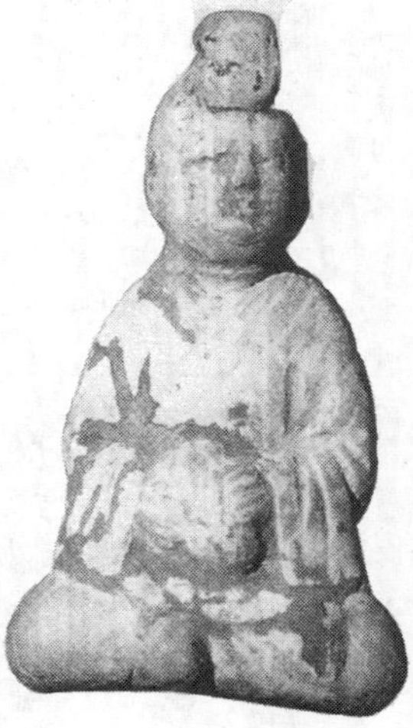
图 d　抱瓜女彩陶人

图 2-7

① 《新五代史》卷七四《四夷附录二》，北京：中华书局，1974 年，第 916 页。

有黑彩，头顶披巾。面相丰润适中，涂有朱红彩，五官匀称、秀丽。身穿左衽款袖袍服。两腿相盘而坐，在腿上放有手鼓，两手于鼓上作拍鼓奏乐姿势（图 c）。1994 年 5 月，临羌寨出土一抱瓜女彩陶人，高发髻，头发黑色，双目直视，面部表情温柔恬静。身着左衽衣式，宽式袖，双手下腹前抱一有棱瓜。两腿相盘而坐，左腿脚在前，右腿脚向内。衣服纹饰逼真入微，衣裤彩绘绯红色(图 d)。

敦煌石窟中有大量西夏供养人画像，其中极具民族特色的服饰格外引人注目。现以男女供养人分别叙述之。男供养人中文官服饰多受中原影响，如肃北五个庙第 3 窟修建于西夏时期，窟内有 3 身文官画像，皆头戴展脚幞头，身穿圆领宽袖袍服，腰系革带，足蹬乌靴。除此之外，西夏文官还戴一种尖顶镂花金冠，如著名的《西夏译经图》中（图 2–8），有 8 位文职官员，皆戴略显尖顶的镂空图案花纹的金冠，与中原王朝文职官员的冠饰不同，可能是西夏文职官员的一种特有冠饰。①

图 2–8　西夏译经图

然而，最具民族特色的还是武官服饰。榆林窟第 29 窟西夏时期修建，南壁门东侧有供养人 3 身（图 2–9），第1、2 身皆戴尖顶起云镂冠，冠后垂带，身穿红色圆领窄袖襕袍，腰围有黑色宽边的抱肚，抱肚上有花纹，抱肚有宽带连接，宽带束在腹前，余带下垂与袍齐，另束革带，脚登尖形黑靴。第 3 身头戴黑冠，无云镂装饰，

① 谢静《敦煌石窟中西夏供养人服饰研究》，《敦煌研究》2007 年第 3 期，第 29 页。

冠后垂带，身穿红色圆领窄袖长袍，上有团花，不加襕，束革带，腰间无抱肚，冠服略有不同。

图 2–9 榆林窟第 29 窟男供养人

从敦煌石窟西夏供养人画像、黑水城发现的西夏卷轴画、武威西夏墓出土的木版画中都有很多西夏贵族妇女、侍女的形象。由此，可以看出西夏贵族妇女多戴莲蕾金珠冠和桃形冠，一般妇女梳桃形发髻，发髻上没有金钗、玉簪、步摇等冠饰。如莫高窟第 148 窟主室东壁门南侧两身回鹘男供养人之后，有几身回鹘女供养人之像，手执鲜花，虔诚供养。其中第 2 身女供养人画像，头戴莲蕾金珠冠，博鬓抱面，发髻上插金钗玉簪，插云状、方胜纹金饰片，身穿红色团花圆翻领窄袖长袍，和西夏贵族妇女所戴的莲蕾金珠冠相似，不同之处是回鹘贵族妇女的莲蕾是张开的，西夏贵族妇女的莲蕾是合拢的。

图 2–10 榆林窟第 3 窟西壁南侧普贤变

西夏贵族妇女和侍女头戴与敦煌回鹘供养人相同的桃形冠，是回鹘服饰对西夏服饰影响的结果。西夏贵族妇女所戴的莲蕾金珠冠，可能是在回鹘贵族妇女所戴桃形金冠

图 2-11　榆林窟第 3 窟西壁北侧《文殊变》

的基础上发展而来的。[①] 榆林窟第2 窟西壁门南侧水月观音图下有女供养人 4 身，虽已漫漶不清，但基本形象保存完好。他们头梳高髻，戴桃形花冠，冠左右插步摇、金簪，余发披肩，耳垂耳坠。榆林窟第 3 窟甬道南壁上部存西夏女供养人像 3 身，画面已经非常模糊，大致能看出女供养人头梳高髻，戴桃形花冠。

5. 供养菩萨行列

西夏早期和中期，流行绘制供养菩萨，一般绘在甬道南北两侧壁，主室东壁甬道内口两壁，或者主室四壁下段。多成列队式群像，或手持鲜花，或手执香炉，或双手合十，均向着窟内主尊做供奉礼拜之状。

柏孜克里克第四期壁画，在内容或艺术风格上都受到西夏壁画的影响，如文殊、普贤变（图 2-10、2-11）和 39 窟供养菩萨行列的出现，一些图案花纹、幔垂、饰物的变化等。其时代大致在 11 世纪到 12 世纪。[②]

6. 双头佛像

双头佛，亦称分身佛。印度犍驮逻国都城大佛塔面画佛像，“高一丈六尺，自胸已上，分现两身；从胸已下，合为一体”。原有一作佣工的贫者，得一金钱，愿造佛像，请画工绘如来妙相。后又有一人持一金

① 谢静《敦煌石窟中回鹘、西夏供养人服饰辨析》，《敦煌研究》2007 年第 4 期，第 85 页。

② 贾应逸、祁小山《印度到中国新疆的佛教艺术》，兰州：甘肃教育出版社，2002 年，第 460 页。

钱求画佛像。画工只画一像。二贫人同日俱来，画工指一像告知二人，说此是你们所要的像。此时“像现灵异，分身交影，光相照著。二人悦服，心信欢喜”。① 早年俄国人自黑水城掘走的西夏艺术品中就有一尊双身佛像（图 2–12），此像高 62 厘米。佛身披袈裟，肩上有两佛头，头向左右下方少垂，头顶有螺髻，佛面丰满慈祥，气度非凡，肩下有四臂，两臂在胸前合十，另两臂向左右下方伸展，虽是双头四臂的特殊人物造型，但身形自然，显得和蔼可亲。② 现存俄罗斯圣彼得堡冬宫博物馆。

20 世纪初，吐鲁番高昌故城发现有麻布幡画双头佛像（图 2–13），高 47.5 厘米，宽 28 厘米，属于高昌回鹘王国时期之遗物，③ 艺术风格与黑城西夏双头佛像极为相近，表明两者在佛教艺术方面可能当有一定的联系。④

图 2–12　高昌故城出土幡画双身佛像

图 2–13　西夏黑水城出土彩塑双身佛像

① ［唐］玄奘、辩机原著，季羡林等校注《大唐西域记校注》卷二，北京：中华书局，1985 年，第 242 页。

② 史金波、白滨、吴峰云编《西夏文物》，北京：文物出版社，1988 年，图 237；韩小忙、孙昌盛、陈悦新《西夏美术史》，北京：文物出版社，2001 年，彩板 76。

③ A. von Le Coq, *Chotscho:Facsimile-wiedergaben der wichtigeren Funde der ersten Königlich preussischen Expedition nach Turfan in Ost-Turkistan*, Berlin 1913, Taf. 40a.

④ 孟凡人、赵以雄、耿玉琨编绘《高昌壁画辑佚》，乌鲁木齐：新疆人民出版社，1995 年，第 27 页；第 94 页图 98。

第三章

# 甘州回鹘及其与敦煌的关系

第一节

# 甘州回鹘国的兴衰

## 一、甘州回鹘的由来与发展

9世纪中叶回鹘向河西的迁徙似乎应有二次。开成五年（840年），回鹘汗国亡，部众离散，“有回鹘相馺职者，拥外甥庞特勤及男鹿并遏粉等兄弟五人、一十五部西奔葛逻禄，一支投吐蕃，一支投安西。又有近可汗牙十三部，以乌介特勤为可汗，南来附汉”。[①] 在西迁的三支中，有一支奔至吐蕃统治下的河西走廊。除此之外，会昌二年(842年）以后当仍有往迁者。《旧唐书》卷一九五《回纥传》在会昌二年条记载：“三部首领皆赐姓李氏，及名思忠、思贞、思惠、思恩，充归义使。有特勤叶被沽、兄李二部南奔吐蕃，有特勤可质力二部东北奔大室韦，有特勤荷勿啜东讨契丹，战死。”[②] 其中的叶被沽，显然应为回鹘语Yabɤu的音译，相当于两《唐书》中常见的“叶护”，为突厥、回鹘高级官员的名称。特勤同为突厥、回鹘官号，皆由可汗子弟充任。说明有特勤叶被沽和兄李二部南投吐蕃。从当时的形势看，回鹘在会昌二年九

---

①《旧唐书》卷一九五《回纥传》，北京：中华书局，1975年，第5213页。

②《旧唐书》卷一九五《回纥传》，第5214页。

月以后受到了张仲武和刘沔等人的攻击，因此也就出现了逃往各地的诸王。其中一支“南奔吐蕃”。由于其出发地在幽州，加上《旧唐书》卷一九五《回纥传》中在描述回鹘西迁时以吐蕃指代居住在灵州西南部至沙州一带的吐蕃分布区，将二因素结合起来看，这部回鹘人逃遁的方向应为灵州西南部及河西走廊地区。

《新五代史》卷七四《回鹘传》记载：“回鹘……余众西徙，役属［于］吐蕃。是时吐蕃已陷河西、陇右，乃以回鹘散处之。”说明吐蕃统治者曾将这支回鹘人拆散，使其分居于河西各地，其中有一部分被吐蕃安置在甘州一带，进而发展成为回鹘在河西较为集中的聚居区。此外尚有散布在河西和陇右的诸多部落，见于记载的有贺兰山回鹘、秦州回鹘、凉州回鹘、合罗川回鹘、肃州回鹘和瓜、沙州回鹘等。河西回鹘的迁入路线，应是由蒙古高原越过大戈壁，然后经过花门山堡（今居延海北 130 公里处）而至额济纳河下游，由此进入河西走廊。

吐蕃对回鹘的统治维持的时间并不长，842 年吐蕃王国发生内乱，统治阶级分裂为两派，互相争战。848 年，沙州土豪张议潮乘吐蕃内乱之机发动起义，得到各族响应，很快推翻了吐蕃在沙州的统治，接着又出兵攻占了瓜（甘肃瓜州县）、伊（新疆哈密市）、肃（甘肃酒泉市）、甘（甘肃张掖市），并力图攻取鄯（青海乐都县）、河（甘肃临夏市东北）、西（新疆吐鲁番市）、岷（甘肃岷县）、兰（甘肃兰州市）、廓（青海尖札县北）等州。唐宣宗置归义军于沙州，以张议潮为节度使。河西回鹘诸部遂归张氏归义军所辖，其后势力逐步壮大。张议潮的起义，曾得到包括甘州回鹘在内的河西诸部的支持。

### 二、甘州回鹘国的建立

至于甘州回鹘何时独立建国，学界则见仁见智，说法不一。有 865 年、870 年以前、872 年、884 年以前、884—887 年之间、890 年、894 年、895—900 之间及 10 世纪初等多种意见。出现这种现象的主要原因在于史书对甘州回鹘的立国时间没有明确记载，即使偶有提及，亦显得混乱不清，颇多抵牾。

回鹘本为游牧民族，迁入河西者，虽先归吐蕃，继而又为归义军政权所属，但各部仍保有相对的独立性，并拥有自己的政权组织形式——族帐。洪皓《松漠纪闻》记载："回鹘自唐末浸微……甘、凉、瓜、沙旧皆有族帐……居四郡外地者，颇自为国，各有君长。"这一记载反映了河西甘、凉、瓜、沙诸地的回鹘，都是独立的族帐，各族帐也都有相应的首领。

据唐朝史料记载，早在乾符初年（874 年），驻扎于甘州附近的回鹘即曾遣使入唐，"屡求册命"。唐政府遂派郗宗莒为使前往册立，只是在此期间，回鹘集团被吐谷浑、嗢末打散，不知何往，使册命活动未能遂愿。唐廷于是"诏宗莒以玉册、国信授灵盐节度使唐弘夫掌之，还京师"。[①] 第二年，这支回鹘势力还至罗川，且遣使入贡于宋，获赐绢万匹。按，这里的"罗川"，应为"合罗川"，即今甘肃省西北部和内蒙古自治区西部的河流——额济纳河，又名弱水，为黑河的组成部分，在甘州城北之沙漠草原中。这些记载说明，张掖一带自 9 世纪中叶以来，一直有具有独立或半独立性质的回鹘集团存在。

在写成于中和四年（884 年）的 S.389《肃州防戍都状》中，第一次出现了"回鹘王"一称，该文献首全尾残，文字如下：

> 肃州防戍都状上：
>
> 右当都两军军将及百姓，并平善，提备一切仍旧。
>
> 自十月卅日崔大夫到城家，军将索仁安等便将本州印与崔大夫。其大夫称授防御使，讫全不授。其副使索仁安今月六日往向东，随从将廿人，称于回鹘王边充使，将赤骠（驃）父马一匹、白

① 《资治通鉴》卷二五二乾符元年十二月条。

鹰一联，上与回鹘王。二乃有妹一人，先嫁与凉州田特罗禄。其妹夫身死，取前件妹，兼取肃州旧人户十家五家。其肃州印，崔大夫称不将与凉州防御使，去不得。其索仁安临发之时，且称将去。发后，其印避崔大夫，衷私在氾建立边留下。

又今月七日，甘州人杨略奴等五人充使到肃州。称：其甘州吐蕃三百，细小相兼五百余众，及退浑王拨乞狸等十一月一日并往，归入本国。其退浑王拨乞狸，妻则牵驮，夫则遮驱，眷属细小等廿已来随往，极甚苦切，余者百姓、奴、客并不听去。先送崔大夫回鹘九人，内七人便随后寻吐蕃踪亦（迹）往向南。二人牵栊嘉麟，报去甘州共回鹘和断事由。其回鹘王称：须得龙王弟及十五家只（质），便和为定。其龙王弟不听充只（质），若发遣我回鹘内入只（质），奈可（何）自死。缘弟不听，龙王更发使一件。其弟推患风疾，不堪充只（质）。更有迤次弟一人及儿二人。内堪者发遣一人及十五家只（质），得不得，取可汗处分。其使今即未回。

其龙王衷私，发遣僧一人，于凉州嗢末首令（领）边充使。将文书称：我龙家共回鹘和定已后，恐被回鹘侵凌，甘州事须发遣嗢末三百家已来，同住甘州，似将牢古（固）。如若不来，我甘州便共回鹘为一家，讨你嗢末，莫道不报。

其吐蕃入国去后，龙家三百众衙商量，城内绝无粮用者。拣得龙家丁壮及细小壹伯（佰）玖人，退浑、达票、拱榆、昔达票、阿吴等细小共柒拾贰人，旧通颊肆拾人，羌大小叁拾柒人，共计贰百伍拾柒(捌）人。今月九日并用肃州，且令逐粮居。（后残）①

---

① 唐耕耦、陆宏基编《敦煌社会经济文献真迹释录》第4辑，北京：全国图书馆文献缩微复制中心，1990年，第487—488页；中国社会科学院历史研究所等编《英藏敦煌文献(汉文佛经以外部分)》第1册，成都：四川人民出版社，1990年，第179页；郝春文编著《英藏敦煌社会历史文献释录》第2卷，北京：社会科学文献出版社，2003年，第250—251页。

该文献反映的是甘州与回鹘和断事，其中出现的最后日期为十一月九日。与之相连的为《中和四年（884）十一月一日肃州防戍都营田康使君县丞张胜君等状》，编号为S. 2589，首残尾全，兹节录其文字如下：

宋输略等七人从祁（邠）州出，于河州路过，到凉州，其同行回鹘使，并在祁（邠）州先准诠□君路上遭贼，落在党项□，祁（邠）州都度赎与祁（邠）州郎君二人及娘子家累军将尚住等廿人输略等亲自见面并在祁（邠）州淮诠郎君拟□□□末使发来，缘装束不办，发赴不得，其草贼黄巢被尚让共黄巢弟二人，煞却于西川进头。皇帝回驾，取今年十月七日的入长安，游奕使白永吉、押衙阴清儿等，十月十八日平善已达嘉麟，缘凉州闹乱，郑尚书共□□诤（争）位之次，不敢东行，宋盈润一行□□凉州未发，其甘州共回鹘和断未定，二百回鹘常在甘州左右捉道劫掠，甘州自胡进达去后，更无人来往，白永吉、宋盈润、阴清儿各有状一封，并同封角内，专差官健康清奴驰状通报，一一谨具如前，谨录状上。

牒件状如前，谨牒。

中和四年十一月一日肃州防戍都营田康使君县承（丞）张胜君等状。[①]

二者反映的为同一事件，时间上也恰好可以相互衔接，应是肃州防戍都营田康使君、县丞张胜君等先后紧接着向归义军政府上呈的报告。[②] S. 2589时间靠前，即中和四年（884年）十一月一日，S. 389稍后。其

① 唐耕耦、陆宏基编《敦煌社会经济文献真迹释录》第4辑，北京：全国图书馆文献缩微复制中心，1990年，第486页；中国社会科学院历史研究所等编《英藏敦煌文献（汉文佛经以外部分）》第4册，成都：四川人民出版社，1991年，第111页。

② 唐长孺《关于归义军节度的几种资料跋》，《中华文史论丛》第1辑，1962年，第290—292页。

中出现的“回鹘王”，当即甘州回鹘的第一任可汗，唯名号未知。

也就是说，早在874年至884年之间，甘州回鹘政权的雏形已基本形成，只是他们还未能占领甘州。那么，回鹘是何时占领甘州的呢？史书与敦煌文献均未见明确记载。

从S. 2589与S. 389两件《肃州防戍都状》看，中和四年（884年）十一月初，占据甘州的是龙家，但回鹘人不时“在甘州左右捉道劫掠”。于是，龙家与回鹘进行谈判，并讨价还价。至同年十一月九日，龙家和退浑、羌及其他部落，以“缺粮”为借口而决定放弃甘州，迁入肃州逐粮。甘州遂成为空城，回鹘垂手得之。

在敦煌发现的吐蕃文写本中，P. T. 1082为《登里埃部可汗回文》，文曰：

> 登里埃部可汗之复函回文……甘州官寨业已残破，无修缮官寨之工匠。去借后，发来工匠，十分高兴。官寨已开始维修，尚遗留小部分。顶盖，经一再去函请求，也曾派来工匠。工匠来已一年……已下令发粮饷，尚论……由……派遣！画匠工作得不好。秋季七月中……打发来。①

文书写成的年代于史无征，但内容反映的是回鹘占据甘州，以之为都而进行修复的情况。故学界称之为回鹘天睦可汗致沙州仆射张淮深书，写成年代经考证当为889年。② 从中可以看出，由于甘州城墙官寨已破损，回鹘正在其废墟上建立宫殿，故而请求张淮深派遣建筑工匠，

---

① 王尧、陈践译注《敦煌古藏文文献探索集》，上海：上海古籍出版社，2008年，第292页。

② 黄盛璋《汉于阗吐蕃文献所见“龙家”考》，郑炳林、樊锦诗、杨富学主编《丝绸之路民族古文字与文化学术讨论会文集》，西安：三秦出版社，2007年，第248页。

以至管理人员，并转告金匠监派有名的金匠来打造金器。

甘州政权建立伊始，相当穷困，有求于归义军，地位自然应低于沙州。直到张承奉时代，甘州回鹘才在与归义军的角逐中逐步占据上风。S. 3905《天复元年辛酉岁（901）闰月十八日金光明寺造窟上梁文》："猃狁狼心犯塞，焚烧香阁摧残"，讲述的就是天复元年（901 年）七月后，甘州回鹘进攻沙州并将金光明寺焚毁之事。此后，甘州回鹘又多次攻打沙州，并于 911 年围困敦煌，迫使张承奉签订城下之盟，承认回鹘可汗是父，而张承奉则屈尊为子。

藏文文献 P. T. 1082 中出现的登里埃部可汗，与敦煌汉文写本 S. 8444《唐昭宗某年内文思院为甘州回鹘贡品回赐会计历》残卷中的"天睦可汗"当为同一人。S. 8444 原断为七片，今缀合为三片，"天睦可汗"见于其中的第二片（S. 8444C）：

> （前缺）白罗叁拾匹，绢共肆伯疋，蛮画食器壹伯（佰）的事。
> 达干、宰相附进：羚羊角贰拾对、锦两疋、大绢壹拾疋。
> 已上计壹拾贰疋共壹角□
> 天睦可汗女附进：皇后信物壹角、锦两疋（后缺）①

"天睦可汗"之名又出现于杨钜《翰林学士院旧规》卷一《蕃书并使纸及汉书函事例》中，文云："回鹘天睦可汗书头云，'皇帝敬问回鹘天睦可汗外甥'尾云。"该可汗很可能就是甘州回鹘的第一位可汗。文书中还出现有达干、宰相之谓。

达干，回鹘语做 Tarqan，职官名。在突厥、回鹘中，它是一种统领

① 土肥义和《敦煌发见唐·回鹘间交易关系汉文文书断简考》，《中国古代の法と社会·栗原益男先生古稀记念论集》，东京：汲古书院，1988 年，第 402 页；中国社会科学院历史研究所等编《英藏敦煌文献（汉文佛经以外部分）》第 12 册，成都：四川人民出版社，1995 年，第 133 页。

兵马的武官，地位十分显赫。据考，应系汉语“达官”一词的音转。[①]

宰相，亦为回鹘官制，漠北回鹘汗国“有外宰相六，内宰相三，又有都督、将军、司马之号”。[②]《宋会要辑稿》蕃夷四之二载开宝元年（968年）十一月，甘州回鹘“宰相鞠仙越亦遣使来贡马”。此载可与S. 8444《唐昭宗某年内文思院为甘州回鹘贡品回赐会计历》相印证，说明甘州回鹘确有宰相之设。

这些因素说明，自874年始，甘州回鹘政权的雏形已基本形成，只是他们直到884年底才占据了甘州，此前甘州为龙家所据。是年十一月九日，龙家和退浑、羌及其他部落，因缺粮而放弃甘州迁入肃州。甘州成为空城，回鹘遂得以居之。光启三年（887年）十一月，甘州回鹘遣使沙州，P. 2937号附断片一中的第一件文书《酒司状》载：

> 今月□日，甘州回鹘一人，每月准例供酒□瓮，未蒙判凭，不敢不申，伏请处分。
>
> 丁未年十一月 日曹文晟。准细供，六日，淮深。[③]

这是归义军酒司文书，有节度使张淮深的亲笔判词。由归义军酒司供酒招待（细供）的甘州回鹘使者，一定是官方派来的使臣，虽然仅有一人，但反映了甘州回鹘与沙州归义军间存在外交往来的史实，间接证明了归义军政权对甘州回鹘的承认，可视为甘州回鹘国存在的有力证据。在同一断片中的第二件文书中，出现有光启三年十一月“七日，肃

---

① 羽田亨《回鹘文摩尼教徒祈愿文の断简》，《羽田博士史学论文集》下卷《言语·宗教篇》，京都，1975年，第331页。

② 《新唐书》卷二一七上《回鹘传上》，第6113页。

③ 荣新江《敦煌邈真赞所见归义军与东西回鹘的关系》，《敦煌邈真赞校录并研究》，台北：新文丰出版公司，1994年，第65页；上海古籍出版社、法国国家图书馆编《法藏敦煌西域文献》第20册，上海：上海古籍出版社，2002年，第166页。

州使氾建立等一行进发”之语。[1] 氾建立又见于上引 S.389《肃州防戍都状》，是归义军肃州防戍都的军将之一。[2] 这些因素都可确证，文中的丁未年，即光启三年（887 年）。说明至迟在 887 年，甘州回鹘国即已正式建立，而且已得到了归义军政权的承认。

可与上述记载相印证的还有 P.3931 甘州回鹘可汗的《表本》，其中称：“去光化年初，先帝远颁册礼，及恩赐无限信币，兼许续降公主，不替懿亲。”[3] 又 P.4646《唐乙未—辛酉年（899—901 年）归义军破历》中记有甘州使在沙州受到官衙招待，光化元年为 898 年，此时回鹘应建牙甘州，又 P.4044（2）在《乾宁六年（899 年）十月二十日归义军节度使帖》后有《处分甘州使头帖》草稿，内容如下：

> 使帖甘州使头某甲、兵马使某曹、更某人数。右奉处分，汝甘州充使，亦要结耗（好）和同一家，所过砦堡州城，各须存其礼法，但取使头言教，不得乱话是非。沿路比此回还，仍须收自本分，如有拗东捩西，兼浪言狂语者，使头记名，将来到州，重当刑法者。某年月日帖。[4]

沙州遣使甘州，对象自是回鹘。说明此时甘州回鹘不仅已和沙州归义军政权分庭抗礼，而且沙州对之尚存在几分畏惧之心，故而对派遣甘

① 荣新江《敦煌邈真赞所见归义军与东西回鹘的关系》，《敦煌邈真赞校录并研究》，台北：新文丰出版公司，1994 年，第 65 页；上海古籍出版社、法国国家图书馆编《法藏敦煌西域文献》第 20 册，上海：上海古籍出版社，2002 年，第 166 页。

② 荣新江《甘州回鹘成立史论》，《历史研究》1993 年第 5 期，第 32—39 页。

③ 上海古籍出版社、法国国家图书馆编《法藏敦煌西域文献》第 30 册，上海：上海古籍出版社，2003 年，第 222 页；杨宝玉、吴丽娱《跨越河西与五代中原世界的梯航——敦煌文书 P.3931 校注并研究》，《中国社会科学院历史研究所学刊》第 6 集，北京：商务印书馆，2010 年，第 128 页。

④ 上海古籍出版社、法国国家图书馆编《法藏敦煌西域文献》第 31 册，上海：上海古籍出版社，2005 年，第 30 页。

州的使头及其他成员，叮咛嘱咐，不得“拗东捩西”，“浪言狂语”，以免惹出事端，说明回鹘在甘州的势力已经巩固。

然而，写成于乾宁二年（895年）的《唐宗子陇西李氏再修功德记碑》却出现了这样的记载：

> 次男使持节甘州刺史兼御史中丞、上柱国弘谏，飞驰拔拒，唯庆忌而难俦；七札穿杨，非由基而莫比。洎分符于张掖，政恤茕孤；布皇化于专城，悬鱼发咏。①

由是载观之，直到乾宁二年（895年），甘州城尚在沙州归义军政权手中，由刺史兼御史中丞李弘谏直接管理，从碑铭所谓“政恤茕孤”及“布皇化于专城”等语看，李弘谏在甘州刺史任上的政绩颇著，当非遥领虚挂所能奏效。考虑到884年“回鹘王”一称的出现及887年甘州回鹘与沙州间使者的互通，可以认定当时甘州一带回鹘势力不弱，有相对独立的政权组织。这一时期或可称作甘州回鹘国的草创时期。甘州回鹘国建立的时间，只能推定在乾宁元年之后，而以取得中央王朝之承认为稳妥。故而可以认为被唐朝册封之天睦可汗当为甘州回鹘政权建立后的首任可汗。“至于S.389号文书中出现的回鹘王或可汗只能视作是甘州回鹘草创时期的可汗；当然，我们也不排除他有可能就是后来被册封的天睦可汗。”②

光化初（898年），甘州回鹘遣使中原王朝，其表文抄本见于P.3931第13页背第19行及第15页背第2行，文曰：

---

① 李永宁《敦煌莫高窟碑文录及相关问题》（一），《敦煌研究》总第1期，1982年，第68页。

② 陆庆夫《甘州回鹘可汗世次辨析》，《敦煌学辑刊》1995年第2期，第33页。

表本

臣闻，开元圣帝，统有万邦，蓟门贼臣安禄山叛逆，倾陷中国，歼灭贤良，社稷烟灰，銮舆西幸。厶曾祖圣明，厶官点率部下，铁骑万人，亲往征讨；未及旬月，尽底铲除，上皇及肃宗皇帝却复宫阙。朝廷念以粗有巨功，特降公主。其于盟好，具载史书。自后回鹘与唐朝代为亲眷，贡输不绝，恩命交驰。一从多事以来，道途榛梗，去光化年初(898—899 年前后)，先帝（唐昭宗）远颁册礼，及恩赐无限信币，兼许续降公主，不替懿亲……①

这一表本说明，光化初（898 年），甘州回鹘与后唐之间也存在着外交关系，说明甘州回鹘已得到了中原王朝的承认。②

综上所述，回鹘自 840 年西迁，大举进入河西，至 874 年左右开始形成割据一方的势力，至于其政权的建立，大致应从 884 年算起，以敦煌写本《肃州防戍都状》中出现“回鹘王”为标志。

甘州回鹘国建立以后，势力逐步壮大，并于 911 年打败沙州归义军政权，确立了在河西地区的霸权地位。自此以后，乃至 10 世纪前半叶，河西地区几乎全部为甘州回鹘所控制。《旧五代史》卷一三八《吐蕃传》说：“唐天成三年（928 年），［甘州］回鹘王仁喻（裕）来朝，吐蕃亦遣使附以来。”同传又说：“至唐庄宗时（923—926 年）回鹘来朝，沙州留后曹义金亦遣使附回鹘以来。”五代时的河西吐蕃，主要聚居在河西走廊的东部，即凉州（今甘肃省武威市）及其以东地区；曹议金据

① 上海古籍出版社、法国国家图书馆编《法藏敦煌西域文献》第 30 册，上海：上海古籍出版社，2003 年，第 222 页；杨宝玉、吴丽娱《跨越河西与五代中原世界的梯航——敦煌文书 P.3931 校注并研究》，《中国社会科学院历史研究所学刊》第 6 集，北京：商务印书馆，2010 年，第 127—128 页。

② 赵和平《后唐时代甘州回鹘表本及相关汉文文献的初步研究——以 P.3931 号写本为中心》，《九州学刊》第 6 卷 4 期（敦煌学专辑），1995 年，第 90 页。

河西走廊的西部地区，二部的贡使既然只能“附回鹘以来”，说明甘州回鹘在整个河西地区诸势力当中已成为一个强势政权，曹氏归义军政权和吐蕃势力即便尚未沦为甘州回鹘的属部，也在很大程度上受制于甘州回鹘。换言之，在五代时，整个河西地区都已成为甘州回鹘的势力范围。境内民族众多，除回鹘外，还有汉、吐蕃、龙家和党项等。

甘州回鹘强势地位在河西走廊的确立，基本结束了丝绸之路沿线的分裂割据与争斗杀伐局面，对当时中西经济文化交流的顺利进行，具有重要的促进作用。

## 三、职官制度

回鹘在西迁以前，因受到唐朝政治、文化的影响，其官制已有宰相、都督、将军、司马等称号。甘州回鹘时期的职官称谓，史书未见系统记载，但从史书中零星出现的官号看，主要继承了漠北回鹘汗国时期的传统，同时又有所变更。

汗国最高统治者称可汗（Qaɣan）。可汗，又称大汗或汗，古代北亚游牧民族柔然、突厥、吐谷浑、铁勒、回鹘、契丹、蒙古等建立的汗国，其最高统治者皆称可汗。可汗作为一国之主的称号，最早始于402年。[①] 是年，柔然首领社崘统一漠北，自称可汗，“犹言皇帝”。[②] 甘州回鹘可汗常被称为“圣天可汗”或“天可汗”，前者如敦煌莫高窟108窟南壁有出适敦煌翟氏的甘州回鹘可汗女的题名：“故侄女第十四小娘子是北方大回［鹘］国圣天可汗的孙一心供养。”[③] 后者如P.3633《辛未年（911）七月沙州百姓一万人上回鹘大圣天可汗状》，也同样把甘州

① 罗新《可汗号之性质——兼论早期政治组织制度形式的演化》，《中古北族名号研究》，北京：北京大学出版社，2009年，第1—26页。

② ［唐］杜佑著，王文锦等点校《通典》卷一九四《北狄一》，北京：中华书局，2003年，第5301页。

③ 敦煌研究院编《敦煌莫高窟供养人题记》，北京：文物出版社，1986年，第52页。

回鹘可汗称作天可汗。

图 3–1　莫高窟第 108 窟东壁南侧回鹘天公主供养人像

可汗的弟弟或儿子称特勤(Tegin)，《突厥语辞典》称："Tegin，这个词的原意是'奴隶'……后来，这个词为可汗家族的子弟们所专用。"[①] 在甘州回鹘中，又称"副王"，如《宋会要辑稿》蕃夷七之二二载：天圣元年（1023 年）五月二十九日，"甘州可汗王夜落隔[通顺] 遣使副王阿葛支、王文贵贡方物"。

回鹘可汗之妻则称可敦(qatun)。《突厥语辞典》称："qatun 可敦，夫人。"[②] 唐初，该术语又写作可贺敦，对应于 qaɤatun。责其实，该词最早很可能起源于鲜卑或吐谷浑人。

可汗之女称公主（qunčuw)，在甘州回鹘王国时代，公主活动较为频繁，史书多有记载。如大中祥符五年（1012 年）"五月八日，夜落纥、宝物公主遣使以宝货、橐驼、马来贡"。[③] 大中祥符九年（1016 年）"十二月，甘州回鹘可汗夜落隔归化及宝物公主、宰相索温守贵等，遣使都督翟福等来贡马及玉、香药，赐衣冠、器币、缗钱有差"。[④] 天圣三年（1025 年）四月，"[甘州回鹘] 可汗王、公主及宰相撒温讹进马、

① 麻赫默德·喀什噶里《突厥语辞典》（维吾尔文）第 1 卷，乌鲁木齐：新疆人民出版社，1980 年，第 539 页。

② 同上，第 533 页。

③《宋会要辑稿》蕃夷四之五。

④《宋会要辑稿》蕃夷四之七。

乳香。赐银器、金带、衣着、晕锦、旋襴有差”。[①]

值得注意的是，在甘州回鹘中常有“天公主”之谓。《新五代史·回鹘传》载：“其可汗楼居，妻号天公主。”回鹘人把可汗妻称为“天公主”，而可汗的女儿也被称为“天公主”。如曹议金所娶甘州回鹘可汗女即被称作“天公主”（图 3-1），瓜州榆林窟第 16 窟主室甬道北壁第一身即题名为“北方大回鹘国圣天公主陇西李氏一心供养”。[②]

其皇室之下，则有宰相之设。宰相是可汗之下辅助国君处理政务的最高官职。开宝元年（968 年）十一月，甘州回鹘“宰相鞠仙越亦遣使来贡马”。[③] 大中祥符元年（1008 年）十一月，己巳，“夜落纥、宝物公主及没孤公主、婆（娑）温宰相各遣使来贡。东封礼成，以可汗王进奉使姚进为宁远将军，宝物公主进奉曹进为安化郎将，赐以袍笏。又赐夜落纥介胄”。[④] 在汗国之内有九宰相之设，《宋史·回鹘传》：“大中祥符九年，1016 年），［回鹘］使来朝贡，言夜落隔卒，九宰相诸部落奉夜落隔归化为可汗王，领国事。”甘州回鹘设置九宰相的原因史无明文，应系漠北回鹘汗国时代九宰相之制的延续。《新唐书》卷二一七上《回鹘传上》载：“有外宰相六、内宰相三，又有都督、将军、司马之号。”回鹘由九个部落组成，分别为回鹘、仆固、浑、拔野古、同罗、思结、契苾、拔悉蜜和葛逻禄，而以回鹘部落为首。九宰相可汗是由各部的酋长来担任的。

唐末以来，饱经离乱的回鹘已四分五裂，自中亚、新疆至河西走廊等地，多有回鹘分布，势力虽大小有别，但各地均呈现“君微臣强”的状况，其中尤以甘州回鹘为甚。《旧唐书·回纥传》载：

---

① 《宋史》卷四九〇《回鹘传》，第 14117 页。

② 张伯元《安西榆林窟》，成都：四川教育出版社，1995 年，第 209 页。

③ 《宋会要辑稿》蕃夷四之二。

④ 《宋史》卷四九〇《回鹘传》，第 14116 页。

其后裔居甘州，君微臣强，无复昔日之盛。

至宋代，回鹘君弱臣强的情况更加严重，像可汗嗣立等大事，九宰相都拥有很大的权力。如夜落纥死后，由其子夜落隔归化嗣位，在封建社会中，这是皇家内部之事，顺理成章。然而，从史书的记载看，九宰相在他的继立问题拥有很大的发言权：

其年（宋大中祥符九年，1016年），[回鹘]使来朝贡，言夜落隔卒，九宰相诸部落奉夜落隔归化为可汗王，领国事。①

夜落隔归化云："父夜落纥今年三月沦谢，九宰相诸部落首领奉臣为回鹘王子。勾当昨临事务，惟望朝廷昭烛。"②

从中隐约可以看出，九宰相对可汗的继立在一定程度上拥有予夺之权。宰相之下，又有都督、左温、密禄等官名。

都督（Tutuq）借自汉语，本为统军官职。天赞三年（924年）辽太祖西征，"十一月，乙未，朔，获甘州回鹘都督毕离遏，因遣使谕其主毋母主可汗"③。这里的都督即为回鹘武职官员名称。但从有关文献看，在甘州回鹘王国中，都督常充任外使，如《册府元龟》卷九七六《外臣部·褒异三》："乾化元年（911年）十一月，丙午，以回鹘都督周易言为右监门大将军同正。"《旧五代史》卷一三八《回鹘传》：天成四年（929年），甘州回鹘"又遣都督掣拨等五人来朝，授掣拨等怀化司戈，遣令还蕃"。《册府元龟》卷九七六《外臣部·褒异三》：长兴三年（932年）三月，后唐赐"回鹘朝贡使都督拽祝为怀化将军"。《册府元龟》

①《宋史》卷四九〇《回鹘传》，第14117页。
②《宋会要辑稿》蕃夷四之七—八。
③《辽史》卷二下《太祖纪下》，北京：中华书局，1974年，第20页。

卷九七二《外臣部·朝贡五》：清泰二年（935 年）“七月，回鹘可汗仁美遣都督陈福海而下七十八人献马三百六十匹”。

左温，回鹘文作 Sangun，来源于汉语的将军。《宋会要辑稿》蕃夷七之一八：大中祥符三年（1010 年）十一月二十日，“甘州回鹘遣左温宰相何居禄越、枢密使翟守荣来贡”。《西夏纪》卷五载：“[大中祥符二年] 夜落纥令左温宰相何居录越自秦州献捷表，陈兵败德明。其立功首领，请加恩赏。”在汉文文献中又写作相温、娑温或撒温，如《册府元龟》卷九七六《外臣部·褒异三》载：后唐曾于清泰二年（935 年）八月册封回鹘“副使达奚相温为怀化司阶”。

密禄，回鹘文作 Biruq，其原意为“国王侍从”“相”。① 清泰二年（935 年）八月，后唐册封“回鹘朝贡使密禄、都督陈禄（福）海为怀化郎将”。② 看来，陈福海身兼密禄与都督二职。密禄，《辽史·国语解》作“梅里”，释曰：“贵戚官名。”享有此官号者常受遣出使，如《新五代史·晋出帝纪》即载：“契丹使梅李来。”究其来源，很可能就是回鹘官称密六、媚禄、密禄的假借，在契丹中意转为“贵戚官”意。

以上官名皆兴于漠北回鹘汗国时代，在甘州回鹘王国，还出现有新官号，如枢密使、都监、监使、判官等。

枢密使：《宋会要辑稿》蕃夷七之一八：大中祥符三年（1010 年）十一月二十日，“甘州回鹘遣左温宰相何居禄越、枢密使翟守荣来贡”。

都监：《册府元龟》卷九七二《外臣部·朝贡五》亦载：后唐庄宗同光二年（924 年）“四月，回鹘都督李引释迦、副使田铁林、都监杨福安等六十六人陈方物”。

监使：《册府元龟》卷九七六《外臣部·褒异三》：长兴三年(932

---

① J. Hamilton, *Les Ouighours à l'époque des cinq Dynasties. D'apres les Documenta Chinos*, Paris 1955, p.150.

②《册府元龟》卷九七六《外臣部·褒异三》，第 11469 页。

年）三月，后唐赐“回鹘朝贡使都督拽祝为怀化将军，副使印安勤为怀化郎将，监使美梨怀化司侯，判官裴连儿怀化司阶”。

判官：乾祐元年（948 年）五月，回鹘可汗遣使入贡。后汉“以回鹘入朝贡使李握为归德大将军，副使安铁山、监使未（末）相温并为归德将军，判官翟毛哥为怀化将军”[①]。

四、甘州回鹘可汗的世系

关于甘州回鹘可汗的世系，由于传世文献，如两《唐书》《资治通鉴》、两《五代史》及《宋会要辑稿》《宋史》等书的有关记载互相矛盾之处甚多，故引起了国内外学界的争议。国外学者的研究以哈密顿(J.Hamilton)所列世系为代表：

1. 仁美（？—924 年），被唐朝封为“英义可汗”。

2. 狄银（924—926），为仁美之弟。

3. 阿咄欲（926—？年）。

4. 仁裕（？—933 年），928 年，被后唐封为“顺化可汗”。

5. 仁美（933—940？年），和第一任可汗同名。939 年，后晋封其为“奉化可汗”。

6. 景琼（961？—977？），奉化可汗之子（？）。

7. 夜落纥密礼遏（980—1000？年）。[②]

就在哈密顿表列甘州回鹘可汗世系的同年，国内学者冯家昇等也在他们编写的《维吾尔族史料简编》一书中列出甘州回鹘可汗的世系，分别为：

1. 庞特勤（怀远可汗）。

---

① 《册府元龟》卷九七六《外臣部·褒异三》，第 11470 页。

② J. Hamilton，*Les Ouighours à l'époque des cinq Dynasties. D'apres les Documenta Chinos*，Paris 1955，pp.143–144.

2. 仁美（英义可汗，约在 923—926 年）。

3. 仁裕（顺化可汗、奉化可汗，926 年卒）。

4. 景琼（约在 960—962 年）。

5. 密礼遏（甘、沙州回鹘可汗“夜落纥”，约在 976—983 年）。

6. 禄胜（可汗王，约在 998—1003 年）。

7. 夜落纥（1004—1015 年）。

8. 夜落隔（1016—1017 年）。

9. 夜落纥归化（？—1017）。

10. 通顺（归忠保义可汗“夜落隔”，约在 1023—1031 年）。[①]

哈密顿和冯家昇于同年编列的甘州回鹘可汗世系，引起了学术界的广泛关注，其后，学术界针对这一问题展开了热烈的讨论。国外学者，以日本学者水谷吉朗和德国学者宾克斯（E.Pinks）为代表。前者基本接受哈密顿氏的考证，只是略有修订，所列世系如下：

1. 仁美（？—924 年 11 月），封“英义可汗”

2. 狄银（924 年 11 月—926 年）

3. 阿咄欲（926 年 1 月—928？年）

4. 仁裕（928 年 2 月—934 年）

5. 仁美（934 年—940 年）

6. 景琼。[②]

后者则接受冯家昇等人的观点。[③]

该表存在着以下几个方面的问题：

其一，“夜落纥”与“夜落隔”，其实应为同一人，“纥”与“隔”

---

① 冯家昇、程溯洛、穆广文编《维吾尔族史料简编》上册，北京：中央民族学院研究部编印，1955 年，第 47 页。

② 水谷吉朗《甘州回鹘可汗の系谱》，《史观》99 册，1978 年，第 84 页。

③ E. Pinks, *Die Uiguren von Kan-chou in der frühen Sung-zeit.* 960－1028, Wiesbaden 1968, S. 102.

只是音译的不同。都是姓氏而非真名。

其二，禄胜，其实非为甘州回鹘的第六世可汗，实际上是西州回鹘的可汗。

其三，表中将夜落隔通顺作为甘州回鹘的末代可汗，亦不甚妥，因为在夜落隔通顺之后还有一位宝国夜落隔，又作宝国伊噜格勒。在宝国夜落隔之后还有一位伊鲁格勒雅苏，他才应该是甘州回鹘的最末一代可汗。

其四，表中的第一代可汗庞特勤更是学术界争论较多的问题。有人认为庞特勤实为西州回鹘的可汗。亦有人认为他是安西回鹘可汗。又有人认为庞特勤应是喀喇汗王朝的创立者。此后，有人提出了庞特勤为回鹘共主的问题，认为庞特勤是衰奔时期整个回鹘人的可汗，而非某一部分回鹘人的可汗，而甘州回鹘汗国的真正创建者是英义可汗仁美。[①] 但从敦煌发现的S.8444《唐、回鹘交易会计文书》残卷看，在仁美之前还应有天睦可汗，这才应是甘州回鹘的首任可汗。[②] 另有一种意见认为S.389《肃州防戍都状》（写成于884年）中的"回鹘王"其实就是甘州回鹘可汗。[③]

其五，仁美其人，哈密顿认为有两个，分别为一世（？—924年）和五世（933—940？年）。[④] 水谷吉朗接受此说，只是所列在位时间略有差异。[⑤]

其六，表中认为仁美之后为仁裕，仁裕之后为景琼。此说在学界也是颇有争议的。根据敦煌石窟中的供养人像和题名结衔，可排比出瓜沙

① 高自厚《甘州回鹘汗国的创建者》，《敦煌研究》1991年第2期，第13—18页。

② 陆庆夫《甘州回鹘可汗世次辨析》，《敦煌学辑刊》1995年第2期，第31—33页。

③ 荣新江《甘州回鹘成立史论》，《历史研究》1993年第5期，第32—39页。

④ J. Hamilton, *Les Ouighours à l'é poque des cinq Dynasties. D'apres les Documenta Chinos*, Paris 1955, pp. 68–77, 130–131.

⑤ 水谷吉朗《甘州回鹘可汗の系谱》，《史观》99册，1978年，第84页。

曹氏和甘州回鹘可汗之间的姻娅与辈分关系，从中可以看出，仁美之后应是狄银，狄银之后是阿咄欲，阿咄欲之后是仁裕，他的封号是顺化可汗和奉化可汗。[①] 如是，则甘州回鹘可汗的世系应为：

1. 佚名回鹘王（884年左右在位），见于敦煌写本S.389《肃州防戍都状》。

2. 天睦可汗（904年以前某年—？年在位），见于敦煌汉文写本S.8444《唐内文思院回赐甘州回鹘进贡物品会计簿》残卷及杨钜《翰林学士院旧规》卷一《蕃书并使纸及汉书函事例》。敦煌藏文写本P.T.1082中亦可见此汗之名。

3. 仁美（毋母主，后唐册封为英义可汗，？—924年在位）。《宋史·回鹘传》："后唐同光（923—926年），册其国王仁美为英义可汗。"内容比较笼统，《旧五代史·回鹘传》所载比较明确："同光二年（924年）四月，其本国权知可汗仁美，遣都督李引释迦、副使铁林、都监杨富安等六十六人来贡方物，并献善马九匹，庄宗召见于文明殿，乃命司农卿郑绩、将作监何延嗣持节册仁美为英义可汗，至其十一月，仁美卒。"辽天赞三年，即后唐同光二年，九月丙申朔，辽"攻古回鹘城，勒石纪功。十一月乙未朔，获甘州回鹘都督毕离遏，因遣史谕其主毋母主"。由是以观，可以确定924年时甘州回鹘可汗为仁美。

4. 狄银（924—926年在位）。

5. 阿咄欲（926？—927年在位）。

6. 仁裕（又作仁喻，顺化可汗、奉化可汗，927？—960年在位）

7. 景琼（960—979年在位）

8. 夜落纥密礼遏（约980—979年在位）

9. 夜落纥（又作夜落隔，忠顺保德可汗，1001—1016年在位）

---

① 孙修身《五代时期甘州回鹘可汗世系考》，《敦煌研究》1990年第3期，第44—45页。

10. 夜落隔归化（怀宁顺化可汗，1016—1022 年在位）
11. 夜落隔通顺（归忠保顺可汗，1023—1026 年在位）
12. 宝国夜落隔（1027—1028 年在位）
13. 伊鲁格勒雅苏（1029—1032 年在位）

第二节

# 甘州回鹘与张氏归义军的关系

## 一、张议潮时期（848—877 年）

归义军政权的建立者是张议潮（又作张义潮）。大中二年（848 年），张议潮领导沙州百姓起义，赶走了吐蕃统治者。接着，张议潮率领蕃汉之军，在短时间内相继收复了瓜州、肃州、甘州、伊州（新疆哈密）等地。河西大部和西域东部沦陷于吐蕃近七十年，至此重归唐朝。甘州回鹘摆脱了吐蕃的统治，积极参加张议潮反对吐蕃的军事活动。张议潮所率的蕃汉之军，其中的“蕃”，即应包括回鹘。大中二年（851 年），唐朝于沙州置归义军，以张议潮为节度使，给之以控制沙、瓜、甘、肃、伊、西、鄯、河、兰、岷、廓十一州的节度虚名，但其中并未包括河西重镇凉州。在张议潮于咸通二年（861 年）收复凉州以后，势力日增，对唐朝来说，无疑构成一种新的威胁（图 3–2）。咸通八年，张议潮在长安留为人质的兄长张议潭因病去世，已经 69 岁高龄的张议潮毅然离开沙州，“束身归阙”，主动前往长安为质。S. 6161 + S. 3329 + S. 6973 + P. 2762 + S. 11564《敕河西节度兵部尚书张公德政之碑》载：“太保咸通八年归阙之日，河西军务，封章陈款，总委侄男淮深。”[①] 唐朝以此方法来加强对归义军的控制。

图 3-2　莫高窟晚唐 156 窟张议潮出行图

在张议潮“束身归阙”后，唐朝并未打算将节度使给予其侄张淮深，而是让张议潮在长安遥领节度。为了得到掌控归义军的实权，张淮深于咸通八年（867 年）至光启三年（887 年）二十余年间，一直频频遣使，请求唐朝授予旌节，但迟迟得不到唐政府的允准，直到乾符初年(874 年）以淮深破回鹘有功，朝廷方才赐以归义军节度使之名。[②] 但张淮深的目的是要控制整个河西地区，故在得到归义军节度使之名后，仍不甘心，进一步遣使求授“河西节度”之名，唐朝依旧是迟迟不予允准，一直维持到光启三年（887 年）仍未予之。由于没有得到唐朝的声援，加以内乱相继，此后，归义军对河陇乃至西域的控制力逐渐削弱，而河西、西域诸少数民族乘机而起，原归义军属下的许多地方渐渐脱离归义军的统辖，到张氏执政末年时，归义军实际控制的地区不过瓜、沙二州六镇而已。

归义军政权存在期间，周边民族众多，强势政权林立，东有甘州回

① S. 6161 + S. 3329 + S. 6973 + P. 2762 + S. 11564《敕河西节度兵部尚书张公德政之碑》，荣新江《敦煌写本〈敕河西节度兵部尚书张公德政之碑〉校考》，《周一良先生八十生日纪念论文集》，北京：中国社会科学出版社，1993 年，第 210 页。

② 荣新江《沙州张淮深与唐中央朝廷之关系》，《敦煌学辑刊》1990 年第 2 期，第 1—13 页；杨森《小议张淮深受旌节》，《敦煌研究》1999 年第 1 期，第 96—99 页。

鹘、嗢末余众，西有高昌回鹘王国与于阗国，南有吐蕃与吐谷浑，此外，在沙、瓜、甘、肃、伊等州还分布着原出焉耆的龙家部落，在沙州以西的楼兰一带，散布着小月氏遗种仲云部，使归义军政权自始至终处于一种“四面六蕃围”[①]的复杂境地。在这一状况下，如何处理与周边民族与政权的关系，在一定程度上决定着归义军政权的生死存亡。尤其是同处河西走廊的甘州回鹘，势力强大，长期与归义军政权争夺对河西的控制权，二者间时战时和，对沙州历史的进程产生了极为重大的影响。

840年，漠北回鹘分三支西迁，其中一支投甘州，与原居于当地的回鹘合流，役属于吐蕃，先游牧于焉支山至居延海一带，后逐步发展到甘州一带。而这里地处沙州入唐的孔道，战略地位非常重要。从文献记载看，甘州回鹘人与归义军政权间在最初并没有发生过冲突。后来，随着甘州回鹘势力的增长，逐步显露出脱离归义军的倾向。《张淮深变文》中所谓“早向瓜州欺牧守”[②]似乎反映的就是甘州回鹘对归义军政权的态度。《资治通鉴》卷二五二咸通十三年（872年）八月条载：“是后中原多故，朝命不及，回鹘陷甘州，自余诸州隶归义军者多为羌、胡所据。”说明自9世纪70年代始，甘州回鹘的势力至少已渗透到甘州一带（尽管不一定占领甘州城），直接影响到了丝绸之路的畅通。不唯如此，在其羽翼丰满后，更是挥戈西上，一度占领了瓜州，严重威胁到张氏归义军政权的生存。

甘州回鹘的发展，除了受归义军政权的制约外，尚受到周边其他多

---

① S.5516《望江南》，王重民校辑《敦煌曲子词集》，上海：商务印书馆，1954年，第318页。

② 王重民等编《敦煌变文集》（上集），北京：人民文学出版社，1984年，第122页；潘重规《敦煌变文集新书》卷五，台北：文津出版社，1994年，第942页。图版载上海古籍出版社，法国国家图书馆编《法藏敦煌西域文献》第20册，上海：上海古籍出版社，2002年，第259页。

种力量的制约。当时，尽管吐蕃政权被逐出河西，但甘、凉一带仍有大量吐蕃人驻牧，尤其是鄯州（今青海省乐都县）、洛门川（今甘肃陇西县东南）两地，为吐蕃尚婢婢和论恐热的据点，距甘州较近。甘州回鹘处于敌对势力的包围之中，内部组织又不够统一，难以自存。因此，他们东向屡次遣使唐朝请求册封，西向与张议潮联合以共抗吐蕃、回鹘。P. 2962《张义潮变文》（或《张议潮变文》）对此有所记载：

(前缺)

诸川吐蕃兵马还来劫掠沙州。奸人探得事宜，星夜来报仆射："吐浑王集诸川蕃贼欲来侵凌抄掠，其吐蕃至今尚未齐集。"仆射闻吐浑王反乱，即乃点兵，鏨凶而出，取西南上把疾路进军。才经信宿，即至西同侧近，便拟交锋。其贼不敢拒敌，即乃奔走。仆射遂号令三军，便须追逐。行经一千里已来，直到退浑国内，方始趁迭。仆射即令整理队伍，排比兵戈：展旗帜，动鸣鼍；纵八阵，骋英雄。分兵两道，裹合四边。人持白刃，突骑争先。须臾阵合，昏雾张天。汉军勇猛而乘势，曳戟冲山直进前。蕃戎胆怯奔南北，汉将雄豪百当千处：

忽闻犬戎起狼心，叛逆西同把险林。
星夜排兵奔疾道，此时用命总须擒。
雄雄上将谋如雨，蠢愚蕃戎计岂深？
自十载提戈驱丑虏，三边犷猩不能侵。
何期今岁兴残害，辄尔依前起逆心。
今日总须摞贼首，斯须雾合已沉沉。
将军号令儿郎曰："克励无辞百载劳。
丈夫名宦向枪头觅，当敌何须避宝刀！"
汉家持刃如霜雪，虏骑天宽无处逃。
头中锋芒陪垅土，血溅戎尸透战袄。

一阵吐浑输欲尽，上将威临杀气高。

决战一阵，蕃军大败。其吐浑王怕急，突围便走，登涉高山，把险而住。其宰相三人，当时于阵面上生擒，只向马前，按军令而寸斩。生口、细小等活捉三百余人，收夺得驼马牛羊二千头疋，然后唱《大阵乐》而归军幕。

敦煌北一千里伊州城西有纳职县，其时回鹘及吐浑居住在彼，频来抄劫伊州，俘虏人物，侵夺畜牧，曾无暂安。仆射乃于大中十年六月六日，亲统甲兵，诣彼击逐伐除。不经旬日中间，即至纳职城。贼等不虞汉兵忽到，都无准备之心。我军遂列乌云之阵，四面急攻。蕃贼麞狂，星分南北：汉军得势，押背便追。不过五十里之间，杀戮横尸遍野处：

敦煌上将汉诸侯，弃却西戎朝凤楼。

圣主委令权右地，但是匈奴尽总雠。

昨闻猃狁侵伊镇，俘劫边甿旦夕忧。

元戎叱咤扬眉怒，当即行兵出远收。

两军相见如龙斗，纳职城西赤血流。

我将军意气怀文武，威胁蕃浑胆已浮。

犬羊才见唐军胜，星散回兵所在抽。

远来今日须诛剪，押背擒罗岂肯休。

千人中矢沙场殪，铦锷擂菂坠贼头。

闪铄红旗晶耀日，不忝田丹（单）纵火牛。

汉主神资通造化，殄却残凶总不留。

仆射与犬羊决战一阵，回鹘大败，各自苍黄抛弃鞍马，走投入纳职城，把劳（牢）而守。于是中军举华（画）角，连击铮铮，四面族兵，收夺驼马之类一万头疋。我军大胜，疋骑不输，遂即收兵，却望沙州而返。既至本军，遂乃朝朝秣马，日日练兵，以备凶奴，不曾暂暇。

先去大中十载，大唐差册立回鹘使御史中丞王端章持节而赴单于，下有押衙陈元弘走至沙州界内，以（与）游弈使佐承珍相见。承珍忽于旷野之中迥然逢着一人猖狂奔走，遂处分左右领至马前，登时盘诘。陈元弘进步向前，称是“汉朝使命，北入回鹘充册立使，行至雪山南畔，被背乱回鹘劫夺国信，所以各自波逃，信脚而走，得至此间，不是恶人。伏望将军，希垂照察”。承珍知是汉朝使人，与马驮至沙州，即引入参见仆射。陈元弘拜跪起居，具述根由，立在帐前。仆射问陈元弘：“使人于何处遇贼？本使伏（复）是何人？”元弘进步向前，启仆射：“元弘本使王端章，奉敕持节北入单于，充册立使。行至雪山南畔，遇逢背逆回鹘一千余骑，当被劫夺国册及诸敕信。元弘等出自京华，素未谙野战，彼众我寡，遂落奸虞。”仆射闻言，心生大怒。“这贼争敢辄尔猖狂，恣行凶害！”向陈元弘道：“使人且归公馆，便与根寻。”由(犹）未出兵之间，至十一年八月五日，伊州刺史王和清差走马使至，云：“有背叛回鹘五百余帐，首领翟都督等将回鹘百姓已到伊州侧。”

（下缺）[①]

该写本首尾俱残，存不足两千字的篇幅，原无标题，据内容拟题，是敦煌艺人直接根据现实题材，约作于大中十一年（857年）或稍后。故事的主人公即张议潮，歌颂了他收复河西的事迹。其中先写张议潮击破入侵沙州的吐蕃及反乱之吐浑王，“决战一阵，蕃军大败。其吐浑王怕急，突围便走，登涉高山，把险而住。其宰相三人，当时于阵面上生擒，只向马前，按军令而寸斩。生口、细小等活捉三百余人，收夺得驼马牛羊二千头疋，然后唱《大阵乐》而归军幕”。此战，张议潮所率军

①《敦煌变文集》（上集），第114页；《敦煌变文集新书》卷五，第931页。图版载《法藏敦煌西域文献》第20册，第259页。

队大获全胜，凯旋而归。

接着，居住于敦煌北千里之外伊州城纳职县之回鹘及吐浑，“频来抄劫伊州，俘虏人物，侵夺畜牧，曾无暂安”。于是，张议潮“乃于大中十年六月六日，亲统甲兵”，予以征讨。当时，回鹘及吐浑皆“不虞汉兵忽到，都无准备之心”，阵势大乱，于是，瓜沙军队“遂列乌云之阵，四面急攻。蕃贼麞狂，星分南北：汉军得势，押背便追。不过五十里之间，杀戮横尸遍野处”。回鹘大败之后，“走投入纳职城，把劳（牢）而守。于是中军举华（画）角，连击铮铮，四面族兵，收夺驼马之类一万头疋。我军大胜，疋骑不输，遂即收兵，却望沙州而返”。经过这次大败，伊州纳职县的吐浑及回鹘只能画地为牢，长期不敢觊觎瓜沙地区，直到张淮深时期，战争重开。

866 年，吐蕃论恐热、尚婢婢部灭亡后，甘州回鹘并未能马上从敌对势力的重压下解脱出来，甘、凉地区的吐谷浑、嗢末等部继续与之为敌。回鹘仍然需要得到唐朝的声援，因而“屡求册命”。乾符元年(874年)，唐僖宗“诏遣册立使郗宗莒诣其国。会回鹘为吐谷浑、嗢末部所破，逃遁不知所之”①。第二年九月，“回鹘还至罗川，十一月，遣使者同罗榆禄入贡；［唐］赐拯接绢万匹”②。罗川即今甘肃省西北部和内蒙古自治区西部的河流——额济纳河，又名弱水，为黑河的组成部分，在甘州城北之沙漠草原中。可见，直至张淮深时期，河西回鹘在吐谷浑、嗢末部的压迫下开始衰弱不振。

张议潮克复吐蕃盘踞的甘、凉二州，对回鹘是有利的。因此，回鹘承认张氏政权的盟主地位，协助他对吐蕃作战。张议潮占领甘、凉二州后，派刺史驻防州城，羁縻当地的回鹘、嗢末、吐谷浑等部。

---

①《资治通鉴》卷二五二乾符元年十二月条。

②《资治通鉴》卷二五二乾符二年九月条。

## 二、张淮深时期（877—890 年）

唐懿宗咸通八年（867 年），张议潮入觐长安，归义军节度使之职由其侄儿张淮深代理。起初，张淮深与甘州回鹘的关系甚好。后来，甘州回鹘的力量逐步增强，大有逐步取代归义军对河西进行统治的趋势，进而企图控制中西交通的命脉——丝绸之路，这些是张淮深所无法容忍的，于是，双方之间的战争也就在所难免了。张淮深一改张议潮时期与甘州回鹘结盟的策略，与旧敌吐蕃及其属部嗢末、亲吐蕃的吐谷浑、龙家相联合，联合夹击甘州回鹘。敦煌文书 S.389《肃州防戍都状》载：

又今月七日，甘州人杨略奴等五人充使到肃州。称：其甘州吐蕃三百，细小相兼五百余众，及退浑王拨乞狸等十一月一日并往，归入本国。其退浑王拨乞狸，妻则牵驮，夫则遮驱，眷属细小等廿已来随往，极甚苦切，余者百姓、奴、客并不听去。先送崔大夫回鹘九人，内七人便随后寻吐蕃踪亦（迹）往向南。二人牵栊嘉麟，报去甘州共回鹘和断事由。其回鹘王称：须得龙王弟及十五家只（质），便和为定。其龙王弟不听充只（质），若发遣我回鹘内入只（质），奈可（何）自死。缘弟不听，龙王更发使一件。其弟推患风疾，不堪充只（质）。更有迤次弟一人及儿二人。内堪者发遣一人及十五家只（质），得不得，取可汗处分。其使今即未回。

其龙王衷私，发遣僧一人，于凉州嗢末首令（领）边充使。将文书称：我龙家共回鹘和定已后，恐被回鹘侵凌，甘州事须发遣嗢末三百家已来，同住甘州，似将牢古（固）。如若不来，我甘州便共回鹘为一家，讨你嗢末，莫道不报。

其吐蕃入国去后，龙家三百众衙商量，城内绝无粮用者。拣得龙家丁壮及细小壹伯（佰）玖人，退浑、达票、拱榆、昔达票、阿吴等细小共柒拾贰人，旧通颊肆拾人，羌大小叁拾柒人，共计贰百

伍拾柒（捌）人。今月九日并用肃州，且令逐粮居。（后残）[①]

这是归义军肃州防戍都写给张淮深的一份报告，其中“龙家”原为焉耆王族，国亡后流散居住于伊、瓜、沙、肃等州，龙王与吐蕃关系密切。[②] 嗢末先为吐蕃属部，这时已俨然成为一股独立的势力。[③] 从上文的内容看，他们已经占据凉州。这份报告书的口气，明显倾向于龙家、退浑和吐蕃，而且归义军所属的甘州城正由吐蕃、龙家、退浑的奴客及归义军的百姓坚守着。但由于吐蕃、龙家和退浑已在与甘州回鹘的交战中败北，吐蕃和退浑已退归本国，龙家则与回鹘媾和。而在龙家丢失甘州前夕，龙王曾致信凉州嗢末，以与回鹘共同讨伐嗢末作为威胁其派兵戍守甘州的手段。不久，龙王以甘州缺粮为借口，率领部分细小入肃州求粮，获肃州允准而入城。从报告的内容看，对吐蕃、退浑、龙家和嗢末去攻击甘州回鹘一事，张淮深采取的是纵容态度，此举与张议潮的做法则大相径庭。

此事发生于何年？敦煌文献 S.2589《中和四年（884 年）十一月一日肃州防戍都营田康使君县丞张胜君等状》为都营田康使君和县丞张胜君等上沙州归义军节度衙门的一篇状文，内云：

（前略）其草贼黄巢被尚让共黄巢弟二人，煞却于西川进头。皇帝回驾，取今年十月七日的入长安……其甘州共回鹘和断未定，二百回鹘常在甘州左右捉道劫掠。甘州自胡进达去后，更无人来

① 郝春文编著《英藏敦煌社会历史文献释录》第 2 卷，北京：社会科学文献出版社，2003 年，第 250—251 页。

② 荣新江《龙家考》，《中亚学刊》第 4 辑，北京：中华书局，1995 年，第 144—160 页；黄盛璋《敦煌汉文与于阗文书中龙家及其相关问题》，《全国敦煌学研讨会论文集》，嘉义：中正大学，1995 年，第 57—84 页。

③ 陆庆夫《唐宋之际的凉州嗢末》，《敦煌归义军史专题研究续编》，兰州：兰州大学出版社，2003 年，第 505—516 页。

往。白永吉、宋润盈、阴清儿各有状一封，并同封角内，专差官健康清奴驰状通报，一一谨具如前，谨录状上。

牒件状如前，谨牒。

中和四年十一月一日肃州防戍都营田康使君县丞张胜君等状。①

由此可知，张淮深纵容吐蕃等进攻甘州回鹘之时间当在中和四年(884年)。结合S.389和S.2589两件内容相连的《肃州防戍都状》可以得出这样的结论，即中和四年十一月初，占据甘州的是龙家，但回鹘人不时“在甘州左右捉道劫掠”。于是，龙家与回鹘进行谈判，并讨价还价。至同年十一月九日，龙家和退浑、羌及其他部落，以“缺粮”为借口而决定放弃甘州，迁入肃州逐粮。甘州遂为回鹘所占。

龙家退出甘州，表面原因是缺粮，更深层的原因是回鹘的“捉道劫掠”。龙家等势力在沙州归义军的支持下从回鹘手中夺取了甘州，终因无力固守，不得不放弃。② 这是张淮深所不能接受的，于是便进一步加紧从事对甘州回鹘的颠覆活动。敦煌出土的一份于阗文写本《于阗使臣奏稿》（P.2741）记载：

我们在仲云中走了十天，按照仲云大国的习惯，必须执行（纳税礼）。当我们到达沙州的第三天，司空张尚书来文说：你们必须立即往甘州……甘州情况很乱，前汗王已经死去，现由突厥拔野古(Türk Bayarku）和娑温于泱扶立了新汗，每三十个达头人

① 唐耕耦、陆宏基编《敦煌社会经济文献真迹释录》第4辑，北京：全国图书馆文献缩微复制中心，1990年，第486页；中国社会科学院历史研究所等编《英藏敦煌文献（汉文佛经以外部分）》第4册，成都：四川人民出版社，1991年，第111页。

② 邓文宽《张淮深平定甘州回鹘史事钩沉》，《北京大学学报》1986第5期，第86—98页。

(Tardüs) 有一于迦和一梅录夜间看着他，所以他不能逃往突厥，甘州城中处于恐怖状态之中，贱臣于冬月第三月（汉历十一月）二十八日从沙州出发往甘州，第四月（汉历十二月）十五日到达甘州，第三天他们引我们见汗，按礼节程序将财物献汗，次晨又将诏令与礼物送给于迦……春季第二月第一日，他们发一指令交由我的梅录转说：现在七位于迦，乌古斯于迦与巴尔斯于迦及五位其他人走了，七位梅录和玉门的沙州人组织一政府……春季第三月末尾，沙州的军队来了，二十五于迦带领二千仲云人与二百达怛人同来。他们进入甘州的第三天，毗伽可汗及其妻与二女被杀。第八天军队就离开，远至山丹 (Samdamä)，他们不敢在突厥冒险就回去了，于是仲云都火了。他们说：这是回鹘人和沙州人玩的手段……沙州人占了甘州城，第六天突厥拔野古的军队来了，在第一个时刻（地点），回鹘的军队、乌古斯于迦的军队和 Berakä Attimä 于迦及其他人也来了……此时沙州来了一封信给贱臣说，七个被护送的王子和往牛首山的使臣们都到了……这里有一封信来自沙州张大庆 (Cai taya khi) 和其他人。这位使臣仅停留很短时间就和两位党项 (Tanguts) 使臣逃掉了，穿经突厥中。①

其下又有内容接言，于阗使臣在甘州被困达三个月之久。目前这座城池虽由龙家人据守，但已被回鹘人所围困。甘州回鹘的可汗还是个幼童，毫无权势。在一个深夜，回鹘人哈里克于迦 (Caraihi uga)、毗伽娑温 (Bilga sagun) 等从黑山地区前来，涌进甘州，将于阗使团护送到了沙州。

---

① H.W.Bailey, *Saka Documents: Text Volume*, London 1968, pp.64-67. 汉译文参见黄盛璋《敦煌于阗文 P.2741、Ch.00296、P.2790 号文书疏证》，《西北民族研究》1989 年第 2 期，第 42—44 页。

从这件于阗文文书看，张淮深插手于甘州回鹘内部的分裂行动，扶植乌古斯于迦等人在沙州另外成立了一个流亡回鹘政权，并且借助于沙州以西、罗布泊东南的仲云和黄头鞑靼的兵力，与归义军一起进兵甘州，攻下城池，并向甘州回鹘的重城山丹进军。由于甘州回鹘得到了拔野古等部的援助，归义军被迫撤退，引起了仲云人的不满。这场颠覆破坏活动，导致了毗伽可汗的惨死，甘州回鹘不得不拥立一位幼童为可汗。

这次战乱发生于何时？从敦煌写本 S.367《沙州伊州地志》残卷的纪年题记中，可以找到些许蛛丝马迹：

> 光启元年十二月廿五日，张大庆自灵州安尉（慰）使嗣大夫等来至州，于嗣使边写得此文书讫。
>
> 光启元年十二月廿五日张大庆等书。[①]

题记中的张大庆可见于上引于阗文《于阗使臣奏稿》中。光启元年即 885 年，是年，唐朝的嗣大夫等使者正好来到沙州，此事也清楚地记录在上件于阗文文书中。因此，这场战乱无疑发生于此年。

战争的爆发过程，史书未予记载，但众多敦煌出土的汉文文书对此却有较多反映，如文中提到，张淮深曾组织力量，对甘州回鹘进行了有力的反击。

近似的内容，又见于《张淮深变文》。综合各种记载，可以看出，当时张淮深在二年之间曾二度反击甘州回鹘的进攻。第一次战役，归义军兵锋曾至甘州城下，以火攻城，使张掖一片狼烟。为了抵挡归义军的进攻，回鹘自己也“放火烧然”。此役甘州回鹘战败。

张淮深在取得了第一次对甘州回鹘反击战的胜利后，即曾上表奏

① 郑炳林《敦煌地理文书汇辑校注》，兰州：甘肃教育出版社，1989 年，第 69 页。

捷。据《张淮深变文》的记载，当时唐天子为了表彰其功，曾遣使到敦煌封赐慰问，并在沙州举行了隆重的庆功仪式。敦煌遗书 P.2709 记录了唐朝颁给张淮深的一道敕文，残存 20 字：

> 敕：沙州刺史张淮深有所奏，自领甲兵，再收瓜州并(下残)。①

其内容恰可与《张淮深变文》所述互相印证。然而在天使东返后不久，甘州回鹘又发动了对沙州的侵扰。《张淮深变文》称：

> 天使既发，分袂东西。尚书感皇帝之深恩，喜朝廷之深遇。应是(时) 生降回鹘，尽放归国，首领苍遑，感称万岁。岂料蜂虿有毒，豺性难训，天合才过酒泉，回鹘王子领兵西来，犯我疆场……②

面对甘州回鹘的反扑，张淮深于是又发动了第二次征伐，与回鹘战于敦煌西南的西桐海，③ 回鹘再次大败。

至于两次战争发生的时间，邓文宽认为是在唐僖宗中和三年到四年(883—884)，④ 此说与早年孙楷第先生的推论相合。⑤ 荣新江则认为其

---

① 邓文宽《张淮深平定甘州回鹘史事钩沉》，《北京大学学报》1986 第 5 期，第 87 页。

② 王重民、王庆菽等编《敦煌变文集》上集，北京：人民文学出版社，1984 年，第 125 页；周绍良、张涌泉、黄征辑校《敦煌变文讲经文因缘辑校》（上），南京：江苏古籍出版社，1998 年，第 148 页。

③ 关于西桐海的地理位置，学界存在着不同的说法。据李正宇、李并成先生考证，其地应为今敦煌西南阿克塞哈萨克自治县的苏干湖。详见李正宇《西同考——附论六龙地望》，《敦煌研究》1997 年第 4 期，第 110—120 页、李并成《"西桐" 地望考——附论明安定卫城》，《西北民族研究》1998 年第 1 期，第 45—50 页。

④ 邓文宽《张淮深平定甘州回鹘史事钩沉》，《北京大学学报》1986 第 5 期，第 90—95 页。

⑤ 孙先生也在研究《张淮深变文》时曾说："以其记事推之，至晚不得在中和四年以后。或当在乾符中，未可知也。"见孙楷第《敦煌写本〈张淮深变文〉跋》，周绍良、白化文编《敦煌变文论文录》下册，上海：上海古籍出版社，1982 年，第 725 页。

时应在咸通八年至十三年（867—872年）之间。[1] 考虑到咸通八年至十三年间，甘州回鹘实力虽有一定的增长，但恐不足以向归义军政权发起战争。因为直到乾符初年（874年），驻扎于甘州附近的回鹘人还仍有立脚未稳之势，因受到吐谷浑、嗢末的打击而散乱。推而论之，邓文宽先生所考似更为合理，可以接受。

作为文学作品《张淮深变文》脍炙人口，将甘州回鹘与张氏归义军之间的战争描述得绘声绘色，虽不无夸张之处，但亦应有反映客观事实的一面。这从文学色彩并不浓厚的S.2589《中和四年（884年）十一月一日肃州防戍都营田康使君县丞张胜君等状》中可得到印证。该文献对这一历史是这样描述的：

> 其甘州共回鹘和断未定，二百回鹘常在甘州左右捉道劫掠。甘州自胡进达去后，更无人往来。白永吉、宋闰盈、阴清儿各有状一封，并同封在内。专差官康清奴驰状通报。
>
> 牒件状如前，谨牒。
>
> 中和四年十一月一日肃州防戍都营田康使君县丞张胜君等状。[2]

从中可以看出，张淮深时期，河西重镇张掖确为回鹘人占有，而且先后两次率兵西进，进攻沙州的归义军政权，甚至攻到瓜州，逼至沙州城下，可见其势力是不小的。

两次大战对甘州回鹘打击甚大，使之实力大损，此后，双方的关系又有所缓和，而且还互有使者往来。S.389《肃州防戍都状》云：

---

① 荣新江《归义军史研究——唐宋时代敦煌历史考索》，上海：上海古籍出版社，1996年，第299页。

② 唐耕耦、陆宏基编《敦煌社会经济文献真迹释录》第4辑，北京：全国图书馆文献缩微复制中心，1990年，第486页；中国社会科学院历史研究所等编《英藏敦煌文献（汉文佛经以外部分）》第4册，成都：四川人民出版社，1991年，第111页。

> 肃州防戍都状上：右当都两军军将及百姓，并平善提备，一切仍旧……其副使索仁安今月六日往向东，随从将廿人，称于回鹘王边充使，将赤［马袁］父马一匹，白鹰一联，上与回鹘王……其肃州印，崔大夫称不将与凉州防御使，去不得，其索仁安临发之时，且称将去，发后，其印避崔大夫，衷私在氾建立边留下。①

从该卷不难看出，当时沙州归义军政权与甘州回鹘的关系应是比较友好的。除了该卷所述肃州军将索仁安出使回鹘部外，光启元年(885年）十二月，又有灵州安慰使顺利地通过甘州到达沙州；光启二年(886年)，张淮深所遣高再盛、张文彻等求节使臣也顺利通过甘州抵达中原。光启三年（887年）十一月，沙州也迎来了甘州回鹘的使臣。回鹘使臣的外交出使活动，说明甘州回鹘政权确已建立，而且得到了归义军政权的承认。

大顺元年（890年），沙州归义军政权发生变故，归义军节度使张淮深及其夫人、六子同时被杀。至于事变过程与原因，《张淮深墓志铭》《陇西李府君再修功德碑》等虽有提及，但都语焉不详，讲得非常隐晦，以至学界出现了各种不同的猜测。其中一种意见认为P.4640《大唐宗子陇西李氏再修功德记碑》中所谓“内外肃清”之说，暗示了张淮深之死，应是内外势力相勾结的结果。所谓内部势力，自应来自归义军内部；而外部力量呢，很可能指的是甘州回鹘。② 笔者认为这一推测是不无道理的。因为事变的发生，上距张淮深的二度征伐甘州回鹘仅有六年左右，二者之间的深刻矛盾尚未化解；另一方面，经过数年的休养生息，甘州回鹘势力恢复并得到加强，在这种情况下发动对张淮深的战

① 唐耕耦、陆宏基编《敦煌社会经济文献真迹释录》第4辑，北京：全国图书馆文献缩微复制中心，1990年，第487—488页。

② 孙修身《试论甘州回鹘在中西交通中的作用》，《北方文化研究——中国古代北方民族文化论文集》第2集，哈尔滨：黑龙江教育出版社，1989年，第508—509页。

争，以报前仇，亦当情理中事，况且，当时在河西一带，有能力发动战争，打败归义军政权，并参与杀死张淮深的，恐怕也只有甘州回鹘了。

三、张承奉时期（894—914 年）

张淮深死后，其位由张淮鼎继承。据学者研究，此人很可能就是大顺元年（890 年）二月杀害张淮深的凶手。但他在位时间不长，至迟在景福元年（892 年）去世，死前托孤于索勋，而索勋就在这一年自称为归义军节度使。乾宁元年（894 年），索勋被杀，其位由张议潮孙张承奉继承。

在张承奉执政的最初几年中，归义军与甘州回鹘保持了比较正常的关系。写于乾宁六年（899 年）的 P.4044（2）《归义军节度使帖》称：

> 使帖甘州使头某甲、兵马使曹某、更某人数。右奉处分，汝甘州充使，亦要结耗（好）和同，所过呰堡州城，各须存其礼法，但取使头言教，不得乱话是非。沿路比此回还，仍须收自本分，如有拗东捩西，兼浪言狂语者，使头记名，将来到州，重当刑法者。某年月日帖。[①]

此帖反映了张承奉当政之初双方的友好关系。二者都有“结好和同”的意愿，互有使者往来。[②] 这种和平共处的局面，在敦煌文献中多有反映，如 P.4640 背《归义军军资库司布纸破用历》记有：庚申年（900 年）三月七日，“支与甘州押衙宋彦晖画纸贰拾张”；九月五日，“奉判，支与押衙张保山画纸叁拾张”；辛酉年（901 年）三月六日，

① 上海古籍出版社、法国国家图书馆编《法藏敦煌西域文献》第 31 册，上海：上海古籍出版社，2005 年，第 30 页。

② 陆庆夫《金山国与甘州回鹘关系考论》，《敦煌归义军史专题研究续编》，兰州：兰州大学出版社，2003 年，第 478 页。

"支与甘州押衙王保安细纸肆帖"等。[①] 此外，P.3633《辛未年（911年）七月沙州百姓一万人上回鹘大圣天可汗状》亦可为证：

> 中间遇天可汗居住张掖，事同一家，更无贰心，东路开通，天使不绝，此则可汗威力所置。百姓□甚感荷，不是不知。[②]

这些文献都凸显出张承奉执政之初与甘州回鹘的友好关系。但是，这种友好局面持续的时间并不长，就在甘州押衙王保安出使沙州数月后，两地之间即起战端。S.3905《天复元年辛酉岁（901年）闰月十八日金光明寺造窟上梁文》称："猃狁狼心犯塞，焚烧香阁摧残。合寺同心再造，来生共结良缘。"反映的就是天复元年（901年）七月甘州回鹘对沙州的侵犯。此后直到金山国建立，双方敌对情绪一直很浓烈。

如所周知，张承奉执归义军牛耳之际，归义军真正控制的地区不过瓜、沙二州之地，而且"四面六蕃围"，[③] 处境不利。但雄心勃勃的张承奉不甘于此，试图恢复乃祖乃父时期在河西的霸业，志在"东取河兰广武城，西取天山瀚海军，北扫燕然葱岭镇，南尽戎羌罗莎平"。[④] 张承奉弃归义军称号而改建金山国，就是受这一思想驱使的结果。

天复三年（904年）春正月，朱温引兵至长安，迫唐昭宗和百官迁

---

① 池田温《中国古代籍帐研究》，东京：东京大学东洋文化研究所，1979年，第609页。

② 王重民《金山国坠事零拾》，《国立北平图书馆馆刊》第9卷第6号，1935年，第18—19页；池田温《中国古代籍帐研究》，东京：东京大学东洋文化研究所，1979年，第613—614页；唐耕耦、陆宏基《敦煌社会经济文书真迹释录》第4辑，北京：全国图书馆文献缩微复制中心，1990年，第395—396页。

③ P.3128《敦煌曲子词·望江南》，见任半塘《敦煌歌辞总编》（上册），上海：上海古籍出版社，2006年，第445页；上海古籍出版社、法国国家图书馆编《法藏敦煌西域文献》第21册，上海：上海古籍出版社，2002年，第352页。

④ P.3633《龙泉神剑歌》，徐俊纂辑《敦煌诗集残卷辑考》，北京：中华书局，2000年，第808页。

往洛阳，同时废京都长安。“毁长安宫室百司及民间庐舍，取其材，浮渭沿河而下，长安自此遂丘墟矣。”① 长安作为国都的历史于是结束，中原王朝的政治中心从此东移洛阳。同时，归义军与中央王朝的联系也更为渺茫了。天复三年，是唐王朝实际灭亡的一年。唐昭宗痛感于此，在赴洛途中，泣谓夹道迎送的百姓说：“勿呼万岁，朕不复为汝主矣!”② 同年朱温弑昭宗，立其子 13 岁的李柷为昭宣帝。天祐二年(905 年)，朱温杀昭宗子九人，将小皇帝幽闭于宫中，“诏敕皆出其手”，朱温的篡立只是时间问题了。天祐四年，朱温见废帝灭唐时机已到，便先将唐朝朝臣全部杀光，接着又废哀帝为济阴王，自己做了皇帝，建国号“大梁”，史称“后梁”，改元“开平”。

归义军本为唐朝藩镇之一，但又与其他藩镇叛唐割据性质不同。在唐朝尚存一息时，归义军始终忠于皇室。至天祐三年（906 年），张承奉仍自称归义军节度使，奉唐正朔，一直使用唐昭宗“天复”年号。这种情况与河东、四川相似，因二地对朱温的擅权及其对唐宗室的诛杀不满，拒绝使用新年号，而仍用“天复”。

眼见唐朝大势已去，张承奉遂于天祐三年（906 年）五月至十一月之间在沙州宣布独立，建西汉金山国，自称白衣天子，仍沿用唐昭宗年号天复，以示对唐忠贞不贰，而与朱梁王朝分庭抗礼。③ 张承奉的这一举措，无疑会激起朱温的不满与愤怒，在客观上促成了朱梁王朝与甘州回鹘的结盟。甘州回鹘需要借助中原王朝的力量以独霸河西，控制丝绸之路；后梁亦需得到甘州回鹘的支持以制约沙州张氏政权。

后梁的支持，促成了甘州回鹘对夙敌金山国战争的爆发。甘州回鹘

---

①《资治通鉴》卷二六四天祐元年正月条。

②《资治通鉴》卷二六四天祐元年正月条。

③ 关于金山国建立的时间，学术界存在着不同意见，有 905 年、906 年、908 年、910 年等多种说法，兹取 907 年说，见李正宇《关于金山国和敦煌国建国的几个问题》，《西北史地》1987 年第 2 期，第 66 页。

与金山国的第一次战争发生在张承奉称帝之初的金秋季节，即 906 年初秋。对这次战争，P.3633《龙泉神剑歌》有生动描述，兹录全文如下：

龙泉宝剑出丰城，彩气冲天上接辰。
不独汉朝今亦有，金鞍山下是长津。
天符下降到龙沙，便有明君膺紫霞，
天子犹来是天补，横截河西作一家。
堂堂美貌实天颜，□德昂藏镇玉关。
国号金山白衣帝，应须早筑拜天坛。
日月双旌耀虎旗，御楼宝砌建丹墀。
出警从兹排法驾，每行青道要先知。
我帝金怀海量宽，目似流星鼻笔端。
相好与尧同一体，应知天分数千般。
一从登极未逾年，德比陶唐初受禅。
百灵效祉贺鸿寿，足踏坤维手握乾。
明明圣日出当时，上膺星辰下有期。
神剑新磨须使用，定疆广宇未为迟。
东取河兰广武城，西取天山瀚海军。
北扫燕然葱岭镇，南当戎羌道莎平。
三军壮，甲马兴，万里横行河湟清。
结亲只为图长国，永霸龙沙截海鲸。
我帝威雄人未知，叱咤风云自有时。
祁连山下留名迹，破却甘州必不迟。
金风初动虏兵来，点鋋干戈会将台。
战马铁衣铺雁翅，金河东岸阵云开。
募良将，拣人材，出天入地选良牧。
先锋委付浑鹞子，须向将军剑下摧。

左右冲突搏虏尘，匹马单枪阴舍人。
前冲虏阵浑穿透，一段英雄远近闻。
前日城东出战场，马步相兼一万强。
我皇亲换黄金甲，周遭尽布阴沈枪。
着甲匈奴活捉得，退去丑竖剑下亡。
千渠三堡铁衣明，左绕无穷援四城。
宜秋下尾摧辘丑，当锋入阵宋中丞。
内臣更有张舍人，小小年内则伏勤。
自从战伐先登阵，不惧危亡□□身。
今年回鹘数侵疆，直到便桥列战场。
当锋直入阴仁贵，不使戈铤解用枪。
堪赏给，早商量，宠拜金吾超上将。
急要名声贯帝乡。
军都日日更英雄，□由东行大漠中。
短兵自有张西豹，遮收遏后与罗公。
蕃汉精兵一万强，打却甘州坐五凉。
东取黄河第三曲，南取雄威及朔方。
通同一个金山国，子孙吩咐坐敦煌。
□番从此永归投，扑灭狼星壮斗牛。
北庭今载和□□，兼获瀚海以西州。
改年号，挂龙衣，筑坛拜却南郊后，
始号沙州作京畿。
嗣祖考，继宗枝，七庙不封何响拜。
祖父丕功故尚书，册□□□□尊姻。
北堂永须传金印，天子犹来重二亲。
尘献□歌流万古，金山缭绕起秦云。
今朝明日罗公至，拗红起旌似跃尘。

今年收复甘州后，百寮舞蹈贺明君。[①]

《龙泉神剑歌》见于敦煌写本 P.3633，首尾完整，有文字 42 行。在最后 1 行之后，又有 7 行，系七言诗 3 首，大约系作者拟补入《龙泉神剑歌》而又未及补入者，内容可与《龙泉神剑歌》互相补充：

超□犹□吕万盈，部署韬钤按一兵，有心不怕忘身首，愿遂微躯留一名。

郑坞栗子两堡兵，义郎神佑选能精。压背西冲回鹘阵，毅勇番生罗俊诚。

匈奴初到绕原泉，白马将军最出先。慕容胆壮拔山力，突出生插至马前。问情款，说由缘，然后□□□三段，发使西奔上进笺。

该将原题署作“谨撰龙泉神剑歌一首大宰相江东吏部尚书臣张厶乙撰进”。其中，“大宰相江东”系添加的在第三行者。“张厶乙”，王重民早年撰《金山国坠事零拾》，以“厶乙”为省代之字而非本名，故径作空阙处理，录作“吏部尚书张撰进”[②]。但后来在出版《敦煌遗书论文集》时，将此文撰者改作“张垒”，[③] 应系校改之误或印刷之误。李正宇考为张文彻，[④] 可以信从。张文彻生年不详，据 S.1156《沙州进奏院状上》所载，知其早在光启三年（887 年）已奉使长安，为张淮深请节使团之要员，后任金山国宰相兼御史大夫。《龙泉神剑歌》写成于辛

① 徐俊纂辑《敦煌诗集残卷辑考》，北京：中华书局，2000 年，第 808 页。

② 王重民《金山国坠事零拾》，《国立北平图书馆馆刊》第 9 卷第 6 号，1935 年，第 14 页

③ 王重民《敦煌遗书论文集》，北京：中华书局，1984 年，第 95 页。

④ 李正宇《敦煌文学杂考二题》，《敦煌语言文学研究》，北京：北京大学出版社，1988 年，第 97 页。

未年（911 年）七月二十五日。其时，金山国在与甘州回鹘的战争中形势紧迫，张文彻为鼓舞金山国君臣上下之士气，于是写此长歌。

将《龙泉神剑歌》与其后所付三诗结合起来观察，可以得出如下结论：诗中的“祁连山”“甘州”，指代的无疑是甘州回鹘；战争发生的时间在“金风初动”之际，亦即初秋时节；初战地点在金河（今甘肃省酒泉市讨来河）。当时金山国参战文武人员有浑鹞子、阴舍人、宋中丞、吕万盈、慕容氏等。甘州回鹘步步进逼，通过瓜州的原泉（即今甘肃瓜州县东四道沟布隆吉一带的“渊泉”，系避李渊讳而改）而将战线推进到敦煌城郊，在城东千渠、郑坞、栗子一带及城北的无穷渠、城西的宜秋渠等地与金山国展开激战。在紧要关头，白衣天子张承奉亲自披挂上阵，率领一万马步军出城增援，文臣宋中丞、张舍人也参加了战斗，经过浴血奋战，才击退了来犯的回鹘军队。[①]

张承奉对甘州回鹘的战争，开头虽略有小胜，击退了来犯者，而且还收复了四座小城，但甘州回鹘军队并未受到重创。而连年战乱却使归义军统治区的社会经济遭到巨大的破坏，人丁的过多消耗，使其难以支持长期的、大规模的战争。故而，在金山国对甘州回鹘的突袭取得小胜之后，形势便急转直下。不久，甘州回鹘又反扑过来。《龙泉神剑歌》在写完金河之战后接着写道：

今年回鹘数侵疆，直到便桥列战场。
当锋直入阴仁贵，不使戈鋋解用枪。
堪赏给，早商量，宠拜金吾超上将，
急要名声贯帝乡。
军都日日更英雄，□由东行大漠中。
短兵自有张西豹，遮收遏后与罗公。

---

① 杨秀清《敦煌西汉金山国史》，兰州：甘肃人民出版社，1999 年，第 113 页。

番汉精兵一万强，打却甘州坐五凉。

诗中简略地描写了甘州回鹘与金山国的第二次战争。战斗发生地点在便桥。此桥当在沙州城东，沟通党河东西；参与战斗的金山国将领有阴仁贵、张西豹、罗通达等人。由于金山国的殊死抵抗，甘州回鹘被迫退兵。此后数年间，金山国与甘州回鹘间的关系史无明载，P.2991B《敦煌社人平诎子一十人创于宕泉建窟一所功德记》云：

今则有邑人义社某公等十人，至慕空王，情求出离，发菩提之心，俱拨樊笼之绊，乃于兹地，创建一龛……社众等修建之岁，正遇艰难，造窟之年，兵戎未息。于是资家为国，创建此龛。铁石为心，俱无日延。则手为功德已毕，庆赞营斋，赞咏斯文，将传千载。①

该文撰者为“西汉金山国头厅大宰相清河张公撰”，此张公，据考，亦应为金山国宰相张文彻。② 从中不难看出，金山国时期，与甘州回鹘间的战争似乎一直没有停息过。及至911年，决定性战役终于爆发了。这年七月，回鹘可汗之子狄银率兵围攻沙州城。张承奉势弱，难以守御，遂派宰相罗通达南下求救于吐蕃，但吐蕃援兵未至，张承奉无力对抗，不得不由地方耆旧出面，向甘州回鹘求和，并且“设盟文状，便到甘州”，将求降书呈送给甘州回鹘可汗，从而议结城下之盟。敦煌写本P.3633《辛未年（911年）七月沙州百姓一万人上回鹘大圣天可汗状》记载：

① 上海古籍出版社、法国国家图书馆编《法藏敦煌西域文献》第20册，上海：上海古籍出版社，2002年，第356页。

② 李正宇《敦煌文学杂考二题》，《敦煌语言文学研究》，北京：北京大学出版社，1988年，第97页。

(上缺) 等一万人献状，上回鹘大圣天可汗金帐：

伏以沙州本是大唐州郡，去天宝年中，安禄山作乱，河西一道，因兹陷没，一百余年，名管蕃中。至大中三年，本使太保起敦煌甲兵，趁却吐蕃，再有收复，尔来七十余年，朝贡不断。太保功成事遂，仗节归唐，累拜高官，出入殿庭，承恩至重。后遇深疾，帝里身薨。子孙便镇西门，已至今日。中间遇天可汗居住张掖，事同一家，更无贰心，东路开通，天使不绝，此则可汗威力所置(致)，百姓□甚感荷，不是不知。近三五年来，两地被人斗合，彼此各起仇心，遂使百姓不安，多被杀伤，沿路州镇，逦迤破散，死者骨埋□□，生者分离异土，号哭之声不绝，怨恨之气冲天，耆寿百姓等披诉无地。伏维大圣回鹘天可汗，为北方之人主，是苍生之□□□□察知百姓何辜，遭此残害？今□□□□□□□□□和，两件使回，未蒙决□□□□□□□□□，兵戈抄劫，相续不断。

今月廿六日，狄银领兵，又到管内，两刃交锋，各有伤损。口云索和，此亦切要。遂令宰相、大德、僧人，兼将顿递，迎接跪拜、言语却总□□。狄银令天子出拜，即与言约。城隍耆寿百姓再三商量，可汗是父，天子是子，和断若定，此即差大宰相、僧中大德、敦煌贵族耆寿，赍持国信，设盟文状，便到甘州。函书发日，天子面东拜跪。因是本事，不敢虚诳。岂有未拜其耶(爷)，先拜其子，恰似不顺公格。罗通达所入南蕃，只为方便打叠吐蕃，甘州今已和了，请不□来，各守疆界，亦百姓实情。且太保弃蕃归化，当尔之时，见有吐蕃节儿镇守沙州。太保见南蕃离乱，乘势共沙州百姓，同心同意，穴白趁却节儿，却着汉家衣冠，永抛蕃丑。太保与百姓重立咒誓，不看吐蕃。百姓等感荷太保，今为神主，日别求赛立庙，见在城东。吐蕃不论今生万岁千秋，莫闻莫见。天子所勾南蕃，只为被人欺屈，大丈夫之心，宁无怨恨？天子一时间燥燥发心，百姓都来未肯。况食是人天，沙州百姓亦是天生人民，不省曾与天可汗有煞父害母之仇，何故频行动煞？万姓告天，两眼滴血。况沙州本是善国神乡，福德[之]地。天宝之年，河西五州尽陷，唯有敦煌一郡，不曾破散，直为本朝多事，相救不得，[陷]没吐蕃。四时八节，些些供进，亦不曾辄有移动，经今一百五十年，沙州社稷，宛然如旧。东有三危大圣，西有金鞍毒龙，当时卫护一方处所。伏望天可汗信敬信佛，更得延年，具足百岁，莫煞无辜百姓。上天见知，耆寿百姓等誓愿依凭大圣可汗，不看吐蕃为定。两地既为子父，更莫信谗。今且先将百姓情实，更无虚议，乞天可汗速与回报，便遣大臣、僧俗，一时齐到，已后使次，伏乞遣好人，若似前回长使，乞不发遣，百姓东望指挥，如渴思浆，如子忆母，伏乞天可汗速赐详断。谨录状上。

辛未年七月 日沙州百姓一万人状上。①

该文的作者，据考，也是金山国宰相张文彻。② 文书中的“狄银”，当是甘州回鹘可汗之子，这可从“岂有未拜其耶（爷），先拜其子，恰似不顺公格”，而“其耶（爷）”又与“天可汗”一词的写法相同，抬头另起一行，可知文书中的“天可汗”，无疑是甘州回鹘可汗仁美，辽朝称之为“乌母主”，后唐庄宗册封他为“英义可汗”。文书写于“辛未年”，相当于梁太祖乾化元年（911年）。当甘州回鹘直指沙州城下时，归义军势弱，敌之无力，又无退路，不得不与甘州回鹘议结城下之盟，二者结为“父子之国”，甘州回鹘可汗为父，西汉金山国皇帝张承奉为“子”，改西汉金山国名为敦煌国，降皇帝称号为王，改行后梁年号。这

---

① 唐耕耦、陆宏基编《敦煌社会经济文献真迹释录》第4辑，北京：全国图书馆文献缩微复制中心，1990年，第377—380页；上海古籍出版社、法国国家图书馆编《法藏敦煌西域文献》第26册，上海：上海古籍出版社，2002年，第156—158页。

② 李正宇《敦煌文学杂考二题》，《敦煌语言文学研究》，北京：北京大学出版社，1988年，第98页。

样，张氏所谓的“敦煌国”便成了甘州回鹘的附庸。甘州回鹘完成了对河西走廊的统一，成为河西与丝绸之路的主宰。

张承奉的失败不是偶然的。在后梁与甘州回鹘结盟以对付归义军时，张承奉采取的对策是西结于阗，南联吐蕃、吐谷浑部。沙州与于阗的联系始自851年于阗独立之时，双方互通婚姻，于阗王称沙州张氏为舅。但于阗与沙州道路悬远，且隔以砂碛，因此，承奉在抗击回鹘时，主要依靠与之相邻的吐蕃、吐谷浑部的支援。而事实证明，联合吐蕃不足以抗拒回鹘。当时，吐蕃人在陇右、河西地区的力量主要为嗢末、六谷部，都集中在凉州（甘肃武威市）一带，中隔甘州（甘肃张掖市），难以赴援。而其他吐蕃人则散居各地，力量分散，不可能给沙州政权以有力支援。因此，在911年沙州归义军政权与甘州回鹘鏖战时，吐蕃援兵未到，而回鹘已兵临城下，张承奉只有投降。

当然，张承奉的失败还有更重要的原因，那就是归义军政权自身的衰弱。沙、瓜地区在张承奉执政时期屡遭兵燹，社会生产遭受严重破坏。在张议潮和张淮深时期，战争主要在远离瓜、沙的伊州和甘、凉一带进行，即使在战争年间，瓜、沙还可以进行水利建设和正常的农牧业生产。而金山国时期，回鹘的包围圈日益缩小，瓜、沙地区直接成为战场，人民“分离异土”，“沿路州镇，逦迤破散”，势必会严重影响正常农业生产活动的进行。仅仅五六年时间，沙州政权就难以维持下去了。于是，张承奉不得不屈膝投降，完全放弃称雄河西的企图和名义上河西主宰者的地位，臣事甘州回鹘以求生存。《辛未年（911年）七月沙州百姓一万人上回鹘大圣天可汗状》真实记录了这一历史事件。

城下之盟的签订，对金山国政权来说，无疑是噩梦一场。张承奉先辈经过多年浴血奋战，以巨大牺牲和苦难换取的成果转瞬即逝，自然会引起当地人民的强烈愤慨。正如上引《辛未年（911年）七月沙州百姓一万人上回鹘大圣天可汗状》中所说的那样：“死者骨埋□□，生者分离异土，号哭之声不绝，怨恨之气冲天。”在吐蕃占领的多半个世纪中，沙州百姓曾饱尝异族压迫之苦难，经过殊死拼搏，始获得独立，但因张承奉的失误举措而引致的战败，使其斗争成果迅速化为乌有，再次对异族俯首称臣。从《辛未年七月沙州百姓一万人上回鹘大圣天可汗状》的字里行间，不难感觉到沙州民众满腔的哀怨凄婉之情。

张承奉对甘州回鹘之战的失败，给此后沙州归义军政权的统治者曹议金提供了深刻的教训，促使其在对外政策方面采取了比较灵活的方略，即一方面加强与于阗国的结盟，同时臣事甘州回鹘、高昌回鹘以维持和平局面和丝路的畅通，重新打通并加强与中原王朝的臣属关系和经济联系。这一策略使曹氏汉人政权能够以瓜、沙二州之地继续存在了百余年之久，更促进了西北地区各族人民的团结和发展。

第三节

# 甘州回鹘与曹氏归义军的关系

## 一、曹议金与甘州回鹘的和亲

图 3–3　榆林窟第 16 窟曹议金供养像

后梁乾化四年（914 年），张承奉薨亡。因其无后，曹议金遂以长史身份代掌归义军政权，从此，瓜、沙二州的历史进入一个新唐书阶段，即曹氏归义军时期。

曹议金（？—935 年），名仁贵，以字行（图 3–3）。唐末沙州五代人，归义军节度使索勋婿，张议潮外孙婿。曹议金继位之初，汲取张承奉因称王建制而致失败的惨痛教训，恢复归义军节度使的旧称，奉中原王朝正朔，积极向中原王朝靠拢，以期得到中原王朝的承认。长兴二年（931 年），曹议金号称“令公”“拓西大王”，名义上的归义军政权其实已成为独立王国。

敦煌本为“四面六蕃围”之地，[①] 长期处于回鹘、吐蕃、吐谷浑、羌、龙家等民族的包围之中，民族关系错综复杂，特别是金山国败于甘州回鹘之后，汉人政权的生存危机更是迫在眉睫。为了自存，接替张承奉而执归义军牛耳的曹议金积极向中原王朝靠拢，此外还采取了一系列与周边民族缓和矛盾、发展友好关系的措施。在西边，积极发展与于阗国的关系。934 年，曹议金嫁女给于阗国王李圣天（Visa Sambhava）。此后，两地保持着姻亲关系，双方的使者往来不断。莫高窟第 98 窟内列于阗国王李圣天与曹氏女的供养画像，题名为“大朝大于阗国大政大明天册全封至孝天皇后曹氏一心供养”。[②] 曹氏家族通过这种联姻的方式，与于阗王国保持极为友好的政治关系与频繁的经济文化往来，以致在丝绸之路上形成“于阗使人，往来无滞”的局面。[③] 这种友好关系一直存在到 1006 年于阗国被喀喇汗王朝所灭。

在东边，努力通过和亲等手法缓和与甘州回鹘的紧张关系。曹议金曾娶甘州回鹘英义可汗之女天公主为夫人。至于结亲的时间，学界有不同意见，一种认为其时当在贞明四年（918 年）以前。[④] 另一种意见认为是在天复四年（904 年）以前。[⑤] 后一种意见的主要依据是敦煌写本 S.1137 和 P.2915《天兵文》。兹录 S.1137 如下：

为谁施作？则有我河西节度使尚书，先奉为龙天八部，雍(拥)

---

① P.3128、P.2809、P.3911《敦煌曲子词·望江南》，任半塘《敦煌歌辞总编》，上海：上海古籍出版社，2006 年，第 445 页。

② 敦煌研究院编《敦煌莫高窟供养人题记》，北京：文物出版社，1986 年，第 32 页。

③ P.2704《后唐长兴四年至五年曹议金回向疏》，唐耕耦、陆宏基编《敦煌社会经济文献真迹释录》第 3 辑，北京：全国图书馆文献缩微复制中心，1990 年，第 85 页。

④ 荣新江《归义军史研究——唐宋时代敦煌历史考索》，上海：上海古籍出版社，1996 年，第 310 页。

⑤ 徐晓丽《曹议金与甘州回鹘天公主结亲时间考——以 P.2915 卷为中心》，《敦煌研究》2001 年第 4 期，第 112—118 页。

护疆场；四天大王，加威神力。次为国安人泰，万姓咸欢。尚书应灵，延长保（宝）祚。洪水摄伏，莫伤害人；蝗飞军兵，永散他国。霜雹莫降，随四季而及时；外寇狼烟，自参差而星散。公主吉庆，无[闻]怨切之音。夫人贵颜，共寿（受）千春之美。郎君、娘子，同花萼而芬芳。左右官寮，尽忠而清政，谷麦丰熟，疫疾消除；四塞廓清，歌谣乐业诸之福会也……又持胜福，次用庄严公主、夫人贵位：伏愿体花永曜，质貌恒春；娘子、郎君琼词宝锷，永受千秋之宠，长居万代之荣。[①]

这里所谓的《天兵文》，学界存在不同看法，有人称之为曹议金时期的释门杂文。[②] 存此待考。《天兵文》在 P.2915 中位列第 10 篇，值得注意的是，在该写卷的中部题有“天复四年甲子岁二月二十三日诸杂斋文一卷”字样，由此可定该《天兵文》写成于天复四年（904 年）。考虑到曹议金称尚书的时间在 914 年至 919 年（或 920 年）之间，[③] 故其中的“河西节度使尚书”当指张承奉而非曹议金。职是之故，学界将“公主”解释为回鹘天公主，将“夫人”解释为曹议金的原配夫人宋氏之说是站不住脚的。况且，按照中国传统，原配夫人应在前，其他夫人则按序依次排列。故曹议金与甘州回鹘天公主结亲的时间当以第一种意见，即贞明四年（918 年）以前说为准。

从曹议金开始，祖孙三代一直与甘州回鹘结亲，因此，在曹氏所营建的石窟中出现了许多身穿回鹘服饰的回鹘天公主、回鹘仆从的供养人

---

① 黄征、吴伟编校《敦煌愿文集》，长沙：岳麓书社，1995 年，第 604 页；中国社会科学院历史研究所等编《英藏敦煌文献（汉文佛经以外部分）》第 2 册，成都：四川人民出版社，1990 年，第 235—236 页。

② 郑炳林《敦煌碑铭赞辑释》，兰州：甘肃教育出版社，1992 年，第 378 页。

③ 荣新江《沙州归义军历任节度使称号研究（修订稿）》，《敦煌学》第 19 辑，1992 年，第 41 页。

画像。

1. 莫高窟98窟东壁北侧供养人像列向南第一身题名："敕受汧国公主是北方大回鹘国圣天可汗……"[①] 该窟是曹议金的功德窟，营建于923年至925年间。题记中的汧国亦称秦国，即今陕西千阳县。回鹘因助唐平定安史之乱，被唐朝赐姓为李。而唐朝统治者自称陇西李氏之后，故而曹议金的甘州回鹘夫人也自称"陇西李氏"。天公主头戴桃形凤冠，后垂红结绶，佩戴瑟瑟珠，身穿圆领兽纹红袍，此为甘州回鹘妇女的时装，与花蕊夫人《宫词》所说的"回鹘衣装回鹘马，就中偏称小腰身"之语，恰相符合。[②]

2. 莫高窟第100窟甬道北壁供养人像西列第一身题名："……郡……人汧……圣天可汗的子陇西李氏一心供养。"（图3-4）[③] 该窟是曹议金的长子曹元德和曹议金的夫人甘州回鹘天公主为纪念曹议金所建的功德窟，营建于935年至940年间。此窟南壁下层绘《曹议金出行图》，北壁绘《回鹘夫人天公主出行图》。《回鹘夫人天公主出行图》虽然大部分已残毁，模糊不清，但回鹘天公主的画像尚依稀可辨。公主骑在一匹白马上，后有侍婢女随行。天公主身着圆领窄袖回鹘装，头戴遮阳毡笠(或帷帽)，手持马鞭。《新五代史》卷七四《回鹘传》亦载："妇人总发为髻，高五六寸，以

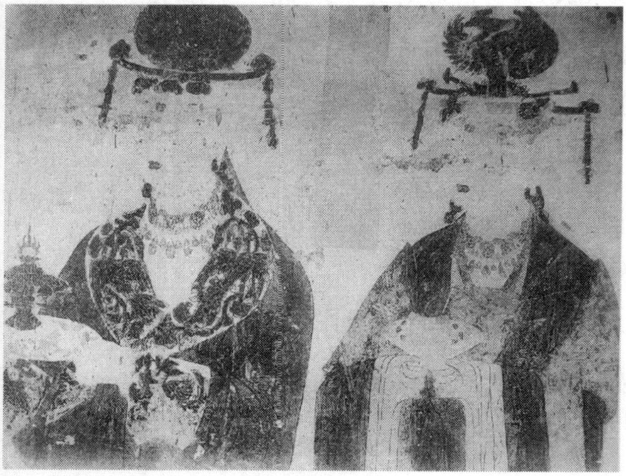
图3-4 莫高窟第100窟回鹘天公主像

① 敦煌研究院编《敦煌莫高窟供养人题记》，北京：文物出版社，1986年，第32页。
②《全唐诗》卷七九八，北京：中华书局，1985年，第8978页。
③ 敦煌研究院编《敦煌莫高窟供养人题记》，北京：文物出版社，1986年，第49页。

红绢囊之。既嫁，则加毡帽。”《出行图》中的回鹘天公主的这种装束与已出嫁的回鹘天公主身份相符合。

3. 莫高窟第 61 窟主室东壁门南侧供养人列第一身为曹议金甘州回鹘夫人的供养，题名曰：“故母北方大回鹘国圣天的子敕授秦国天公主陇西李……”（图 3–5）① 该窟是曹议金第三子曹元忠夫妇所建的功德窟，营建于947年至 957 年间。天公主梳高发髻，戴桃形凤冠，上插金钗步摇，后垂红结绶，鬓发包面，脸上赭色晕染，额中和脸上贴花佃，耳垂耳铛，项饰瑟瑟珠，身穿红色通裾长袍，弧形翻领，窄袖紧口，衣领和袖口处均绣精美凤鸟花纹。天公主双手捧香炉和红带，虔诚礼佛。

图 3–5 莫高窟第 61 窟东壁南侧回鹘天公主像

以上三处题名中的供养人其实均系一人，即天公主。此天公主是甘州回鹘英义可汗的女儿，即曹议金的夫人、曹元忠的母亲。此外，在莫高窟第 22 窟、55 窟、108 窟、401 窟、408 窟及榆林窟第 16 窟中都可见到此天公主的供养像。这些回鹘公主多佩戴瑟瑟珠。

曹议金先娶甘州回鹘公主为妻，与英义可汗结为翁婿关系；同时，又嫁女给英义可汗之孙仁裕。这种关系，在敦煌莫高窟、西千佛洞、瓜州榆林窟的供养人题名中有真实的反映。如曹议金在莫高窟所开“功德

① 敦煌研究院编《敦煌莫高窟供养人题记》，北京：文物出版社，1986 年，第 21 页。

窟”（第 98 窟）主室东壁北侧画有题名为“敕授汧国公主是北方大回鹘国圣天可汗（下缺）”[①] 的女供养人，头戴桃形式凤冠，身着圆领窄袖式长衣，下摆落地，项饰瑟瑟珠，与花蕊夫人《宫词》所说的：“回鹘衣装回鹘马，就中偏称小腰身”[②] 之语，恰相符合，是证其为回鹘可汗女无疑。在曹议金之子、归义军节度使曹元德所开洞窟(第 100 窟）甬道北壁，画有回鹘装女供养人，题名为“……郡……人汧……圣天可汗的子陇西李氏一心供养”。[③] 主室南北壁的下方，还分别绘有曹议金与此公主的出行图（图 3–6)。

图 3–6　莫高窟第 100 窟北壁回鹘天公主出行图

在曹元忠及夫人浔阳翟氏所开“功德窟”（第 61 窟）主室东壁南侧，亦绘有回鹘女供养人，题名结衔为：“故母北方大回鹘国圣天的子敕授秦国天公主陇西李（下缺)。”[④] 这些题名揭示出如下一种关系：英义可汗为曹议金岳父；曹议金是顺化可汗仁裕的岳父；仁裕是英义可汗

① 敦煌研究院编《敦煌莫高窟供养人题记》，北京：文物出版社，1986 年，第 32 页。
②《全唐诗》卷七九八，北京：中华书局，1985 年，第 8978 页。
③ 敦煌研究院编《敦煌莫高窟供养人题记》，北京：文物出版社，1986 年，第 49 页。
④ 敦煌研究院编《敦煌莫高窟供养人题记》，北京：文物出版社，1986 年，第 21 页。

之孙。这种错综复杂的姻亲关系的存在，必然有利于化解两政权之间的矛盾。

和亲关系的存在与维系，直接促进了沙州归义军政权与甘州回鹘之通好。曹议金非常注意发展与甘州回鹘的通贡关系，尊重甘州回鹘在丝绸之路上的既得利益。北京大学图书馆藏敦煌写本 102 号《佛说八阳神咒经》题记：

> 甲戌年七月三日，清信佛弟子兵马使李吉顺、兵马使康奴子二人，奉命充使甘州，久坐多时，发心写此《八阳神咒》一卷，一为先亡父母，神生净土；二为吉顺等一行，无之灾彰（鄣），病患得差；愿早回戈（国），流传信士。[①]

据考，该文献当写于 914 年。[②] 说明曹议金上任伊始，即派使节出使甘州回鹘。李吉顺等在甘州逗留多时，可推测双方的交涉并不容易成功；而他们带着这卷写经顺利返乡，表明甘沙二州之间也还有着正常的交往。[③]

P.2945 抄有 8 件《权知归义军节度兵马留后使状》，其中最后一件是曹议金于后梁贞明四年（918 年）写给灵州令公和凉州仆射的书信抄本，文曰：

> 今者使臣回辙，当军兼差使人，路次经过大蕃，岂敢辄无状达。前载得可汗旨教，始差朝贡专人。不蒙仆射恩泽，中路被温未

---

① 张玉范《北京大学图书馆藏敦煌遗书目录》，《敦煌吐鲁番文献研究论集》第 5 辑，北京：北京大学出版社，1990 年，第 537 页。

② 池田温《中国古代写本识语集录》，东京：东京大学东洋文化研究所，1990 年，第 457 页。

③ 荣新江《甘州回鹘与曹氏归义军》，《西北民族研究》1993 年第 2 期，第 61 页。

> (唱末) 剽劫。今乃共使臣同往，望仆射以作周旋，得达前程，往回平善，此之恩得（德），何憨（敢）忘焉。[①]

这两件文献都证明，曹议金两次遣使入朝，都曾得到甘州回鹘的准许，也体现了二者之间关系的正常与平等。

## 二、曹议金对甘州回鹘的征伐

贞明六年（920年），甘州回鹘发生内乱。S.5139v《乙酉年六月凉州节院使押衙刘少晏状抄》载：

> 右伏以少晏等，当初总是沙州本体骨肉。自从张太保□上（?）政直（整治），河西道路安太（泰），弟（递）牒便统帅兵马。总是本州之人，放首（防守）凉州，业已经年。前般老人，总以（已）不残，只残后辈男女，首（守）此本府州城，至今不须（许）失城池。经（年?）余以外（来），甘州回鹘兵强马装（壮），不放凉州使人拜奉沙州。昨此回鹘三五年来，自乱计作三朋，兼及土粪（吐蕃），二人会兵劫取凉州。今经三五年来，沙州骨子，心儿屈铁，不放下余城惶（隍），至今全得好在安乐。后便直（值）太保阿郎政直（整治），开以河西老道，使人内外，亟归进奉来朝。以此凉府之人，总是沙州百姓之人，数奉佫蕃人教（交）乱劫剥，政此不放，大受饥馑，良（粮）用不充，人民教(叫）穷。伏乞太保阿郎仁恩照察，凉府□□之人，赐乞（乞赐）候良(餱粮)、帖兵，及余二色，不敢不申。伏请公凭表不处分，牒状如前，谨牒。乙酉年六

---

① 李正宇《曹仁贵归奉后梁的一组新资料》，《魏晋南北朝隋唐史资料》第11辑，1991页，第274—281页；上海古籍出版社、法国国家图书馆编《法藏敦煌西域文献》第20册，上海：上海古籍出版社，2002年，第189页。

月日凉州节院使押衙刘少晏状。①

因为文书末尾出现有“！T 乙酉年”字样，故唐长孺先生遂将其时代推定为同光三年（925 年），其中的张太保指张议潮，而太保阿郎则指当时任归义军节度使的曹议金。② 此说甚是。荣新江亦同意此说，并进一步证明此说之不误。③ 也有学者考证认为“乙酉”乃“己酉”之误抄，遂将文书推断为文德二年（889 年）之物。④ 此说难以成立，因为文德二年，在位者为张淮深，而文中的“太保”一称，张淮深从未使用过。故不能将“乙酉”改为“己酉”。

该文献写于乙酉年（925 年）六月，上推三至五年，即为贞明四至六年（920—923 年），文书表明，此时甘州发生了内乱，分裂为三派势力。敦煌出土的于阗文文书中也有这一时期甘州回鹘内部发生内讧的记载。在此之前，甘州回鹘已断绝了凉州和沙州之间的往来，自然地，归义军与中原王朝的关系也因此受阻，这是归义军所不能接受的。

归义军经过十年的休养生息，生产得到恢复与发展，政治走向稳定，军事力量也随之得到了加强，为了重霸河西，打开中西交通的通道，曹议金遂于同光三年（925 年）派军出征。S.5448《浑子盈邈真赞》比较全面地反映了这次战争的经过：

---

① 邓文宽《〈凉州节院使押衙刘少晏状〉新探》，《敦煌学辑刊》1987 年第 2 期，第 62—63 页；中国社会科学院历史研究所等编《英藏敦煌文献（汉文佛经以外部分）》第 7 册，成都：四川人民出版社，1992 年，第 25 页。

② 唐长孺《关于归义军节度的几种资料跋》，《中华文史论丛》第 1 辑，1962 年，第 293—294 页。

③ 荣新江《归义军史研究——唐宋时代敦煌历史考索》，上海：上海古籍出版社，1996 年，第 76 页。

④ 邓文宽《〈凉州节院使押衙刘少晏状〉新探》，《敦煌学辑刊》1987 年第 2 期，第 64 页；黄盛璋《汉于阗吐蕃文献所见“龙家”考》，郑炳林、樊锦诗、杨富学主编《丝绸之路民族古文字与文化学术讨论会文集》，西安：三秦出版社，2007 年，第 257—258 页。

唐故河西归义军节度押衙兼右二将头银青光禄大夫检校国子祭酒兼御史中丞上柱国浑厶甲貌真赞并序。

府君讳子盈，字英进。门传鼎族，历代名家。行播人间，神聪膺世。弱冠入士（仕），处苦先登。每精六艺之词，身负六端之美。英才雅智，独出众于敦煌。德业日新，振佳声于乡里。念兹公干，给赐节度押衙，兼百人将务。更能奉公清谨，葺练不厥于晨昏。教训军戎，士卒骁雄而捷勇。妙闲弓剑，历任辕门，习黄公三略之才，蕴韩白六韬之术。眠霜卧碛，经百战于沙场。匹马单枪，几播主于莲府。明闲礼则，传戎音，得顺君情。美舌甜唇，译蕃语，羌浑叹美。东南奉使，突厥见者而趋迎。西北输忠，南山闻之而猷顿。啼猿神妙，不亏庆忌之功。泣雁高踪，共比由基之妙。遂使于家孝悌，晨昏定省而不移。昆季之情，让枣推梨而无阙。方欲尽忠竭节，向主公勤。何期宿业来缠，桑榆竞逼。肃州城下，报君主之深恩。白刃相交，乃魂亡于阵下。三军恋惜，九族悲啼。二男洒泪于千行，稚女哀号而满路。恩奉邀命，自愧不才，略述芳名，而为赞曰：间生杰俊，国下英贤。三端出众，六艺俱全。幼而从仕，勇猛贞坚。弓开泣雁，矢发啼猿。荣迁将务，治理周旋。东收张掖，左入右穿。玉门破敌，血满平田。明闲轨则，传译蕃言。能降突厥，押伏南山。肃州城下，擐甲冲先。天何不祐，魂归逝川。男女哀噎，泣泪潺潺。邈题真影，芳名永传。厶年厶月厶日题记。[①]

## 浑子盈有可能即为金山国文献《白雀歌》（P.2594背、P.2864背）

① 郑炳林《敦煌碑铭赞辑释》，兰州：甘肃教育出版社，1992年，第343页；姜伯勤、项楚、荣新江《敦煌邈真赞校录并研究》，台北：新文丰出版公司，1994年，第425—426页；中国社会科学院历史研究所等编《英藏敦煌文献（汉文佛经以外部分）》第7册，成都：四川人民出版社，1992年，第95—96页。

中“按剑先登”的浑舍人。[①] 据《浑子盈貌真赞》序末尾的“恩奉邀命”一语，可知该赞的作者是杨继恩，此人还撰有《阴善雄邈真赞》和《罗盈达貌真赞》，前者题衔为“节度押衙知上司孔目官”，后者为“节度内亲从都头知管内诸司都勾押孔目官兼御史中丞”，并有纪年“大晋天福八年癸卯岁九月朔十五日”，可知他是943年前后掌管归义军文案的主要官员。杨继恩未在赞文题目后署名，恐是其官位未显时的作品。据标题的“唐”字，推测应写于后唐初年。其中记录了浑子盈以节度押衙兼右二将头的身份，率所属百人从征甘州（张掖），曾破敌于玉门，但最终战死于肃州（酒泉）城下。[②]

P.3518（现编号为Pelliot Sogdien 7）《大唐河西归义军节度使左马步都押衙银青光禄大夫检校右散骑常侍御史大夫上柱国故张府君邈真赞》载：

> 大唐河西归义军节度左马步都押衙银青光禄大夫检校右（左）散骑常侍兼御史大夫上柱国故张府君邈真赞并序。
>
> 夫禀道怀志，庄周岂叹于西驰。孰为奇仁，鲁父轸词于东逝。况我公讳保山，字（原空）。雄门之将，性本奇聪。三端别秀于人伦，六艺每彰于西裔。弯弧伏兽，细柳未比于今时。举矢猿啼，箭动傅空而雁泣。故得文深墨宝，诗书缀玉而成章。笔彩龙飞，触锋七分而入木。智周五郡，不改始终。言以安人，谦谦守道。侍历两政，谨专一途。金王会临，超先拔选。东陲大镇，最是要关。公之量宽，佥然委任。新城固守。已历星霜。兹镇清平，人歌邵（绍）泰。堰都河而清流不泛，浚沟洫而湍涌沄波。五谷积山，东皋是

---

① 参看王重民《金山国坠事零拾》，《敦煌遗书论文集》，北京：中华书局，1984年，第90页。

② 荣新江《曹议金征甘州回鹘史事表微》，《敦煌研究》1991年第2期，第1—2页。

望。贮功廪什（实），抚备边城，效壮节得顺君情，念衣冠而入贡。路无阻滞，亲入九重。上悦帝心，转加宠秩，得授左散骑常侍兼御史大夫。回骑西还，荐兹劳绩，当佥左马步都虞侯。一从注辖，五载有佘。内外告泰安之声，囹圄止讹斜（邪）之遗。冰清月皎，六衔无奸盗之非。防险虑虞，百坊叹长年之庆。

谯公秉节，頋（倾）慕忠良。公之英奇，颇能携荐。辕门指拓（挥），须凭盛族之良。军府杞材，仍藉有功之士，转迁右马步都押衙。公干当世，韬钳（钤）满怀。胆气出群，辛勤百战。不辞寝甲，皓首提戈。常进智谋，再收张掖。洪军霸战，四路传声。要达皇王，刻名玉案。公之猛列（烈），不顾艰险。又至天廷，所论不阙。慕公忠赤，报以前勋，乃荐左都押衙。于是大纵龙韬，布雄芒于陇上。顿置横纲，截十角之胸襟。方期岳镇，舒廉牧之长材。俄示云亡，不展平生之志。呜呼！

天何降坠，倏忽遐终。敦煌则宝剑停飞今世，七郡则卞壁不现。五子号叫，二女咸悲。六亲哽噎于临丧，邻里停舂而扪泪。厶宗奉执手，付嘱再三，命撰高（稿）文，希申数字，枉为颂曰……[①]

这里的“谯王”，指的就是归义军节度使曹议金；“张府君”即金山国旧将张保山。早在张承奉任节度时，张保山就是节度押衙，见 P.4640 背《归义军军资库司布纸破用历》庚申年（900 年）九月五日条：“奉判，支与押衙张保山画纸叁拾张。”[②] 据赞文，金山国时，他

① 郑炳林《敦煌碑铭赞辑释》，兰州：甘肃教育出版社，1992 年，第 506—507 页；姜伯勤、项楚、荣新江《敦煌邈真赞校录并研究》，台北：新文丰出版公司，1994 年，第 294—295 页；上海古籍出版社、法国国家图书馆编《法藏敦煌西域文献》第 25 册，上海：上海古籍出版社，2002 年，第 138—139 页。

② 池田温《中国古代籍帐研究·录文》，东京：东京大学东洋文化研究所，1979 年，第 609 页。

任职于沙州东部的边镇新城。罗福苌编《沙州文录补》收有《封书样》两条，均系“节度押衙充新城镇遏使张宝山状”的封面。张宝山应即张保山，所任之职为新城镇使。至曹氏掌权后，张保山迁任右马步都押衙是东征张掖的重要军事统帅之一。他在曹议金征甘州之役中立有战功，战后，他又充使到中原王朝，先后“五回奉使”后唐，因功进升左都押衙。[①]

值得注意的是，P.3718（1）《张明集写真赞》所涉随曹太保出征之事，也可能与曹议金对甘州回鹘的征伐有关。兹引其文如下：

唐故归义军节度押衙银青光禄大夫检校国子祭酒兼御史中丞上柱国南阳郡张公写真赞并序

郎君讳明集，字富子，即今河西节度曹太保亲外甥也，都头知内亲从张中丞长子矣。公以门传轩冕之宗，莲府琼枝，家承阀阅之贵。少如习礼，顿□吐凤之才；长具三端，早备六全之艺。英明守孝，七岁怀橘而将归；特达持忠，十二历危而许国。故得弯孤掌内，云雁愁以悲空；指矢临弦，猿泣鸣而泪血。南山偷路，公乃先行；对阵临锋，前荡后出。凶（匈）奴胆辙（慑），波迸星流。因慈（兹）雄名声震，美播寰中。太保酬劳，赏迁重叠。去载，大军开路，公常佐在台前，昼夜不离，谏陈异计。张掖城下，效勇非轻，左旋右抽，曾何介意。临机变策，过良将之深谋；洞达英筹，透韬铃（钤）之武略。居高当势，意下心低。礼法趋走将，无闻乖失。可谓铿钱（笺铿）寿老，岂藉于延龄；颜子早终，谁思而速逝。缠眠（绵）疴疾，万计寻师；累月医料（疗），千万进药。天命有限，难舍去留。临终之日，别父母，永谢长辞。遗叔姊妹弟兄，千万无因再睹。二亲号天泣血，倚门相望儿不来。小娘子叫地

① 荣新江《曹议金征甘州回鹘史事表微》，《敦煌研究》1991年第2期，第3—4页。

摧（捶）胸，我兄何往而不见。隋珠坠水，赵璧（璧）沉泉。余拙寡文，聊为颂曰：奇哉郎君，越众超郡（群）。魁伟美貌，笔写难真。趨趨济济，礼不轻人。长怀喜色，永不曾嗔。孝家中（忠）国。纳力殷勤。割已赈下，扶济孤贫。箭调四羽，弯弧六钧。武中绝妙，文学日新。太保爱惜，何藉珍珠。两骥虽杰，不侔一麟。图刑（形）锦账，伤悼二亲。三时奠谒，万固（古）长春。

于时月在林钟蓂生拾叶题记。[①]

由于本赞题记不记年份，故无法判定文中的“去载”是指何年。但文中称曹议金为“太保”，而曹议金称太保时当925—928年之间，据此可定该文时代当在此期间。易言之，张明集辅佐曹议金攻甘州回鹘，必在928年以前。[②]

知此文应作于其具体年份。未写年月，经过六年的征战，曹议金力助其婿顺化可汗夺取并稳固了汗位（927？—960年在位），先后剪除了“三朋”中的其余二朋——狄银（924—926年在位）和阿咄欲（926？—927年在位）。[③]

参与曹议金征甘州之役的还有常乐县令阴善雄，杨继恩撰《阴善雄邈真赞》（P.2970）有载：

① 郑炳林《敦煌碑铭赞辑释》，兰州：甘肃教育出版社，1992年，第414—415页；姜伯勤、项楚、荣新江《敦煌邈真赞校录并研究》，台北：新文丰出版公司，1994年，第250—251页；上海古籍出版社、法国国家图书馆编《法藏敦煌西域文献》第27册，上海：上海古籍出版社，2002年，第95页。

② 荣新江《归义军史研究——唐宋时代敦煌历史考索》，上海：上海古籍出版社，1996年，第315页。

③ 孙修身《试论瓜沙曹氏与甘州回鹘之关系》，《1990年敦煌学国际研讨会文集·史地语文编》，沈阳：辽宁美术出版社，1995年，第101—106页；荣新江《归义军史研究——唐宋时代敦煌历史考索》，上海：上海古籍出版社，1996年，第309—327页。

唐故河西归义军节度使内亲从都头守常乐县令武威郡阴府君邈真赞并序

节度押衙知上司孔目官杨继恩述

府君讳善雄，字良勇。门承钟鼎，代袭簪缨。族美圭璋，懿联侯室。公之禀质，异世英奇。幼年粗晓于三端，弱冠别彰于六艺。谦谦守直，真可君子之风流；得众宽弘，不失先贤之轨范。功庸罕比，毅勇难俦。出言而山岳无移，发语而千金不易。曹王秉节，挺赤心而膺昌期；苦处先登，效忠贞而能定国。久陪军幕，作我主之腹心；百战沙场，几潘生于龙塞。常乐贵县，国之要冲。睹公良能，荐迁莅职。故得仁风载扇，政风远闻。驱鸡之善不遗，弹琴之名无怠。猛虎负子，人无告劳。临危而畏若秋霜，抚众而爱同春雨。扶倾济弱，遣富留贫。行五□以恤黎民，避四知而存清洁。城邑创饰，寺观重修。一县敬仰于神明，万类遵承于父母。达怛犯塞，拔拒交锋。统领军兵，临机变策。立丈夫儿之志节，一人独勇而当千。星散云飞，异类横尸而遍野。东收七郡，意气侔攀（樊）哙之功。西定六蕃，用军有烧牛之策。雄豪无敌，不顾微躯；下壁拔城，累彰臣节。通申内外，不恋货财；摄念冰清，宛然公道。将谓岳石齐固，抱壮智以佐君威；何乃天降妖灾，逐风灯而沉逝路。明王恋惜，举郡伤嗟，一道泣血而声哀，九族攀号而僻踊。继恩谨奉上命，难免固辞。驻笔含悲，乃为颂曰：英灵神恃，世上难逢。百艺晓览，乃有我公。谦谦守直，量比贞松。三端独步，六顺具通。曹王秉节，抱赤扶忠。沙场静塞，苦处先登。常乐治县，改俗移风，每施政令，化美一同。戎冠屏迹，外贼无踪。张掖再复，独立殊庸。酒泉郡下，直截横冲。威传四境，名透九重。将谓永寿，岳石长隆。何兮逝逼，水火皆空。甘泉早竭，良木先崩。黄云暗惨，天戴愁容。一郡废业，坊巷停舂。六亲无望，洒泪连郁。千秋之后，永播高功。①

文中的“曹王”指的就是曹议金，“唐”，则指后唐。按后唐亡于936年，而曹议金之称王始自931年，该文献大致应写于这一时段。《邈真赞》称他英勇善战，“酒泉郡下，直截横冲。威传四境，名透九重”。当时，阴善雄身为常乐县令，随曹议金东征甘州，对“张掖再复”，立有特殊功勋。文中所追述战事，亦为曹议金于同光三年（925年）对甘州的征伐。

此外，参与平甘州之役的还有如下诸人：

薛善通，事见P.3718（16）《薛善通邈真赞》：“府君讳善通，字良达……伏自曹王秉政，收复甘、肃二州。公乃战效勇于沙场，纳忠勤于柳境。初任节度押衙，守常乐县令。主辖当人，安边定塞。”② 该赞写成于辛丑年（941年）二月二十四日，薛善通因此战功而被任命为常乐县令。

李绍宗，事见P.3718（17）《李绍宗邈真赞》：“府君讳绍宗(原卷旁注：润晟)，字继祖。即前河西一十一州节度使张太保孙使持节墨厘军诸军事守瓜州刺史银青光禄大夫检校散骑常侍兼御史大夫李公之长子矣……年芳小俊而出群，弱冠东征而西敌。加以挥戈塞表，为国纳效于沙场；提剑军前，拔帜当锋而独立。破南山，公托隘寇，众赖沾功；扫羌戎，白刃相交，不贪躯命。后乃张掖城下，立万载之高名；酒泉郡前，播雄声于千古。念兹劳绩，佥奖荣班。一举节度押衙，兼迁敦煌乡

① 郑炳林《敦煌碑铭赞辑释》，兰州：甘肃教育出版社，1992年，第475—476页；姜伯勤、项楚、荣新江《敦煌邈真赞校录并研究》，台北：新文丰出版公司，1994年，第250—251页；上海古籍出版社、法国国家图书馆编《法藏敦煌西域文献》第20册，上海：上海古籍出版社，2002年，第282页。

② 郑炳林《敦煌碑铭赞辑释》，兰州：甘肃教育出版社，1992年，第646页；姜伯勤、项楚、荣新江《敦煌邈真赞校录并研究》，台北：新文丰出版公司，1994年，第306页。

务。”[①] 该赞写成于天福七年（942 年）五月十四日。李绍宗是张议潮之重外孙，即张议潮女婿李明振次子李弘定的儿子。他以参加评定甘州、肃州之役有功而升任节度押衙兼敦煌乡务。

罗盈达，事见 P.2484（2）《罗盈达邈真赞》：“府君讳盈达，字胜迁……塞上之雄豪无敌，沙场之猛气过人。誉播衙庭，兼受极任。紫亭贵镇，葺理边城。抚育疲徒，如同父母。又迁上品，委任马步都权。统领洪军，共收河西陇右。而乃名标三杰，功盖八元。”[②] 该赞写成于天福八年（943 年），作为曹议金的妹夫，罗盈达当时担任的是内外诸司马步军都指挥使一职，其权位仅次于节度使。

庆德，事见 P.3556（7）《庆德邈真赞》：“府君讳庆德，字忧公……后迁紫亭镇将，数年而控扼南番。恒以廉洁奉公，累载讨除北虏。重佥步卒元帅，又选兵马都权。职位崇隆，荣超极品。运张良之计，东静金河；立韩信之谋，北清玉塞。单枪匹马，舍躯命而张掖河边；仗剑轮刀，建功勋于燕脂山下。再举衙内师长，兼任亲从行班。”[③] 本抄件既无题名，亦无纪年，但所记事应与归义军征伐甘州有关。

曹议金对甘州回鹘的征伐，在敦煌傩歌《儿郎伟》中也有所见，如敦煌文书 P.3270《儿郎伟》称：

> 盖闻二仪交运，故制四序奔驰。若说迎新送故，兼及近代是□，总交青龙步（部）领，送过葱岭海隅。敦煌神砂福地，贤圣助

① 郑炳林《敦煌碑铭赞辑释》，兰州：甘肃教育出版社，1992 年，第 466 页；姜伯勤、项楚、荣新江《敦煌邈真赞校录并研究》，台北：新文丰出版公司，1994 年，第 306 页。

② 郑炳林《敦煌碑铭赞辑释》，兰州：甘肃教育出版社，1992 年，第 485 页；姜伯勤、项楚、荣新江《敦煌邈真赞校录并研究》，台北：新文丰出版公司，1994 年，第 316—317 页。

③ 郑炳林《敦煌碑铭赞辑释》，兰州：甘肃教育出版社，1992 年，第 392 页；姜伯勤、项楚、荣新江《敦煌邈真赞校录并研究》，台北：新文丰出版公司，1994 年，第 316—317 页。

于天威。灾病永无侵遶（娆），千门保愿安居。皆是太保位分，八方俱伏同知。河西是汉家旧地，中隘猃狁安居。数年闭塞东路，恰如小水之鱼。今遇明王利化，再开河陇道衢。太保神威发愤，遂便点缉兵衣。略点精兵十万，各各尽擐铁衣。直至甘州城下，回鹘藏举（奔）无知。走入楼上乞命，逆者入火愤（焚）尸。大股披发报告，放命安于城除（池），已后勿愁东路，便是舜日尧时，内使亲降西塞，天子尉曲名师。向西直至于阗，纳供献玉琉璃，四方总皆跪伏，只是不绝汉仪。太保保信三保（宝），寿命彭祖同时。①

P.4011所载另一件《儿郎伟》则言：

……甘州数年作贼，直拟欺负侵凌。去载阿郎发愤，点集兵钾（甲）军人。亲领精兵十万，围绕张掖狼烟。未及张弓拔剑，他自放火烧然（燃）。一齐投（披）发归伏，献纳金钱城川。遂便安邦定国，永世款伏承前，不经一岁未尽，他急逆礼无边。准拟再觅寸境，便共龙家相煎。又动太保心竟（境），破（叵）耐欺负仁贤，缉练精兵十万，如同铁石心肝。党（当）便充（冲）山进跨，活捉猃犹狼烟。未至酒泉小□，他是魂胆不残。便献飞龙白马，兼及绫罗数般。王子再相□□，散发纳境相传。因兹太保息怒，善神护我川原，河西一道清泰，天子尉(慰）曲西边。六蕃总来归伏，一似舜日尧年……②

① 黄征、吴伟编校《敦煌愿文集》，长沙：岳麓书社，1995年，第951页；上海古籍出版社、法国国家图书馆编《法藏敦煌西域文献》第22册，上海：上海古籍出版社，2002年，第333页。

② 黄征、吴伟编校《敦煌愿文集》，长沙：岳麓书社，1995年，第959—960页；上海古籍出版社、法国国家图书馆编《法藏敦煌西域文献》第30册，上海：上海古籍出版社，2003年，第342页。

歌中的“太保”，一种意见认为指张淮深，但张淮深不曾有“太保”之称，故此“太保”与“阿郎”一样，都是沙州人对曹议金的敬称和爱称。“猃狁”指代甘州回鹘。从上列两篇《儿郎伟》来看，曹议金对甘州回鹘的战争不止一次，前后历时三年以上。

以上八件邈真赞与《儿郎伟》反映的都是曹议金征甘州事，从中可以看到，瓜沙军当时兵临甘州城下，而且还对甘州回鹘辖下的酒泉城进行过攻击。虽未攻入甘州城，但对回鹘势力的打击却是很沉重的，从此以后，瓜沙通中原的道路得以重新开通，沙州派往中原的使者也得以通行无阻。P.3448背《辛卯年（931年）董善通张宝善雇驼契》记有：“辛卯年九月廿日，百姓［董］善通、张善保二人往入京（后略）。”① 二人之入京有可能是追随归义军的使者而往的。《册府元龟》卷九七二《外臣部·朝贡五》亦载：“长兴三年（932年）正月……沙州进马七十五匹、玉三十六团。”② 此后，归义军政权又于清泰元年（934年）正月再遣使入后唐朝贡，同行者有甘州回鹘可汗仁美派遣的使者。③ 可见，曹议金在位晚期，沙州与甘州间的关系呈良性发展状态。

长兴二年（931年），曹议金号称“拓西大王”，使归义军成为独立王国。在此之前的头一年，曹议金曾亲赴甘州，与回鹘顺化可汗“面对商议”。此事见于敦煌写本P.2992v（3）《曹议金致回鹘顺化可汗状》，兹录全文如下：

季夏极热，伏惟弟顺化可汗天子，尊体动止万福，即日兄大王

---

① T. Yamamoto-O. Ikeda, *Tun-huang and Turfan Documents concerning Social and Economic History*, III, Contracts (B), Tokyo 1987, No.396, pp.123–124；上海古籍出版社、法国国家图书馆编《法藏敦煌西域文献》第24册，上海：上海古籍出版社，2002年，第234页。

②《册府元龟》卷九七二《外臣部·朝贡五》，第11423页。

③《册府元龟》卷九七二《外臣部·朝贡五》，第11423页。

蒙恩，不审近日尊体何似，伏惟顺时，倍加保重。远诚可（所）望。已前西头所有世界事宜，每有般次去日，累曾申陈，计应上达。自去年兄大王当便亲到甘州，所有社稷久远之事，共弟天子面对商议，平稳已讫，兄大王当便发遣一伴般次入京。昨五月初，其天使以（与）沙州本道使平善达到甘州，弟天子遣突律佽都督往沙州通报衷私，无意之人稍有些些言语。天使以（与）本道使蒙赐馆驿看待，兼改头并不减损，允过西来。昨六月十二日，使臣以（与）当道［使］平善到府，兼赍持衣赐信物，并加兄大王官号者，皆是弟顺化可汗天子惠施周备。圣泽曲临，以(与）弟天子同增欢庆。今遣内亲从都头价荣实等谢贺，轻信上好燕脂、表（镶）玉壹团重捌斤、白绵绫伍疋、安西绁两疋、立机细绁拾捌疋、官布陆拾疋，以前物等，到，垂检容。更有怀，并在贾都头口申陈子细。谨状。①

文中的“兄大王”为曹议金的自称，甘州回鹘顺化可汗则被称为弟。文献云“去年兄大王当便亲到甘州，所有社稷久远之事，共弟天子面对商议，平稳已讫”，接言朝廷遣沙州的“天使”五月至甘州，备受礼遇，六月十二日道归义军府“加兄大王官号”。《旧五代史·明帝纪》载：后唐长兴二年正月，敕令加曹议金兼中书令，此年当时书信撰年。那么，曹议金曾亲访甘州之时即应为长兴元年。②

---

① 录文见陈祚龙《敦煌学园零拾》（上），台北：台湾商务印书馆，1986年，第347—349页；苏哲《伯二九九二号文书三通五代状文的研究》，《敦煌吐鲁番文献研究论集》第5辑，北京：北京大学出版社，1990年，第463—465页；唐耕耦、陆宏基编《敦煌社会经济文书真迹释录》第4辑，北京：全国图书馆文献缩微复制中心，1990年，第395—396页；孙修身《敦煌遗书P.2992号卷〈沙州上甘州回鹘可汗状〉有关问题考》，《西北史地》1985年第4期，第80—85页；上海古籍出版社、法国国家图书馆编《法藏敦煌西域文献》第20册，上海：上海古籍出版社，2002年，第361页。

② 苏哲《伯二九九二号文书三通五代状文的研究》，《敦煌吐鲁番文献研究论集》第5辑，北京：北京大学出版社，1990年，第466页。

值得注意的是，敦煌写本 P.2968《沙州归义军致甘州状稿》似亦与此事有关。P.2968 仅一纸，无书题与尾题，其文曰：

> 早者拜别，每切瞻思，徒倾攀鱼之私，莫假旦昏之内。特遇专介，忽沭缄题，兼惠信仪，倍深感佩。切（窃）知行李并在甘州，进奉之人尚有阻碍。伏布司徒司空早设奇计，速觅道途，得面天颜，别迎恩宠。其当道进奉一行，切望偏垂管领。又王孔目等，并总催趁发送，其他数件申来言道，交关未了，续后发去。谨修状起居咨闻。伏惟照察，谨状。①

观句首内容“早者拜别，每切瞻思”，似与 P.2992v(3)《曹议金致回鹘顺化可汗状》所谓“自去年兄大王当便亲到甘州，所有社稷久远之事，共弟天子面对商议，平稳已讫，兄大王当便发遣一伴般次入京”所述之事有关。这份状文的发件人应为曹议金，所遣使臣为进京“别迎恩宠”的使者，但在途中受阻。当时河西走廊地区民族纷争激烈，除归义军、甘州回鹘外，还有吐蕃、龙家、鞑靼、嗢末等族活动，劫杀使者、掠夺财物的现象时有发生，故曹议金致书甘州回鹘，望其“当道进奉一行，切望偏垂管领”。该文献平阙之式甚严，当系书状之录副者，属于文范之特殊形式。

## 三、甘州回鹘与曹元德政权之关系

清泰二年（934 年）二月十日，曹议金卒，其位由长子曹元德继承。后唐朔方军节度使张希崇遂派康太傅护送天使和三州使人至灵州，并由

---

① 赵和平辑校《敦煌表状笺启书仪辑校》，南京：江苏古籍出版社，1997 年，第 299—301 页；上海古籍出版社、法国国家图书馆编《法藏敦煌西域文献》第 20 册，上海：上海古籍出版社，2002 年，第 280 页。

灵州派专使通报甘州回鹘可汗要其派兵迎送天使和三州使人。事见 P.2992v (2)《朔方军节度检校太傅兼御史大夫张状》:

道途阻僻，信使多乖，每于瞻企之余，莫尽笺毫之内。方深渴仰，猥辱缄封，备详词周奖之仁，深积感铭之悬。所示入守众贡人使，具委来情；况接疆场，莫不专切（功）。今则前邠州康太傅及庆州符太保承奉圣旨，部领大军援送贡奉使人，及有天使去。八月廿一日得军前大(太）傅书牒，云：与都监牛司空，已于八月十六日到方渠镇，与都监商量，定取舟慊（傔)。近者，九月五日发离方渠，于六日平明至土桥子，应接者当道。至八月廿二日专差军将袁知敏却赍书牒往方渠镇，咨报军前太傅，已依此时日应副讫。见(现）亦点龊兵士，取九月三日发赴土桥子接迎，于九日到府次。伏况般次行止，已及方渠，兼得军前文书，合具子（仔）细，披启。令差都头白行丰与居密已下同行，持状咨闻，便请可汗斟酌，差兵迎取。冀因人使备情仪，但缘走马径行，不具分外驰礼。虽有微言，别状披伸，幸望眷私尽书照察，谨状。

朔方军节度使、检校太傅兼御史大夫张。①

文书中“前邠州康太傅”即前邠州节度使康福；“庆州符太保”即庆州刺史符卿彦；“都监牛司空”即邠州节度使属下将军牛知柔；“朔方军节度使检校太傅兼御史大夫张”即灵州节度使张希崇。此信大约写于清泰元年（934年）十月左右。回鹘使团返蕃，七月己巳颁诏，大约

① 苏哲《伯二九九二号文书三通五代状文的研究》，《敦煌吐鲁番文献研究论集》第5辑，北京：北京大学出版社，1990年，第463—465页；唐耕耦、陆宏基编《敦煌社会经济文书真迹释录》第4辑，北京：全国图书馆文献缩微复制中心，1990年，第393—394页；上海古籍出版社、法国国家图书馆编《法藏敦煌西域文献》第20册，上海：上海古籍出版社，2002年，第361页。

八月份始行，八月十六日抵达方渠镇（即宋初之环州）。八月二十一日朔方军节度使张希崇接到前邠州节度使康福书，据说与牛知柔商定取近道而行，九月五日离开方渠，九月三日灵州方面派兵士出发，六日使团抵达土桥子，后即由灵州接迎者护送，九月九日回鹘使团被送迎至灵州。从长安至灵州的整个行程约为一个月，途中停留日期甚长，从方渠至灵州的实际距离仅有五天时间，即方渠至土桥为一日，至灵州士兵从灵州至土桥，从土桥使团至灵州行程均为四日。

同卷《曹元德致回鹘众宰相书》亦载，在清泰二年（934年）二月十日曹议金卒时，这路使人尚未到达沙州：

（上缺）众宰相念以两地社稷无二，途路一家，人使到日，允许西回，即是恩幸。伏且朝庭路次甘州，两地岂不是此件行李，久后亦要往来。其天使般次，希垂放过西来。近见远闻，岂不是痛热之名幸矣。今遣释门僧政庆福、都头王通信等一行，结欢通好。众宰相各附白花绵绫壹拾疋，白牒壹疋，以充父大王留念，到日检领。况众宰相先次大王结为父子之分，今者纵然大王奄世，痛热情义，不可断绝。善咨申可汗天子，所有世界之事，并今允就，即是众宰相周旋之力，不宣。谨状。

二月　日归义军节度兵马留后使检校司徒兼御史大夫曹。[①]

在曹议金去世的前夕，即清泰二年闰正月，沙州朝贡使梁幸德由后唐启程回返，被擢为左散骑常侍。《册府元龟》卷九七六记载后唐闵帝应顺元年（934年）闰正月，“沙州入贡梁行通……等辞，各赐锦袍银

① 苏哲《伯二九九二号文书三通五代状文的研究》，《敦煌吐鲁番文献研究论集》第5辑，北京：北京大学出版社，1990年，第438—439页；唐耕耦、陆宏基编《敦煌社会经济文书真迹释录》第4辑，北京：全国图书馆文献缩微复制中心，1990年，第391—392页。

带物有差”。《新五代史·闵帝纪》亦载：“应顺元年（934年），沙州、瓜州遣使者来。”指的应为同一件事，其中的“梁行通”即梁幸德。P.3718（12）《梁幸德邈真赞》载：

> 于是贤臣降世，应节以顺君情。奉贡东朝，不辞路间之苦。乃遇睿慈合允，累对频宣。封赐衣冠而难量，恩诏西陲而准奏。面迁左散骑常侍，兼使臣七十余人，意（衣）着珠珍，不可筹度。一行匡泰，逍遥往回还。回程届此鬼方，忽值奸邪之略。西瞻本府，不期透达烽烟……后进京洛，累朝圣天。恩宣常侍，内使陲边。路隘张掖，犹猃侵缠。翔鸾值网，难免升乾。倏加凑疾，掩世俄然。闻之伤切，睹者潺湲。亲罗哽咽，预写生前。余以寡识，聊表他年
>
> 于时清泰二年乙未岁四月九日题记。[1]

从中可以看出，这次入贡者多达70余人，以梁幸德官位最高，而被擢为左散骑常侍。然而在返回沙州的途中，“路隘张掖，犹猃侵缠”，即在张掖一带受到回鹘人的劫掠，而身亡时在清泰二年四月以前。P.3016v《厶乙上沙州曹议金书状》对梁幸德之遇害有着更为确切的记载：

> 厶乙偶（?）自总权军务，里（理）政遐戎。旋差星骑使人呈述边沙情恳，结托通和之事。伏蒙令公尊兄鸿慈，念以菰（孤）军绝漠，烽燧相连，假以崇威，许为昆季。情深之分，自此往来出入，实谓偏沐恩知。唯望百载欢荣，愿承门栏大荫，仰凭台化，安

---

① 郑炳林《敦煌碑铭赞辑释》，兰州：甘肃教育出版社，1992年，第450—451页；姜伯勤、项楚、荣新江《敦煌邈真赞校录并研究》，台北：新文丰出版公司，1994年，第285—286页；上海古籍出版社、法国国家图书馆编《法藏敦煌西域文献》第27册，上海：上海古籍出版社，2002年，第103—104页。

恤边军，每仗英威，恃赖提挈，交欢之次，不绝通流。非期被人暗生斗乱，误惑上情，致有两地以阻艰，盖是下人之佞僭，因兹乃有疑。此即伏望明鉴，察悉卑情。自前载当军，遂差都押衙厶乙等两行人使入京奏事，遂达天廷。回赴西归之时，路上被回鹘煞（杀）却，安千箱不知有何仇隙。其般次平善到于贵府之日，寻蒙大王推问根元（源），猜泥（疑）沙州使人张保山同知谋煞（杀）。却绿（缘）张保山以（与）梁幸德都不知闻，遂有少吏张员进以（与）甘州回鹘副使作为朝定，因此稍说情由，略知些些事故。况张员进既被回鹘透（诱）说，便合奏令公，不合隐藏事。且张员进缘是晓（小）辈，不曾历涉驱驰，为不谙会国礼，公乃至此，有亏大犯。昨得甘州可汗书示，远闻张员进为同谋安千箱事，固身乃归于暗路。某乙闻此消息，尚自不可审明，伏望令公尊兄慈造，特念为此小瑕，不可断于万年之道路。死者已殁，难复再生，昆季通交，千载莫绝。即（下阙）①

这是梁幸德被害后厶乙的申报状，时间应在清泰二年。另外，从状中可知，梁幸德一行当时并没有全部遇害，② 还有人生还沙州，P. 3197《书函一通》载：

文端等启，仲春渐暄，伏惟司空尊体起居万福，即日厶乙等蒙

① 图版见上海古籍出版社、法国国家图书馆合编《法国国家图书馆藏西域敦煌文献》第21册，上海：上海古籍出版社，2002年，第62页。录文见唐耕耦、陆宏基编《敦煌社会经济文献真迹释录》第4辑，北京：全国图书馆文献缩微复制中心，1990年，第409—410页。本录文依据杨宝玉、吴丽娱《P.3016v〈厶乙致令公状〉考释》，《敦煌研究》2006年第3期，第100—101页。该文认为“安千想”，应作“安千箱”。

② 杨宝玉、吴丽娱认为，被害者是安千箱而非梁幸德，“本次出使梁幸德是平安回到沙州的”。见其所著《P.3016v〈厶乙致令公状〉考释》，《敦煌研究》2006年第3期，第102页。

恩，不审近日，伏惟俯赐，社稷生灵，下情□怀，文端□□等伏限边使，不获随使。拜贺台庭，伏□攀恋之至，谨奉起居，□□谨启。抑派往龟。状上司空衙：右厶乙等奉使甘州，已作留滞，去正月命押衙氾幸弘等三人至，伏蒙司空远赐，委曲存念，文端□□□等九族生灵，无任敢恩，感恩荷戴。况两地两界，□□□□，事宜并先知，却霎（?）远达。去时谨闻，伏计上达。自后其他世界准就平善。去十二月廿日陈到即启，般次入奏，回鹘□云消息，亦无异能。后至正月十五日回鹘宰相、都督领大兵攻击竹虏、温末，去来至廿九日却回，军兵盈□。二月一日文端等面奉可汗处分，前后所残沙州人使，并许西回，通和两地途路。其月十一日于阗有一伴使人到经沙州，扬于阗兵马向甘州，纵贼围屯，文端等不得回归。久有世界，因（?）敌（?）事理，并事人氾幸弘等□申后定。而谨（?）将（?）记（?）。[1]

在历任曹氏归义军节度使中，曾被称作“司空”的有曹议金（924—925年）、曹元德（935—939年）、曹元深（940—941？年）、曹元忠（949年）。[2] 结合《梁幸德邈真赞》看，此“司空”指的应是曹元德。“前后所残沙州人使，并许西回”，指的应是梁幸德使团的遭劫使人。

此外，P.3564《莫高窟功德记》、P.2621《张怀义卖身契》和《梁幸德卖身契》也都记录了这一史实。

---

① 上海古籍出版社、法国国家图书馆合编《法国国家图书馆藏西域敦煌文献》第22册，上海古籍出版社，2002年，第136-137页。

② 荣新江《归义军史研究——唐宋时代敦煌历史考索》，上海：上海古籍出版社，1996年，第131页。

## 四、甘州回鹘与曹元忠政权之关系

天福四年（939年）冬，曹元德病逝，不久，其弟曹元深接掌归义军政权。然而，时间不长，便于天福九年（944年）三月去世。弟曹元忠嗣其位。

曹元忠在位之初，瓜沙地区时常面临着甘州回鹘小股势力的窜扰，对此，曹元忠保持了克制，最后通过政治渠道予以有理有节的斗争，不仅使问题得到了妥善解决，而且促成了二者之间肃州会盟的形成。这在敦煌文献中有着具体的反映。

P.2155卷背有曹元忠致甘州回鹘可汗书二件。其一写于某年六月：

> 元忠辄有少（小）事，须合咨闻。伏希仁私，必须从允。早者，当道差亲从都头曹延定，往贵道复礼。况是两地一家，并无疑阻。使人去后，只务宽快，并不提防。去五月廿七日，从向东有贼出来，于雍归镇下，煞却一人，又打将马三两疋，却往东去，运后奔迭问讯，言道趁逃人来。又至六月四日悬泉城贼下，假作往来使人，从大道，一半乘骑，一半步行，直至城门，捉将作极小口五人，亦乃奔趁相竞。其贼一十八人及前件雍归镇下，并是回鹘，亦称趁逃人来。自前或有逃人经过，只是有般次行时发书寻问，不曾队队作贼偷劫。如今道途开泰，共保一家，不期如此打劫，是何名价……况且兄弟才敦恩义，永契岁寒，有此恶弱之人，不要两地世界。到日，伏希兄可汗天子细与寻问，勾当发遣，即是久无之恩幸。今因肃州人去，谨修状起居咨闻，伏惟照察，谨状。

六月　日弟归义军节度使特进检校太傅兼中书令曹元忠状。[①]

另一件写于第二年的三月：

忽奉芳缄，特形华翰。备认王程之忧迫，预知朝骑以有期。希望眷私，特宽尊念。缅惟程限，起发不遥。比至四月上旬，必是稳便。谨修状咨闻，伏惟照察。谨状。

三月　日归义军节度使特进检校太傅中书令曹元忠状。[②]

这两件文书均署“归义军节度使特进检校太傅中书令曹元忠”，而敦煌文书显示，曹元忠称太傅令公是在961—962年间。[③] 故可将第一件《曹元忠致甘州回鹘可汗书》推定为建隆二年（961年）六月，相应的，第二件书信可推定为建隆三年三月。

与上述文书内容相关的还有P.3272《丁卯年正月廿四日甘州使头阎物成去时书本》：

丁卯年正月廿四日甘州使头阎物成去时书本。

早者因为有少贼行，已专咨启。近蒙兼惠厚仪，无任感钦之至。华翰所云：“令宰相密六往肃州，再设咒誓，自今已后，若有

---

① 陈祚龙《敦煌学园零拾》上，台北：台湾商务印书馆，1986年，第354—355页；唐耕耦、陆宏基编《敦煌社会经济文书真迹释录》第4辑，北京：全国图书馆文献缩微复制中心，1990年，第401—402页；上海古籍出版社、法国国家图书馆编《法藏敦煌西域文献》第7册，上海：上海古籍出版社，1998年，第131页。

② 唐耕耦、陆宏基编《敦煌社会经济文献真迹释录》第4辑，北京：全国图书馆文献缩微复制中心，1990年，第403页；上海古籍出版社、法国国家图书馆编《法藏敦煌西域文献》第7册，上海：上海古籍出版社，1998年，第132页。

③ 荣新江《归义军史研究——唐宋时代敦煌历史考索》，上海：上海古籍出版社，1996年，第130页。

贼行，当部族内，随处除剪。”问此嘉言，倍深感仰。况某忝为眷爱，实惬衷诚。永敦久远之情，固保始终之契。又云在此三五人，往贵道偷来之事况。在此，因为西州离乱，恶弱之人极多到来。构召诸处贫下，并总偷身向贵道偷劫去，某并不知闻。近者示及，方知仔细。当时尽总捉道枷禁讫，使人并总眼见。即便发遣文帖与诸处小镇，自今已后，若有一人往甘州偷去，逐（随）处官人，必当刑宪。又去年入京使到凉州界，尽遭劫夺，人总迸散。贵道与凉州接连封境，切望□□，比至凉州寻问，即是（后缺）①

通观 P. 2155 卷背第一件《曹元忠致甘州回鹘可汗书》及 P. 3272《丁卯年甘州使头阎物成牒》，可以勾勒出事情的大致经过：曹元德在位之初，甘沙二州关系良好，“两地一家，并无疑碍”。但后来却常有来自甘州的回鹘劫贼袭劫沙州，甚至窜至雍归镇、悬泉城一带杀人越货，这引起了曹元德的关注与不满。于是于建隆二年（961 年）六月遣使甘州，致信可汗，请求其“细与寻问，勾当发遣”，对劫贼进行处理。甘州回鹘可汗接信后，十分重视，特遣宰相密六亲往与归义军接壤的肃州，与当地部族设盟誓，禁止抄掠归义军领地。与此同时，甘州回鹘可汗也告知有三五一伙的贼人往甘州回鹘境内偷劫。曹元忠告知贼人乃来自离乱的西州回鹘，并且已发出文告，命所属诸镇，禁人往甘州偷劫。最后，曹元忠希望通过甘州回鹘可汗，了解上年沙州入京使在凉州被劫一事，由于文书残损，结果不得而知。从 P. 2155 卷背第二件《曹元忠致甘州回鹘可汗书》看，甘州回鹘可汗在接到曹元忠的书信后，又回函要求曹元忠阻止劫掠甘州，信于建隆三年三月到达沙州，曹元忠遂回

① 陈祚龙《敦煌学园零拾》上，台北：台湾商务印书馆，1986 年，第 278 页；唐耕耦、陆宏基编《敦煌社会经济文书真迹释录》第 4 辑，北京：全国图书馆文献缩微复制中心，1990 年，第 411 页；上海古籍出版社、法国国家图书馆编《法藏敦煌西域文献》第 22 册，上海：上海古籍出版社，2002 年，第 3361 页。

函，保证至四月中旬即可使道路“稳便”。通过肃州会盟，甘沙二州间友好而正常的关系得到了进一步巩固。

曹元忠时期，与甘州回鹘间常有使节往来，S.3728《乙卯年归义军知柴场司安祐成牒》载：

> [二月] 廿七日，看甘州使，付设司柴两束…… [三月] 二日……看甘州使，付设司柽刺两束，三日看南山，付设司壹束，看甘州使，付设司柽刺两束……十八日，迎甘州使，付设司柽刺叁束。下檐，付设司柴两束，就驿，柴两束。十九日，东园祭拜，付设司柴两束，看甘州使，付设司柴壹束，甘州使比（?）料，帖下柴叁束。[1]

其中的乙卯年，艾丽白依据牒后的简式鸟型画押，推定为955年。[2]文书中的安祐成又见于S.1898《归义军时期队中士兵装备簿》中，[3]而同一文书的张威贤，又见于S.1285《后唐清泰三年（936年）扬忽律哺卖宅舍契》中。[4]这一记载可间接证明艾丽白推测之可信。[5]由此可见，在乙卯年二三月间，来自甘州的使人，在沙州曾多次受到归义军官

---

① 唐耕耦、陆宏基编《敦煌社会经济文书真迹释录》第3辑，北京：全国图书馆文献缩微复制中心，1990年，第618—620页；中国社会科学院历史研究所等编《英藏敦煌文献（汉文佛经以外部分）》第5册，成都：四川人民出版社，1992年，第152页。

② D. Eliasberg, Les signature en forme d'oiseau dans les manuscrits chinois de Touen-Houang, *Contributions aus etudes sur Touen-houang* (1), Geneva 1979, p.32.

③ 中国社会科学院历史研究所资料室编《敦煌资料》第1辑，北京：中华书局，1961年，第207页。唐耕耦、陆宏基编《敦煌社会经济文书真迹释录》第4辑，第505—506页收录此文书，但未录出“十将安祐成”五字。

④ 中国社会科学院历史研究所资料室编《敦煌资料》第1辑，北京：中华书局，1961年，第312—313页。

⑤ 张广达、荣新江《关于敦煌出土于阗文献的年代及其相关问题》，《纪念陈寅恪先生诞辰百年学术论文集》，北京：北京大学出版社，1989年，第293页。

府的款待。

综观百余年来沙州汉人归义军政权与甘州回鹘的关系，可以看出，二者之间的关系时好时坏。在张氏归义军及金山国时期，双方关系比较紧张，彼此都力图使对方成为自己的藩属，故而战事不断，互有胜负，双方损失都很大。曹议金上任以后，汲取前代教训，注意改善与甘州回鹘的关系。这一政策，在后继者中长期得到继承，确保了二者友好关系的发展与延伸。由于甘州地处沙州通往中原的交通要道上，故甘州回鹘在与沙州的交往中常能处于主动地位，沙州不得不默认甘州的优势，否则，甘州一旦切断沙州通往中原的道路，就会严重阻碍沙州与中原的贡使往来与经济贸易。

第四节

# 甘州回鹘国的灭亡

## 一、甘州回鹘与西夏的争战

西夏（1038—1227 年）是党项人于 1038 年建立的一个地方割据政权，从元昊称帝至末主李睍共传十帝，历一百九十年，先后与宋、辽、金等政权并存成犄角之势，又与回鹘、吐蕃等势力发生摩擦，1227 年被蒙古汗国所灭。

回鹘与西夏在西北历史上都影响甚大，二者的接触，早在西夏国正式建立以前即已开始了。从史书的记载看，他们的最早接触始于 10 世纪 30 年代。《旧五代史·党项传》称：

> [后唐长兴三年（932 年）]，河西回鹘朝贡“中国”，道其部落，辄邀劫之，执其使者，卖之他族，以易牛马。

当时，回鹘已于甘州（甘肃张掖市）建立了自己的政权，控制着丝绸之路河西段的贸易。而势力已迅速壮大起来的西夏触角也延伸到丝绸之路东端的重镇灵州（宁夏灵武市），并劫掠甘州回鹘入中原的贡使，由此而受到了后唐明宗的严厉打击。

982年，李继迁起兵反宋，确立了南下中原必先取河西的战略方针。于是，盘踞凉州（今甘肃省武威市）的吐蕃和甘州的回鹘自然就成了西夏的首要目标，自此以后，甘州回鹘与西夏之间的摩擦与战争不断发生。现以史书的记载为据，以时代的先后，条列甘州回鹘与西夏关系之史料如下。

至道二年（996年），“十月，甘州［回鹘］可汗附达怛国贡方物，因上言愿与达靼同率兵助讨李继迁。优诏答之”①。

由于西夏王继迁“将西掠吐蕃健马，北收回鹘锐兵”，② 不断发动对回鹘、吐蕃的战争，于咸平六年（1003年）向吐蕃六谷部占领下的凉州发动了进攻，并一度攻陷之。未几，六谷部发动反击，收复了凉州。自此始，双方围绕凉州展开了长期的拉锯战。为了应付这一局面，甘州回鹘和凉州六谷部均遣使入宋，要求与宋合力共击继迁。史载：

> ［景德元年（1004年）］六月，［吐蕃六谷部首领潘罗支］又遣兄邦逋支入奏……乞再颁赐。且欲更率部族与回鹘精兵，直抵贺兰山，讨除残孽，愿发大军援。③

西夏第二次攻取凉州的时间当在大中祥符六年（1013年）以前，因为从此年开始，夏将苏守信成为凉州的驻守者。大中祥符八年（1015年），甘州回鹘再次向凉州发动了进攻。史载：

> ［大中祥符］八年九月，礼宾院译语官郭敏自甘州回，以可汗

① 《宋会要辑稿》蕃夷四之二。

② ［清］吴广成撰，龚世俊等校证《西夏书事校证》卷七，兰州：甘肃文化出版社，1995年，第79页；［清］戴锡章编撰，罗矛昆校点《西夏纪》卷三，银川：宁夏人民出版社，1988年，第78页。

③ 《宋会要辑稿》方域二十一之一九。

王表来上。先是，夜落纥累与夏州接战，每遣使人入贡，即为德明所掠。自四年后，宗哥诸族皆感朝恩，多遣人防援以至。既而宗哥族唃厮罗复与夜落纥因求婚遂为仇敌，至是表文曰："忠顺保德甘州回鹘外生可汗王臣夜落纥言，臣在州与九宰相诸部落不住，与西凉府人苏守信斗杀，见今人户平安。"①

西夏守将苏守信战死，其子罗麻继位，部众不服，军力大减。甘州回鹘乘机夺取了凉州，罗麻残败，逃入沙漠之中。凉州遂为回鹘所辖。罗麻残部在此后的十余年中多次向凉州发动进攻，但一直未能如愿。直到天圣六年（1028 年）回鹘都城甘州被西夏攻占后，凉州因失去后援，才于明道元年（1032 年）十一月重新被西夏人占领。可以看出，回鹘与吐蕃、北宋所结成的军事联盟，大大地加强了回鹘反击西夏的力量与信心。数十年间，甘州回鹘屡屡向西夏发难，多次给西夏以沉重打击，尤其是回鹘对凉州的占领，有力地遏制了西夏西进的势头。

二、甘州回鹘国的消亡

除凉州外，西夏与甘州回鹘争夺的焦点是回鹘都城甘州。二者之间先后发生过三次激烈的战斗。

第一战发生在大中祥符元年（1008 年）十月。《宋史·回鹘传》记载：

大中祥符元年，夏州万子等军主领族兵趋回鹘，回鹘设伏要路，示弱不与斗，俟其过，奋起击之，剿戮殆尽。其生擒者，回鹘驱坐于野，悉以所获资粮示之。曰："尔辈狐鼠，规求小利，我则不然。"遂尽焚而杀之。唯万子军主挺身走。镇戎军以闻，上曰：

①《宋会要辑稿》蕃夷四之六。

> “回鹘尝杀继迁，世为仇敌。甘州使至，亦言德明侵轶之状，意颇轻视之。量其兵势，德明未易敌也。”①

在这次战役中，甘州回鹘诱敌深入，然后出其不意，取得了伏击战的胜利，夏兵损失惨重，几乎全军覆没，惟军主万子得以侥幸脱逃。

西夏的这次残败，引起了西夏统治者的震怒。第二年，西夏再遣张浦率精兵两万，再夺甘州。《西夏纪》卷五综理其战事过程如下：

> 大中祥符二年……夏四月，［西夏］遣兵攻甘州，败还。夏俗，以不报仇为耻。德明与回鹘世仇，愤其兵数败，遣张浦将精骑二万攻甘州。可汗夜落纥拒守经旬，伺间遣将翟符守荣夜出兵袭之，浦大败还。夜落纥令左温宰相何居录越自秦州献捷表，陈兵败德明。其立功首领，请加恩赏。②

按《西夏纪》谓此史料出自《宋史·夏国传》与《回鹘传》。然观二传，均不如是书之详，《夏国传》无四月之役，《回鹘传》载回鹘向宋报告败德明之捷，时在大中祥符四年，而且未言败德明之役的年月。其实，这段文字录自吴广成的《西夏书事》。③

在这一战中，以逸待劳，先据守不战，然后乘西夏不备，于夜间突发奇兵，再一次大败夏兵。

两年间，甘州回鹘两次大败西夏，声势大振，以致于是年十一月，

---

①《宋史》四九〇《回鹘传》，北京：中华书局，1977 年，第 14115—14116 页。

②［清］戴锡章编撰，罗矛昆校点《西夏纪》卷五，银川：宁夏人民出版社，1988 年，第 117—118 页。

③［清］吴广成撰，龚世俊等校证《西夏书事校证》卷九，兰州：甘肃文化出版社，1995 年，第 107—108 页。

夏主德明再派兵侵甘州时，以“恒星昼见，惧而还”[①]。夏兵不战而退，可见对回鹘是心有余悸的。此后十余年间，西夏一直不敢再兴兵侵犯回鹘。宋真宗对回鹘的胜利亦深感振奋，高度评价了其不俗战绩：

> 回鹘尝杀继迁，世为仇敌。甘州使至，亦言德明侵轶之状。意颇轻视之。量其兵势，德明未易敌也。[②]

回鹘在取得第二次对西夏的胜利后，立即遣使入宋报捷，请求恩赐立功将领。宋则授其头领以司戈、司阶、郎将等空名官职，以示恩赏。[③]

回鹘虽然两次大败西夏，遏止了西夏攻取河西走廊的步伐，但就双方的综合力量而言，西夏仍然处于优势地位。而夺取甘州，攻占河西走廊，进而全面控制丝绸之路，长期以来就一直是西夏的基本国策。所以，西夏一直枕戈待旦，一有机会便不惜代价地发动对甘州回鹘的战争，最终于宋仁宗天圣六年（1028年）再度发动了与回鹘争夺甘州的战争。

西夏在经过两次战败之后，十余年间一直秣马厉兵，表面上归附宋朝，实则不断积蓄力量。被胜利冲昏头脑的宋王朝不察实情，向各州通报德明之归顺，甘州回鹘亦因此失去了警觉，被西夏偷袭，导致了甘州的陷落。《宋史·夏国传》简略地记载道：

---

① [清] 戴锡章编撰，罗矛昆校点《西夏纪》卷五，银川：宁夏人民出版社，1988年，第117—118页。

② 《宋史》卷四九〇《回鹘传》，第14115页。

③ 《宋史》卷四九〇《回鹘传》，第14116页。

> 天圣六年（1028年），［西夏王］德明遣子元昊攻甘州，拔之。①

《西夏书事》对此战的始末有着更详细的记载：

> 初，德明降，真宗录其誓，表令渭州，遣人赍至西凉府，晓谕诸番部及甘、沙州首领。于是，诸州虽与德明抗，使介犹相往来……遣元昊将兵突至甘州，袭破之。夜落隔通顺仓猝出奔，元昊置兵戍其地而还。②

其末主夜落隔通顺，按《西夏书事》的记载，是“仓猝出奔”了，其后再无下文。《西夏纪事本末》卷十却提出了不同的说法，称夜落隔战败“自焚”。不管其结果如何，甘州的陷落，事实上已标志着甘州回鹘政权的倾覆。

---

①《宋史》卷四八五《夏国传上》，第13992页。

②［清］吴广成撰，龚世俊等校证《西夏书事校证》卷一一，兰州：甘肃文化出版社，1995年，第126页。

## 第四章

# 沙州回鹘人与沙州回鹘国

第一节

# 回鹘先民在河西的活动

## 一、契苾、仆固诸部之入居河西

根据新旧《唐书》和《资治通鉴》等史料的记载，回鹘先民——铁勒人早就在河西有所活动。铁勒又称狄历、丁零、敕勒、高车，隋代起成为除突厥以外北方诸突厥系民族的通称，计有四十余部，其语言、习俗等均与突厥同。西魏大统十二年（546 年）突厥灭高车，降其部众 5 万帐。隋代，铁勒分属东、西突厥，西边有个别部落始事农耕。605—611 年间，铁勒以契苾、薛延陀二部为主建立了部落联盟。唐初漠北铁勒诸部中以薛延陀与回纥最强，共建汗国，薛延陀首领夷男为可汗，受唐册封，助唐灭东突厥。唐太宗贞观六年（632 年），有契苾部6 千余家在契苾何力的率领下从焉耆来到沙州，被唐朝安置在甘、凉二州。《旧唐书》卷一〇九《契苾何力传》载：

契苾何力，其先铁勒别部之酋长也……至贞观六年，随其母率众千余家诣沙州，奉表内附，太宗置其部落于甘、凉二州。何力至京，授左领军将军。七年，与凉州都督李大亮、将军薛万均同征吐谷浑。军次赤水川，万均率骑先行，为贼所攻，兄弟皆中枪堕马，徒步而斗，兵士死者十六七。何力闻之，将数百骑驰往，突围而前，纵横奋击，贼兵披靡，万均兄弟由是获免……十四年，为葱山道副大总管，讨平高昌。时何力母姑臧夫人、母弟贺兰州都督沙门并在凉府。十六年，诏许何力觐省其母，兼抚巡部落。时薛延陀强盛，契苾部落皆愿从之……于是众共执何力至延陀所，置于可汗牙前……太宗……遽遣兵部侍郎崔敦礼持节入延陀，许降公主，求何力。由是还，拜右骁卫大将军……仪凤二年卒……有三子：明、光、贞。明，左鹰扬卫大将军兼贺兰都督，袭爵凉国公。

契苾何力本为铁勒人，乃契苾部首领莫何可汗契苾歌楞之孙，在漠北威望素著。原居于土拉河以南，今蒙古国布尔汗省南部、中央省西部一带，后内附。至于其所率内附的人数，上文所引为“千余家”，而《资治通鉴》卷一九四贞观六年十一月辛巳条却作“六千余家”，而《册府元龟》卷九七七《外臣部·降附》又作“六十余家”。这里的六十应为“六千”之误，可与《资治通鉴》的记载相印证。据此可知，早在贞观六年，就有铁勒九姓中的契苾部六千余家来到沙州，被唐朝安置在甘、凉二州。契苾何力入唐为蕃将，贞观七年征吐谷浑，十四年随侯君集灭高昌，其母弟沙门任贺兰州都督，在凉州统领契苾部落。十六年，契苾部落部分民众北返，归附当时称雄漠北的薛延陀，契苾何力也被劫持到薛延陀，不屈，后被唐太宗救出。此后，契苾部落长期活动于河西地区，尤其是凉州一带。① 从娄师德撰《契苾明碑》看，从契苾何力之弟沙门，至契苾明，明子嵩，世袭贺兰州都督，并自称武威姑臧人。契苾明曾任“朔方道总管兼凉、甘、肃、瓜、沙五州经略使，度玉关而去张

① 荣新江《唐代河西地区铁勒部落的入居及其消亡》，《中华民族研究新探索》，北京：中国社会科学出版社，1991 年，第 283—285 页；马驰《铁勒契苾部与契苾何力家族》，《'98 法门寺唐文化国际学术研讨会论文集》，西安：陕西人民出版社，2000 年，第 174—181 页。

掖，弃置一生；瞰弱水而望沙场，横行万里”，[①] 于武后证圣元年(695年）卒于凉州姑臧城内，明葬于万岁通天元年（696年）。《全唐文》所收《契苾明碑》无立碑时间，但《凉州府志备考》所录碑文尾部有题：“先天元年（712年）岁次壬子十二月十六日辛亥孤子息特进上柱国凉国公嵩立”[②]。碑原立武威市北五里上泉洞东北上崖，今已不存。这里有一个问题需要辨明。娄师德早卒于武则天圣立元年（698年），至唐玄宗先天元年已有十余年过去了，何以撰写碑文？然观其碑文，称“大周”而非“唐”，而且文中多用武周新字，说明此碑碑文写成时间较早，只是未勒立，直至先天元年。碑文及碑址所在均表明，契苾部落一直活动在凉州境内。而迁回漠北的那部分，后置榆溪州。在突厥复兴后，他们随回鹘、思结、浑等部重新迁回了凉州，与当地的契苾部重新归于一统。

仆固，又称仆骨，本漠北九姓铁勒之一部，在突厥汗国时代已崭露头角。关于其原居地，学界分歧很大，有肯特山北楚库河附近、贝加尔湖东巴而忽真河畔、土拉河北库伦城一带及鄂嫩河上游等多种说法。莫衷一是。2009年7月，在蒙古国中央省的扎穆日苏木（Zaamar Sum，位处乌兰巴托西北280公里，在土拉河东岸）出土有《大唐故右骁卫大将军金微州都督上柱国林中县开国公仆固府君墓志铭并序》，[③] 说明当时仆固部的中心活动区域当在乌兰巴托以西至土拉河以北以东地区。贞观二十一年（647）正月，仆固部随回鹘内附，唐以其地为金微都督府。武则天时期，后突厥汗国勃兴，默啜可汗攻取铁勒诸部之地，唐在漠北

① [唐] 娄师德《镇军大将军行左鹰扬卫大将军兼贺兰州都督上柱国凉国公契苾府君碑铭并序》，《全唐文》卷一八七，上海：上海古籍出版社，1990年，第837—838页。

② [清] 张澍辑录《凉州府志备考·艺文卷五》，西安：三秦出版社，1988年，第672页。

③ 有关报导详见 New Archaeological Findings of the Early Nomads, *Nomadic Monthly Newspaper* No.81, 2009, p.5.

的羁縻统治土崩瓦解。《资治通鉴》卷二〇三垂拱元年（685年）六月条载："同罗、仆固等诸部叛，遣左豹韬卫将军刘敬同发河西骑士出居延海讨之，同罗、仆固等皆破散。敕侨置安北都护府于同城以纳降者。同城，即删丹之同城守捉。"按，安北都护府在南迁后，先侨置于同城（今内蒙古额济纳旗东南）（图4-1），不久就移泊于删丹南99里的西安城。《资治通鉴》注中把同城定位于删丹境内，是因为原在同城的安北都护府南移之后被定于删丹以南，其地在今甘肃省山丹县境内。说明仆固部曾在河西地区（删丹），至少说在河西走廊附近的地区活动过。840年漠北回鹘汗国灭亡后，仆固部随回鹘向西迁徙至新疆地区，在仆固俊统治时期，势力一度大张，从吐蕃手中收复了高昌（今新疆吐鲁番市）等地。

图4-1 内蒙古额济纳旗东南同城遗址

二、铁勒四部在河西的活动

武则天万岁通天二年（697年），东突厥东山再起，重建后突厥政权，默啜"号为拓西可汗"，侵占铁勒之地。游牧于漠北的铁勒诸部遂再次遭到突厥奴隶主贵族的奴役和残酷压迫，于是，铁勒诸部南迁至甘州和凉州地区。《新唐书·回鹘传》记其事曰：

> 武后时，突厥默啜（可汗）方强，取铁勒故地，故回纥与契苾、思结、浑三部度碛，徙甘、凉间。然唐常取其壮骑佐赤水军云。

《旧唐书》卷一九五《回纥传》亦云武则天时，“回纥、契苾、思结、浑部徙于甘、凉之地”。

从这些记载看，先前迁回漠北的契苾何力旧部，在武后时期，由于受到突厥的侵扰，随同回纥、思结、浑三部迁入甘、凉之地。《唐会要》卷九八《回纥》则对回鹘部之南迁记载略详：

比来粟（应为比粟）卒，自独解支立。其都督亲属及部落征战有功者，并自碛北移居甘州界。故天宝末，取骁壮以充赤水军骑士……独解支卒，子伏帝匐立，为河西经略副使，兼赤水军使。

可见，回纥部族是在首领独解支（680—715年在位）的率领下，于武则天时期从碛北移居至甘州界的。铁勒四部的南迁，增加了当地游牧民族的比重，成为河西一支重要的军事力量。《新唐书》卷六六《方镇表》四记：

景云元年（710年），置河西诸军州节度、支度、营田、督察九姓部落、赤水军兵马大使。

“九姓部落”即指河西铁勒部落，这一记载说明铁勒诸部在河西具有很重要的地位。唐政府接纳并安置铁勒四部于甘、凉二州是有用意的。当时河西走廊受到吐蕃、突厥的南北夹击，随时可能隔断唐朝与安西、北庭二都护府的联系。郭元振说：“今国之外患者，十姓、四镇是也；内患者，甘、凉、瓜、肃是也。”[①] 在唐朝统治者看来，保卫河西走廊之重要性远在安西、北庭之上。铁勒四部迁入河西，有利于加强当

① 《旧唐书》卷九七《郭元振传》，第3043页。

地的防御力量。[①] 即便如此，河西仍不免受到突厥的侵扰，如开元八年(720 年)，“突厥寇甘、凉等州，败河西节度使杨敬述，掠契苾部落而去”。[②] 可以看出，突厥对河西的侵扰，主要针对的是驻守于甘州、凉州的唐军，而非铁勒诸部。突厥在击败对手河西节度使杨敬述后，顺道对契苾部落进行了劫掠，但影响不大。

需要说明的是，迁入河西的回鹘诸部，主要是其上层族人、亲属及作战有功者，而其部族广大下层百姓仍住碛北，唐置瀚海都督府仍设在碛北，只是其酋长、都督府之都督号则继续由迁居甘州的首领独解支及其子孙世袭。回纥首领独解支之子伏帝匐(715—719 在位) 迁居河西后，被唐廷任命为河西经略副使兼赤水军使。[③] 赤水军，驻姑臧城内，《元和郡县图志》指出其管兵三万三千，马万三千匹，幅员五千一百八十里，前拒吐蕃北临突厥，“军之大者，莫如赤水”。[④] 由此判断，迁居甘州的回纥上层酋首及作战有功者，多被安置在赤水军中担任武职，往来于甘、凉及河西诸地，流动性极大，而广大部落百姓并未南迁，仍居漠北。

与契苾、回鹘同来河西的思结部，史书记载较少。思结，又作斯结，为回鹘“外九姓”之一。《隋书》卷八四《铁勒传》载：

> 独洛河北有仆骨、同罗、韦纥、拔也古、覆罗，并号俟斤，蒙陈、吐如纥、斯结、浑、斛薛等诸姓，胜兵可二万。

由是以观，思结最初居住于独洛河（土拉河）以南及鄂尔浑河上游

① 刘统《唐代羁縻州府研究》，西安：西北大学出版社，1998 年，第 83 页。

②《资治通鉴》卷二一二开元八年十一月辛未条。

③ 陆庆夫《思结请粮文书与思结归唐史事考》，《敦煌研究》1994 年第 4 期，第 59 页。

④［唐］李吉甫著，贺次君点校《元和郡县图志》卷四〇《陇右道下》，北京：中华书局，1983 年，第 1018 页。

地区。贞观二十一年（647 年）正月，“回纥率众内附”，[①] 揭开了九姓铁勒十三部纷纷降唐的序幕。当时，唐朝择其部落，因其土地，置为州府，以回纥部为瀚海都督府，多滥葛部为燕然都督府，仆骨部为金微都督府，拔野古部为幽陵都督府，同罗部为龟林都督府，思结部为卢山都督府，浑部为皋兰州，斛萨部为高阙州，奚结部为鸡鹿州，阿跌部为鸡田州，契苾部为榆溪州，思结别部为蹛林州，白霫部为寘颜州，即六府七州。“各以其酋帅为都督、刺史，给玄金鱼，黄金为字，以为符信。”另设燕然都护府以统领这些羁縻州府。[②] 龙朔三年（663 年）二月，唐朝对大漠南北的统治机构进行调整，“徙燕然都护府于回纥，更名瀚海都护，徙故瀚海都护于云中古城，更名云中都护。以碛为境，碛北州府隶瀚海，碛南隶云中”。[③] 总章二年（669 年）八月二十八日，“改瀚海都护府为安北都护府”。[④] 武则天时期，后突厥汗国勃兴，默啜可汗攻取铁勒诸部之地，思结舍漠北卢山都督府旧地而随回纥、契苾、浑部远涉戈壁，投奔河西。

浑部，原为铁勒诸部之一，居住于土拉河以北地区。后入于回鹘，成为“外九姓”之一。贞观二十一年，铁勒、回鹘十三部内附后，唐于浑部居地设皋兰州。由于受到后突厥汗国的侵扰，才于武则天时期随同回鹘、契苾、思结等部同迁入河西走廊地区。《旧唐书·地理志》凉州

---

① 《册府元龟》卷九七七《外臣部·降附》，第 11482 页。

②《唐会要》卷七三《安北都护府》，上海：上海古籍出版社，2006 年，第 1557 页。《资治通鉴》卷一九八贞观二十一年春正月丙申条载：“诏以回纥部为瀚海府，仆骨为金微府，多滥葛为燕然府，拔野古为幽陵府，同罗为龟林府，思结为卢山府，浑为皋兰州，斛薛为高阙州，奚结为鸡鹿州，阿跌为鸡田州。”《旧唐书》卷一九五《回纥传》则记云“以多览为燕然府，仆骨为金微府，拔野古为幽陵府，同罗为龟林府，思结为卢山府，浑部为皋兰州，斛萨为高阙州，阿跌为鸡田州，契苾为榆溪州，跌结为鸡鹿州，阿布思为蹛林州，白霫为寘颜州；又以回纥西北结骨为坚昆府，其北骨利干为玄阙州，东北俱罗勃为烛龙州。于故单于台置燕然都护府统之，以导宾贡。”

③《资治通鉴》卷二〇一龙朔三年二月条。

④《唐会要》卷七三《安北都护府》，上海：上海古籍出版社，2006 年，第 1559 页。

中都督府条略云：

> 吐浑部落、兴昔部落、阁门府、皋兰府、卢山府、金水州、蹛林州、贺兰州，已上八州府，并无县，皆吐浑、契苾、思结等部，寄在凉州界内。共有户五千四十八，口一万七千二百一十。

其中，除兴昔部落不知其来历外，其他州府都是从安北都护府辖下的漠北地区迁徙而来的。由于后突厥汗国的崛起及其对漠北铁勒诸部的蚕食，唐在漠北的羁縻统治土崩瓦解，安北都护府遂迁至漠南，先侨置于同城（今内蒙古额济纳旗东南），据考，其时约在垂拱三年（687 年）五月。[①] 此后，安北都护府在完成了招降、安抚漠北诸部因战乱和旱灾而南迁的饥民后，不久就移治于删丹（今甘肃省山丹县）南 99 里的西安城，名存实亡。移居安北都护府的漠北部落主要有回纥、契苾、思结、浑四个都督府中的亲唐派，[②] 他们应是随着安北都护府的逐步南移而由额济纳河南下甘、凉二州的。

凉州中都督府辖下的皋兰府即由原漠北浑部所在皋兰州演变而来，随着浑部的南迁而寄治凉州，无属县，所领为浑部南迁到河西的部众，并非整个铁勒浑部，常被称作“河西浑部”。

在迁入河西的回纥、契苾、思结、浑四部中，契苾部早在贞观年间即已活动于沙州、甘州与凉州间，其余三部都是随伏帝匐自漠北南徙而来的，皆配隶赤水军，故又谓赤水军四部。俱隶凉州都督、河西节度使治下，为其劲旅。

---

① 严耕望《唐代交通图考》第 1 卷《附录二 安北单于两都护府考》，上海：上海古籍出版社，2007 年，第 333 页。

② 王世丽《安北都护府与单于都护府——唐代北部边疆问题研究》，昆明：云南人民出版社，2006 年，第 81 页。

## 三、王君㚟事件

河西沙、甘、凉诸州自古以来即为汉蕃杂居地区。作为农业族群的汉人同游牧为业的四部之间，为了农田和牧地而相互侵扰，加上四部以多建军功而颇多跋扈，故而汉蕃之间存在着不少矛盾，历任凉州都督皆以优遇四部、裁抑汉民之法遏制矛盾的爆发。及至河西土著王君㚟出任凉州都督和河西节度使后，其人“微时往来四部，为其所轻，及为河西节度使，以法绳之”。[①] 力图裁抑其势，由之双方矛盾表面化。

本来，王君㚟就任之初，曾取得重创吐蕃的巨大胜利，赤水军四部也都投入战斗，立有战功，但随着矛盾的激化，四部不再为王君㚟用命。当开元十七年（729 年）蕃将悉诺罗恭禄、独龙莽布支等统兵大举报复王君㚟时，赤水军四部皆不奉命迎战，瓜州由之失陷，王君㚟之父亦被掳，吐蕃进又攻玉门军，逼凉州，唐军只能坚壁自守。当时，吐蕃执刺史田仁献及王君㚟父寿，杀居人，取资粮，进攻玉门军及常乐县，使人谓君㚟曰：“将军常欲以忠勇报国，今日何不一战？”君㚟闻父被执，登陴西向而哭，竟不敢出兵。[②] 吐蕃以激将法之计引诱君㚟出兵，但未能奏效。王君㚟不为吐蕃所诱，审时度势，坚守而不出兵，绝非怯懦之举，而是面对当时局势做出的正确选择。[③]

当瓜州失陷、凉州被围之时，时任赤水军使的回纥承宗及契苾、浑、思结等四部首领居然违背将令，拒不驰救，固然是导致唐军失利的重要原因之一。王君㚟身为河西主将，必定会“以法绳之”，以严肃军纪。四部对其不服，王君㚟遂急奏朝廷，以承宗等谋叛罪处置。《旧唐书》卷一〇三《王君㚟传》记载：

---

① 《资治通鉴》卷二一三开元十五年九月条。

② 《旧唐书》卷一〇三《王君㚟传》，第 3191 页。

③ 《册府元龟》卷四五三记载王君㚟此战，明确将其归入《将帅部·怯懦》，似非公允。

> 君奠遽发驿奏四部难制，潜有叛谋。上使中使往按问之，回纥等竟不得理。由是瀚海大都督回纥承宗长流瀼州，浑大德长流吉州，贺兰都督契苾承明长流藤州，卢山都督思结归国长流琼州。右散骑常侍李令问、特进契苾嵩以与回纥等结婚，贬令问为抚州别驾，嵩为连州别驾。

承宗等四部首领都被判处流刑，进一步激化了四部与王君奠间的矛盾，开元十五年（707年）闰九月，四部首领谋杀王君奠。《资治通鉴》卷二一二开元十五年九月条记：

> 闰九月……回纥承宗族子瀚海司马护输，纠合党众为承宗报仇。会吐蕃遣使间道诣突厥，王君奠帅精骑邀之于肃州。还，至甘州南巩笔驿，护输伏兵突起，夺君奠旌节，先杀其判官宋贞，剖其心曰："始谋者汝也。"君奠帅左右数十人力战，自朝至晡，左右尽死。护输杀君奠，载其尸奔吐蕃；凉州兵追及之，护输弃尸而走。

对护输此后的去向，《新唐书》卷二一七上《回鹘传上》有补充性文字曰："久之，奔突厥，死。子骨力裴罗立。"这里称护输"奔突厥"，与《资治通鉴》卷二一二所谓"奔吐蕃"之语不合。《旧唐书》卷一九五《回纥传》云："开元中，回鹘渐盛，杀凉州都督王君奠。断安西诸国入长安路，玄宗命郭知运等讨逐，退保乌德健山。"结合这一记载看，《资治通鉴》"奔吐蕃"之载是不可信的，必是"奔突厥"之误。

护输北归后，再度与漠北的回纥旧部合流，实力逐步壮大。为汗国的建立奠定了基础。744年，护输之子骨力裴罗称汗，建立漠北回鹘汗国，回鹘历史进入了一个新的阶段。正因为如此，护输在回鹘后辈心目中一直享有崇高的地位，其北返复国事迹被记载于《九姓回鹘可汗碑》中：

闻夫乾坤开辟，日月照临，受命之君，光宅天下。德化昭明，四方辐辏，刑罚峭峻，八表归仁（信?）。捆□□□□□□□□□□□□□□□□□□□□□□□□制平了，表里山河，中建都焉。当先骨力裴罗之父护输，袭国于北方之隅，建都于嗢昆之野，以明智治国，积有岁年。[①]

由于漠北回鹘汗国是由护输之子骨力裴罗建立的，故容易使人们形成这么一种印象，即认为经过王君㚟事件后，河西的回纥部奔出了塞外。[②] 即使没有全部北归，奔出的也应为南迁回纥的主支。其实，这些说法都有可商榷的余地。

张说奉敕撰《右羽林大将军王公碑》载："俄而回纥内叛，［王君㚟］以八九之从人，当数百之强虏。"[③] 说明护输党众只不过数百人而已。而原居住于河西的回鹘民众，在瀚海大都督伏帝难的率领下，并未迁走。《唐会要》卷九八《回纥》条称：

比来粟（应为比粟）卒，自独解支立。其都督亲属及部落征战有功者，并自碛北移居甘州界。故天宝末，取骁壮以充赤水军骑士。

① 程溯洛《释汉文〈九姓回鹘毗伽可汗碑〉中有关回鹘和唐朝的关系》，《唐宋回鹘史论集》，北京：人民出版社，1993 年，第 103 页。参见林梅村、陈凌、王海城《九姓回鹘可汗碑研究》，《欧亚学刊》第 1 辑，北京：中华书局，1999 年，第 160 页。

② 章群《唐代蕃将研究》，台北：联经出版事业公司，1986 年，第 130 页。

③《全唐文》卷二二九，上海：上海古籍出版社，1990 年，第 1021 页。

说明直到天宝末年，即护输杀王君㚟北逃后近三十年，唐朝仍在取河西回鹘之骁壮者充当凉州赤水军骑士。

三、王君㚟事件以后的河西铁勒

开元天宝之交，铁勒诸部仍在河西活动，在河西、陇右节度使辖下的军队中，仍有不少铁勒兵将，故河西节度使职掌中仍有“九姓”字样，如樊衡之官衔即为“朝议大夫守左散骑侍郎、河西节度经略使、营田、九姓长行转运等副使、判武威郡事赤水军使摄御史中丞赐紫金鱼袋上柱国”。在其约于天宝初年写成的《河西破蕃贼露布》中，提到手下有大将军浑大宁和将军契苾嘉宾等人。[①] 浑大宁之兄浑大寿曾任河西浑部皋兰州都督。天宝十三载（754年），陇右节度使哥舒翰为部将论功，在受赏官员中，有右领军卫员外大将军兼高（皋）兰府（州）都督浑惟明。[②] 天宝十四载，安史之乱爆发，叛军在攻陷洛阳后兵指长安，哥舒翰受命守潼关。《新唐书》卷一三五《哥舒翰传》记载：

> 火拔归仁、李武定、浑萼、契苾宁以本部隶麾下，凡河、陇、朔方、奴剌等十二部兵二十万守潼关。

唐人姚汝能对此事的记载则更为详尽：

> 以河西、陇右节度使、西平王哥舒翰为副元帅，领河、陇诸蕃部落奴剌、颉跌、朱耶、契苾、浑、蹛林、奚结、沙陀、蓬子、处蜜、吐谷浑、恩（思）结等一十三部落，督蕃汉兵二十一万八千人

---

① 《全唐文》卷三五二，上海：上海古籍出版社，1990年，第1580页。

② 《册府元龟》卷一二八《帝王部·明赏》，第1535页。

镇于潼关。[①]

火拨为突厥别部，开元中针对该部有火拨州之设。[②] 安史之乱爆发后，火拨归河西、陇右节度使管辖，说明其居地当在河西，其酋归仁与浑萼、契苾宁等共赴潼关镇守。潼关失守后，哥舒翰被叛军所俘，二十万大军覆没，浑、契苾等铁勒诸军必损失惨重。即便如此，河西铁勒仍余脉未绝，《资治通鉴》卷二一八至德元载五月条记：

初，河西诸胡部落闻其都护皆从哥舒翰没于潼关，故争自立，相攻击；而都护实从翰在北岸，不死，又不与火拨归仁俱降贼。上乃以河西兵马使周泌为河西节度使，陇右兵马使彭元耀为陇右节度使，与都护思结进明等俱之镇，招其部落。

这里的“都护”很可能为“都督”之误写，思结进明受命在河西“招其部落”。由之可以看出，思结部在河西人数不在少数。关于此后思结在河西的活动，史无明载，然在敦煌文书 P.2942《河西巡抚使判集》所收判牒中有一道为《思结首领远来请粮事》（原文书第 117—120 行），其文如下：

思结首领远来请粮事

思结首领，久沐薰风。比在河西，屡申忠赤。顷驰漠北，频被破来伤，妻孥悉无，羊马俱尽。尚能慕义，不远归投，既乏粮储。

---

① ［唐］姚汝能著，曾贻芬点校《安禄山事迹》卷中，上海：上海古籍出版社，1983 年，第 26 页。

②《资治通鉴》卷二一七天宝十三载三月条胡三省注。

略宜支给。[1]

这一请粮文书，虽仅寥寥数行，却清楚地记录了思结族人被河西官府进行安置赈济的过程。据该文书可以看出，思结原居于漠北，因频被突厥欺凌，妻离子散，羊马俱尽，生活无靠，遂慕义而归唐，被安置在河西。由于思结在河西游牧期间，“屡申忠赤”，故而当其生活遇到困难，自然会就近投沙州以求唐政府的赈济。至于该文书的时代，学界有不同看法，安家瑶认为“文书的下限不应晚于大历元年五月，即公元766年五月”，并将文书的年代定为永泰元年（765年）至大历元年(766年）之间。[2] 马燕云则认为文书年代的下限应推定于大历二年至三年之间。[3] 无论以何者为是，都足以说明，直到8世纪60年代，河西尚有思结部的活动。此后，各种史料中都不复再现回纥、契苾、思结、浑四诸的活动，说明这些部落都已趋向消亡，失去了历史的重要性。部落离散后的四部民众，由于长期与汉人杂居，而逐渐被当地汉人所融合。在归义军时期的敦煌文书中，就可看到四部人众被汉化的例子，如曹氏归义军初期的著名战将浑子盈。S.5448《浑子盈邈真赞》谓：

府君讳子盈，字英进。门传鼎族，历代名家……英才雅智，独出众于敦煌……明闲礼则，传戎音得顺君情；美舌甜唇，译蕃语羌浑叹美。东南奉使，突厥见者而趋迎；西北输忠，南山闻之而献

① 唐耕耦、陆宏基编《敦煌社会经济文献真迹释录》第2辑，北京：全国图书馆文献缩微复制中心，1990年，第626页；上海古籍出版社、法国国家图书馆编《法藏敦煌西域文献》第20册，第183页。

② 安家瑶《唐永泰元年（765）—大历元年（766）河西巡抚使判集（伯二九四二）研究》，《敦煌吐鲁番文献研究论集》，北京：中华书局，1982年，第252页。

③ 马燕云《对〈河西巡抚使判集〉（P2942）相关问题的思考》，《内蒙古农业大学学报》（社会科学版）2007年第1期，第306页。

> 顿。啼猿神妙，不亏庆忌之功；泣雁高踪，共比由基之妙。遂使于家孝悌，晨昏定省而不移；尾季之情，让枣推梨而无阙。方欲尽忠竭节，向主公勤。何期宿业来缠，桑榆竟逼。肃州城下，报君主之深恩；白刃相交，乃魂亡于阵下。三军恋惜，九族悲啼。二男洒泪于千行，雉（稚）女哀号而满路。恩奉邀命，自愧不才，略述芳名。①

赞文言碑主讳子盈“门传鼎族，历代名家”，却不言其郡望，不符合中原汉人之习惯。他能“译蕃语”，使“羌浑叹美”，“东南奉使，突厥见者而趋迎；西北输忠，南山闻之而献顿”，这些表明他应是出身西北的蕃将。② 依其姓氏，不难推定，他或为河西浑部领皋兰州某位首领之后裔，后来定居敦煌，完全汉化，精于“六艺”，“英才雅智，独出众于敦煌”。作为归义军军将之一，在征讨甘州回鹘的战争中，战死于肃州城下。

总之，从唐太宗贞观初年到唐代宗大历年间，河西地区一直有游牧的回鹘四部在活动，活动区域主要集中在甘州、凉州和敦煌一带，他们以部落为单位，隶属于不同的羁縻州府。武则天时期，人数较多，应有数万。由于这些部落能征善战，是河西节度使倚重的一支重要力量。后来，四部离散，部众逐步汉化。

---

① 郑炳林《敦煌碑铭赞辑释》，兰州：甘肃教育出版社，1992 年，第 343 页；姜伯勤、项楚、荣新江《敦煌邈真赞校录并研究》，台北：新文丰出版公司，1994 年，第 425—426 页；中国社会科学院历史研究所等编《英藏敦煌文献（汉文佛经以外部分）》第 7 册，成都：四川人民出版社，1992 年，第 95 页。

② 荣新江《唐代河西地区铁勒部落的入居及其消亡》，《中华民族研究新探索》，北京：中国社会科学出版社，1991 年，第 304 页。

第二节

# 沙州回鹘的出现及其壮大

## 一、9 世纪中叶回鹘西迁沙州

开成五年（840 年），漠北回鹘汗国灭亡，有大批的回鹘人即迁到河西走廊一带。河西回鹘的迁入路线，应是由蒙古高原越过大戈壁，然后经过花门山堡而至额济纳河下游，由此进入河西走廊。① 究其原因，大概就是因为这里原先已有同族人居住。

8 世纪中叶，吐蕃乘中原地区发生安史之乱的机会，出兵占领河西。回鹘逃往这里后，自然沦为吐蕃属民。《新五代史·回鹘传》记载曰："回鹘……余众西徙，役属［于］吐蕃。是时吐蕃已陷河西、陇右，乃以回鹘散处之。"至于"散处"的基本情况，《宋史》卷四九〇《回鹘传》及《西夏纪》卷三有着相同且较为确切的记载："回鹘自唐末浸微，散处甘、凉、瓜、沙间，各立君长，分领族帐。"宋人洪皓《松漠纪闻》载："回鹘……居四郡（甘、凉、瓜、沙）外地者，颇自为国，有君长，其人卷发深目，眉修而浓，自眼睫而下多虬髯。"从

---

① 森安孝夫《ウイグルと敦煌》，《讲座敦煌 2 敦煌の历史》，东京：大东出版社，1980 年，第 305—306 页。

这些记载可以看出，瓜、沙回鹘人的出现当在9世纪中叶回鹘西迁时期。

大中二年（848年），张议潮领导沙州起义赶走吐蕃统治者后。接着，张议潮率领蕃汉之军，短时间内，又收复了瓜州、肃州、甘州、伊州（新疆哈密）、西州（今新疆吐鲁番）等地。河西大部和西域东部沦陷于吐蕃近七十年，至此重归唐朝。甘州回鹘摆脱了吐蕃的统治，积极参加张议潮反对吐蕃的军事活动。张议潮所率的蕃汉之军，其中的“蕃”，有可能即包括回鹘。大中二年，唐朝于沙州置归义军，以张议潮为节度使，给之以控制沙、瓜、甘、肃、伊、西、鄯、河、兰、岷、廓十一州的节度虚名，沙州当地回鹘人遂成为归义军政权的藩属。不管是吐蕃统治时期还是在归义军统治时期，回鹘人都一直保有自己原有的部落组织——族帐。早在漠北回纥汗国时期，回纥社会即已实现了从氏族社会向封建游牧社会的过渡，但仍保留有浓厚的氏族社会的“宗法”制残余。汗国“有十一都督。九姓部落，一部落置一都督，于本族中选有人望者为之”①。都督即部落长，亦即前引《松漠纪闻》所说的“君长”；各部落相对独立，均有自己的部落组织——族帐。这些氏族社会的残余在其西迁后还继续得以保留。

## 二、沙州回鹘势力的壮大及与辽朝的关系

大致自10世纪下半叶开始，沙州回鹘集团的势力逐步壮大起来，并逐步控制了沙州。《宋史》卷四九〇《回鹘传》记载：“太平兴国二年（977年）冬，［宋］遣殿直张璨赍诏谕甘、沙州回鹘可汗外甥，赐以器币，招致名马美玉，以备车骑琮璜之用。五年（980年），甘、沙州回鹘可汗夜纥密礼遏遣使裴溢的等四人，以橐驼、名马、珊瑚、琥珀来献。”“沙州回鹘”一词的正式出现就始于此时。当时统治沙州者是曹

①［宋］王溥《唐会要》卷九八《回纥》，上海：上海古籍出版社，2006年，第2086页。

氏归义军，因甘州回鹘可汗景琼曾进攻瓜、沙二州，迫使曹氏臣属于自己，因此，景琼开始自称为“甘、沙州回鹘可汗”。其后，沙州回鹘的势力进一步壮大，至 11 世纪初，沙州已被认同为回鹘的天下。如《西夏书事》卷九称回鹘有甘州、沙州、西州、新复州等数种。在这各种情况下，处于回鹘包围之中而孤立无援的曹氏归义军政权就不得不接受回鹘人的控制。到曹贤顺统治期间，瓜、沙归义军政权干脆就将自己称作“沙州回鹘”了，如开泰三年（1014 年）夏四月乙亥，“沙州回鹘曹顺遣使来贡，回赐衣币”。① 特别值得注意的是，开泰六年（1017 年）六月“乙酉，夷离堇阿鲁勃送沙州节度使曹恭顺还，授于越”。② 这里出现的曹顺、曹恭顺，指的都是瓜沙归义军节度使曹贤顺，系《辽史》为避讳景宗耶律贤之讳而改。这条史料表明，辽朝曾派专使护送曹贤顺返回敦煌，是证在开泰六年六月之前，曹贤顺曾觐辽，亲临上京(内蒙古赤峰市巴林左旗)。该事《辽史》卷十二《圣宗纪三》原作“统和六年”，而当时瓜沙归义军节度使是曹延禄，而非曹贤顺。曹贤顺继任归义军节度使的具体日期史无记载，但可以肯定是在 1002 年曹延禄被杀之后。此其一。其二，统和六年六月丙辰朔小尽，无乙酉。而开泰六年为戊辰朔，十八日为乙酉。③ 可见，《辽史》将这次交聘活动系于统和六年（988 年）是不正确的，“统和”应为“开泰”之误，故而改为开泰六年（1017 年）。沙州与辽朝的密切往来引起了甘州回鹘的不安，在曹贤顺觐辽返回后不久，甘州回鹘即上表宋朝，请求宋朝制止辽与沙州的勾结，表云：“契丹即日多益兵马与沙州往来，未知何计使，即目断绝。”④ 然而不久，辽又于开泰八年正月壬戌“封沙州节度使曹顺为敦

① 《辽史》卷七〇《属国表》，第 1153 页。《辽史》卷一五《圣宗纪六》也有同载。
② 《辽史》卷一二《圣宗纪三》，第 131 页。
③ 罗继祖《辽史校勘记》，上海：上海人民出版社，1958 年，第 30 页。
④ 《宋会要辑稿》蕃夷四之八。

煌郡王”。[①] 此事在“大契丹国宣徽南院使、归义军节度、沙州管内观察处置等使”韩椅墓志铭中也有记载：

明年（即辽开泰八年，宋天禧三年，1019 年）奉使沙州，册主帅曹恭顺为敦煌王。[②]

翌年秋七月甲寅，辽再次“遣使赐沙州回鹘敦煌郡王曹［贤］顺衣物……九月……乙亥，沙州回鹘敦煌郡王曹［贤］顺遣使来贡”。[③] 这些记载说明，辽与沙州的联系并未受到甘州回鹘与宋朝的影响。归义军节度使之称王始于曹议金，《旧五代史·唐明宗纪》载：“天成三年（928）五月辛亥，沙州节度使曹议金（914—935 年在位）加爵邑王。”长兴二年（931 年）曹议金始称大王，又称托西大王或拓西大王，在敦煌写本与石窟题记中多见。其子曹元忠（940—974 年在位）也自称“大王”“西平王”“敦皇王”“天册西平王”。去世后被宋太宗诏封为“敦煌郡王”。曹延禄在位时期（976—1002 年），继承了曹元忠的称号，宋真宗封其为“谯郡王”。曹延禄族子曹宗寿自称“敦煌王”。以上所谓“敦煌王”之称，皆系曹氏自称，而非朝命。只有曹贤顺之“敦煌郡王”之称来自朝命，系辽朝统治者所封。[④]

值得注意的是，曹贤顺本为汉人，归义军政权也自然是汉人政权，那么何以被称辽朝封作“沙州回鹘敦煌郡王”呢？乍看起来，令人费解。其实，如果了解归义军晚期兼事辽、宋之策略，也就不难理解

① 《辽史》卷一六《圣宗纪七》，第 185 页。

② ［辽］李万《韩椅墓志铭》，载陈述辑校《全辽文》卷六，北京：中华书局，1982 年，第 121 页；又载向南《辽代石刻文编》，石家庄：河北教育出版社，1995 年，第 205 页。

③ 《辽史》卷一六《圣宗纪七》，第 187 页。

④ 《续资治通鉴》卷三四《宋纪》载：“天禧三年春正月壬戌……封沙州节度使曹顺为敦煌郡王。”天禧三年即开泰八年，时间完全一致，显然是不可能的，应系将辽事误植于宋了。

了。[①] 这种称呼的出现，正是对当时辽与沙州历史关系的如实反映。至11世纪初期，敦煌及其周围地区在很大程度上已回鹘化了，而归义军政权由于内乱外患，处于风雨飘摇之中。为了得到回鹘的支持，曹贤顺不得不更弦易张，在某些场合下自称回鹘，以博取回鹘的认同。但是，有一现象颇值得重视，即曹贤顺采用回鹘一称，只用于对辽朝的交往。而同一时期，当曹贤顺与宋交聘时，即不用“沙州回鹘”之号。如：

> 大中祥符七年（1014年）四月，以归义军兵马留后曹贤顺为本军节度使，弟贤惠为检校刑部尚书，知瓜州归义军掌书记。[②]
>
> 天圣元年（1023年）闰九月二十二日，归义军节度使曹贤顺贡乳香、硇砂、玉。[③]

曹贤顺入宋称归义军节度使，入辽则称“沙州回鹘敦煌郡王”，这使人不难推想，曹贤顺使用“沙州回鹘”称号之主旨完全在于讨取辽朝后族述律氏的欢心，意欲通过回鹘这一纽带，以寻求辽朝统治者的支持。

如所周知，辽代的帝王均出耶律氏，为契丹族，但皇后则多出回鹘述律氏。[④] 辽朝先后出现过九位皇后，其中可以确定出自回鹘述律氏家族的就有八位，分别为：

1. 太宗靖安皇后萧氏，小字温，淳钦皇后弟室鲁之女，生穆宗。

---

① 苏莹辉《瓜沙曹氏兼事宋、辽颠末》，《大陆杂志》第63卷第6期，1981年，第13—16页（收入《瓜沙史事丛考》，台北：台湾商务印书馆，1983年，第98—107页）。

② 《宋会要辑稿》蕃夷五之三。

③ 《宋会要辑稿》蕃夷七之二二。《宋史》卷九《仁宗纪一》（北京：中华书局，1977年）虽言及此次朝贡，但文甚略，且系之于十一月。

④ Karl A. Wittgogel and Feng Chia-sheng, *History of Chinese Society.* Liao (907-1125), Philadelphia 1949, p. 94.

2. 世宗怀节皇后萧氏，小字撒葛只，淳钦皇后弟阿古只之女，生景宗。

3. 景宗睿智皇后萧氏，讳绰，小字燕燕，北府宰相思温女。

4. 圣宗仁德皇后萧氏，小字菩萨哥，睿智皇后弟萧隈因之女。统和十九年（1001 年），册为齐天皇后。

5. 圣宗钦哀皇后萧氏，小字耨斤，淳钦皇后弟阿古只五世孙。

6. 圣宗仁懿皇后萧氏，小字挞里，钦哀皇后弟萧孝穆之长女。

7. 道宗宣懿皇后萧氏，小字观音，钦哀皇后弟枢密使萧惠之女。

8. 天祚皇后萧氏，小字夺里懒，宰相萧继先五世孙。

另有一人族出不详，但也不排除出自同一家族的可能。[①]

辽代的后族势力很大，自始至终与皇权密切相关。她们在皇帝健在时直接参予国政，甚至执掌兵权，在皇帝死后掌管国柄，带有浓重的母系氏族社会印痕，她们的思想意识与态度对辽朝国策的制定都有很大影响。述律氏的回鹘情结，成为联结回鹘与上京密切关系的纽带。

因为辽朝后族萧氏均为回鹘后裔，故对回鹘怀有一种特殊的感情。在辽都上京设有专门接待回鹘商旅、使者的回鹘营。《辽史》卷三七《地理志一》记载：

> 南城谓之汉城，南当横街，各有楼对峙，下列井肆。东门之北潞县，又东南兴仁县。南门之东回鹘营，回鹘商贩留居上京，置营居之。西南同文驿，诸国信使居之。驿西南临潢驿，以待夏国使。

可见，皇城是契丹最高统治者的居住之所，皇城之南的汉城，是契丹贵族之外其他各族人等居住的区域。回鹘营设在南门之东。另外，汉

① 关于上述后妃的历史活动与贡献，可参见孟凡云、陶玉坤《辽代后妃参政现象考略》，北京：国际华文出版社，2001 年。

城西南门设有同文馆，以接待宋朝、西夏的往来使节。宋、夏均为大国，只设同文馆一处接待，回鹘非大国，却独设回鹘营，可见其地位之特殊。由此而推想曹贤顺“沙州回鹘”之称的真正用意，则昭然若揭了。

天圣六年（1028年），瓜、沙的东方强邻回鹘之都城甘州竟为西夏元昊所占，明道元年（1032年），西夏又占凉州，回鹘政权灰飞烟灭，于是，部众溃散。至于其流徙的方向，学界有不同意见，一种较为权威的说法认为，甘州回鹘破灭后，其主要部众都投降了居于湟水流域的唃厮罗政权。尔后，这一支回鹘部落向西北方向迁徙，逐渐独立，自称“黄头回纥”。此说以著名回鹘史专家李符桐先生的说法为代表：

> 从地望言之，甘州回鹘亡后，大部降唃厮罗，唃厮罗居青唐，东北邻近宋夏，更无余地，以置降民，惟其西南，号称海上，地势平衍，广袤千里，水草丰美，宜于畜牧。则所得回鹘种人，必居此区。其后部族逐渐西北迁，而与于阗为邻，于阗使臣赴宋，以北路为西夏所占，必取南路，则其所经黄头回纥，以前诸书，并未记载此地有其他部族，以理推之，其为甘州回鹘降唃厮罗部分无疑。[1]

也有人不同意这一观点，认为：

> 从军事上说，河湟与甘凉对于从东向西推进的西夏军队来说，是处在同一个受攻击的位置上，甘州既破，焉有再东行凉州，然后南下河湟之理，这种军事冒险对于丧失甘州的回鹘人来说是不可理解的。因此，我们基本可以肯定，甘州回鹘余部并没有投降唃厮

① 李符桐《撒里畏兀儿部族之研究》，《李符桐论著全集》第3册，台北：台湾学生书局，1992年，第121页。

罗，投降唃厮罗的回鹘人本就是服属于潘罗支、厮铎督的凉州回鹘。①

二说各有其道理，但支持第一种说法的史料依据较多，如《宋史》卷四九二《吐蕃传》："及元昊取西凉府，潘罗支旧部往往归厮啰，又得回纥种人数万。"《东都事略》卷一二九亦谓："元昊取西凉府，而唃厮罗并厮铎督之众十余万，回纥亦以数万归焉。"《隆平集》卷二〇亦有基本相同的记载："及元昊取西凉府，而厮罗得厮铎督之众十余万，回纥亦以数万人归焉。"这些记载尽管来源相同，但考虑到回鹘长期与唃厮罗结盟以共同对抗西夏这一史实来看，这一记载应是可信的。第二种意见虽有其道理，但未能举出史料证据。其实，通过对史料的仔细排比、研究，还是可以找到相关证据的。

《宋会要辑稿》蕃夷五之三载：

[康定] 二年（1041 年）二月，沙州大使安谔支、副使李吉入贡。

这里安谔支、李吉都是颇值得注意的人物。安为昭武九姓之一，来自粟特。粟特人以善于经商闻名于世，他们所信奉的摩尼教被定为回鹘的国教，长期为回鹘王室所尊奉。在甘州回鹘、西州回鹘及秦州回鹘的外交活动中，安姓都曾发挥非常重要的作用。以甘州为例，早在五代，安姓出使活动就很活跃，如后唐时期的朝贡使有安千想（又作安千箱、安千）、安黑连、安末思（或讹作安求斯）；后汉时有安铁山；宋大中祥符年间有安进、安福、安殿民（或作安殿门）；天禧年间有安信；天圣

① 汤开建《甘州回鹘余部的迁徙及与西州回鹘之关系》，《新疆社会科学》1984 年第 3 期，第 87 页。

年间有安万东等，他们屡次充任甘州回鹘的朝贡大使或副使出使中原。[①]康定二年沙州大使安谔支，很可能就是天圣元年（1023年）甘州回鹘使阿葛之的不同写法。[②]

如果说安谔支的由来还不能肯定的话（西州回鹘国及秦州回鹘等亦多有安姓外交人员），那么，李吉作为甘州回鹘国的旧人却是无可怀疑的。《宋会要辑稿》蕃夷四之六—七载：

> [大中祥符]九年五月，秦州言："奉知杨知进自甘州回。"初，知进以大中祥符五年正月与译人郭敏伴送翟符守荣般次赴甘州……留止甘州。至[大中祥符]八年五月先遣[郭]敏还。今年三月，[甘州]可汗遣首领李吉等九人送知进归汉境……时，郭敏以补借职，复赍赐可汗器币（原注：《宋史》：九年，遂遣郭敏赐宗哥诏书，并甘州可汗器币），入蕃，为立遵所邀留，及止李吉等遣，回鹘语可汗曰："杨奉职在甘州住五年，今郭借职去，若更留住，则又烦朝廷取接。令可汗急写领赐物表来，兼取所赐物，当遣李吉等回。"

李吉于大中祥符九年（1016年）充任甘州回鹘伴送使入宋朝贡。至康定二年（1041年），又作为沙州使者出使宋朝。这一现象表明，在甘州回鹘于1032年灭亡后，其部众确有西迁至沙州地区者。

除了甘州外，也有西州回鹘人移居沙州者，敦煌写本P.3272《丁卯年（976年）正月廿四日甘州使头阎物成去时书本》对此即有所反映：

---

① 李正宇《悄然湮没的王国——沙州回鹘国》，《1990年敦煌学国际学术研讨会文集·史地语文编》，沈阳：辽宁美术出版社，1995年，第154页。

②《宋史》卷四九〇《回鹘传》载："天圣元年五月，甘州夜落隔通顺遣阿葛之、王文贵来贡方物。"《宋会要辑稿》蕃夷七之二二："[天圣元年]五月二十九日，甘州可汗王夜落隔遣使副王阿葛之、王文贵贡方物。"

1. 丁卯年正月廿四日，甘州使头阎物成去时书本。

2. 早者因为有少贼行，已专咨启。近蒙

3. 华翰，兼惠厚仪，无任感钦之至。所云：令宰相密六往肃州再设况誓，自今已后，

4. 若有贼行，当部族内，随处除剪。问此　嘉言，倍深

5. 感仰。况某忝为眷爱，实惬衷诚。永敦久远之情，

6. 固保始终之契。又云：在此三五人，往　　贵道偷来之事

7. 况。在此，因为西州离乱，恶弱之人极多到来。构召诸处

8. 贫下，并总偷身向　　贵道偷劫去，某并不知闻。近

9. 中　示及，方知仔细。当时尽总捉到枷禁讫，使人并

10. 总眼见。即便发遣文帖与诸处小镇，自今已后，若

11. 有一人往甘州偷去，逐（随）处官人，必当刑宪。又去年

12. 入京使到凉州界，尽遭劫夺，人总迸散。　贵道与

13. 凉州接连封境，切望□□，比至凉州寻问即是。

（后缺）①

该文献系归义军孔目官阎物成出使甘州时带去的一封曹元忠致甘州回鹘可汗的书信，撰写于“丁卯年（967年）正月二十四日”。其中“因为西州离乱，恶弱之人极多到来”的话头说明，高昌回鹘因离乱而逃亡沙州者人数很多，以致引起归义军政权的担忧。

也有学者认为高昌回鹘的逃亡地是甘州，如李树辉《P. 2988v、2909v回鹘文写卷研究》即言：

P. 3272是归义军政权孔目官阎物成出使甘州时带去的一封曹

① 唐耕耦、陆宏基编《敦煌社会经济文献真迹释录》第4辑，北京：全国图书馆文献缩微复制中心，1990年，第411页。

元忠致甘州回鹘可汗的书信。撰写于“丁卯年（967）正月二十四日”。其文称“因为西州离乱，恶弱之人极多到来”。从书信的措辞和语气看，甘州回鹘并不欢迎这些逃难的高昌回鹘百姓。[①]

其实这是一种误解，误把“甘州使头”理解成了甘州回鹘之人。“使头”是归义军政权所设负责处理对外关系的一种官职，其地位相当于使团首领，按其出使对象的不同，分为西州使头、伊州使头、甘州使头、于阗使头等。[②] P.3272是甘州使头阎物成站在沙州立场上而言的。故可以肯定，当时有大量西州逃难的回鹘人到达了沙州。

东西方回鹘聚居沙州，进一步壮大了沙州回鹘人的势力。慢慢地，沙州回鹘势力成为曹氏归义军政权的中流砥柱。曹氏不仅在政治上依靠回鹘势力，在军事上也不得不依靠回鹘人来支撑。1036年，西夏元昊举兵攻取瓜、沙、肃三州，当时所遇到的抵抗不是来自曹氏归义军，而是回鹘，[③] 说明回鹘人确在当时已取代归义军政权成为瓜、沙一带的实际主宰，归义军节度使即使名义尚存，也只能算作是傀儡而已。

① 李树辉《P.2988v、2909v回鹘文写卷研究》，《敦煌研究》2007年第2期，第88页。

② 郑炳林、冯培红《唐五代归义军政权对外关系中的使头一职》，《敦煌学辑刊》1995年第1期，第21页。

③《续资治通鉴长编》卷一一九景祐三年十二月辛未条。

第三节

# 沙州回鹘国的建立与消亡

## 一、学界关于沙州回鹘国的争议

沙州回鹘国是否存在，二十年余年来一直是国内外敦煌学界所关注的问题。回鹘集团在沙州的存在，学界早有共识，后来，日本学者森安孝夫经过进一步研究，认为11世纪初或12世纪前半叶沙州存在的回鹘集团应来自西州地区，在实力壮大后曾操纵曹氏归义军政权，并于1023年后取而代之，1052年后彻底统治了沙州。[①] 刘玉权则认为，1030年时，沙州发生了一场突变的政治动乱，结局似乎是沙州回鹘取代归义军曹氏。但1036年西夏统治沙州时，沙州回鹘曾企图推翻西夏在河西的统治，但最终未得实现，不得不退出历史舞台。[②]

① 森安孝夫《ウイグルと敦煌》，载山口瑞凤编《讲座敦煌2 敦煌の历史》，东京：大东出版社，1980年，第331—338页；同氏《チベット文字ご书かおたウイグル文佛教教理问答（P.T.1292）の研究》，载《大阪大学文学部纪要》第XXV卷，1985年，第1—85页；同氏《敦煌と西ウイゲル王国》，《东方学》第74号，1987年，第58—74页。

② 刘玉权《关于沙州回鹘洞窟的划分》，《1987年敦煌石窟研究国际讨论会文集·石窟考古编》，沈阳：辽宁美术出版社，1990年，第1—29页；《略论沙州回鹘与西夏》，《首届西夏学国际学术会议论文集》，银川：宁夏人民出版社，1998年，第168—177页；《沙州回鹘史探微》，《1994年敦煌学国际研讨会文集——纪念敦煌研究院成立50周年·宗教文史卷》（下），兰州：甘肃民族出版社，2000年，第1—39页。

在 1988 年中国敦煌吐鲁番学术讨论会上，钱伯泉提交了《回鹘在敦煌的历史》一文，文中不仅探讨了甘州回鹘的兴衰及其与归义军的关系，而且还研究了沙州回鹘的强盛及其在敦煌的统治。[①] 接着他又撰《沙州回鹘研究》，认为从 9 世纪中叶到 13 世纪末叶，回鹘对敦煌的历史产生过巨大的影响。自 1014 年曹贤顺为归义军节度使起，至 1146 年金以边地赐西夏，沙州回鹘附属西夏止，沙州回鹘直接统治敦煌达130 余年；自 1147 年至 1226 年，沙州回鹘虽附属于西夏，但仍以当地统治者的身份存在了 80 年。[②] 这里需要指出的是，钱伯泉对沙州回鹘是这样理解的："安西回鹘、龟兹回鹘、沙州回鹘无疑是指同一支回鹘""沙州是龟兹回鹘国的统治中心，龟兹回鹘又称沙州回鹘" "沙州回鹘即龟兹回鹘和撒里畏兀"。此说可称为龟兹回鹘说，该说应是受到森安先生研究成果的影响所致，是西州回鹘说的变种。

1990 年，敦煌学国际学术讨论会在莫高窟召开，会上，李正宇提交了《悄然湮没的王国——沙州回鹘政权》一文[③]，笔者提交了《沙州回鹘及其政权组织——沙州回鹘研究之一》一文。[④] 李正宇在他的论文中列举了十条证据证明瓜沙曹氏于 1036 年灭亡后，西夏并未在瓜沙地区建立有效的统治秩序，直到 1067 年（或稍早于此年，具体时间无法确定。为叙述之便，下文姑且以 1067 年作为大致的时间坐标）。在这一时期，统治瓜沙地区的实际上是沙州回鹘国。笔者则认为，大致自10 世纪

---

① 钱伯泉《回鹘在敦煌的历史》，《敦煌学辑刊》1989 年第 1 期，第 63—78 页。

② 钱伯泉《沙州回鹘研究》，《[甘肃] 社会科学》1989 年第 6 期，第 101—105 页。

③ 李正宇《悄然湮没的王国——沙州回鹘国》，《1990 年敦煌学国际研讨会文集·史地语文编》，沈阳：辽宁美术出版社，1995 年，第 149—174 页。

④ 杨富学《沙州回鹘及其政权组织——沙州回鹘研究之一》，《1990 年敦煌学国际研讨会文集·史地语文编》，沈阳：辽宁美术出版社，1995 年，第 175—200 页。该文写成于 20 年前，此后学界对沙州回鹘的研究逐步深入，尤其是森安孝夫先生对本文的批评，今天回过头来看，可以发现，当时确有不少欠妥之处，其中既有见解偏颇之误，也有误解史料处，更有材料的疏漏，有待进一步改进和完善，这里不能一一详举。

初开始，沙州回鹘集团的势力就已经逐步壮大起来并逐步控制了沙州，大致于1036年建立沙州回鹘国。同时认为沙州回鹘实际上指的是以沙州为中心，统治着瓜沙地区的那一部分回鹘，与龟兹回鹘并非一码事。它是一个独立的封建割据政权。①

接着，森安孝夫发表《沙州回鹘集团与西回鹘王国》一文，除重申其原来观点外，又补充了一些新想法与新资料。② 综观森安先生的这些论著，其核心观点可归纳为二：其一，至迟在11世纪早期，敦煌地区曾经有过一个回鹘团体（即沙州回鹘集团），这个团体起初曾操纵归义军节度使曹贤顺，但是从1023年开始，回鹘取代了曹氏，1052年以后彻底统治了沙州；其二，沙州回鹘政治上隶属于西州回鹘。

森安对“沙州回鹘”问题的论述，充分利用了传世史书与敦煌、吐鲁番文献的记载，新意迭出，受到了学术界的广泛关注，尤其对中国敦煌学界影响甚巨，笔者对沙州回鹘问题的关注也本乎此。森安认为1036年沙州被西夏占领，“但应该是西夏暂时战胜瓜、沙、肃三州，不是完全占领了沙州……如果……认为西夏从11世纪30年代开始或直接或间接统治沙州，那么，要解释沙州回鹘或沙州回鹘时期大量壁画的存在就是不可能的”③ 。沙州回鹘是独立于西夏统治之外的政权或集团一说，广受学界认同，也是笔者所接受的。但将沙州回鹘归为高昌回鹘的一支，则是笔者所不敢苟同的。今再作申论。

---

① 参见 Yang Fu-hsueh，On the Sha-chou Uighur Kingdom，*Central Asiatic Journal* 38-1,1994，pp. 80-107；杨富学、牛汝极《沙州回鹘及其文献》，兰州：甘肃文化出版社，1995年，第9—21页。

② 森安孝夫《沙州ウイゲル集团と西ウイゲル王国》，载《内陆アジア史研究》第15号，中央ユーラシア学研究会，2000年，第21—35页；The Sha-chou Uighurs and the West Uighur Kingdom，*Acta Asiatica* 78，2000，pp. 28-48.

③ 森安孝夫《沙州ウイゲル集团と西ウイゲル王国》，《内陆アジア史研究》第15号，中央ユーラシア学研究会，2000年，第31页注18。

## 二、西夏灭沙州归义军史事

西夏灭归义军，占领瓜、沙地区，史书多有记载。最早的记载为北宋康定二年（1041 年）赵珣所撰《陕西聚米图经》。此书已佚，有关记载，在南宋李焘《续资治通鉴长编》卷一一九景祐三年十二月条有引述：

> 《聚米图经》谓元昊既屠牦牛城，筑凡川会，诱胁唃氏诸部酋豪，厮罗因二子猜沮，徙居历精城。元昊无吐蕃之患，始再举兵攻回纥，陷瓜、沙、肃三州。

接着李焘又言："与《实录》附传先后不同，今从附传，但取诱胁酋豪事，增入之。"李焘撮合《陕西聚米图经》与《实录》的记载而谓：

> 赵元昊……私改广庆三年曰大庆元年。再举兵攻回纥，陷瓜、沙、肃三州，尽有河西旧地。将谋入寇，恐唃厮罗制其后，复举兵攻兰州诸羌，南侵至马衔山，筑城瓦川，凡川会，留兵镇守。①

易言之，李焘参考了赵珣《陕西聚米图经》，但认为赵珣所言元昊攻打吐蕃唃厮罗及陷瓜沙肃的时间先后上与《实录》附传有出入，但他采用了《实录》附传之说。然仔细咀嚼赵珣与李焘的说法，其实二者之间并无矛盾。可以看出，元昊在"将谋入寇"归义军时，因担心嘉勒斯赍制其后，故先攻之，然后才"再举兵"攻瓜、沙、肃三州。否则，"将谋入寇"一语就失去了对象。值得注意的是，赵珣仅言西夏"陷瓜、沙、肃三州"，却没有"尽有河西旧地"一语，此语当为李焘所加。

---

① ［宋］李焘《续资治通鉴长编》卷 119 宋仁宗景祐三年（1036 年）十二月辛未条。

这些文献都将西夏攻陷瓜、沙、肃三州的时间系于景祐三年(1036年）十二月，应无可疑。但在三州之前却冠以“回纥”之号，学界则有不同的理解。过去一般认为是史书误将归义军政权称作“回纥”了。近期学界则提出新的见解。一种意见认为，这一现象说明“瓜、沙、肃三州已属‘回纥’”。[①] 另一种意见将之归结为归义军政权回鹘化的结果。[②] 二种意见看似不同，其实并不矛盾。李焘《续资治通鉴长编》卷一一七景祐二年（1035 年）十二月条言“元昊遣苏奴儿将兵二万五千攻唃厮啰”。自注云：“正传云，子罗败，遂取瓜、沙、肃三州，误也。瓜、沙、肃三州自属回纥，不与唃厮啰接，今删去。”按照李焘之意，前人所谓元昊于景祐二年占领瓜、沙、肃三州之说是不对的。根据他的解释，当时瓜、沙、肃三州显然属于回鹘。易言之，回鹘当时已成为沙州的主宰，归义军政权已名存实亡，前文已讲到，沙州归义军节度使曹贤顺在入辽朝贡时，常以“沙州回鹘”自居，即证明了这一结论。沙州最后一次以归义军节度使名义入贡中原发生于天圣元年（1023 年)。

此后沙州亦曾于天圣八年十一月、九年正月二度贡宋，但都未著遣使人。各种迹象表明，归义军政权至迟到天圣元年尚一脉未绝。此后，归义军政权尽管在史书中销声匿迹，但也没有沙州发生政变或改朝换代的记录，故还不能断定归义军政权已彻底消亡了。既有可能彻底消亡，也可能名存实亡，无论如何，都可以说沙州当时已成为回鹘的天下。

西夏于 1036 年攻陷敦煌，学术界一般以此年为西夏正式统治敦煌之始。能够印证这一观点的，除《续资治通鉴长编》卷一一九的记载外，还有如下几条证据：

其一，初刊于南宋绍兴年间署名于宋人曾巩的《隆平集》谓：“至

---

① 汤开建《甘州回鹘余部迁徙及与西州回鹘之关系》，《新疆社会科学》1984 年第 3 期，第 87 页。

② 陆庆夫《归义军晚期的回鹘化与沙州回鹘政权》，《敦煌学辑刊》1998 年第 1 期，第 21 页。

曩宵（即元昊）破瓜、沙、肃三州，遂尽得河西之地。”尽管《隆平集》是否为曾巩所撰，学界一直有疑，但该书的影响却很大，李焘《续资治通鉴长编》卷一一九所谓西夏“尽有河西旧地”之说即来源于此。

其二，南宋彭百川《太平治迹统类》卷七谓：“[景祐] 三年十二月，赵元昊……再举兵攻回纥，陷瓜、沙、肃三州。”不言西夏尽有河西，应是接受《陕西聚米图经》之说。

其三，《续资治通鉴长编》卷一二〇景祐四年十二月条在记载西夏国之疆域时称：

> 赵元昊既悉有夏、银、绥、静、宥、灵、盐、会、胜、甘、凉、瓜、沙、肃，而洪、定、威、怀、龙皆即旧堡镇伪号州，仍居兴州。

这一记载说明，在西夏所据有的十九个州中，是包括瓜州和沙州在内的。

类似的记载又见于《宋史·夏国传》和宋人李埴（1161—1238）著《皇宋十朝纲要》。前者所载与《续资治通鉴长编》卷一二〇景祐四年十二月条基本一致，后者则称在西夏“举兵攻兰州诸羌，侵掠至马衔山”后，占有夏、银、绥、静、宥、灵、盐、会、胜、甘、凉、瓜、沙、肃等十四州之地，其中即有瓜州和沙州。

### 三、1067 年前西夏未有效统治敦煌说

上述这些记载是 1036 年说的基石。若仅就这些记载而论，西夏领有瓜、沙二州当无疑问。但问题是这些记载大都是南宋及以后时代的著作，是对百年前史事的追述。而与 1036 年时代较近的文献，却和上述记载有较大的出入。如上文引述的赵珣《陕西聚米图经》，完成于康定二年（1041 年），其中仅言西夏陷瓜、沙、肃，却没有“西夏尽有河西”

之语，易言之，称西夏于1036年以后即统治河西之说，缺乏与沙州回鹘同时代或时代较近的记录。

如所周知，史料的原始性，是治史的重要原则。一般情况下，与所述时代越近者，可信度就越高；时代越远，可信度就越低。由此原则出发，需要挖掘与1036年时代最为切近的史料，从中探讨历史的真相。

从敦煌、瓜州等地出土的文物、壁画资料及石窟题记等因素看，西夏虽于1036年攻占了包括敦煌在内的河西走廊西端，但却看不到西夏曾在这里建立过有效统治的确切证据，而有迹象表明，直至1067年之前，西夏并未能对那里实施有效的统治。笔者之所以这样说，基于以下史实。

首先，可以看到，自景祐四年（1037年）至皇祐四年（1052年），沙州多次（至少有11次）向西夏的对手宋朝朝贡。《宋史·沙州传》说："自景祐至皇祐中，凡七贡方物。"说明在西夏占领敦煌后的短短十五六年时间中，沙州回鹘贡宋多达7次。然而，从历史文献的记录来看，实际上还不止7次，至少应有11次之多。现列述于下：

1. "[景祐]四年（1037年）正月九日，沙州遣使、副[使]杨骨盖靡是贡玉牛、黄棋子、褐绿黑皮、花蕊布、琥珀、乳香、硇砂、梧桐律、黄矾、名马。"①

2. "景祐四年六月，沙州大使杨骨盖（或作杨骨盖靡是）、副使翟延顺入贡。"②

3. "康定元年（1040年）四月，沙州遣人入贡方物。"③

4. "[康定]二年二月，沙州遣大使安谔支、副使李吉入贡。"④

---

①《宋会要辑稿·蕃夷七》之二五。

②《宋会要辑稿·蕃夷五》之三。

③《宋会要辑稿·蕃夷五》之三。

④《宋会要辑稿·蕃夷五》之三。

5. “[康定] 二年十一月十五日，北亭可汗奉表贡玉、乳香、硇砂、名马。”①

6. “庆历二年（1042年）二月，沙州北亭可汗王遣大使密、副使张进零、和延进、大使曹都都、大使翟入贡。”②

7. “[皇祐二年]（1050年）四月八日，沙州符骨笃末似婆（娑）温等来贡玉。”③

8. “[皇祐二年] 十月，沙州遣人来贡方物。”④

9. “皇祐三年十月，沙州来贡方物。”⑤

10. “皇祐四年正月癸巳，龟兹国、沙州并遣使入贡物。”⑥

11. “[皇祐四年] 十月十二日，沙州遣使来贡方物。”⑦

这些来自沙州的使臣，既有回鹘人，如符骨笃末似娑温、杨骨盖靡是（或作杨骨盖）、密等，也有汉人，如李吉、张进零等，而且还有其他民族，如安谔支，很可能是粟特人的后裔。不管是回鹘人、汉人还是其他人，都由当地统治者派遣。说明沙州是处于相对独立地位的，而且是亲宋的。换言之，与宋对立的西夏很自然地便被视为回鹘的对手了。

其次，在1036年以后三十年的时间内，时人言论不少述及瓜沙地区，其中都透露出瓜、沙二州不属于西夏的信息。这些言论都见录于文集或史册，没有经过后世史学著作的重新加工，堪称可以信赖的第一手

① 《宋会要辑稿·蕃夷七》之二六。

② 《宋会要辑稿·蕃夷五》之三。

③ 《宋会要辑稿·蕃夷七》之二八。又见《蕃夷五》之三、《玉海》卷一五四、《续资治通鉴长编》卷一六八皇祐二年四月八日条。

④ 《宋会要辑稿·蕃夷五》之三。《宋史》卷一二《仁宗纪四》系于十二月。

⑤ [宋] 李攸《宋朝事实》卷一二。

⑥ [宋] 章如愚《山堂考索后集》卷六四《财赋门·四夷方贡》，北京：中华书局，1992年，第870页。

⑦ 《宋会要辑稿·蕃夷七》之二九。

证据。现以年次罗列于下。[①]

1. 宝元二年（1039年），元昊上表自夸夏国在西疆的威势："臣偶以狂斐，制小蕃文字，改大汉衣冠，革乐之五音为一音，裁礼之九拜为三拜。衣冠既就，文字既行，礼乐既张，器用既备，吐蕃、达靼、张掖、交河，莫不服从。"[②] 这里不无虚夸成分，如"交河"（即西州回鹘），终夏一世，并未入于西夏，只是在天盛五年（1153）以后二者间曾发生过朝贡关系。[③] 但也并非全不可信，如张掖早于1028年即已被西夏所占，其北的达靼入于西夏也在情理之中。至于吐蕃，称其服从，也可以说得过去，如兰州，先为吐蕃董戬所有，西夏在攻瓜沙肃三州前，恐唃厮罗制其后，"复举兵攻兰州诸羌"，并占领之，"绝吐蕃与中国相通路"。[④] 值得注意的是，其中未提到瓜沙地区，表明这一地区当时未归西夏，甚至连一般的朝贡关系都不存在，否则就可以说是"服从"了。

2. 康定元年（1040）四月，宋大理寺丞秘阁校理石延年曾建言要联络瓜、沙回鹘，"使犄角兴师以分贼势（指西夏）"。[⑤] 可见沙州回鹘尚有一定实力，而且尚可与西夏抗衡，可见当时沙州并不在西夏之手。

3. 康定二年，沙州镇国王子上书宋廷，言称"自党项破甘凉，遂与汉隔"。[⑥] 仅言因西夏破甘凉而隔断了自己与宋朝的联系，不言沙州其地被西夏所占，明显可以看出，沙州独立于西夏统治之外。

4. 庆历二年（1042年）十月戊辰，御史中丞贾昌朝上书献制夷狄

---

① 参见李正宇《悄然湮没的王国——沙州回鹘国》，《1990年敦煌学国际学术研讨会文集·史地语文编》，沈阳：辽宁美术出版社，1995年，第165—169页。

② ［宋］李焘《续资治通鉴长编》卷一二三宝元二年春正月辛亥条。

③ 吴广成撰《西夏书事》卷三六："［天盛五年］夏五月，畏吾儿国来献。畏吾儿居伊州外，见夏国日盛，遣使献方物。"

④《续资治通鉴长编》卷一一九景祐三年十二月辛未条。

⑤ ［宋］李焘《续资治通鉴长编》卷一二七康定元年四月丁亥条。

⑥《续资治通鉴长编》卷一三一庆历元年（1041年）四月甲申条。

之策。他说："今夷狄荡然与中国通……宜度西戎诸国，如沙州、唃厮罗、明珠、灭藏之族，近北如黑水女真、高丽、新罗之属，旧通中国，今为二虏远隔，可募人往使，诱之来朝。"① 贾昌朝把沙州看作是如同唃厮罗、女真、高丽一样的独立政权，只是因被"虏"（西夏）所隔才不与中原王朝通贡。显然，沙州当时不属西夏。

5. 庆历三年十一月，右正言知谏院孙甫上书言："自元昊拒命，终不敢深入关中者，以沙州、唃厮罗等族素所不附，虑为后患也。"② 孙甫之言，明确反映沙州不为西夏所有，因其不附西夏，成为西夏的后患之一，严重牵制了西夏势力，使其不敢入侵关中。

6. 北宋庆历八年（一说四年）间成书的《武经总要》一书的记载。该书在叙述当时的西夏疆域时，是这样记载的："德明死，子元昊康定初复叛，遂封夏国以绥怀之，今有夏、银、绥、宥、灵、会、盐、兰、胜、凉、甘、肃十二州地。"③ 说明西夏疆域在庆历八年（1048 年）时仅及肃州（今甘肃酒泉市），而未包瓜、沙二州在内。这也是很能说明问题的记载。

其三，在敦煌石窟的题记和出土文书中，一直未发现 1036 年至 1070 年这段时期的西夏纪年，却可以看到北宋的年号。如莫高窟第 444 窟窟檐外北壁题记云：

庆历六年丙戌岁十二月座夏神写窟记也。④

---

① ［宋］吕祖谦编《皇朝文鉴》卷四五。又见［宋］赵汝愚编《宋名臣奏议》卷一二三及《续资治通鉴长编》卷一三八庆历二年十月戊辰。

② 《续资治通鉴长编》卷一四五庆历三年十一月辛巳条。

③ ［宋］曾公亮《武经总要》卷 18 下《西藩地理》，《景印文渊阁四库全书》第 726 册，台北：台湾商务印书馆，1983 年，第 537 页。

④ 敦煌研究院编《敦煌莫高窟供养人题记》，北京：文物出版社，1986 年，第 169 页。

庆历六年（1046年）为北宋年号，此时距西夏1036年攻占瓜沙已历10年。如果说不见西夏纪年“并非属于敦煌一地独有的特殊现象，而是全国出土的西夏文献的共有现象”的话，[①] 那么，在西夏占领敦煌十年后，北宋年号何以仍然会在这里出现呢？显然不能说西夏此时已对敦煌实行了有效统治。

通过对莫高窟壁画和题记的研究，学界有人提出，至迟于1073年，西夏即开始有效地统治了敦煌。[②] 此说得到了学界的赞同，但具体始于何年，由于史料所限，前贤多未论及。莫高窟中最早出现的有明确西夏纪年题记的洞窟是444窟。在窟檐门南柱内侧用汉文墨书写有：“天赐礼盛国庆二年师父□□……盖以重佛……”[③] 天赐礼盛国庆是西夏立国后第三代国主李秉常的年号，二年即相当于1071年。自此以后，敦煌诸石窟中的西夏纪年题记才逐步繁多起来。西夏纪年取代宋朝纪年表明西夏到这时才有效地控制了敦煌地区，而宋对敦煌地区的影响力则逐步消失。而瓜州呢？它之归属西夏可能要比沙州更早。现存的西夏文文献“瓜州审判档案”残卷，为惠宗天赐礼盛国庆元年（1070年）至二年的瓜州民事审理案卷，它记录了西夏瓜州官吏对一件因商贾买卖牲畜、交换缯帛而引起的侵夺伤害案的审理过程。[④] 西夏官吏对普通的民案如此认真，说明此年之前西夏就已重占了瓜州，并已在那里设置了西夏的官府机构，进行着有效的统治。

那么，西夏对瓜沙地区的统治是何时确立的呢？史无明载。这里且

---

① 刘玉权《再论西夏据瓜沙的时间及其相关问题》，《敦煌研究》1993年第4期，第70页。

② 冈崎精郎《タングート古代史研究》，京都：东洋史研究会，1972年，第274—275年。

③ 敦煌研究院编《敦煌莫高窟供养人题记》，北京：文物出版社，1986年，第168页。

④ 王静如《引论》，《北平图书馆馆刊》第4卷3号“西夏文专号”，1932年，第24—33页；［日］松泽博《西夏文〈瓜州监军司审判案〉遗文——以橘瑞超带来在龙谷大学大官图书馆馆藏品为中心》，《国家图书馆学刊》2002年《西夏研究专号》，第73—83页。

看司马光于治平四年（1067 年）九月二十四日的上疏，其文曰：

> 俟百官既举，庶政既修，百姓既安，仓库既实，将帅既选，军法既立，士卒既练，器械既精，然后陛下之所欲为。复灵夏，取瓜沙，平幽蓟，收蔚朔，无不可也。①

司马光既言“取瓜沙”，说明瓜沙二地此时必落于西夏之手。从归义军政权统治者张氏、曹氏，乃至回鹘，都是中原王朝的盟友，倘使瓜沙此时尚在回鹘之手，宋朝是不会以之为攻取目标的。至于西夏有效统治瓜沙的具体时间，因史无明文，不得而知。但敦煌莫高窟藏经洞曾发现有治平元年以后的写卷——《神仙粥食方》（编号 P.3810），该方将薯蓣改称山药，据考，是为了避宋英宗赵曙之名讳而改。② 这一现象表明，西夏占领沙州的时间应在治平四年（1067 年）或其前不久，但不会早于治平元年。③

## 四、沙州回鹘国成立诸证

既然西夏于 1036 年击灭沙州归义军政权，而此后三十年西夏又没有对瓜沙地区行使有效的统治，那么，这段时间沙州地区由何人统辖呢？我们的回答是沙州回鹘。

1036 年，元昊攻瓜、沙、肃三州，遭到回鹘军队的抵抗。西夏虽击溃回鹘军队，攻占了瓜、沙、肃三州，但并未将其彻底消灭。不久，沙州回鹘的残部就开始了对沙州的反攻。《续资治通鉴长编》卷一三一庆

---

① ［宋］司马光《司马光传家集》卷四一《论横山疏》。原注：“治平四年九月二十四日上。”

② 谭真《从一份资料谈藏经洞的封闭》，《敦煌研究》1988 年第 4 期，第 36—39 页。

③ 李正宇《悄然湮没的王国——沙州回鹘国》，《1990 年敦煌学国际学术研讨会文集·史地语文编》，沈阳：辽宁美术出版社，1995 年，第 170—171 页。

历元年（1041 年）四月甲申条载：

> 徙秦凤路副部署、知秦州、定国［军］留后曹琮为陕西副都部署，兼经略安抚缘边招讨副使……琮欲诱吐蕃犄角图贼（贼，指西夏），得西州旧贾，使谕意。而沙州镇国王子遣使奉书曰："我本唐甥，天子实吾舅也。自党项破甘凉，遂与汉隔，今愿率首领为朝廷击贼。"上善琮策，故使副［陈］执中，寻加步军副都指挥使。（原注：琮本传载此二事皆不得其时，今附见，更须考之。除步军副帅乃五月己巳，今附见。）

从李焘原注得知，沙州镇国王子上书的确切时间大致在庆历元年（康定二年，1041 年）四月之前不久。"镇国"，回鹘文写作 el tutmïš，可见于在敦煌出土的回鹘文文献 P. 3049 卷背[①] 及吐鲁番出土的回鹘文木杵铭文 T III[②] 中。至于回鹘文文献中的 el tutmïš 与沙州镇国王子之间有无关联，则于史无征，书此存疑。沙州镇国王子自称为唐天子之外甥，意在表明自己与中原王朝的特殊关系，实际上反映了回鹘国王急于恢复与中原王朝政治交往联系的迫切愿望。有唐一代，曾先后有三位真公主，即肃宗女宁国公主、德宗女咸安公主、宪宗女太和公主与回鹘首领和亲，极大地密切了唐与回鹘间的联盟关系。[③] 回鹘西迁后，这种特

---

① 杨富学、牛汝极《沙州回鹘及其文献》，兰州：甘肃文化出版社，1995 年，第 222—225 页。

② F. W. K. Müller, Zwei Pfahlinschriften aus den Turfanfunden, *Abhandlungen der Preussischen Akademie der Wissenschaften, Phil.-hist. Klasse*, Berlin 1915, S.6.

③ 刘义棠《回鹘与唐朝婚姻关系及其影响研究》，《维吾尔研究》（修订本），台北：正中书局，1997 年，第 373—432 页；崔明德《中国古代和亲史》第十二章《唐与回纥的和亲》，北京：人民出版社，2005 年，第 322—349 页。

殊关系仍为后世回鹘人所认可。《宋史·回鹘传》载：

先是，唐朝继以公主下嫁，故回鹘世称中朝为舅，中朝每赐答诏亦曰外甥，五代之后皆因之。

这些事实说明，沙州镇国王子无疑应是回鹘首领。他可能是在抵抗西夏的过程中被曹氏归义军授予“王子”称号的。赠封这种称号恰恰符合于古代维吾尔族统军者的称号习惯。再结合这位王子言称“今愿率首领为朝廷击贼”一语，他肯定是沙州回鹘军队的最高统帅。敦煌回鹘文遗书 Or.8812–116 中出现有天王回鹘汗（tängri ellig uyɣur xan）一词，[①]有可能指的就是他，只是尚无材料确证之。在“镇国王子”（后称“天王回鹘汗”）统治时期，为了与宋通好以共同对付西夏，曾多次遣使入贡宋朝：

［景祐］四年（1037 年）正月九日，沙州遣使、副［使］杨骨盖靡是贡玉牛、黄棋子、褐绿黑皮、花蕊布、琥珀、乳香、硇砂、梧桐律、黄矾、名马。[②]

景祐四年六月，沙州大使杨骨盖（或作杨骨盖靡是）、副使翟延顺入贡。[③]

康定元年（1040 年）四月，沙州遣人入贡方物。[④]

然而到康定二年（1041 年）十一月，当沙州再次入贡时，遣使者已换为“沙州北亭可汗王”了。史载：“［康定］二年十一月十五日，

---

① 《沙州回鹘及其文献》，第 109—110 页。

② 《宋会要辑稿·蕃夷七》之二五。

③ 《宋会要辑稿·蕃夷五》之三。

④ 《宋会要辑稿·蕃夷五》之三。

[沙州] 北亭可汗奉表贡玉、乳香、硇砂、名马。”[①] 翌年，该汗再次遣使入宋朝贡：“庆历二年（1042 年）二月，沙州北亭可汗王遣大使密、副使张进零、和延进、大使曹都都、大使翟入贡。”[②] 这里的“沙州北亭可汗王”，既有可能是“沙州镇国王子”加冕之号，即“天王回鹘汗”的另一个称号，也有可能是一位新可汗的称号。如果是后者，那就说明沙州回鹘的第一任可汗“天王回鹘汗”已于康定二年（1041 年）十一月以前即薨亡了，由“沙州北亭可汗王”继立。“沙州北亭可汗王”在位时，仍很注意发展与宋朝的通贡关系。从他继位到皇祐四年(1052 年)间，沙州回鹘又有四次入贡于宋。其中，最后一次发生在皇祐四年（1052 年）十月十二月。[③] 此后即不见再入贡事。估计可能此后不久，“沙州北亭可汗王”即薨亡了，另有一新可汗继任。当时，由于中原地区宋、辽、夏三方时常发生战争，夏多次战败，自顾不暇，更无力西顾，使沙州回鹘消除了最大的威胁。于是，新可汗便断绝了与宋的通贡关系。

沙州既于 1036 年陷于西夏，那么，是何时归于回鹘之手呢？各种史籍未见明确的记载，但从沙州于景祐四年（1037 年）春开始向宋朝贡一事看，回鹘人重占沙州当在这一年稍前，因为这一年正月九日，沙州回鹘曾遣使副杨骨盖靡是来宋朝贡。[④] 自此以后直到皇祐四年十月，16 年间沙州即曾 8 次向宋入贡，足证这些年间西夏并未真正统治到沙州，否则就不会发生这些入贡之事。因为当时西夏和宋正处于激烈的冲突之中，如果西夏果真控制了沙州，那么就不可能允许它单独入宋朝贡了。尤其值得注意的是，这一时期沙州出使中原使者之民族成分与以前相比发生了很大变化，多以非汉人为正使，如：

---

①《宋会要辑稿·蕃夷七》之二六。
②《宋会要辑稿·蕃夷五》之三。
③《宋会要辑稿·蕃夷七》之二九。
④《宋会要辑稿·蕃夷七》之二五。

1.“[景祐]四年(1037年)正月九日，沙州遣使、副[使]杨骨盖靡是贡玉牛、黄棋子、褐绿黑皮、花蕊布、琥珀、乳香、硇砂、梧桐律、黄矾、名马。”①

2.“景祐四年六月，沙州大使杨骨盖(或作杨骨盖靡是)、副使翟延顺入贡。”②

3.“[康定]二年二月，沙州遣大使安谔支、副使李吉入贡。”③

4.“庆历二年(1042年)二月，沙州北亭可汗王遣大使密、副使张进零、和延进、大使曹都都、大使翟入贡。”④

5.“[皇祐二年](1050年)四月八日，沙州符骨笃末似婆(娑)温等来贡玉。”⑤

其中的杨骨盖靡是(或作杨骨盖)、符骨笃末似婆温、大使曹都都等皆非汉族人名。“靡是”二字，很可能是回鹘人名中常出现的后缀-miš/-mïš之对音；娑温，即回鹘文Sangun(将军)之对音；都都即都督，回鹘文作Tutuq，均为回鹘官号，由此可推测以上三人均为回鹘人。安谔支很可能为粟特人的后裔，李吉虽为汉人，但原为甘州回鹘的旧僚，常代表甘州回鹘出使中原，归沙州回鹘后仍充任外交使节。庆历二年所遣大使密，也非汉人。密，可能为密禄(密六)之省。密禄(密六)，回鹘语作Biruq，为回鹘官号，系相国之意。副使翟延顺、大使翟的族属也值得关注。敦煌写本P. 2962《张议潮变文》言：“[大中]十一年八月五日，伊州刺史王和清差走马使至云：‘有背叛回鹘五百余帐，首领翟都督等回鹘百姓已到伊州侧。’”⑥《册府元龟》卷九七六

① 《宋会要辑稿·蕃夷七》之二五。

② 《宋会要辑稿·蕃夷五》之三。

③ 《宋会要辑稿·蕃夷五》之三。

④ 《宋会要辑稿·蕃夷五》之三。

⑤ 《宋会要辑稿·蕃夷七》之二八。

⑥ 王重民等编《敦煌变文集》(上集)，北京：人民文学出版社，1984年，第117页。

《外臣部·褒异三》载："[天福] 三年五月，回鹘朝贡使都督翟全福并肃州、甘州专使僧等归本国，赐鞍马、银器、缯帛有差。"从他们担任都督一职来判断，翟氏应系回鹘重要组成部分之一。在甘州回鹘中，多见翟姓充任大使，如：

景德四年（1007年），[甘州] 夜落纥遣僧翟大秦来献马十五匹，欲于京城建佛寺。①

[大中祥符] 四年（1011年）正月，甘州进奉使翟符守荣等请从祀汾阴，从之。②

[天圣二年（1024年）五月，甘州回鹘可汗王] 遣使都督翟信等十四人来贡马及黄湖绵（锦）、细白氎。③

如果说翟是敦煌大姓，故有多人出任大使的话，对甘州回鹘就不适用，因为在甘州，翟姓则非为大姓，况且翟符守荣显然非为汉名。庶几乎可以认为翟姓大使的身份亦应为回鹘人。这些现象都足以表明，当时瓜沙地区的统治者非回鹘莫属。

除了上文所列各种直接证据外，还应该注意以下两个方面的旁证资料。

第一，敦煌石窟图像资料。沙州回鹘时期，佛教信仰极盛，当时回鹘上层贵族把修建佛寺、开凿洞窟、在石窟壁上绘画视作一种功德，因而，在敦煌莫高窟、西千佛洞和瓜州榆林窟中可以见到不少的回鹘洞窟，至今仍存有23个洞窟，其中莫高窟16窟、西千佛洞5窟、榆林窟2窟。

---

①《宋会要辑稿·蕃夷四》之三。

②《宋会要辑稿·蕃夷四》之五。

③《宋史》卷四九〇《回鹘传》，第14117页。

图 4–2 莫高窟 409 窟回鹘王妃

在莫高窟第 409 窟中（图 4–2），男窟主的装束完全是回鹘风俗的，身穿圆领窄袖盘龙纹袍，腰束带，着靴，头戴云镂冠，面型丰圆，眼似柳叶，高鼻，嘴角上翘，手持香炉。身后八名侍从，头戴毡冠，身穿圆领窄袖短袍，着靴，手持伞、扇、弓、剑、盾、铁笊篱等。① 这些都与吐鲁番柏孜克里克石窟及吉木萨尔北庭西大寺中的回鹘可汗、贵族画像中的那种装饰极为相似，显然该窟窟主当系回鹘可汗或贵族身份。②

在瓜州榆林窟中也有与此身份差不多相当的男回鹘窟主画像。如榆林窟第 39 窟前室甬道南壁中的第一、二身画像就很引人注目（图 4–3）。第一身头戴三尖冠，着圆领窄袖赭色大团花长袍，腰带上佩有解结锥、短刀等。第二身则头戴毡冠，身着绿色小团花长袍，其服饰、面态、体型均与第一身基本相同。二人中间还有持杖侍者。在与其相对的北壁上，有与柏孜克里克王后像基本相同的女供养人像。③ 这些回鹘可汗、贵族画像的存在，也从

---

① 万庚育《莫高窟、榆林窟的西夏艺术》，《敦煌研究文集》，兰州：甘肃人民出版社，1982 年，第 323 页；刘玉权《关于沙州回鹘洞窟的划分》，《1987 年敦煌石窟国际讨论会文集·石窟考古编》，沈阳：辽宁美术出版社，1990 年，第 12—23 页。

② A. von Le Coq, *Chotscho: Facsimile-wiedergaben der wichtigeren Funde der ersten Königlich preussischen Expedition nach Turfan in Ost-Turkistan*, Berlin 1913，Taf. 30a；中国社会科学院考古研究所编著《北庭高昌回鹘佛寺遗址》，沈阳：辽宁美术出版社，1991 年，图版八六，图 1。

③ A. von Le Coq，*Chotscho: Facsimile-wiedergaben der wichtigeren Funde der ersten Königlich preussischen Expedition nach Turfan in Ost-Turkistan*, Berlin 1913，Taf. 30b.

图4-3 榆林窟第39窟回鹘王供养像

侧面印证了沙州回鹘王国的存在。

第二，沙州回鹘国政权组织形式的存在。由于汉文史料记载匮乏，而敦煌莫高窟藏经出土的回鹘文写本数量虽不少，但难以确定其时代，而且有些很有可能来自西域或其他地区，无法直接引为沙州回鹘史的确切证据，只能作为时代明确的汉文史料的辅证。按照这一标准衡量，敦煌回鹘文写本中出现的回鹘官号，如可汗(qaɤan)、王子(Tegin，特勤)、都督（Tutuq)、将军（Sangun)、达干（Tarqan)、刺史（Čigši)、柱国(Tiräk)、于迦（Öga 谋士)、塔雅乌（Tayaɤu 内侍)、大使、啜（čor)、伊纳尔（ïnal)、伊难奇（ïnanč)、伯克（bäg）等，数量虽众，但大多不能充当研究沙州回鹘国职官制度的证据，只有可汗、王子、都督(都都)、将军（娑温)、大使（使、副使）等少数几种官号因可见于汉文史料，时代明确，含义清楚，堪充沙州回鹘国存在的力证。

在沙州回鹘政权中，可汗（qaɤan）是最高统治者。“可汗”称号本出柔然，后来吐谷浑、突厥亦借用之。但突厥存在着大、小可汗之别，回鹘与之不同，可汗名号一尊，不容二号并立。即使在回鹘汗国灭亡，其部众四散之际，各回鹘集团仍然共尊同一位可汗。当时西迁至安西（今新疆天山南部地区）的回鹘首领庞特勤，拥众二十万，是离散回鹘诸部中势力最强盛者，但由于向南迁入唐境的回鹘乌介已被立为可汗，所以庞特勤不称可汗而仅称“叶护”。叶护者（Yabɤu)，回鹘语中为“大臣”之意。《新唐书》卷二一五《突厥传》载：

及其破灭（指漠北回鹘汗国溃败），有特庞勒居焉耆，称叶护，余部保金莎领，众至二十万。

文中的“特庞勒”显系“庞特勤”之误。会昌六年（846年），乌介可汗被杀，其弟遏捻被部众拥立为汗。遏捻可汗亲率余众依附于室韦。大中二年（848年），遏捻可汗仅率妻、子等九骑夜逃，不知所终，在此情况下，“其别部庞勒（即庞特勤）先在安西，亦自称可汗”。[①] 后来，回鹘复国无望，各部独立，有势力者自相称雄，遂相继出现了安西回鹘可汗（西州回鹘可汗）、甘州回鹘可汗等名目，“沙州北亭可汗王”的出现，就是这一背景的产物。

可汗之子弟曰“特勤”（Tegin），亦即“王子”，“沙州镇国王子”是。在“沙州北亭可汗王”之前，此人应是沙州回鹘的最高统治者，在敦煌回鹘文写本中出现的tängri ellig uyɣur xan“天王回鹘汗”或许就是他的称谓，亦未可知。

都督，回鹘文作Tutuq或Totoq，借自汉语，为统军之职。在《宋会要辑稿》所记沙州朝贡使者中即有“大使曹都都”：

庆历二年（1042年）二月，沙州北亭可汗王遣大使密、副使张进零、和延进、大使曹都都、大使翟入贡。[②]

这里的“都都”实即“都督”之异写。从有关文献看，在甘州回鹘王国中，都督常充任外使，如《册府元龟》卷九七六《外臣部·褒异

① 《资治通鉴》卷二四八大中二年正月条。

② 《宋会要辑稿》蕃夷五之三。

三》："乾化元年（911 年）十一月，丙午，以回鹘都督周易言为右监门大将军同正。"《旧五代史》卷一三八《回鹘传》：天成四年（929 年），甘州回鹘"又遣都督掣拨等五人来朝，授掣拨等怀化司戈，遣令还蕃"。这一传统有可能对沙州回鹘产生影响。在敦煌出土回鹘文写本中，"都督"一词出现的频率甚高，S.3853 载：

1. [hiuan-?] tsuïntaqï la totoq oɤlï arslan sangun
2. bu qutluɤ warxar kirü tag-intim burxan-
3. lar küč basut berzün esän tükäl
4. toquz on yašayur tarï atam-qa burxan
5. küčingä öz äwkä tägmäz bolzum

1. [悬] 泉的罗都督之子阿尔斯兰将军
2. 我祈求进入这有福的寺院，愿
3. 佛陀给予力量和帮助！愿佛陀
4. 保佑我九十岁的老父亲无恙！
5. 保佑我自己的家庭平安。①

文中的悬泉即今甘肃瓜州县南破城子，天宝年间已置镇，并有镇使与长史之设，归义军时期为二州六镇（后增为八镇）之一，故有都督之设。回鹘文文献称都督的儿子阿尔斯兰也位居"将军"之职。如果该文献反映的是沙州回鹘国的情况，那么，沙州回鹘国中当还有"将军"之设。按一般常理父职大多高于子职来推断，在沙州回鹘国中，都督的官位当高于将军。

将军，回鹘文写作 sangun，在汉文史料中，该词常被音译作"娑

① 《沙州回鹘及其文献》，第 205—206 页。

温”“相温”等。如《旧五代史·回鹘传》有“副使达奚相温”“监使末相温”。《宋史·回鹘传》则作“娑温”。皇祐二年（1050）四月，“沙州回鹘遣使者符骨笃末似婆（娑）温至宋贡玉”。[①] 其中的“符骨笃末似娑温”，在李焘《续资治通鉴长编》卷一六八作中“普克多木萨本”。“萨本”者，盖“娑温”之异写。

大使一职，在敦煌回鹘文写本中未见对应词，但多见于汉文文献，如：

> 景祐四年六月，沙州大使杨骨盖（或作杨骨盖靡是）、副使翟延顺入贡。[②]
>
> [康定]二年二月，沙州遣大使安谔支、副使李吉入贡。[③]
>
> 庆历二年（1042年）二月，沙州北亭可汗王遣大使密、副使张进零、和延进、大使曹都都、大使翟入贡。[④]

同时出现的还有“使”与“副使”等，如景祐四年（1037年）正月九日，沙州遣使、副使杨骨盖靡是至宋贡方物。[⑤] 以往沙州朝贡使团之首领一般称“使头”。[⑥] 而甘州回鹘、龟兹回鹘之贡使则往往使用“大使”“副使”之称谓。[⑦] 如；

---

① 《宋会要辑稿·蕃夷五》之三。

② 《宋会要辑稿·蕃夷五》之三。

③ 《宋会要辑稿·蕃夷五》之三。

④ 《宋会要辑稿·蕃夷五》之三。

⑤ 《宋会要辑稿·蕃夷七》之二五。

⑥ 郑炳林、冯培红《唐五代归义军政权对外关系中的使头一职》，《敦煌学辑刊》1995年第1期，第17—28页。

⑦ 李正宇《悄然湮没的王国——沙州回鹘国》，《1990年敦煌学国际学术研讨会文集·史地语文编》，沈阳：辽宁美术出版社，1995年，第153页。

景德元年（1004年）九月，甘州回鹘夜落纥遣进奉大使、宣教大师宝藏、副使李绪……等百二十九人来贡。①

［天圣元年（1023年）］五月二十九日，甘州可汗王夜落隔［通顺］遣使副王阿葛之、王文贵贡方物。②

景祐四年六月，［龟兹回鹘］遣大使李延贵、副使李沙州入贡。③

神宗熙宁四年九月，［龟兹回鹘］遣大使李延庆、副使曹福等入贡。④

"大使""副使"二称号在沙州的出现，也表明了沙州政权的回鹘性质。

森安先生一直坚持西州回鹘统治沙州之说，其立论依据，归纳起来，主要有三。其一，"沙州北亭可汗"中的"北亭"即高昌回鹘王国的夏都"北庭"。日本学者多主此说。⑤森安引安部健夫之说，认为"北亭即北庭，11世纪北亭可汗王肯定是西回鹘王国的可汗，不然，也是与他有直接关系的人"。⑥然而，在笔者看来，"北亭即北庭"之说大有可商榷的余地。如果北亭=北庭，那么，何以要在"北庭"前加"沙州"二字？这位可汗，究竟是沙州可汗？还是北庭可汗？抑或兼领沙州、北庭二地之可汗？假设沙州兼领北庭，出现"沙州北庭（北亭）

①《宋会要辑稿·蕃夷四》之三。

②《宋会要辑稿·蕃夷七》之二二。

③《宋会要辑稿·蕃夷四》之一五。

④《宋会要辑稿·蕃夷四》之一五。

⑤ 藤枝晃《沙州归义军节度使始末》（三），《东方学报》（京都）第13册第1分，1942年，第70、74页；冈崎精郎《タングート古代史研究》，京都：东洋史研究会，1972年，第273页；安部健夫《西ウイゲル国史の研究》，京都，1955年，第490页。

⑥ 森安孝夫《ウイグルと敦煌》，山口瑞凤编《讲座敦煌2 敦煌の历史》，东京：大东出版社，1980年，第332页。

可汗”之名号自然符合常理。但从历史实际看，这种假设完全不可能成立。若是北庭兼领沙州，那么，“沙州”应在“北庭”之前，而非相反。这些说明，把北亭理解为新疆吉木萨尔县的北庭既没有道理，也不符合事实。[①] 北庭本为唐方镇名。唐玄宗先天元年（712 年）始设北庭都护府，治所在今新疆吉木萨尔县城北 12 公里处破城子，贞元六年（790 年）地为吐蕃所占。9 世纪中叶回鹘西迁，北庭一带成为高昌回鹘王国的夏都，但回鹘从未采用“北庭”这一汉名，而是以本民族名biš balïq（别失八里，意为“五城”）称之，如吐鲁番出土回鹘文《玄奘传》题跋载：

ymä qutluɤ uluɤ twqač ilintä üč arïlïɤ nom ötgürmiš huilip taïsï ödig alïp twqač tïlïnča yaratmïš kintsung wapšï atlɤ nomčï ačarï kingürtmiš o yana twqač tïlïtïn biš balïq-liɤ sïngqu säli tutung yangïrdï türk tïlïntïn äwirmiš bodïstw taïto samtso ač arïnïng yorïɤ-ïn uqïtmaq atlɤ tsï yn čuin tigmä kwi nom bitig

时幸福的、伟大的桃花石国中有慧立大师者，洞澈三藏，受教著为桃花石文，名叫彦悰法师者扩展之，又别失八里人胜光法师都统再由桃花石文译为突厥文。[②]

“别失八里”之名同样也见于敦煌出土早期回鹘语摩尼教文献

① 李正宇《悄然湮没的王国——沙州回鹘国》，《1990 年敦煌学国际学术研讨会文集·史地语文编》，沈阳：辽宁美术出版社，1995 年，第 157 页。

② 冯家昇《回鹘文写本〈菩萨大唐三藏法师传〉研究报告》，《冯家昇论著辑粹》，北京：中华书局，1987 年，第 378—379 页；耿世民《回鹘文玄奘传第七卷研究》，《民族语文》1979 年第 4 期，第 250 页。

（P.3071卷背第17行）中。[①] 很难想象，一个回鹘人从不使用的地名，如何会用来作为可汗的称谓。所以，将北庭理解为北亭是完全站不住脚的。那么，沙州回鹘之北亭究竟为何意呢？有可能是敦煌地区的某一地名，也有可能为其他意义，目前尚不能给出圆满答案。

其二，在吐鲁番高昌故城α遗址出土的回鹘文木杵铭文（编号：IB 4672）第5行中有“沙州将军”一称：

1. y(ä)mä qutatmïš qutluɤ topraɤ qutluɤ bičin yïl-qa ödrülmïš ädgü ödkä qutluɤ qoluqa

2. toquzunč ay tört otuz-ɤa purva pulguni yultuz-qa kün ai t(ä)ngritäk küsänčig kü rtlä yaruq

3. t(ä)ngri bög [ü] t(ä)ngrikänim (i)z köl bilgä t(ä)ngri ilig-ning orunɤa olurmïš ikinti yïlïnga biz üč ärdini-kä

4. aɤïnčsïz ävrilinčsiz süzük küngül-lük upasanč t(ä)ngrikän tigin silig tärkän qunčuy t(ä)ngrim

5. upasï külüg ïnanč saču sangun

1. 在吉祥的土猴年中，在一个择定的吉时良辰

2. 九月二十四，张宿星座，如日月之神一般的、期待的、英俊的、光明之

3. 神——我们贤明的博学者就坐阙·毗伽天王之位的第二年，我们对三宝

4. 坚定不移，怀着永不放弃“三宝”的春节信念。优婆夷天特勤、思力达干、公主殿下和

① 杨富学、牛汝极《沙州回鹘及其文献》，兰州：甘肃文化出版社，1995年，第212页。

5. 优婆塞俱禄·伊难支沙州将军。①

从该文献可以看出，高昌回鹘有“沙州将军”之设。此外，在吐鲁番出土的另一件木杵文书（编号为T III）中，提及高昌回鹘的疆域“东自沙州，西至篏赤拔塞干”。② 学界遂有人据此认定西州回鹘曾领有沙州。③ 森安孝夫亦接受此说。德国学者毕丽兰（Lilla Russell-Smith）就该铭文进一步论述说：

该铭文对这一问题的研究有几点很重要。它表明在11世纪的最初10年，回鹘在沙州拥有了相当的势力，那里有沙州的回鹘将军。此外，铭文发现于高昌，表明西州与沙州回鹘间有着密切的联系。还有一点也很重要，即铭文证明沙州回鹘人参与了吐鲁番地区佛教寺院的兴建。④

---

① F. W. K. Müller, *Zwei Pfahlinschriften aus den Turfanfunden,* Abhandlungen der Preussischen Akademie der Wissenschaften, Phil. -hist. Klasse, Berlin 1915, S. 4；森安孝夫《ウイグル仏教史史料としての棒坑文书》，《史学杂志》第83卷4号，1974年，第39—40页；Moriyasu Takao, Uighur Buddhist Stake Inscriptions from Turfan, *De Dunhuang à Istanbul. Hommage à James Russel Hamilton,* Turnhout 2001, p.152.

② F. W. K. Müller, *Zwei Pfahlinschriften aus den Turfanfunden*, Abhandl ungen der Preussischen Akademie der Wissenschaften, Phil. -hist. Klasse, Berlin 1915, S. 26；杨富学《高昌回鹘王国的西部疆域问题》，《唐代的历史与社会》，武汉：武汉大学出版社，1997年，第571页。

③ 岑仲勉《吐鲁番木柱刻文略释》，《中央研究院历史语言研究所集刊》第十二本，1947年，第117—119页。

④ Lilla Russell-Smith, *Uygur Patronage in Dunhuang. Regional Art Centres on the Northern Silk Road in the Tenth and Eleventh Centuries,* Leiden/Boston 2005, p. 71.

然而，凭此铭文而认定西州统治沙州是很危险的，很难经得住推敲。

IB 4672 木杵文书写于土猴年（戊申年），具体年代，学界一般推定为 948 年。当时，沙州统治者为曹元忠（944—974 年），正当沙州归义军政权的盛期，西州如何能够统治沙州呢？敦煌出土的与归义军有关的汉文史料极为丰富，未见任何一件文献稍稍有沙州接受西州统治的迹象，也说明当是西州统治沙州说的子虚乌有。森安先生明了这一点，遂有如下议论：

> 当然，“沙州将军”若为虚衔，或者充其量是住在沙州的外交使节、军事顾问一类的官衔，对沙州没有实质性统治意义。情况若如是，认定戊申年为 948 年当属适宜。如若在西回鹘上层统治阶级中有“沙州将军”官衔，即可说明系回鹘确实统治了沙州。那么，这个戊申年，自应推至 1008 年以后了。①

易言之，“沙州将军”是虚衔或者实职，在森安先生那里是不能肯定的；文书的年代，同样也不能得到肯定。以此作为西州回鹘统治沙州的证据，显然缺乏说服力。

退一步说，即使把文书时代推至 1008 年以后，同样也不能仅凭高昌回鹘有“沙州将军”之设而得出实际统治沙州的结论。因为至晚从麴氏高昌国时期始，其统治者名号中便常出现类似的职衔，如麴坚、麴嘉、麴光、麴宝茂、麴乾固等人的职衔中便都有“瓜州刺史”一职，而事实上却从来就不曾统治沙州。同样，辽朝也设有“沙州刺史”“归义军节度使”，而沙州地区也从未受辽朝节制。据此推测，“沙州将军”

---

① 森安孝夫《ウイグルと敦煌》，《讲座敦煌 2 敦煌の历史》，东京：大东出版社，1980 年，第 333 页。

很可能应为虚衔，有可能是沿袭旧习而来的。当然，还不能排除这样一种可能，即"沙州将军"是实职，但是管辖范围仅及沙州归义军政权管辖不到的沙州西部地区。T III 回鹘文木简言西州回鹘疆域"东自沙州"，但是否包括沙州是不明确的，或起沙州西部边界，或包括沙州西部，未可知也。但绝不可能管辖到沙州中心区域。

森安先生立论的第三条证据来自石窟壁画，认为今日敦煌地区保存的壁画，尤其是供养人像，酷似新疆柏孜克里克西州回鹘洞窟里的供养人像，"这进一步证明了两地之间的联系"。① 如果言沙州与西州回鹘壁画之间有联系，则完全可信，毋庸置疑，因为，不管西州回鹘还是沙州回鹘，都继承了漠北回鹘汗国时期的文化传统，而且在西迁后，同样也都皈依了佛教，而且都以汉传佛教为主要信仰，汉地石窟艺术对二地回鹘佛教艺术的影响是既深且巨的。但应该看到，若依此证明西州回鹘曾统治过沙州，那就误入歧途了。最明显的一点是，莫高窟第409窟的男性回鹘供养像身穿锦缎长袍(图4–4)，上有团龙纹图案，随从侍者所捧为象征权力的权杖，团扇上也绘着双龙纹。在等级森严的中国古代社会，这种纹饰和仪仗只有最高统治者才有资格享用。

图4–4 莫高窟409窟回鹘王供养像

而柏孜克里克男性供养人则身着红色织锦长袍的图案，未见穿团龙纹长袍或以龙纹来装饰衣冠。在柏孜克里克石窟第31窟中有回鹘人供养人画像下方有朱书

① 森安孝夫《沙州ウイグル集団と西ウイグル王国》，《内陆アジア史研究》第15号，中央ユーラシア学研究会，2000年，第25页。

回鹘文题记 3 行：

1. t(ä)ngrikän il tutmïš älp ärslan toqul(?) to[nga?].
2. tigin ügä tär(?)kän tigin il toɤrïl bäg(?)[ning?]
3. t(ä)ngrikän körki bu ärür.①

此为勇猛之狮统治全国的九姓之主全民苍鹰侯回鹘 Tegin 之像。

读其文，观其像，显然为回鹘王室成员之供养像，勒柯克称其为“回鹘贵族供养人”。② 由于题记中出现有 Tegin 一词，其词义一般指可汗的弟弟或儿子，这种解释当不无道理。但有一点似乎应当注意，Tegin，早期文献一般音译特勤，元代文献多做的斤，其本义固然有可汗弟弟或儿子意，但常用作回鹘王之名号，如高昌回鹘王国的建立者为庞特勤，有元一代，有名可考的回鹘亦都护计 16 人，其中名字中有“的斤”二字的就有 9 人，即巴尔术阿而忒的斤、萨伦的斤、玉古伦赤的斤、马木剌的斤、火赤哈尔的斤、纽伦的斤、雪雪的斤、朵儿的斤、伯颜不花的斤等。③ 可见，仅依 Tegin 一词认定该画像不具备回鹘王之身份，恐怕未必。

此外，在吉木萨尔北庭高昌回鹘佛寺遗址 S105 殿中，也可以见到回鹘亦都护供养之像，题名曰：

kün ay t(a)ngrilär……täg……il tutmïš ö……arslan bilgä……

① [德] 阿尔伯特·冯·勒柯克、恩斯特·瓦尔德施密特著，巫新华译《新疆佛教艺术》(上)，乌鲁木齐：新疆教育出版社，2006 年，第 229 页。

② 同上，第 228 页。

③ 程溯洛《高昌回鹘王国亦都护谱系考——西域时代回鹘史札记》，《西北史地》1983 年第 4 期，第 13—23 页。

[tangri] däm ïduq körki bu ärür

此为像日月一样的……持有国家的……阿厮兰毗伽[睿智]神圣亦都护之像。[①]

图 4–5 柏孜克里克石窟第 31 窟回鹘王供养像

该回鹘王身穿黄色圆领窄袖长袍，与《宋会要辑稿》番夷四所载回鹘王“戴宝装冠，著黄色衣”的记载完全吻合。但与莫高窟回鹘王之画像迥然有别。

近期，艺术史专家贾应逸与侯世新合作，对敦煌莫高窟的回鹘壁画，尤其是第 409 窟的回鹘王供养人像，与高昌回鹘王的供养人像图(4–5）进行了比较研究，得出了如下结论：

明显地可以看出莫高窟第 409 窟的回鹘王及其王妃的供养像与柏孜克里克，甚至北庭西大寺，即西州回鹘（或称高昌回鹘）的供养人像有着十分明显的区别，表明两者并非一个政权。西州回鹘王与沙州回鹘王虽然都是回鹘族政权的国王，但他们的服饰制度差别很大，说明他们不是一个统一的国家政权……可以说明高昌回鹘没有统辖到沙州，高昌回鹘和沙州回鹘都是各自独立的政权。[②]

① 中国社会科学院考古研究所编著《北庭高昌回鹘佛寺壁画》，沈阳：辽宁美术出版社，1990 年，第 82 页。

② 贾应逸、侯世新《莫高窟第 409 窟与高昌回鹘供养人像比较研究》，《敦煌壁画艺术继承与创新国际学术研讨会论文集》，上海：上海辞书出版社，2008 年，第 515—516 页。

艺术史研究的成果也表明敦煌石窟中回鹘王供养像与高昌回鹘的不同，证明二者为各自独立的政权，否定了森安先生的假定。

这些都清楚地表明，沙州回鹘是独立于高昌回鹘王国之外的一个地方政权。

通过上文的论述，可以看到，目前学界对西夏于1036年攻占沙州没有异议，但对1036年至1067年间沙州由谁统治的问题则形成了两种截然不同的观点：一种意见认为自1036年以后西夏便领有瓜沙二州；另一种意见则认为西夏于1036年攻灭了归义军政权后，但未能建立起有效的统治，不久就让位于回鹘的统治，直到1067年（或其前不久）西夏重占沙州。

两种完全不同的说法都是于史料有据的，而且这些史料大都为学界所共知，那么，何以还会得出这种大相径庭的结论呢？我认为产生歧异的原因主要在于古代史书记载的角度不同。

两种完全不同的说法都是于史料有据的，而且这些史料大都为学界所共知，那么，何以还会得出这种大相径庭的结论呢？我认为产生歧异的原因主要在于古代史书记载的角度不同。

《续资治通鉴长编》《宋史·夏国传》《皇宋十朝纲要》等史书是明确记载1036年以后，西夏即占有了河西走廊全境。至于西夏占领河西的具体过程，这些文献都未予具体的叙述，体现出的是一种笼统的史观。不妨仍以1036年说的立说之本，即李焘《续资治通鉴长编》的记载为例。该书卷一一九景祐三年十二月辛未条写道：

> 赵元昊自制蕃书十二卷，字画繁冗，屈曲类符篆，教国人纪事悉用蕃书。私改广庆三年曰元大庆元年。再举兵攻回纥，陷瓜、沙、肃三州，尽有河西旧地。

李焘自注云：

《聚米图经》谓元昊既屠牦牛城，筑凡川会，诱胁唃氏诸部豪酋，厮罗因二子猜沮，徙居历精城。元昊无吐蕃之患，始举兵攻回纥，陷瓜、沙、肃三州。

《聚米图经》，全称《陕西聚米图经》，系赵珣于北宋康定二年（1041年）所撰，惜早已失传。从李焘的引述看，该书仅言元昊曾“举兵攻回纥，陷瓜、沙、肃三州”，但无“尽有河西旧地”一语，后者显然是李焘所加。综合正文与注文，可以将该条记载归纳为四层递进关系，即制蕃书→改元→削弱吐蕃→攻回纥→完全占领河西。这些都是西夏史上的大事，非一时所可完成者，但李焘均将之系于景祐三年十二月辛未条。足以说明李焘记载的这段文字是很笼统的，旨在叙述事件的结果，而非具体过程，其中景祐三年陷瓜沙具有标志性意义，故系事于此年。如果这一推测非误，那么，李焘所谓元昊“尽有河西旧地”之年就不一定非指1036年不可了。

综上所述，可以看出，对《续资治通鉴长编》《宋史·夏国传》《皇宋十朝纲要》等著作的作者来说，西夏确于1036年攻占了瓜沙，推翻了那里的统治者——曹氏归义军政权，故在西夏人心目中，他们无疑已经拥有了对瓜沙二州的统治权。后来尽管曾一度让位于回鹘的统治，但时间并不长。所以，从某种意义上来说，瓜沙二州始终可以说是西夏的领土，故《续资治通鉴长编》《宋史·夏国传》《皇宋十朝纲要》等史书的记载应该说是正确的，只是其说法显得过于笼统而已，因为其主旨概述而不在于一一明确列述西夏于何时占领了何州。恰如正史所载：“夏之境土，方二万余里。”① “东尽黄河，西界玉门，南接萧关(今宁夏同心县南)，北控大漠”，② 幅员相当广大。这一疆域的形成决非一蹴而

①《宋史》卷四八六《夏国传下》，第14028页。

②［清］吴广成撰，龚世俊等校证《西夏书事校证》卷一二，兰州：甘肃文化出版社，1995年，第145页。

就，而是逐步发展形成的，史书在记载时却未斤斤于具体过程，而直书其结果。同样道理，上述史书在记载西夏对瓜沙的控制时，也是只记1036年西夏占领瓜沙，而未详载西夏曾一度失去二地之事，毕竟时间不长，仅有30来年。与之相反，古代史书及敦煌等地发现的考古资料对1036—1067年间沙州回鹘的活动的记载是具体的，其中既有时间，也有地点和具体人物，更有事件的起因与过程，故而可以说，这些记录反映的才是可信的历史事实。

第五章

# 敦煌回鹘语文献及其价值

第一节

# 敦煌回鹘文文献及其价值

敦煌发现的回鹘语文献大致可分为两部分：其一为藏经洞（敦煌莫高窟第 17 窟）所出；另一部分则出自莫高窟第 464、465 等元代洞窟中。这些文献被发现后，经西方列强的巧取豪夺，今已大多流落海外，主要庋藏于伦敦大英图书馆、巴黎国立图书馆、斯德哥尔摩民族学博物馆、日本京都有邻馆和圣彼得堡俄罗斯科学院东方学研究所等处，只有很少一部分现藏于我国的敦煌研究院、甘肃省博物馆和中国国家图书馆等处。

前一类有 50 余件，当属 9—11 世纪的遗物（不包括王道士从其他洞窟中发现后放到藏经洞写本堆上层的那几件册子式元代文献），分别用回鹘文、摩尼文、突厥卢尼文和藏文 4 种文字写成，而以回鹘文为主，后期所见回鹘语文献则全部使用回鹘文。

回鹘文是 8 世纪左右漠北回鹘根据中亚粟特文字母而创制的一种文字，用以书写回鹘语言。其创制虽早，但用这种文字写成的属于那个时代的文献却几无留存。今天所能见到的文献大多出自吐鲁番和敦煌地区，前者所出大多为 13—14 世纪之物，而时代较早的文献，大多都出自敦煌莫高窟藏经洞中。

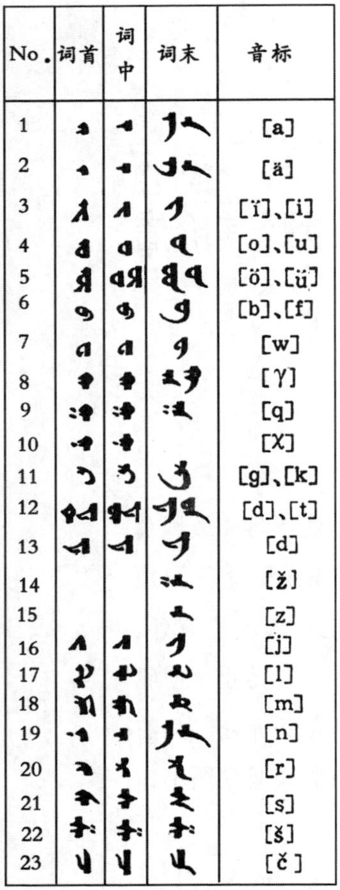

回鹘文字母表

在藏经洞出土的早期回鹘文文献中，有 19 件为世俗文书，主要是往来书信与商品账目之类，对了解敦煌地区回鹘社会经济，尤其是商业贸易具有重要的史料价值。从文书看，当时敦煌的回鹘人与周边地区保持着相当频繁的贸易往来。经商者不仅有一般商人，而且还有佛教僧侣、文武官员，甚至还有回鹘王室成员。贸易物品种类繁多，既有丝织物、生丝、熟丝、毛布、棉布、麻绸、手帕，也有锅、碗、瓢、盆之类的生活用品，更有用于农业生产劳动的工具和纺织用具。其经商范围也相当广大，西起于阗、吐鲁番、哈密、仲云，北抵蒙古高原，东迄辽朝，都有回鹘使者与商旅活动的踪迹。①

除了上述世俗文书外，敦煌还发现有相当数量的早期回鹘语宗教文献，其中大多为摩尼教、佛教文献，还有少量未能确定性质的宗教典籍。

在古代历史上，回鹘人的宗教信仰比较自由，佛教、摩尼教、景教与萨满教同时并存。敦煌发现的回鹘语摩尼教文献有 7 件，其中一件用摩尼文书写，其余则全部用回鹘文写成（详见本章第二节）。

敦煌发现早期回鹘文佛教典籍数量不多，比较重要的有《善恶两王子的故事》《佛说天地八阳神咒经》和《阿烂弥王本生故事》，与藏经洞以外出土的后期回鹘语文献几乎全为佛教著作的状况迥然有别。

《善恶两王子的故事》现藏巴黎法国国立图书馆，编号为 P. 3509，

① 杨富学、牛汝极《沙州回鹘及其文献》，兰州：甘肃文化出版社，1995 年，第 40—45 页。

为一部由20张纸组成的册子式回鹘文佛经，[①] 用一根皮条装订，共40页(80面)。每面有回鹘文7~8行。文献纸呈褐色，厚且粗糙，字体为行书。从内容看，与汉文《大方便佛报恩经》中的《恶友品》[②] 最为接近。应该特别说明的是，虽然回鹘文本沿用汉文本《大方便佛报恩经》的基本内容与结构，但并非简单的直译，许多细节不尽相同，如汉文本中有善友太子为救穷苦百姓，求国王开国库，"以五百大象负载珍宝"，回鹘文本中却未提及大象；汉文本称当恶友刺瞎善友双目夺宝而去时，树神将真相告诉了善友，但回鹘文本却将树神换成了一位仙人；汉文本讲果园主曾告诉善友如何看守果园，但回鹘文本却称是善友太子告诉果园主如何看守果园等。这种更动说明回鹘文本的译者对各种说法当有了解，因为在汉文佛经中，有许多故事都属于上述类型，如《贤愚经》所收的《善事太子入海》[③] 和《大施抒海》[④] 之内容就有许多与《大方便佛报恩经·恶友品》基本一样，但在细节上存在着一定的差异。

中土高僧伪撰的佛经《佛说天地八阳神咒经》，在回鹘人中有着相当大的影响，其回鹘文本在敦煌及吐鲁番等地都有发现，是迄今所知回鹘文佛经残卷中所占比例最大的一种经典，其中保存最完好的就是英人斯坦因于敦煌发现的编号为 Or. 8212-104（原编号为 Ch. 0013）的写卷。[⑤]

---

① J. Hamilton, *Manuscrits ouïgour de Touen-houang Le conte bouddhique du bon et du mauvais prince en version ouïgoure.* Paris 1971；杨富学、牛汝极《沙州回鹘及其文献》，兰州：甘肃文化出版社，1995年，第133—183页。

②《大方便佛报恩经》，《大正藏》第三卷，No. 156，页142b-148b。

③《贤愚经》卷九，《大正藏》第四卷，No. 202，页410a-415b。

④《贤愚经》卷八，《大正藏》第四卷，No. 202，页404b-409a.。

⑤ W. Bang - A. von Gabain - G. R. Rachmati，*Türkische Turfanexte, VI, Sitzungsberichte der Preussischen Akademie der Wissenschaften*，1934，S. 1-102；小田寿典《トルコ语本八阳经写本の系谱と宗教思想的问题》，《东方学》第55辑，1978年，第118—104页。

《阿烂弥王本生故事》回鹘文写作Āranemi-Jātaka，唯一的一件写本是伯希和于敦煌发现的，现藏法国国立图书馆，编号为 P. ouïgour 1。此经在现存的汉、梵文本中找不到原本，从译文多采用龟兹语词汇来看，该经当译自龟兹文。此经的发现，可补汉文大藏经之阙。此外，文书中长达 52 行的回鹘文题记也很重要。根据题记，不仅可以知道施主是僧慈·阿阇梨（Singsi Āčari），抄写者是阿尔甫·通迦(Alp Tonga)，而且还可以看到施主与抄经者度己度人的大乘佛教思想，尽管经典本身应归入小乘佛教系统。在古代维吾尔族佛教史研究中，该写本具有十分重要的资料价值。①

敦煌发现的后期回鹘文佛教文献数量较多，且篇幅较长，保存比较完整，成为研究蒙元时代回鹘语文、佛教状况、哲学思想和文学成就的至宝。文献内容丰富，种类多样，经藏有《金光明最胜王经》《长阿含经》《中阿含经》《杂阿含经》《增一阿含经》《八十华严》《佛说十王经》及《净土三经》等，论藏方面有《阿毗达磨俱舍论》《妙法莲花经玄赞》《俱舍论颂注》《阿毗达磨顺正理论》《阿毗达磨俱舍论安慧实义疏》等，佛教文学作品有《佛教诗歌集》、叙事诗《常啼与法上的故事》及韵文体的《观音经相应譬喻谭》等，另有密宗文献《吉祥胜乐轮》和禅宗文献《说心性经》以及回鹘文书信等。其中，《慈悲道场忏法》（俗称《梁皇忏》或《梁皇宝忏》，《大正藏》第 1909 号）特别值得注意。该文献是在葬礼上为死去的亲属而使用的，系由别失八里人昆村萨里都统（Küntsün Säli Tutung）依据汉文本转译成回鹘文，在吐鲁

① J. Hamilton，*Manuscrits Ouïgours du IXe-Xe Siècle de Touen-houang,* Tome I，Paris 1986，no. 1，pp. 1–26；Tome II，pls. 268-270；杨富学《敦煌本回鹘文〈阿烂弥王本生故事〉写卷译释》，《西北民族研究》1994 年第 2 期，第 89—101 页。

番多有发现，计达上百件，均藏于柏林，内容属 25—37 品。① 敦煌本系新近出土物，现藏敦煌研究院，存写本残片 1 页，编号为 B128:12，正背面各存文字 30 行，内容属《梁皇忏》第 6 卷中的一段。②

在上述文献中，元代回鹘文写本《阿毗达磨俱舍论安慧实义疏》以其部头巨大而闻名，是现存回鹘文献中篇幅最大且保存最完好的，主要部分庋藏于伦敦大英图书馆，编号为 Or. 8212-75A/75B（原编号为 Ch. xix. 001-002），计有 230 页（460 面），计 7015 行。为薄纸册子本，共 2 册。纸质薄韧，纸幅大小约为 17×13. 2 厘米，每面书 15 行，文中常夹写汉字，边上有用汉字标署的页码。字体为晚期草体，似属元代之物，但拼写法却为古典式的，即一般不见 s 和 z、t 和 d 交替使用的情况。③ 此外，甘肃省博物馆也有该文献写本入藏（图 5-1），馆藏号 13072，高 29.9 厘米，长 703. 3 厘米，正面为汉文《大般若经》卷三二二，背面为回鹘文《阿毗达磨俱舍论安慧实义疏》卷一，④ 其中间有汉文，如"答约此四义""问无漏法胜""界身足论""识身足论"等。钤"通泉华严院比丘法超颂"印十条方。该写本为卷子式，用黄麻纸 13 张，各纸

① K. Röhrborn, *Eine uigurische Totenmesse* (=Berliner Turfantexte II), Berlin 1971; I. Warnke, *Eine buddhistische Lehrschrift über das Bekennen der Sundan. Fragmente der uigurischen Version des Cibei-dao-changchanfa*, Berlin 1974 (unpublished theisis); I. Warnke, Fragmente des 25. und 26. Kapitels des Kšanti *qïlïuluq nom bitig*, *Altorientalische Forschungen* 10, 1983, S. 243-268.

② 张铁山《莫高窟北区 B128 窟出土回鹘文〈慈悲道场忏法〉残页研究》，《丝绸之路民族古文字与文化学术讨论会文集》，西安：三秦出版社，2007 年，第 37—47 页。

③ 庄垣内正弘《古代ウイグル文阿毗达磨俱舍论实义疏の研究》第 1—3 卷，京都：松香堂，1991—1993 年。

④ Geng Shimin, On the Lanzhou Version of the Uighur Abhidharmakośa-bhāsyatīkā Tattvārtha, *Splitter aus der Gegend von Turfan. Festschrift für Peter Zieme anlässlich seines 60. Geburtstags,* Istanbul-Berlin 2002, pp. 75-85. 耿世民《兰州本回鹘文〈俱舍论实义疏〉》，《维吾尔古代文献研究》，北京：中央民族大学出版社，2003 年，第 397—408 页。

图 5-1 甘肃省博物馆藏回鹘文《实义疏》

编号为云二：六—云二：十八。[①] 其中的“云”应为敦煌大云寺的简称，“二”为大云寺藏经之编号。说明该文献应出自敦煌。

《实义疏》之原文作者为 5—6 世纪印度著名注释家安慧(Sthiramati)。据《唯识述记》记载，安慧曾“即糅杂集，救俱舍论，破正理师”。所谓正理师是指众贤一派的有部学者。安慧的《实义疏》就是用来驳斥正理师以挽救世亲之《俱舍论》而作的。《实义疏》汉文本早已失传，仅在敦煌发现有 3 件残本，其中 P.3196 被收入《大正藏》第二九卷中，内容当为前 5 卷的节抄。最近整理、刊布的北新 1440 + L3736 号写卷当为该文献第 3 卷之完本。[②] 据说有蒙古语译本传世，但未知详情。现知者仅有藏文本比较完整，但也已不全。回鹘文本译者或编者为无念(Asmrta) 法师。所依原文当为汉本，因为抄本中杂有不少汉字，卷首以汉字标明题目为《阿毗达磨俱舍论实义疏》卷第一。回鹘文译文明显带有汉文文体特征。书手为生于沙州的吐坎儿·铁木耳 (Tükäl Tämür)。该文献与回鹘文韵文体《观音经相应譬喻谭》连为一体，题记中先后出现三个日期，即 luu yïl ikinti ay bïš ygirmi (龙年二月十五日)、qoyn yïl onunč ay biš otuz (羊年十月二十五日)、qudluɤ bičin yïl ikinti ay

① 秦明智《关于甘肃省博物馆藏郭煌遗书之浅考和目录》，《1983 年全国郭煌学术会讨论会文集·文史遣书编》(上)，兰州：甘肃人民出版社，1987 年，第 496 页。

② 苏军整理《阿毗达磨俱舍论实义疏》，方广锠主编《藏外佛教文献》第 1 辑，北京：宗教文化出版社，1995 年，第 169—250 页。

biš yangï（吉祥的猴年二月初五日），分别相当于 1352 年、1355 年和 1356 年。[①] 该写本残片的发现、研究与刊布，为复原安慧之《实义疏》，以弥补汉文、藏文大藏经的不足提供了基本依据。

在敦煌发现的晚期回鹘文佛教典籍中，有一个比较特殊的现象，那就是论藏著作数量较多。除上述《安慧实义疏》外，比较重要的尚有《阿毗达磨俱舍论》（存一件，散藏于瑞典、日本和国内各收藏单位）[②]、《阿毗达磨顺正理论》（现存日本京都有邻馆等处）[③]、《入阿毗达磨论注释》、《俱舍论颂》（大英图书馆藏，编号 Or. 8212-108）[④] 等。

敦煌发现的回鹘文《说心性经》是迄今所知极为罕见的汉地禅宗佛教著作译本，回鹘文原作 xin（köngül）tözin oqïdtači nom bitig，现存伦敦大英图书馆，编号为 Or. 8212-108。该写本为册子本，存 405 行。纸质细薄，字体较草，但清晰可读。每面写 13—15 行，拼写法比较规则，只是有时存在 t 和 d、s 和 z 字母交替使用的情况。文中夹写汉字。关于该文献的来源，学界一直未得定论。特肯（Ş. Tekin）认为，该文献

---

① 萨仁高娃、杨富学《敦煌本回鹘文〈阿毗达磨俱舍论实义疏〉研究》，《敦煌研究》2010 年第 1 期，第 117—124 页。

② 百济康义《ウイグル译〈阿毗达磨俱舍论〉初探——藤井有邻馆所藏断片》，《龙谷大学论集》第 425 号，1984 年，第 65—90 页；耿世民《回鹘文〈阿毗达磨俱舍论〉残卷研究》（1—2），《民族语文》1987 年第 1 期，第 56—61、50 页；《中央民族学院学报》1987 年第 4 期，第 86—90 页；杨富学、牛汝极《敦煌研究院藏的一页回鹘文残卷》，《敦煌研究》1991 年第 2 期，第 33—36 页；张铁山、王梅堂《北京图书馆藏回鹘文〈阿毗达磨俱舍论〉残卷》，《民族语文》1994 年第 2 期，第 63—70、7 页。

③ 百济康义《ウイグル〈阿毗达磨顺正理论〉抄本》，《佛教学研究》第 38 号，1982 年，第 1—27 页；庄垣内正弘《ウイグル文〈阿毗达磨顺正理论〉——大英图书馆所藏 Or. 8212—75Bかろ》《内陆アジア言语の研究》Ⅲ，神户：神户市外国语大学外国学研究所，1987 年，第 159—207 页。

④ 百济康义《ウイグル译〈俱舍论颂注〉一页》，《印度学佛教学研究》第 28 卷 2 号，1980 年，第 44—48（940—944）页；K. Kudara, A fragment of an Uighur version of the Abhidharma-kośa-karika, *Journal Asiatique*, 269-1/2, 1981, pp. 325-346.

不属于翻译作品，而是回鹘文原著。[①] 此说得到了佛教学者如本与阿里木·玉苏甫的支持。[②] 但澳大利亚佛学专家谢德琼（J. W. De Jong）在对特肯著作进行评论时指出，该文献很可能译自某部汉文禅宗文献，[③] 德国学者劳特（J. P. Laut）认为该作尽管富于想象，但还不能将该作提升到哲学著作的高度。[④] 德国学者茨默（P. Zieme）不同意劳特的看法，认为该文献属于禅宗著作，反映了颇为微妙的禅宗思想。[⑤] 现存写本为čisuya所抄，但没有署明年份。值得注意的是，缮写人čisuya同时又是同一写本（Or. 8212-108）中一首哲理诗的作者(即čisuya Tutung)，该哲理诗后有一题记曰：

küškü yïl toquz-unč ay-ning on yangï-ta körkle tanggsuk taydu kidin-i kav lïnxu-a-ta köp yangsamak-lïɤ boduɤ-in kök kalïk-ïɤ küč eyü bediz-egeli umunmïš-ïn körgü üčün bitidim

鼠年九月十日，我于美妙的T'ydw之西之k'w lynqw来此写。[⑥]

---

① S,Tekin, *Buddhistische Uigurica aus Der Yüan-Zeit* Budapest 1980，S. 53.

② W. Ruben，Bir Uygur filozofu hakkinda，*III. Türk Tarih Kongresi, Ankara 15-20 kasim 1943. Kongrera sunulan tebligler, Türk Tarih kurumu yayinlarindan,* IX. seri，no.3，Ankara 1948，S.314-337；阿里木·玉苏甫《回鹘文〈说心性经〉来源考》，《民族语文》2010年第1期，第59—64页。

③ J. W. De Jong，Review to *Buddhistische Uigurica aus Der Yü an-Zeit*，*Indo-Iranian Journal* 25，1983，p. 226.

④ J. P. Laut，Review to *Buddhistische Uigurica aus Der Yü an-Zeit*，*Zeitschrift der Deutschen Morgenlandischen Gesellschaft* 134，1984，pp.152–156.

⑤ P. Zieme，The " Sūtra of Complete Enlightenment" in Old Turkish Buddhism, *Collection of Essays 1993. Buddhism Across Boundaries Chinese Buddhism and the Western Religions,* Taipei 1999，pp. 471–472.

⑥ R. R. Arat，*Eski Türk şiiri,* Ankara 1965，S.124–125.

这里的T'ydw即指“大都”，此名在文献中出现即意味着这一文献为元代遗物，文献的书写风格与词法特征也正与此合。书中多处引用出自《首楞严经》和《华严经》的文字。内容可分为四部分：第一部分总论以及心性；第二部分解说关于心性的“三种门”；第三部分论说如何正确理解“三部法”的问题；第四部分为结语。

译自藏文的回鹘文密宗文献《吉祥胜乐轮（Śri-cakrasamvara）》也相当重要，原卷现存伦敦大英图书馆，编号Or. 8212–109（原编号Ch. xix. 003），册子形式，共63页（126面），1430行，纸质粗厚，呈黄褐色，保存良好，字体为行书，清晰可读。内有用汉字书写的“善哉善哉”(16b)、“了也”(55b)、“善哉，了也，娑土，了也”(58b）等语。此外，在页5b写有汉字“七”，页16a写有种子词之类的不明符号。页46b左上角尚有一处用婆罗谜文书写的梵语sādhu（善哉）。蒙古王子阿速歹（Asuday）之名按元代回鹘文行文习惯抬头一格书写。至于其内容、作者、译者和写本年代，文中有如下记载：

tört türlüg keziklärig yolča uduzmaqlïɤ tanïng nomluɤ tamɤaqïɤ čoɤluɤ ɤalïnlïɤ uluɤ baɤšï naropa-nïng kirčtü aɤïzïntïn nomlayu yarlïqamïš…… sakïkiɤ toyïn uluɤ baɤšï CUG GU baɤ-lïɤ dharma torčï čoskï irgämesän nomluɤ tüɤ atlïɤ baɤšï üzä yaratmïš ärür aɤïz tïn aɤïzqa ulaɤ…… qamïllïɤ ārya ačarï tükällig bilgä istonpa baɤšïnïng bošuɤ yarlïɤ üzä ävirü aɤtaru tägintim……či čing onunči bars yïl altïnč ay tört yangiɤa üč lükčük balïɤ-lïɤ xulut män yangi bošɤutčï sarïɤ tutung asudai oɤul ning lingči si üzä bitidim sadu ädgü

四种次第成就法，此为纳若巴（Naropa）大师讲说之真义（kirčtü）……由萨迦僧人大法师法幢（Dharma Torčï）大师制成……哈密尊者阿阇黎（Ārya Āčarï）遵佟巴（Istonpa）大师之令翻译……至正十年(1350年)虎年六月初四日，我三鲁克沁（Üč Lükčük）城之后学萨里都统(Sarïɤ Tutung)奉阿速歹（Asuday）王子之令写。[①]

这里的蒙古王子阿速歹必非与之同名的蒙哥汗之子阿速歹，而当为至顺元年（1330年）三月所封西宁王速来蛮（Sulaiman）之子。其名不见于《元史》，但见于《莫高窟六字真言碣》（1348年立，碣石今存敦煌研究院）和《重修皇庆寺记》（1351年立，碑石今存敦煌研究院）。看来此经当缮写于敦煌，写成时代在至正十年（1350年）。

从写本多见的藏文术语看，应译自藏文。内容属于印度著名密教大师纳若巴（1016—1100年）所撰《吉祥胜乐轮（Śri-cakrasamvara)》，内容可分为四部分，分别讨论了“处于生死中间状态及由此得到再生之方法”“四种次序成就法”、纳罗巴的“六法”学说和“吉祥胜乐轮”的六种礼拜。

在数以万计的回鹘文文献中，时代最晚的当推酒泉文殊沟发现的《金光明最胜王经》和文殊山万佛洞回鹘文题记。《金光明最胜王经》写本回鹘文原题作 altun önglüg yaruq yaltrïqlï qopta kötrül-miš nom iligi atlïɤ nom bitig，共398页，现存圣彼得堡俄罗斯科学院东方学研究所。该本纸质粗厚，呈黄褐色，保存良好，宽60.5厘米，高23厘米，每面以写经体书写文字22—25行，清晰易读。关于该经的翻译，跋尾有明确记载：

y(ä)mä qutluɤ öngdün uluɤ tabɤač ilinčä tayšing siwšing alɤu šasatarlarïɤ nomlarïɤ qalïsïz ötkürmiš bodisataw gitso samtso atlïɤ

① 庄垣内正弘《ウイグル语写本·大英博物馆藏 Or. 8212-109について》，《东洋学报》第56卷1号，1974年，第45页；P. Zieme und G. Kara，*Ein uigurisches Totenbuch. Nāropas lehre in uigurischer Übersetzung von vier tibetischen Traktaten nach der Samelhandschrift aus Dunhuang British Museum Or. 8212-109*，Budapest 1970，S. 27-28.

ačarï änätkät tilintin tawɣaš tilinčä äwirmištä yana bu biš čöbik käbik kälyük bulɣanyuq yawaz ötdä qoluta kinki boš-ɣutluɣ biš-balïqlïɣ sïngqu säli tutung tawɣač tilintin türk uyɣur tilinčä ikiläwirmiš altun önglüg yaruq yaltrïq-lïɣ qopta kötrulmiš nom iligi atlïɣ nom bitig bitiyü oquyu yätildi sadu ädgü ymä qutluɣ bolzun!

时幸福的东方之伟大的桃花石国（即中国——引者）中洞彻大乘［与］小乘一切经的菩萨义净三藏从印度语译为汉语。时此五浊恶世之中别失八里后学胜光法师都统（Sïngqu Säli Tutung）又从汉语译为突厥—回鹘语，定名为《金光明最胜王经》，写讫。善哉！善哉！祝福！①

此跋告诉我们，回鹘文《金光明最胜王经》是别失八里著名回鹘翻译家胜光法师依义净汉译本转译的。值得注意的是，与义净本相较，回鹘文本第一卷多出了两个故事：沧州人张居道在温州做官时因屈杀牲畜而被阎王追索，后发愿抄写《金光明经》而被放还；又有温州安固县某县丞妻，久病不愈，张居道闻之，劝其发愿抄写《金光明经》，此县丞遵其言，雇人抄写，果然妇人疾病得除。② 这两个故事，虽不见于义净译本，但可见于北凉昙无谶翻译的4卷本《金光明经》卷首所录《忏悔灭罪金光明经冥报传》，又名《金光明经传》。回鹘文本之内容当系胜光

① F. W. K. Müller，*Uigurica，Abhandlungen der Preussischen Akademie der Wissenschaften，Phil. -hist. Klasse*，Nr.2，Berlin 1908，S.13–14.

② S. Çagatay，*Altun Yaruk'tan iki parča,* Ankara 1945，S. 12–12；P. Zimie，Zu den Legenden im uigurischen Goldglanzsūtra，*Turkluk Bilgisi Araştimalari1,* 1977，S. 149–156.

法师据昙无谶补译。[①] 此外，回鹘文本还多出了《四天王赞》和《八大圣地制多赞》。前者系 Tanwasïn Āčari 法师据藏文译补，后者由 Amoga Širi Āčari 法师据梵文译补。另外书尾还多了抄经者所撰回向文。[②] 其发现地虽不在敦煌（1910 年由俄国学者马洛夫获于甘肃酒泉文殊沟），但题记表明，该文献的抄写地点却在敦煌。

附带说一句，在甘肃省博物馆收藏的回鹘文文献中，有一件非常残破的小残片（馆藏号 10568），高 5.3 厘米，长 1.9 厘米，正背各残存一字（图 5–2）。

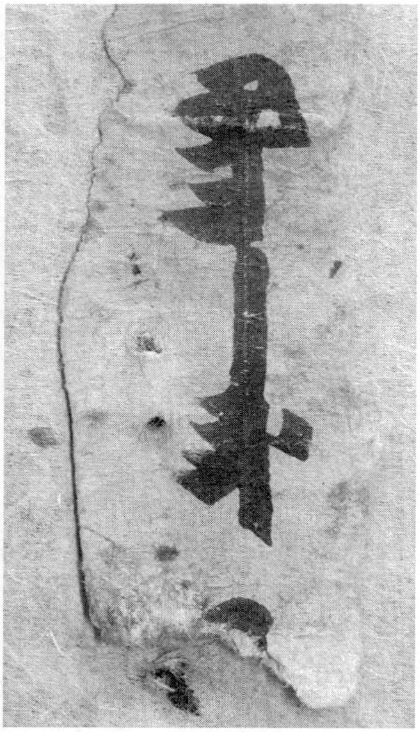

图 5–2　瓜州锁阳城出土回鹘文小残片

残片虽小，却是目前所知瓜州出土的唯一回鹘文写本，可证回鹘文亦曾在瓜州锁阳城一带有所行用，成为敦煌莫高窟、酒泉文殊沟之外另一个回鹘文写本来源地。

敦煌发现的回鹘文佛教文献数量到底有多少，目前还是个说不清的问题。一方面，国外收藏的文献虽经近百年的研究刊布，成就显著，但发表出来的只是那些已经识别出来的部分，仍有大量的残篇断简和尚待识别的文献至今仍沉睡箧中；尤其是在国内，如敦煌研究院、甘肃省博物馆等单位都有相当数量的回鹘文佛教文献收藏，但由于各种原因，研究人员很难亲睹实物，也无法见到照片。资料的封锁严重地妨碍了我国回鹘文研

① 杨富学《回鹘文〈忏悔灭罪金光明经冥报传〉研究》，《甘肃省博物馆学术论文集》，西安：三秦出版社，2006 年，第 262—284 页。

② D. Maue und K. Röhrborn, Ein Caityastotra aus dem alttürkischen Goldglanz-Sūtra, *Zeitschrift der Deutschen Morgenlandischen Gesellschaft,* 129, 1979, S. 282–320.

究刊布的进程。如不久前笔者即从兰州兰山范氏收藏品中又觅得回鹘文写本二大张（图 5-3），其一属于《八十华严》第二十一卷《十无尽藏品》中的开首部分，其二属《八十华严》第十一卷《毗卢遮那品》中间的一段，为同一写本的两个断片。写本为折子式，纸质厚硬，呈黄褐色，每面书写文字 12 行。字形上在文字上方加两点的方式区分 q 与 ɣ，s 与 š。看来该文献属于后期，即元代回鹘文文献。写本字体非常优美、工整，极似印本，但《毗卢遮那品》中所出现的各种特征都表明，该文献不是印本，因为在 4 面之中，仅有 1 面在行间划有边线，而且线条不直，甚至有不少文字压线书写，非印本之特征是非常明显的。[①]

另外一方面，回鹘文文献续有新发现，如近年通过对莫高窟北区的发掘，在编号为 B31（1 件）、B45（3 件）、B47（1 件）、B49（大量碎片）、B52（2 件）、B53（4 件）、B54（若干碎片）、B59（8 件）、B77（4 件）、B97（1 件）、B119（1 件）、B121（2 件）、B123（1 件）、B124（1 件）、B125（1 件）、B127（1 件）、B128（4 件）、B131（1 件）、B137（1 件）、B138（2 件）、B139（1 件）、B140（3 件）、B142（4 件）、B154（1 件）、B156（1 件）、B157（16 件）、B160（3 件）、B161（2 件）、B162（1 件）、B163（2 件）、B165（20 件）、B166（1 件）、B168（2 件）、B172（1 件）和 464（23 件）等石窟中都有新文献出土。这些文献数量众多，据有关考古人员介绍，新发现的碎片总数约达 2 千件左右。其形式各异，内

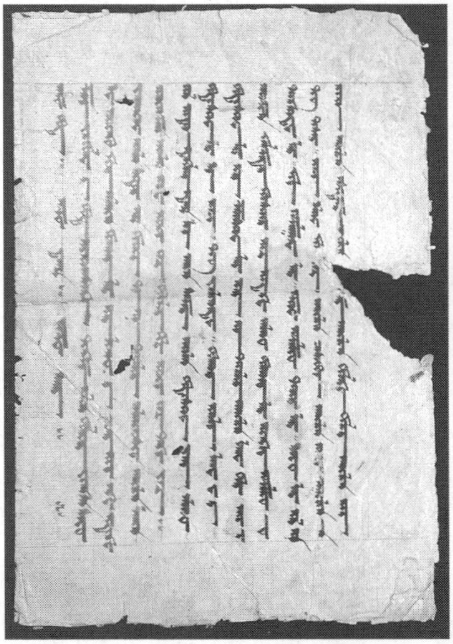

图 5-3　兰山范氏藏回鹘文《八十华严》写卷

① 杨富学、阿依达尔·米尔卡马力《回鹘文〈华严经·十无尽藏品〉写本残卷研究》，《敦煌研究》2007 年第 2 期，第 74—81 页；《回鹘文〈八十华严·毗卢遮那品〉残叶研究》，《内陆アジア言语の研究》第 22 号，中央ユーラシア学研究会，2007 年，第 39—52 页。

容不同，既有写本，也有刻本，大部分为佛教典籍。其中，比较集中的为《阿含经》文献。① 其余见刊的除前述《安慧实义疏》外，尚有《梁朝傅大士颂金刚经》《大乘无量寿经》《历代佛祖通载》等，引起了学术界的高度重视，涌现出不少研究成果，举其荦荦大端者有：

雅森·吾守尔《敦煌莫高窟北区石窟出土部分回鹘文文献概述》，《敦煌莫高窟北区石窟》第 1 卷，北京：文物出版社，2000 年，第 352—357 页；

张铁山《敦煌莫高窟北区出土回鹘文文献过眼记》，《敦煌研究》2003 年第 1 期，第 94—99 页；

张铁山《莫高窟北区出土两件回鹘文佛经残片研究》，《敦煌学辑刊》2003 年第 2 期，第 79—86 页；

张铁山《莫高窟北区 B128 出土回鹘文〈八十华严〉残页研究》，《中央民族大学学报》2003 年第 4 期，第 112—115 页；

张铁山《莫高窟北区出土三件珍贵的回鹘文佛经残片研究》，《敦煌研究》2004 年第 1 期，第 78—82 页；

张铁山《敦煌莫高窟北区出土回鹘文文献译释研究》（一），《敦煌莫高窟北区石窟》第 2 卷，北京：文物出版社，2004 年，第 360—368 页；

张铁山《敦煌莫高窟北区出土回鹘文文献译释研究》（二），《敦煌莫高窟北区石窟》第 3 卷，北京：文物出版社，2004 年，第 383—396 页；

---

① 彭金章、王建军《敦煌莫高窟北区石窟》第 1—3 卷，北京：文物出版社，2000—2004 年；张铁山《莫高窟北区 B53 窟出土回鹘文〈杂阿含经〉残叶研究》，《敦煌研究》2001 年第 2 期，第 101—106 页；张铁山《敦煌莫高窟北区出土回鹘文〈中阿含经〉残叶研究》，《中央民族大学学报》2001 年第 4 期，第 128—131 页；张铁山《莫高窟北区 B159 窟出土回鹘文〈别译杂阿含经〉残卷研究》，《民族语文》2001 年第 6 期，第 36—46 页；张铁山《敦煌莫高窟北区 B159 窟出土回鹘文〈别译杂阿含经〉残卷研究》（二），《民族语文》2003 年第 1 期，第 59—67 页。

张铁山《敦煌出土回鹘文〈大乘无量寿经〉残页研究》，《民族语文》2005年第5期，第64—68页；

阿依达尔·米尔卡马力《敦煌莫高窟北区出土〈梁朝傅大士颂金刚经〉残叶研究》，《新疆大学学报》2006年第3期，第55—58页。

张铁山《莫高窟北区B128窟出土回鹘文〈慈悲道场忏法〉残叶研究》，《丝绸之路民族古文字与文化学术讨论会文集》（上），西安：三秦出版社，2007年，第37—47页；

阿依达尔·米尔卡马力《莫高窟北区出土回鹘文〈佛祖历代通载〉残页再研究》，《新疆大学学报》2008年第1期，第145—148页；

阿依达尔·米尔卡马力《敦煌莫高窟北区出土的两件回鹘文佛教文献残片研究》，《敦煌研究》2008年第4期，第84—88页。

将敦煌莫高窟藏经洞出土文献与莫高窟北区及其他地方出土的文献进行比较，可以看出这样一种现象，即藏经洞出土的早期回鹘文佛经，没有一篇可以称得上是真正的翻译作品。有的是对佛经原典的编译，有的明显可以看出是回鹘人在翻译时加入了自己的思想。前一种现象以Or. 8212-121较为典型。依其内容，当为汉文净土三大部之一的《佛说无量寿经》的回鹘文译本，但以之与汉文本相较，却不难看到二者之间的差异。前文提到的P. 3509《善恶两王子的故事》与汉文本之间的差异，其实也属于这种情况。后一种现象以Or. 8212-104《佛说天地八阳神咒经》较为典型。该经在中国内地佛教界并不流行，甚至被斥为“伪经”，正规的《大藏经》多未收录。有趣的是，它却是迄今所知回鹘文佛经残卷中所占比例最大的一种经典，其抄（刻）本残卷在西域、敦煌诸地都时有发现。在考察这些残片的时候，人们总会发现有许多不一致的地方。

敦煌发现的回鹘文佛教典籍，据笔者粗略统计，大致应占所有存世回鹘文佛教文献的四分之一到三分之一之间。这些文献中既有许多保存完好的早期回鹘文文献（凡莫高窟藏经洞出土的文献都属此类），也有像《金光明最胜王经》那样时代甚晚的回鹘文文献，他们都是在其他地方（包括新疆诸地、中亚及北京居庸关等地）难以见到的。总之，敦煌发现的回鹘文佛教作品，对研究回鹘佛教兴衰、特点及其与周边民族(如汉、藏、龟兹、印度）之佛教联系都极具研究参考价值。

第二节

## 回鹘文石窟题记及相关问题

除了纸本回鹘文佛教典籍外，还应注意古代回鹘人在敦煌莫高窟、西千佛洞和安西榆林窟等石窟壁面上题写的内容不同，长短不一的回鹘文题记（图 5-4）。笔者通过初步普查，已发现各种题记 300 余条，其中以安西榆林窟为最多，内容也最丰富。在现存的 41 个洞窟中，可见到回鹘文题记的就有 20 多个，计有 190 条，590 余行。① 莫高窟次之，现已发现的也有 100 余条。

图 5-4　莫高窟 146 窟回鹘文题记

这些题记大多书写于石窟的甬道壁上，有的为朱书，也有的用硬物刻划，大多则用墨笔书写。除少数因字迹漫漶、损坏严重或刻划不清等原因无法识读外，大多都可或多或少地辨识其部分内容，其中为数最多的是游人、香客朝山拜佛的题记，但也有一定数量的壁画榜题和回鹘供养人题记，有些内容特别值得注意，如榆林窟第 12 窟前室东壁有一则回鹘文题记载：

① ［法］哈密顿、杨富学、牛汝极《榆林窟回鹘文题记译释》，《敦煌研究》1998 年第 2 期，第 39—54 页。

1. qutluɣ yont yïl yitinč ay on-bir-tä qamu bodun

2. šaču čölgä-ning sungun xošang bisäl βušin

3. atay šiuza äβ barq birä

4. yürüng küč qïy-a turmïš tegin βušin sänggä kälip…

5. yürüng buyan tämür bulɣun βušin bägät qočo…

6. …atabäg uluɣ atayïm ilbaɣa biganši biyin (buyan?)…

7. biz munča kiši šaču-nïng qut-ïnga…

8. bu yükünmiš buyanïmïz-nïng köz( küz, küži?)-dä qut-luɣ ……

1. 幸福的马年七月十一日，全体官民：

2. 沙州路将军和尚、毕塞勒夫人、

3. 阿戴首座及家室、

4. 高贵的库其·喀雅、图尔米西·特勤夫人和散盖等到此……

5. 高贵的卜烟帖木儿木尔、布勒昆夫人，高昌……

6. ……阿达伯克、我的大爷伊勒巴喀、毕干西、毕银……

7. 我们这些人在沙州的福份……

8. 我们秋季里（火炭中?）顶礼的功德［是］有福的……[1]

说明在马年七月十一日，沙州路将军Xošang和Buyan Tämür等人一同前往榆林窟朝拜。这里的Xošang，有可能就是元明之交的高昌回鹘末主和尚（赏）。据《元史·巴而术阿而忒的斤传》记载，和尚和王室成员在国都高昌于1283年陷入蒙古叛军笃哇、察八之手后，被元政府迁至今甘肃永昌一带居住。而Buyan Tamür呢？有可能就是宗王出伯子孙安定王（又作永宁王）卜烟帖木尔。如果以上推测成立，自然可为回鹘

① 哈密顿、杨富学、牛汝极《榆林窟回鹘文题记译释》，《敦煌研究》1998年第2期，第42—44页。

王室之佛教信仰及今日河西裕固族之佛教与历史文化研究提供新内容。

同窟前室甬道南壁之题记，则反映了敦煌与周边回鹘人的佛教关系。该题记高27厘米，宽3厘米，存文字11行，先由法国学者哈密顿与牛汝极合力刊布，① 由于题记本身模糊不清，释读困难，故间有讹误。以此为基础，日本学者松井太对题记重新进行了释读，纠正补漏，多有创获，② 使题记内容得以更加明晰，对回鹘佛教与蒙古史研究均具积极意义。兹依松井太之转写，移录全文如下：

1. ……quḍluɤ [1uu] yïl(………)
2. qaɤan qaḍun[s]oy[u]rqadïp qamïl-qa Y[ ]N
3.[buya]n qulï ong bašlaɤ-lïɤ biz X'D(…)P(…)
4.(…)MYš qïsaq-čï napčik-lig qamču T'V'[
5.[ ](.)ţaruɤačï-nïng(q)uš-[č]ïtärbiš bašlap
6.[ ]KWY-lar birliä kä[1i]p
7.[ ]ong-nïng(.)YPWR(…)süm-ä-tä kälip
8.[yan]mïš-ta buyanïmïz-(nï)ta män yavlaq baxšï[
9.[ ]bïžï(P)Y(…)K-čï tämür kin körmiš-[tä]
10.[ödig]bolzun tip sümkä bardïmïz män(?)bi[t]i(p?)

①J. R. Hamilton-Niu Ruji, Inscriptions ouïgoures des grottes bouddhiques de Yulin, *Journal Asiatique* 286, 1998, pp. 144-146.又见牛汝极《敦煌榆林窟佛教徒回鹘文题记》，《回鹘佛教文献——佛典总论及巴黎所藏敦煌回鹘文佛教文献》，乌鲁木齐：新疆大学出版社，2000年，第352—354页；牛汝极《敦煌榆林千佛洞第12窟回鹘文题记》，《新疆大学学报》2002年第1期，第120—121页。

② Dai Matsui, Revising the Uigur Inscriptions of the Yulin Caves, *Studies on the Inner Asian Languages* XXIII, The Society of Central Eurasian Studies, 2008, pp. 18-21.

11.[ ]quḍ[luɣ]bolzun bardïmiz[①]

其中的第2行的qamïl即哈密，第4行之napčik（=Lapčuq）和qamču分指纳职（今新疆哈密市五堡乡四堡村拉甫却克古城）与甘州(今甘肃张掖)。至于第3行出现的Buyan-Qulï Ong其人，身份的确定，对题记史料价值的解读至关重要，故特作论证于下。

Buyan-Qulï为佛教徒名称，意为“善德奴”。其中，Buyan来自梵语Punya，意为“吉利的”“幸运的”“德”“善行”“功德”，Qulï意为“奴隶”，相当于梵语dāsa。在中原汉人佛教徒中，亦常有以“奴”为名者，如“佛奴”“僧奴”等，西夏有“观音奴”，契丹有“萧观音奴”，都属于这种情况。在《元史》卷一三一《明安传》有“普颜忽里”，即Buyan-Qulï之音译，但此人为康里人，官拜“怀远大将军、贵赤亲军都指挥使司达鲁花赤”。况且Buyan-Qulï后有“Ong”字，亦为普颜忽里一名所不备，故可以确认，普颜忽里与榆林窟回鹘文题记无关。

在中亚帖木儿王朝时期的波斯文史籍《贵显世系（Mu'izz al-Ansāb fi shajirat salātin moghūl)》中，可见有Buyan-Qulï Ong一称，文献称其为亦里黑赤（Ïlïqčï~Yïlïqčï）之子。[②] 亦里黑赤者，《元史·诸王表》有载，系察合台汗第四代孙。

13世纪70年代初，察合台汗孙阿鲁浑诸子在阿姆河以北地区揭竿而起，反对窝阔台后王海都的统治。在失败之后，出伯与哈班兄弟投奔忽必烈，受赐金印，以诸王身份出任河西至塔里木南道方面军事统帅重任，节制甘肃行省诸军。大德十一年（1307年），出伯晋封豳王，统领

① Dai Matsui, Revising the Uigur Inscriptions of the Yulin Caves, *Studies on the Inner Asian Languages* XXIII, The Society of Central Eurasian Studies, 2008, p. 18.

② 杉山正明《豳王チュベイとその系譜——元明史料と『ムィッズルーアンサーブ』の比較を通じて——》，《史林》第65卷第1号，1982年，第7页。

镇戍诸军防守哈剌火州（今新疆吐鲁番）至吐蕃一线。[①] 出伯兀鲁思形成后，又在内部进行了再分封，在豳王之外又形成西宁王一支。其中，豳王驻牧于酒泉一带，世系为：出伯→喃忽里→喃答失太子→不颜帖木儿等。波斯文《贵显世系》、《元史》及汉—回鹘文二体《重修文殊寺碑》均有记载。西宁王之称首见于史册时当天历三年（1330 年），[②] 其驻牧地大致在沙州一带，世系为：出伯→不颜那木达失→速来蛮→阿速台→苏丹沙→牙罕沙等。波斯文《贵显世系》及敦煌发现的《莫高窟六字真言偈》《重修皇庆寺记》二碑[③] 均有载。

元统二年（1334 年）五月，又增加了威武西宁王一支。相对于前二支言，威武西宁王要低一级，仅享受第三等级金印驼钮待遇。[④]《元史》卷三八《顺帝纪一》载元统二年（1334 年）五月己丑条载："诏威武西宁王阿哈伯之子亦里黑赤袭其父封。"[⑤] 依《贵显世系》，结合《元史》记载，可以肯定，阿哈伯就是出伯，阿哈伯当是阿哈出伯脱一"出"字，意为大兄出伯。[⑥]

依《贵显世系》，结合《明史》的记载，威武西宁王至明朝永乐年间演变为哈密忠顺王，世系如下：

出伯（豳王）→亦里黑赤（Ïlïqčï~Yïlïqčï）→Buyān-qulī→Tūm qulī→忽纳失里（Kunāshīrin）→脱脱（哈密忠顺王）

在日本京都有邻馆收藏的一件蒙古文手稿残页（No. 4，red series）

---

① 杉山正明《ふたつのチヤガタイ家》，载小野和子编《明清時代の政治と社会》，京都：京都大学人文科学研究所，1983 年，第 677—686 页。

② 刘迎胜《察合台汗国史研究》，上海：上海古籍出版社，2006 年，第 476 页。

③ 李永宁《敦煌莫高窟碑文录及有关问题》（二），《敦煌研究》试刊第 2 期，1983 年，第 108—116 页。

④ 杉山正明《豳王チュベイとその系谱——元明史料と『ムィッズルーアンサーブ』の比较を通じて——》，《史林》第 65 卷第 1 号，1982 年，第 37 页。

⑤《元史》卷 38《顺帝纪一》，北京：中华书局，1976 年，第 822 页。

⑥ 胡小鹏《元代西北历史与民族研究》，兰州：甘肃文化出版社，1995 年，第 45 页。

中，出现有 Buyanquli Ong 之谓。该文献为 Buyan-Quli 致西宁王苏丹沙（Sultan-šāh）的信件，现存文字 5 行：

1. qaɤan ujarl(i)ɤ iyar
2. sultanš-a si ning ong un
3. ongwuu yin noyad ta
4. buyanquli uei vu sining ong
5. wuu ui sun-g （?） gü nsi (?) üg-e ögümü[①]

这里出现的 Uei Vu Sining Ong，显然为“威武西宁王”之音译，其中的 Ong 字，写法与榆林窟回鹘文题记所见完全相同。故可将该书信汉译如下：

承皇帝圣旨。

致西宁王苏丹沙王府总管！

威武西宁王 Buyanquli 之 wuu ui（府尉？）sun-g günsi（宋春熙？）谨呈。

关于该文献的出土地，学界一般归之于新疆，[②] 其实当来自敦煌或甘肃某地。[③] 书信中的 Buyanquli，即榆林窟回鹘文题记第 3 行中的

① H. Franke, A 14th Century Mongolian Letter Fragment, *Asia Major* (n.s.)Vo.11, no.2, 1965, p.120.

② 如 H.Franke, A 14th Century Mongolian Letter Fragment, *Asia Major* (n.s.) Vo.11, no. 2, 1965, p.138; L.Ligeti, *Monuments Préclassiques I, XIII-XIV Siècles* (Monumenta linguae Mongolicae Collecta II), Budapest 1972, pp. 235–236.

③ 松井太《カラホト出土蒙汉合璧税粮纳入簿断简》，《待兼山论丛》第 31 号，1997 年，第 45 页，注 13。

buyan qulï，亦即《贵显世系》中的 Būyān-qūli。

值得注意的是，在黑水城出土 TK248《甘肃行省宁夏路支面酒肉米钞文书》中曾提到“嵬力豳王”，兹摘录如下：

> 阿章王位下使臣忻都蛮等三人前赴嵬力豳王位下，计禀军情勾当，住至十一日起程，计支二日。正二人，面四斤、酒四升、肉一斤、米四升、杂支钞一两，从一人，米二升。①

《元史》卷四二《顺帝纪五》至正十二年（1352 年）秋七月庚寅条记事中有“邠王嵬厘”之谓。② 邠王即豳王，如《元史》卷三五《文宗纪》至顺二年（1331 年）八月丁巳，“命邠王不颜帖木儿围猎于抚州”。③ 翌年正月壬午又“命甘肃行省为豳王不颜帖木儿建居第”。④ 屠寄将嵬厘归于豳王系统，指出：

> 邠、豳异文同地……魏氏源云：“旧表别之为二，岂印文一作豳一作邠欤?”寄按，直是简牍异文，明初修史者疑误析之耳。⑤

说明魏源和屠寄都认为，邠王就是豳王。因为豳是古国名，唐代改作邠，二者实指同一地。⑥

---

① 俄罗斯科学院东方研究所圣彼得堡分所、中国社会科学院民族研究所、上海古籍出版社合编《俄藏黑水城文献》第 4 册，上海：上海古籍出版社，1997 年，第 314 页。

②《元史》卷四二《顺帝纪五》，北京：中华书局，1976 年，第 901 页。

③《元史》卷三五《文宗纪四》，北京：中华书局，1976 年，第 798 页。

④《元史》卷三六《文宗纪五》，北京：中华书局，1976 年，第 799 页。

⑤［民国］屠寄《蒙兀儿史记》卷一五〇《诸王表二》，北京：北京市中国书店，1984 年，第 968 页。

⑥ 参见陈高华《黑城元代站赤登记簿初探》，《中国社会科学院研究生院学报》2002 年第 5 期，第 55 页。

"嵬"，依《广韵》，为五灰切，疑母、灰韵、合口、一等、平声、蟹摄，ŋuɒi。在酒泉文殊山发现的元代汉回鹘二体《重修文殊寺碑》之汉文部分中，将出伯之父阿鲁浑写作"阿禄嵬"，而回鹘文之对音则为 alqu 或 alɤu，[①] 亦证"嵬"与 -qu/-ɤu 可互译。如是，则"嵬厘"即当 qūli 之音译，殆无疑义。由是可知，TK248 中的"嵬力豳王"与《元史》中的"邠王嵬厘"实指同一人，是同名异译。

在幽王三个系统中，名字中含 qūli 的有三位。其一为出伯之子 Nām-qūli，即《重修文殊寺碑》中的喃忽里。[②] 喃忽里袭豳王位时在至大元年（1308 年），至迟于泰定三年（1326 年）重修文殊寺时即已故去，与榆林窟题记无干。其二为 Būyān-qūli，其三为 Būyān-qūli 之子 Tūm-qūli。考虑到 Būyān-qūli 之父亦里黑赤获赐威武西宁王封号时在 1334 年，至 1372 年瓜沙被明朝占领，那么，该题记中的书写时间就只能限定在 1334 年至 1372 年之间。

题记第 1 行 quḍluɤ（吉祥的）和 yïl（年）之间的文字残损，依遗留空间之大小，松井太拟补为 luu（龙）字。[③] 按，1334 年至1372 年间属于龙年的有 1340 年、1352 年和 1364 年。《元史》卷四二《顺帝纪五》载至正十二年（1352 年）邠王嵬厘"以杀获西番首贼功"而获赐金系腰一条，此为莫大之殊荣。题记第二行文字 qaɤan qaḍun ［s］oy［u］rqadïp qamïl-qa 意为"皇帝和皇后赐予恩典……给哈密……"正可表明朝拜者的主旨所在，即感恩佛的护佑。故而，可以断定，这里的嵬厘，指的就是题记中的 Būyān-qūli。反过来又可证松井太拟补之不误。

---

① 耿世民、张宝玺《元回鹘文重修文殊寺碑初释》，《考古学报》1986 年第 2 期，第 263、258 页。

② 耿世民、张宝玺《元回鹘文重修文殊寺碑初释》，《考古学报》1986 年第 2 期，第 263 页。

③ Dai Matsui，Revising the Uigur Inscriptions of the Yulin Caves，*Studies on the Inner Asian Languages* XXIII，The Society of Central Eurasian Studies，2008，p. 18.

Būyān，元代文献中常见，可译作不颜（或布颜、伯颜、柏颜、普颜等）。如是，这段文字可译作“威武西宁王不颜嵬厘”。可将该文献汉译如下：

1．在吉祥的[龙]年[…月…日]

2．皇帝和皇后赐予恩典[……]给哈密(qamïl)[……]

3．我们，以不颜嵬厘(buyan qulï)王为首

4．驾车者[……]MYš，甘州(Qamču)-[……]来自纳职(Napčik)[……]

5．以及总督的训练猎鹰者 Tärbiš，

6．一同来的[……]

7．[……]王的[……]来到寺院，而且，

8．我们返回的时候，宣扬了我们的美德，我，一个下人

9．[……]-bïžï (和) (P)Y(…)K-čï，铁木耳 (Tämür)说：“后来再看，

10．[该题记]将会是一种[记忆]!”，同时我们去了寺院。我？写？[于是] 和，[说]：

11．“请保佑!”我们离开了。

是以可断定，这则题记系威武西宁王之子不颜嵬厘等人朝拜榆林窟时所写，他们来自纳职，说明当时威武西宁王应居于纳职一带。日本学者一般认为威武西宁王驻哈密，[①] 国内有人推测威武西宁王的“领地约在沙州一带”，至忽纳失里时才移住哈密。[②] 该题记否定了这些推测，

① 松井太《东西チャガタイ系诸王家とウイグル人チベット佛教徒——敦煌新发现モンゴル语文书の再检讨から——》，《内陆アジア史研究》第23号，2008年，第33页。

② 胡小鹏《元代西北历史与民族研究》，兰州：甘肃文化出版社，1995年，第46页。

证明其居地实在哈密西 65 公里处之纳职（拉甫却克古城）。高昌回鹘王国时期，纳职地位重要，据敦煌文献 P.2962《张议潮变文》和 P.3451《张淮深变文》记载，纳职回鹘曾于 9 世纪下半叶多次入侵瓜沙地区。[①] 今天的拉甫却克古城仍颇具规模，有南北二城，平面呈“吕”字形分布。由于其内残留的遗物多属汉唐或更早时期，故学界一般称之为汉唐故城。[②] 从敦煌文献和榆林窟回鹘文题记看，纳职的繁荣其实并非至唐代而终，而是在其后继续保持繁荣，高昌回鹘以之为东向经营瓜沙之冲要，在元代充任威武西宁王驻牧之地，具有比较重要的战略地位。只是来自蒙古草原的回鹘人、蒙古人受旧习所使，或耕或牧于纳职城外，不像汉人那样嗜依城而居，故而城内缺少高昌回鹘与元代的历史文化遗物。

题记的具体年代可考订为至正十二年（1352 年），这是敦煌石窟回鹘文题记中年代最为明确者之一，可为敦煌石窟回鹘文题记的研究提供一个年代坐标，弥足珍贵。

威武西宁王家族本为蒙古人，但在赴榆林窟朝山拜佛时，却用回鹘语文而非蒙古语文书写题记，体现了元代蒙古贵族的回鹘化。

一般情况下，莫高窟、榆林窟之回鹘文题记均为游客所书，例外的情况仅见于莫高窟 464 窟。后室甬道南北二壁现各存菩萨二身，均已完全氧化为黑色，各菩萨头顶皆有宝幢形榜题框，内书回鹘文字，皆系《金光明最胜王经》卷四有关文字的摘录。由回鹘文榜题可知，现存的四身菩萨依次为四地、五地、九地和十地菩萨，这是敦煌石窟中以前未知的新题材，以这些题记为依据，结合石窟内容，可以确定，今天所见 464 窟甬道与前室为元末明初之遗留。详见后文第六章第三节。

---

① 杨富学《〈张淮深变文〉所见“破残回鹘”来源考》，高国祥主编《文献研究》第 1 辑，北京：学苑出版社，2010 年，第 16—29 页。

②《哈密文物志》编写组《哈密文物志》，乌鲁木齐：新疆人民出版社，1993 年，第 68—69 页。

第三节

# 其他文字的回鹘语文献

## 一、摩尼文文献

除了回鹘文之外，回鹘还用多种文字以拼写自己的语言，就敦煌写本言，主要有三种文字，即摩尼文、突厥卢尼文和藏文。

摩尼文是摩尼教的“正式文字”，直接导源于叙利亚的福音体（Estrangelo）文字，可能是摩尼为适应在波斯传教的需要而创立的，用以拼写伊朗语。这种文字结构简单，典雅优美，常用不同的颜色工整地书写于上等纸上，间或穿插有精美的工笔画。8 世纪中叶，摩尼教传入回鹘，并被定为国教，摩尼文遂又用于拼写回鹘语。自 19 世纪末 20 世纪初以来，用摩尼文书写的摩尼教文献在吐鲁番、敦煌等地都有出土，文献数量虽不是很多，但涉及面却很广，既有故事、赞美诗、历法，也有宇宙论、卜卦方面的著作。

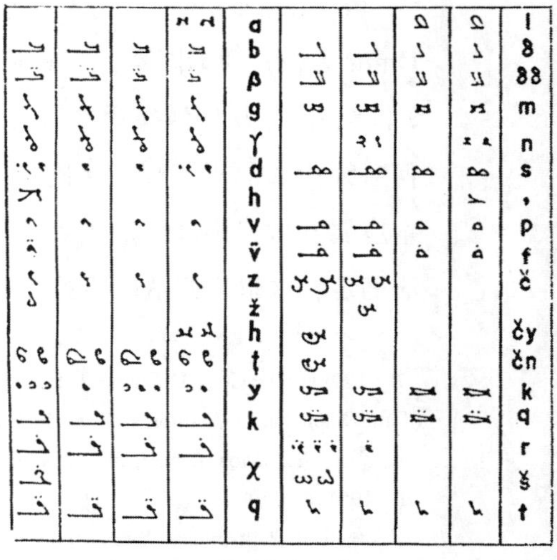

摩尼文字母表

西域、敦煌出土的用回鹘文、摩尼文书写的回鹘语摩尼教文献数以百计件，其中最重要的有以下三部典籍：其一为敦煌出土的《摩尼教徒忏悔词（Xuāstvānīft）》，它是俗人忏悔自己罪过的一种文献；其二为吐鲁番发现的《二宗经（ïki Yiltïz Nom）》，现存有许多回鹘文残片，尚待全面研究；其三为吐鲁番木头沟发现的贝叶书，内容有摩尼大赞美诗、摩尼父赞美诗、商人阿拉赞的故事、忏悔文书及施主题跋等。敦煌、吐鲁番出土的用回鹘文、摩尼文书写的摩尼教文献，极大地充实了古代摩尼教的文化内涵。

在回鹘语摩尼教写经中，最有意义的作品当推敦煌、吐鲁番都有发现的《摩尼教徒忏悔词》。

敦煌所出《摩尼教徒忏悔词》是1907年由英国探险家斯坦因于莫高窟藏经洞发现的，现藏伦敦大英图书馆，编号为Or. 8212-178（原编号为Ch. 0015），卷子式，共338行，用摩尼文回鹘语写成，文字隽秀优美，标点符号为一、二黑点外加红墨圆圈，包括15项具体忏悔的内容，全篇仅缺开首部分，是现存回鹘语《摩尼教徒忏悔词》中保存最完好的一件。[①] 关于该文献成书的时代，学界众说纷纭。苏联学者马洛夫（S. E. Malov）认为其当属公元5世纪，[②] 季米特里耶娃（L.W. Dmitriyeva）则不同意这一意见，认为“尚无证据说明属于公元5、6或7世纪”。[③] 从回鹘文译本所反映的内容看，确应属早期摩尼教文献，但何时译为回鹘语，则无法确定。结合当时敦煌地区的历史情况看，该写本应属9世纪中叶回鹘人大批入居敦煌以后之物。但由于其时代问题无法确定，这里只好从略不论。

---

① A.von Le Coq, Dr.Stein's Turkish Khuastuanift from Tun-huang, Being a Confession-Prayer of the Manichaean Auditores, *Journal of the Royal Asiatic Society* 1911, pp.277–314.

② С.Е.Малов, *Памятник Древнетюркской Письменности. Тексты и исследования*, М.-Л. 1951, стр. 108.

③ Л.В.Дмитриева, *Хуастунифт, Тюркологические исследования,* М.–Л. 1963, стр. 214–232.

1908年，俄国探险家迪亚科夫（A. A. D'yakov）于吐鲁番阿斯塔那地区发现了另外一件《摩尼教徒忏悔词》，现存圣彼得堡。写本现存160行，用回鹘文写成。① 保存这一文献更多的是柏林，现已发现的写本就已超过20件，有的用回鹘文书写，也有的用摩尼文书写，1911年均由勒柯克（A. von Le Coq）刊布。② 在此之前的1904年，缪勒(F. W. K. Müller）便发表了其中的2件。③ 后经研究、甄别，始被确定为《摩尼教徒忏悔词》（Xuāstvānīft）之译本。本文书译自粟特文，但粟特文原典却久已失传。④

以上诸本中，伦敦本保存最完好，最不完整且不连贯的是柏林藏本，但每种写本都保存有其他两种写本所缺的内容，如伦敦本所缺的开首部分，在柏林本的残片中恰好就可以找到。写本所使用的文字不同，而且各抄本每行的字数各异，长短有别，故总行数也就大不一样。但将之结合起来，恰好可得足本。这一工作由季米特里耶娃完成。⑤ 在这一足本的基础上，李经纬又对之进行了新转写、疏证与汉译。⑥ 丹麦学者

---

① W. Radloff, *Chuastuanift.Das Bussgebet der Manichäer* (=Bulletin del' Académie Impériale des sciences 1909: 6), St Petersburg 1909; W. Radloff, Nachträge zum chuastuanift (chuastuanvt), dem Bussgebete der Manichäe, Hörer, *Bulletin del' Académie Impériale des sciences*, St. Petersburg 1911, pp. 867–869; С. Е. Малов, *Памятники Древнемюркской Письменносми. Тексты и исследования*, М.-Л. 1951, стр. 108–130.

② A. von Le Coq, Chuastuanift, ein Sündenbekenntnis der manichäischen Auditores, Abhandlungen der Preussischen Akademie der Wissenschaften, Phil.-hist. Klasse, 1910, Berlin 1911.

③ F. W. K. Müller, Handschriften-Reste in Estrangelo-Schrift aus Turfan, Chinesisch-Türkistan, *Sitzungsberichte der Preussischen Akademie der Wissenschaften*, 1904, S. 241–268.

④ P. Zieme, Beiträge zur Erforschung des Xuāstvānīft, *Mittellungen des Instituts für Orientforschung* 12, 1966, S. 351–378.

⑤ Л. В. Дмитриева, *Хуастунифт. Тюркологические исследования*, М.-Л. 1963, стр. 214–232.

⑥ 李经纬《古代维吾尔文献〈摩尼教徒忏悔词〉译释》，《世界宗教研究》1982年第3期，第57—78页。

阿斯姆森（J. P. Asmussen）则通过对该文献的系统研究，全面阐述了摩尼教徒的忏悔活动，并将之与拜火教、基督教信徒的忏悔仪式进行了比较，对回鹘摩尼教研究具有非常重要的意义。①

## 三、突厥卢尼文文献

卢尼文创制于突厥汗国时期，后为回鹘所借用。8 世纪中叶，回鹘文形成，但使用有限，卢尼文一直充任漠北回鹘汗国之主要官方文字。回鹘西迁后，这种文字继续得到使用，② 还有 4 件用突厥卢尼文字母书写，其中最引人注目的就是《占卜书》（ïrq Bitig）。

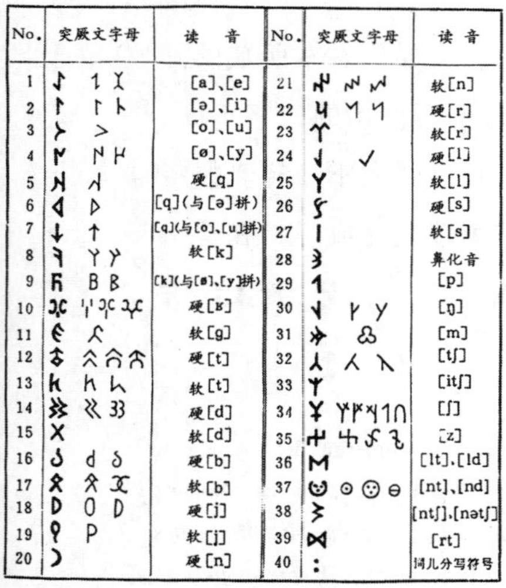

| No. | 突厥文字母 | 读音 | No. | 突厥文字母 | 读音 |
|---|---|---|---|---|---|
| 1 | | [a]、[e] | 21 | | 软[n] |
| 2 | | [ə]、[i] | 22 | | 硬[r] |
| 3 | | [o]、[u] | 23 | | 软[r] |
| 4 | | [ø]、[y] | 24 | | 硬[l] |
| 5 | | 硬[q] | 25 | | 软[l] |
| 6 | | [q]（与[ə]拼） | 26 | | 硬[s] |
| 7 | | [q](与[o]、[u]拼) | 27 | | 软[s] |
| 8 | | 软[k] | 28 | | 鼻化音 |
| 9 | | [k](与[ø]、[y]拼) | 29 | | [p] |
| 10 | | 硬[ʁ] | 30 | | [ŋ] |
| 11 | | 软[g] | 31 | | [m] |
| 12 | | 硬[t] | 32 | | [tʃ] |
| 13 | | 软[t] | 33 | | [itʃ] |
| 14 | | 硬[d] | 34 | | [ʃ] |
| 15 | | 软[d] | 35 | | [z] |
| 16 | | 硬[b] | 36 | | [lt]、[ld] |
| 17 | | 软[b] | 37 | | [nt]、[nd] |
| 18 | | 硬[j] | 38 | | [ntʃ]、[nətʃ] |
| 19 | | 软[j] | 39 | | [rt] |
| 20 | | 硬[n] | 40 | | 词儿分写符号 |

突厥卢尼文字母表

解梦方面的文献可见于敦煌出土的突厥卢尼文写本 Or. 8212-160（原编号为 Ch. 0033，图 5-5），其题写作 ïrq Bitig。ïrq 者，为"占卜"之意，系古代阿尔泰诸族人民通过烤炙羊肩胛骨，由所见经火灼成之坼裂兆纹而举行占卜所得之预兆。从语源学论之，ïrq 为动词 ïr/yin- 的派生词，原意是指裂痕，意同汉语之"兆"。故就字面意思讲，ïrq Bitig 可解释为《兆书》或《占卜书》。③

---

① J. P. Asmussen, *Xuāstvānīft—Studies in Manichaeism* (=Acta Theol. Danica, Vol. 7), Kopenhagen 1965.

② S. G. Klyashtorny, Old Turkic Monuments of Runic Writing from Eastern Turkestan, *Russian Expeditions to Central Asia at the Turn of the 20 the Century,* St. Petersburg 2008, pp. 50–64.

③ 如 J. Hamilton, Le Colophon de l'ïrq bitig, *Turcica* VII, Paris 1975, pp. 7–19；张铁山、赵永红《古代突厥文〈占卜书〉译释》，《喀什师范学院学报》1993 年第 2 期，第 31—42 页。

该文献内容包括 65 种预兆和 1 则题记。审视这些预兆，不难看出它实为杂占书（包括占梦、占卜、占星术等）之一种。过去学界一般译之为《占卜书》，我也曾未加怀疑地接受了这一观点。① 但后来反复阅读这一文献时发现，如以通常所谓的占卜书视之，则整个写本所包括的65 则预兆每一个都显得文意不通。现随手拈出其中的前 3 则作为例证：

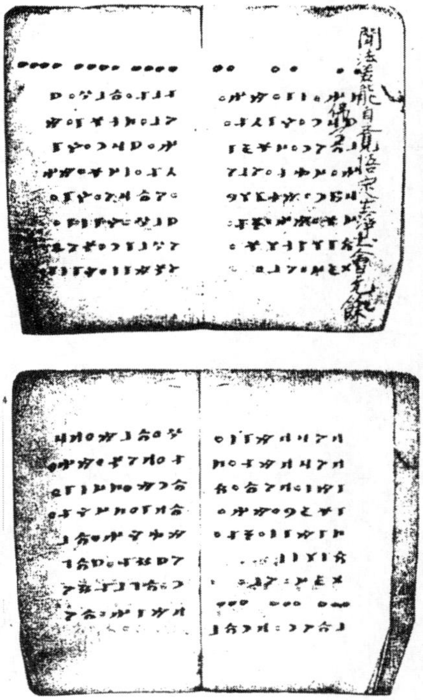

图 5–5　突厥卢尼文《占卜书》

tänsimän. yarïn kiča altun örgin üzä olurupan mängiläyü-rmän. anča bilinglär, ädgü ol.（第 1 行）

我是天子。我不分昼夜坐在金座上兴奋。要知道，此为吉。

ala atlïɣ yol tängrïmän. yarïn kiča äšürmän. utru äki aylïɣ kiši qorqmïš. qorqma timiš，qut birgäymän timiš. anča bilinglär，ädgü ol.（第 2—3 行）

我是骑花马的命运之神，不分昼夜赶路。二人迎面相遇，其中一人[怀中抱着] 襁褓中的男婴。负婴者害怕了，另一位说：“别怕，我将赐福。”要知道，此为吉。

altun qanatlïɣ talïm qara qušmän. tamïm tüsi tükämäzkän. taluyda yatïpan tapladuqïmïn tutarmän，säbdükimin yigürman. andaɣ küčlügmän.anča bilinglär，ädgü ol.（第 4—5 行）

吾为金首食肉鹰，羽翼未丰便在大海里捕吾所爱，食吾所欲

① 杨富学、牛汝极《沙州回鹘及其文献》，兰州：甘肃文化出版社，1995 年，第 245—246 页。

者。吾如此孔武有力，要知道，此为吉。[1]

其余 62 则，形式都与上例相同，其中为“吉”者 34 例，“大吉”5 例，“凶”17 例，“大凶”2 例，另有一些预兆在文献中未作明示，故不得而知。显然，其内容不似占卜而有点像是解梦。

占卜是我国古代方术之一种，人所共悉。“占”为观察之意，“卜”是以火灼龟壳，根据其出现的裂纹来预测凶吉祸福。以此为标准，可以看出此 ïrq Bitig 若定名为《占卜书》尚不够确切。观其内容与形式，发现它与敦煌汉文写本《解梦书》内容相当接近。这里先看 S. 2222 之有关内容：

> 梦见市上煞人，大吉。
> 梦见人露迟（齿）笑，诤讼。
> 梦见牙齿洛（落），大忧。
> 梦见齿白，富贵。[2]

由是观之，我认为与其将 ïrq Bitig 定名为《占卜书》，毋宁释作《解梦书》显得更准确一些。考虑到该文献所具有的比较浓重的波斯文化因素，窃以为该《解梦书》当来自波斯，至少应受到波斯文化的影响。[3]

值得注意的是，在 65 则预兆之每兆前都有一行小圆圈，分成 3 个单位，每单位有一、二、三或四个圆圈。其排列方式当有 43，即 64 种不同预兆。此类小圆圈之用途与吐鲁番高昌故城出土的骰子（又称色子）很接近。以此观之，似乎又应解释为《占卜书》。该如何理解这一

---

① Talat Tekin, *Irq Bitig. The Book of Omens*, Wiesbaden 1993, p. 8.

② 录文见郑炳林、羊萍《敦煌本梦书》，兰州：甘肃文化出版社，1995 年，第 131 页。

③ 杨富学《敦煌本突厥文 Ïrq 书跋》，《北京图书馆馆刊》1997 年第 4 期，第 104—105 页。

文献呢？抑或为占梦与占卜两种形式的结合耶？值得深入探讨。

敦煌发现的突厥卢尼文格言残片，也很受学界重视。文献编号为 Or. 8212-78（原编号为 Ch. 0014）和 Or. 8212-79（原编号为 Ch. 0053），断为6片，其中最大者存文字11行，其余5片各存文字3—5行不等，行间插写汉字。该卢尼文写本文字娟秀、清晰，内容为格言警语，如：

alïn arslan tutar
kü čin kü sgü tutmaz
凭计谋可捕获狮子，
凭蛮力难捉住老鼠。

yangïlmasar bilgä bolmaz
azmasar yerči bolmaz
没有不犯错的智者，
没有不迷路的向导。

tanuqluɤ sab tamɤalïɤ bitig
有证人的语言等于盖过印的文书。①

文字书于废弃的汉文文献之背。正面文书内容写于同光三年(925年）九至十一月间，系后唐庄宗所遣郭崇韬征伐前蜀时上呈的奏文。四年正月郭崇韬因遭诬陷被杀。由是以观，该格言残片当写成于10世纪

① V. Thomsen, Dr. M. A. Stein's Manuscripts in Turkish "Runic" Script from Miran and Tun-huang, *Journal of the Royal Asiatic Society* 1912, pp. 215-217; J. Hamilton-L.Bazin, Un manuscrt Chinois et runiforme de Touen-houang, British Museum Or. 8218(78) et (79), *Turcica* IV, 1972, pp. 25-42.

中期以后。此外，还有另外一件文书编号为 Or. 8212-77（原编号Ch. 00183），存文字 12 行，内容为向过往军人供应羊只与酒的账目，写本时代约为 9 世纪。①

四、藏文文献

9 世纪中叶回鹘西迁时，河西走廊正处于吐蕃统治之下，《新五代史》卷七四《回鹘传》载："回鹘……余众西徙，役属［于］吐蕃。是时吐蕃已陷河西、陇右，乃以回鹘散处之。"吐蕃统治河西达半个多世纪之久，吐蕃语言文字成为河西地区通用的文字之一。848 年，张议潮发动起义，吐蕃在沙州的统治被推翻，接着，吐蕃相继失去了河西地区的统治。有意思的是，在吐蕃统治结束后相当长的一段时间内，吐蕃语言文字却在河西地区继续流行，充任当时这一地区外交和贸易关系的工具。②

敦煌发现的吐蕃文写卷约达上万件，其中至少有 3 件是由回鹘人写成的，其中 2 件出自回鹘王室，1 件出自回鹘地方官府。

出自回鹘王室者是两件诏书，其一为 P.T.1188《天福七年登里可汗诏书》，有文字 21 行，其上盖印。字迹相当紊乱，但从中仍可看出它是回鹘登里可汗于天福（原卷作 Then-phug）七年（942）③ 阴金兔年(辛卯）春季正月十五日所颁授予悉董那旺论军功告身的诏令。④ 登里即回鹘文 Tängri 之音译，为"天"之意。"天可汗""天王""天大王"常

---

① V. Thomsen, Dr. M. A. Stein's Manuscripts in Turkish "Runic" Script from Miran and Tun-huang, *Journal of the Royal Asiatic Society* 1912, pp. 218-220.

② G. Uray, L'emploi du tibètain dans les chancelleries des États du Kan-sou et de Khotan postérieurs à la domination tibètaine, *Journal Asiatitique* 269, 1981, pp. 81-90.

③ 此天福七年，据乌瑞考证，应为天福八年，这样才能与文中所记干支合。见乌瑞著，熊文彬译《藏人使用六十甲子纪年法的早期例证》，《国外藏学研究译文集》第 5 辑，拉萨：西藏人民出版社，1989 年，第 97 页。

④ 王尧、陈践编著《敦煌吐蕃文书论文集》，成都：四川民族出版社，1988 年，第 179—185 页；G. Uray, New Contributions to Tibetan Documents from the post-Tibetan Tun-huang, *Tibetan Studies*, Müchen 1988, pp. 515-528.

见于于阗王与回鹘可汗的称号之中。因从未发现于阗王以回鹘自称的先例，再考虑到高昌回鹘初期与吐蕃的长期敌对关系诸因素，笔者认为，这里的登里可汗应为甘州回鹘可汗。结合甘州回鹘可汗的世系，可以考虑此人应是仁裕（？—960年）。[①] 悉董那原为吐蕃的千夫长，以其先人之功业，而被授予伊难支于迦之职。伊难支，回鹘文作Inanč，常见于回鹘人名、官号之中；于迦（吐蕃文写作 vuga），借自回鹘文的 Ügä，是典型的回鹘官号。[②]

其二为 P. T. 1082《登里可汗诏书》，系甘州回鹘登里可汗颁给野（猫川）切巴坡属民之藏文诏书，共 40 行，卷面多处残损，全文分为六段，内容大意是先向野切巴坡之属民致意，随后叙说社稷大事，并记有回鹘使者下凉州以及有关唐王与京师长安的消息。[③] 遗憾的是，由于文卷残损过甚，文意难以贯通。

出自回鹘地方官府的文献是《肃州司徒致天大王书》（编号 P. T. 1189），计 28 行，首尾完整，字迹清晰整齐，系肃州司徒给大王的报告，称有贼入肃州骚乱，已捉得二人，请求发落，同时派张安札腊等前往致礼。[④]

那么，河西回鹘何以用藏文撰写自己的诏书呢？这大概与吐蕃长期统治河西走廊地区，吐蕃文遂成为当地诸民族间外交与贸易关系中的语

---

① 关于五代时期甘州回鹘可汗的世系，请参见孙修身《五代时期甘州回鹘可汗世系考》，《敦煌研究》1990 年第 3 期，第 40 页。

② 王尧、陈践编著《敦煌吐蕃文书论文集》，成都：四川民族出版社，1988 年，第 179—185 页。

③ G. Uray，L'emploi du tibètain dans les chancelleries des États du Kan-sou et de Khotan postérieurs à la domination tibètaine，*Journal Asiatitique* 269，1981，p. 82；王尧、陈践《敦煌吐蕃文献选》，成都：四川民族出版社，1983 年，第 50—51 页。

④ G. Uray，L'emploi du tibètain dans les chancelleries des États du Kan-sou et de Khotan postérieurs à la domination tibètaine，*Journal Asiatitique* 269，1981，pp. 83–84；王尧、陈践编著《敦煌吐蕃文书论文集》，成都：四川民族出版社，1988 年，第 192—193 页。

言工具之一有关。吐蕃占领河西走廊后，大批吐蕃军队进驻，并设立了"吐蕃北道节度"之类的军衙。吐蕃帝国分崩离析后，驻于各地的军队及其随从人员未能撤回本土，都散落于河西各地，自称为"嗢末"，与之并存的还有"凉州六谷部"。这些操藏语的吐蕃遗民，长期留居河西，使用藏文，久而久之，对当地语言产生了影响，以至于在吐蕃对河西走廊和新疆地区的统治结束之后很久，藏文在这一带仍然得以行用。1979年，匈牙利学者乌瑞从敦煌出土文献中搜检出18种后吐蕃时代的古藏文文献。[①] 后又增加25种。[②] 在此基础上，日本学者武内绍人经过进一步搜求、考证，确定共有属于后吐蕃时代的古藏文写本57种。[③] 甚至在西夏人统治河西很久，勒立于夏仁宗乾祐七年（1176年）的张掖黑水桥上还有用藏汉两种文字对照书写的圣旨——《告黑水河诸神敕》。[④] 体现了藏族文化对各民族的深刻影响。

敦煌发现的用吐蕃文撰写的回鹘语文献更是进一步明确地反映了藏文对回鹘的影响，这类文献现知的有3件，其中以《佛教教理问答》保存最为完好（图5-6）。该文献原卷现藏巴黎法国国立图书馆，编号为P.chinois 5542/P. tibetain 1292，系伯希和于莫高窟藏经洞所发现，共存44行。首尾为三归依文句，中间用问答形式阐述"四生（dyor dod mag）""五道（bēš yol）""十戒（on chig šra bud）""六波罗蜜(al ti

① G. Uray，L'emploi du tibétain dans les chancelleries des États du Kansou et de Khotan postérieurs à la domination tibétaine，*Journal Asiatique* 269，1981，pp. 81–90.

② G. Uray，New Contributions to Tibetan Documents from the post-Tibetan Tun-huang，*Tibetan Studies*，Müchen 1988，pp. 515–528.

③ Tsuguhito TAKEUCHI，Sociolinguistic Implications of the Use of Tibetan in East Turkestan from the End of Tibetan Domination through the Tangut Period（9th - 12thc.），*Turfan Revisited-The First Century of Research into the Arts and Cultures of the Silk Road*，Berlin: Dietrich Reimer Verlag 2004，pp. 341–348.

④ 王尧《西夏黑水桥碑考补》，《西藏文史考信集》，北京：中国藏学出版社，1994年，第100—117页；佐藤贵保、赤木崇敏、坂尻彰宏、吴正科《汉藏合璧〈黑水桥碑〉再考》，《内陆アジア言语の研究》第22卷，中央ユーラシア学研究会，2007年，第1—39页。

pa ra mid)”及“三毒”（贪、欲、嗔）等佛教基本教义。[①] 回鹘语佛教经典不用回鹘文字母书写，而书之以藏文字母，从一个侧面反映了藏传佛教对回鹘影响之深。

元朝时期，藏传佛教盛行，在回鹘中亦有所传播，促进了回鹘僧徒学习藏语、藏文的热情。从历史记载看，回鹘人中兼通回鹘语文、藏语文者似乎不在少数。[②] 瓜州榆林窟第 25 窟有哈密回鹘人新村巴（Yangï Tsunpa）题记，先以回鹘语文书写，再书以藏语文。[③] 回鹘中似乎也有不少人精通八思巴文，如敦煌莫高窟第 217 窟有回鹘人布颜海牙(Buyan Qaya）的题记，先用回鹘文字母书写，再书以八思巴文字。[④]

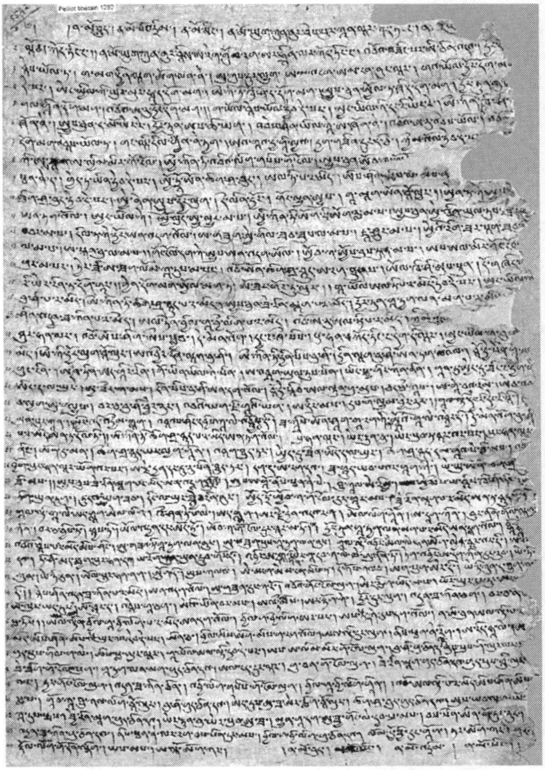

图 5-6　敦煌本吐蕃文回鹘语《佛教教理问答》

① 森安孝夫《チベット文字ご书かおたウイグル文佛教教理问答（P.t.1292)の研究》,《大阪大学文学部纪要》第 XXV 卷，1985 年，第 1—85 页；D. Maue-K. Röhrborn，Ein Buddhistischer Katachismus' in alttürkischer sprache und tibetischar Schrift (I-II), *Zeitschrift der Deutschen Morgenlandischen Gesellschaft* 134-2，1984，S.286-313；135-1，1985，S.69-91.

② 杨富学《回鹘文献与回鹘文化》，北京：民族出版社，2003 年，第 418—423 页。

③［法］哈密顿、杨富学、牛汝极《榆林窟回鹘文题记译释》，《敦煌研究》1998 年第 2 期，第 50 页。

④ G. Kara，Petites inscriptions ouigoures de Touen-houang, *Hungaro-Turcica. Studies in Honour of Julius Németh*, Budapest 1976，pp. 55-59；杨富学、杜斗城《河西回鹘之佛教》,《世界宗教研究》1997 年第 3 期，第 42—43 页。

第六章

# 敦煌回鹘文化

在敦煌历史上，回鹘民族有过长达五百年（840年—14世纪中期）之久的历史活动，留下了丰富的历史文化遗产。过去，由于汉文史籍对瓜沙地区回鹘文化了无记载，而对其记载较多的敦煌回鹘文资料又未能系统刊布，致使学界对敦煌回鹘文化的了解极为有限。这种状况直到最近二十年才有所改观，尤其是法国学者哈密顿《九至十世纪敦煌出土回鹘文文献》一书的发表，为我们提供了30多件属于9—11世纪现的早期回鹘语文献。[①] 20世纪80—90年代，考古人员对莫高窟北区进行清理发掘，获晚期回鹘文文献甚丰，加上早年伯希和、斯坦因在北区发现的晚期回鹘语文献相继得到刊布，为敦煌回鹘文化的研究提供了前所未有的资料。同时，自1980年代以来，敦煌回鹘之石窟艺术也得到研究，这些都为我们更为全面地认识敦煌回鹘文化提供了可能。

---

① J. Hamilton, *Manuscrits Ouïgours du IXe-Xe Siècle de Touen-houang,* Tome I, Paris 1986.

第一节

# 宗教信仰

## 一、摩尼教

摩尼教是瓜沙地区回鹘人所信奉的主要宗教之一。关于瓜沙地区回鹘民族信奉摩尼教的情况，在成书于10世纪下半叶的波斯文著作《世界境域志》中有如下记载：

> Khaiu（瓜州），为一大城，其中部分居民经商。政府由中国委派。其居民信奉摩尼教。
>
> Saju（沙州），属中国，位于山脉与沙漠间，是一个繁荣的地方，胜地很多，流水潺潺。其居民不作恶害人，尊崇摩尼教。①

这一记载尽管记录的是10世纪下半叶瓜沙居民信奉摩尼教的情况，但结合当时摩尼教流行的历史情况看，瓜、沙地区的摩尼教徒，大多都应是漠北回鹘汗国迁去的回鹘人。敦煌地区发现的为数不少的回鹘语摩

---

① V.Minorsky，*Hudūd al-'Ālam. The Regions of the World.A Persian Geography 372 A. H.-982 A. D.,* London 1937，p. 85.

尼教文献即具体证明了摩尼教在沙州回鹘中的流行。

在敦煌出土的回鹘语摩尼教文献中，最负盛名的是用摩尼文书写的《摩尼教徒忏悔词》。该文献今藏伦敦大英图书馆，编号为 Or. 8212–178（原编号为 Ch. 0015），原名 Xuāstvānīft，为小型卷子形式，高 4 英寸，长 14 英寸，保存基本完好，唯缺开首部分，为敦煌藏经洞所出唯一用摩尼文字母书写的摩尼教文献，共计 338 行，文字娟秀而清晰，标点符号为一或二墨点外加红墨圈组成。内容为摩尼教徒忏悔之辞，内容分为 16 段。同一内容的写本在柏林和圣彼得堡也有收藏。前者出自吐鲁番，为吐鲁番考察队于 1907 年发现，亦用摩尼文字母书写，后者为俄国领事迪亚科夫所搜集，出土地点不详，亦应出自吐鲁番，用回鹘文书写。三本之中，以伦敦藏敦煌本保存最为完整，柏林本最残，但柏林本保存有敦煌本残缺的开首部分。三本互校，恰好可得足本。[①]

除此之外，敦煌出土短篇回鹘文摩尼教文献还有 6 件，其中有三件都提到了 Xan（可汗或王），可见，摩尼教与王室间的关系是比较密切的。其一，P. 3071 卷背第 10—11 行载：

tägingim külug čoɤluɤ xanïmïz küsi atï yadïlzun

让我们有名望的、伟大的汗王的美名传扬四方。[②]

其二，P. 3407 卷背第 12—13 及 14 行二度出现该词：

tükäl urunčaqlïɤ ašnuqï kök tängri1 xanï

① A. von Le Coq, Dr. Stein's Turkish Khuastuanift from Tun-huang, Being a Confession-Prayer of the Manichaean Auditores, *Journal of the Royal Asiatic Society* 1911, pp. 277–314; Л. В. Дмитриева, *Хуастунифт, Тюркологические исследования*, М. - Л. 1963; P. Asmussen, *Xuāstv-ānīft——Studies in Manichaeism*, Kopenhagen 1965.

② 杨富学、牛汝极《沙州回鹘及其文献》，兰州：甘肃文化出版社，1995 年，第 212—213 页。

［拥有］所有抵押品的，是天王。

alqïš yer tängri xanï

恩惠是地神天王。[①]

其三，P. 3049 卷背第 2 件文献的 10—11 行载：

alp qutluɣ uluɣ bilgä uyɣur tängri uyɣur xan qutinga

英勇、幸福、伟大而智慧的回鹘天可汗陛下。[②]

而为数比之多得多的佛教文献却很少提到回鹘的可汗。这一现象足以说明，当时敦煌一带回鹘上层仍继承了漠北时代的传统信仰，继续尊信摩尼教。另有文献表明，敦煌回鹘的摩尼教与高昌回鹘王国存在着密切的关系。

如所周知，早在沙州回鹘立国之前的 9 世纪初，高昌即已成为当时世界摩尼教的一大中心，驻有大主教。有一份出土于吐鲁番的回鹘文书谈到：

1. ……t(ä)ngrikän
2. uiɣur buɣur xan
3. xočo garu k(ā)lpän
4. qoin yïlgqä üč
5. m(a)xi-stak olurmax
6. üčün mužakka

① 杨富学、牛汝极《沙州回鹘及其文献》，兰州：甘肃文化出版社，1995 年，第 216—217 页。

② 杨富学、牛汝极《沙州回鹘及其文献》，兰州：甘肃文化出版社，1995 年，第 222、225 页。

7. kingädi biš

8. ……biš……

1．……神圣的

2．回鹘卜古汗

3．来到高昌

4．于羊年。［与］三名

5．默奚悉德（即摩尼师）相往来

6．为了慕阇（即大主教），

7．协议，五……

8．……五……①

经学者们考证这件文书讲的是回鹘怀信可汗（795—805 年）曾于羊年（803 年）来高昌请求摩尼教的大主教派遣三名摩尼师赴蒙古高原传教一事。回鹘西迁高昌以后，那里的摩尼教势力无疑会进一步壮大起来。从回鹘文 P. 3071 卷背摩尼教文献看，当时高昌回鹘王国的摩尼教已有教皇之设，驻跸于别失八里：

beš beš-balïqta nom bašlaɤuči ärmen

我是别失八里的教皇。②

这一文献在敦煌出土，是否意味着当时沙州回鹘的摩尼教徒在名义上当归该教皇节制，亦未可知。

9—11 世纪时，敦煌还设有摩尼教寺院，寺名在敦煌所出 9—11 世

① A. Von Le Coq，Ein manichäisches Buch-Franment aus Chotscho，*Festschrif V. Thomsen*，Leipzig 1912，S. 149–150.

② 杨富学、牛汝极《沙州回鹘及其文献》，兰州：甘肃文化出版社，1995 年，第 212、214 页。

纪的古突厥文《占卜书》（Irq bitig）之跋尾中有所反映：

> bars yïl (e)kinti ay beš yig(i)rimika t(a)ygünt(a)n m(a)nïst(a)nt(a)qi kičig: di(n)t(a)r burua ɤuru äšid(ip) ič(i)m(i)z isig:s(a)ngun: itačuq učün: bitid(i)m
>
> 虎年五月十五[日]，小僧在大云堂摩尼寺听“预言师”［讲]，兹为吾人之兄长热将军 itačuq 写记。[①]

其中的 manïstan 一词在吐鲁番等地出的回鹘文摩尼教文献中多有出现，指摩尼寺，系由中古波斯语’nyst’n（寺院）演变而来。[②] 至于 Taygüntan，极可能为汉语“大云堂”之音译。这里的“堂”在摩尼教中指代的常为摩尼教殿堂，如敦煌所出《摩尼光佛教法仪略》在讲到寺宇仪时，提到其有五堂：

> 经图堂一，斋讲堂一，礼忏堂一，教授堂一，病僧堂一。右置五堂，法众共居，精修善业，不得别立私室厨库。[③]

《册府元龟》卷九三一亦同样称摩尼寺为“法堂”。至于“大云”，则与回鹘摩尼教关系更为密切。据载，“大历三年（768 年）六月，敕回纥置寺，宜赐额大云光明之寺。六年（771 年）正月，又敕荆、越、洪等州各置大云光明寺一所”。[④] 至于该大云堂摩尼寺与沙州佛寺大云寺有无关系，尚待学界进一步研究。

---

① Talat Tekin, *Irk Bitig. The Book of Omens,* Wiesbaden 1993, pp. 26–27

② 森安孝夫《ウイグル=マニ教史の研究》（=《大阪大学文学部研究纪要》第 31—32 卷合并号），1991 年，第 63—64 页。

③ 林悟殊《摩尼教及其东渐》，北京：中华书局，1987 年，第 232 页。

④［宋］赞宁《大宋僧史略》卷下，《大正藏》第五四卷，No.2126，页 253b。

## 二、佛教

宋元时代，敦煌是河西佛教与文化的中心。早在回鹘西迁之前，数百年间这里一直是佛教兴盛之地。当回鹘人迁入这里后，由于受到当地长期流行的佛教的影响，大部分民众都皈依了佛门。史载：

> [甘、凉、瓜、沙] 回鹘奉释氏最甚，共为一堂，塑佛像其中。每斋必宰羊，或酣酒，以指染血涂佛口；或捧其足而鸣之，谓之敬亲。诵经则衣袈裟，作西竺语。①

从文中“奉释氏最甚”一语，不难看出，在沙州诸地的回鹘人中，佛教信徒众多，其势力已远远超过了由漠北继承下来的回鹘国教——摩尼教。从回鹘人拜佛时所奉行的刲羊、饮酒并以血涂佛口等习俗看，显然受到了藏传佛教的影响。这种状况的形成，庶几乎与吐蕃帝国自 8 世纪中叶以来对半个多世纪的统治不无关系。19 世纪末 20 世纪初以来的考古发掘和敦煌回鹘佛教文献的释读，可进一步证明当时回鹘人信仰佛教的事实。

敦煌出土的回鹘文佛经写本甚多，著名的有回鹘文《善恶两王子的故事》《天地八阳神咒经》《阿毗达磨俱舍论》《阿含经》《阿毗达磨俱舍论安慧实义疏》《观音经相应譬喻谭》等，计有数十种。其中特别值得一提的是 1910 年马洛夫于酒泉文殊沟发现的回鹘文《金光明最胜王经》写本，共 397 叶，现藏圣彼得堡，有题跋曰：

> kang-si yigirmi altinč yïl altïnč aynïng säkiz yangïsï，či tigma

---

① [宋] 洪皓《松漠纪闻》卷上，《辽海丛书》第 1 册，沈阳：辽沈书社，1985 年，第 204 页。

tutmaq kün sim sičqan kün üzä bašlayu bitip, säkizinč aynïng ay tolunï biš yigirmisintä bitiyü tolu qïldïm kinki-lär-kä ulalmaq bolzun! sadu ädgü![①]

我从康熙二十六年六月初八辛鼠日开始写，至八月十五日满月时写竟。让其流布后世吧！善哉！善哉！

抄经人为 Bilgä Talui Šabï、Ratna Vijra Šabï 和 Čaxsapat Manggal Toyin 等人，抄经地点在敦煌。

在三位书手中，两位姓名中都出现有 Šabi 一词。在为数众多的回鹘文佛教题跋中很少见，除本文献外，又见于敦煌本元代回鹘文写本 Or. 8212/75A（Ch. xix. 001）《观音经相应譬喻谭》[②]、吐鲁番出土元代回鹘文印本 U 4772 （TM 24）《观身心经》[③] 和榆林窟第 12 窟主室甬道北壁元代回鹘文题记。[④]

有意思的是，在酒泉文殊山石窟万佛洞发现的回鹘文题记（图 6–1）中，竟出现有 Bilgä Talui 其人，只是把称呼 Šabï（沙弥）改为 Toyïn（道人）而已：

1. biz bilgä talui toyïn b[ilgä] sada toyïn baqšï
2. šabi ägil kärdi uluğ kičig barča
3. ykünüp yanduq

① В.В.Радлов–С.Е.Малов, *Suvarnaprabhāsa.* Сутра золотого Блеска, Текстъ уйгурской редакши(= Bibliotheca Buddhica XVII), Delhi 1992, стр.343.

② 萨仁高娃、杨富学《敦煌本回鹘文〈阿毗达磨俱舍论实义疏〉研究》，《敦煌研究》2010 年第 1 期，第 122 页。

③ P. Zieme, *Buddhistische Stabreimdichtungen der Uiguren*(=*Berliner Turfan Texte* XIII), Berlin 1985, S.168.

④ 哈密顿、杨富学、牛汝极《榆林窟回鹘文题记译释》，《敦煌研究》1998 年第 2 期，第 40 页。

4. kang ši älik ikinči yïl törtünč ay altï

5. yangïsï yükünduq ädgü

1. 我们，僧人 Bilgä Talui、僧人 B[ilgä] Sada、Baqšï

2. 沙弥、ägil、Kärdi［等］大小［人］都

3. 敬拜［此佛寺］后返回。

4. 康熙五十二年（1713 年）四月

5. 初六敬拜。善哉。①

该题记写成于康熙五十二年（1713 年），与文殊沟所出抄写于康熙二十六年（1687 年）的回鹘文《金光名最胜王经》时代相近，书手名称一致。考虑到这一时期回鹘佛教势力已衰，僧人数量不会很多，加上二者同为康熙年间回鹘僧人，庶几乎可以推定二者当为同一个人。②

图 6–1 文殊山康熙五十二年回鹘文题记

殆至康熙二十六年（1687 年）时，回鹘文在西域地区早已成为“死文字”了，唯在河西一隅得以一脉独存。此前，学界一般确认酒泉文殊沟本回鹘文《金光明最胜王经》是时代最晚的一件回鹘文文献。酒泉文殊山万佛洞发现的回鹘文题名则证明，回鹘文在河西地区的使用甚至比这一文献的时代更为靠后，至少到康熙五十二年（1713 年）止，

① 伊斯拉非尔·玉苏甫、张宝玺《文殊山万佛洞回鹘文题记》，吐鲁番学研究院编《语言背后的历史——西域古典语言学高峰论坛论文集》，上海：上海古籍出版社，2012 年，第 95 页。

② 杨富学《酒泉文殊山：回鹘佛教文化的最后一方净土》，《河西学院学报》2012 年第 6 期，第 3 页。

河西西部酒泉至敦煌一带地区仍然存在着回鹘佛教集团，继续行用回鹘文。这一发现，确证明清时期回鹘佛教文化在酒泉文殊山一带的流行。

在题记中标明写成于敦煌的回鹘文佛典还有《观音经相应譬喻谭》。该文献用汉字表示页码，在第十一叶背面第5行，有回鹘文题记称：

tükäl tämür tu-qya čïzïndïm qoyn yïl onunč ay biš otuzqa saču balïqta 善哉

余吐坎·铁木耳·吐喀雅书写。羊年十月二十五日于沙州城。善哉。①

从字体判断，写本应属元代，该羊年应为1355年，书手为吐坎·铁木耳·吐喀雅（Tükäl Tämür Tu-qya）。在第十六叶之后，另有无标码的一叶，正面有回鹘文题记5行（图6–2）：

1. bu čaɤsï män tükäl dämür-ningol tip bir käzig-kyä bitimiš boldum čin
2. män tonga buqa šabï oqïyu tägindim
3. satu satu bolzun qudluɤ bičin yïl ikint(i ay)
4. biš yangïqa saču balïq ödig
5. qïlïp biditim kinki körgü bolzun tip

这个册子是余吐坎·铁木耳的，只写了一行，正确。我通迦不花沙弥读了。善哉！善哉！幸福的猴年二月五日于沙州城发愿书写。以后应该见到。②

---

① 萨仁高娃、杨富学《敦煌本回鹘文〈阿毗达磨俱舍论实义疏〉研究》，《敦煌研究》2010年第1期，第121页。

② 萨仁高娃、杨富学《敦煌本回鹘文〈阿毗达磨俱舍论实义疏〉研究》，《敦煌研究》2010年第1期，第122页。

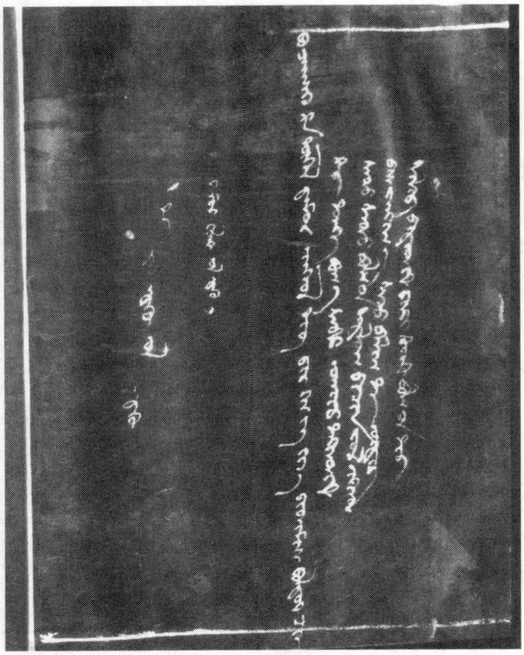
图 6-2　回鹘文猴年题记

其中的猴年，当为 1356 年。

敦煌回鹘佛教信仰极盛。当时回鹘上层贵族把修建佛寺、开凿洞窟、在石窟壁上绘画视作一种功德，因而，在敦煌莫高窟、西千佛洞和瓜州榆林窟中可以见到不少的回鹘洞窟。

三、景教

景教是基督教的一支，因继承了聂斯脱里（Nestorius，约 334—440 年）的宗教主张，故又名聂斯脱里派。聂斯托里原为君士坦丁堡的大主教，后因主张基督具有神与人的双重属性而被正统派斥为异端，处以死刑，其教徒逃往东方。8 世纪时传入中国，取名景教。关于景教东传的过程，冯承钧先生已有考证：

> 景教徒之行程，盖由大夏经巴达克山（Badakshan）、葱岭（Pamirs）、蒲黎（Tashkurgan）而至和阗（Khotan），尊玄奘之归途而至长安。[1]

既然景教传入长安是在 635 年，那么景教传人敦煌的时间必在此之前。据考，这里在唐代已成为景教活动的一大中心。[2] 20 世纪初以来，

① 冯承钧《景教碑考》，北京：商务印书馆，1935 年，第 58 页。

② 罗香林《唐元二代之景教》，香港：香港中国学社，1966 年，第 31—35 页。

敦煌出土的六部汉文景教文献[①]和叙利亚文《新约全书·加拉太书》残片就证实了这一点。[②]回鹘西迁这里后，有少部分改信了景教。这从一些回鹘人所用的名字上即可看出：

其一，在敦煌出土回鹘文《书信》（Or. 8212-120）的第2行和第15行两次出现有ïsxaq（伊斯哈克）一名，[③]该词实系古叙利亚语Isaac之借词，为基督教徒之常用名。该文献在文末还确切地告诉我们，伊斯哈克是定居于沙州的回鹘人。

其二，在第P.2988卷背B件《牒状》第2行[④]、Or.8212-119《诗歌》第12行[⑤]及P.2909卷背《愿文》第3行[⑥]中都出现有yoxnan（约翰）一词，该词亦系古叙利亚文形式，其名亦为基督教徒之常用名。以上二例说明，9—11世纪间，至少有少部分回鹘家庭当是信仰景教的。

## 四、回鹘摩尼教与佛教的融摄

回鹘佛教徒大多都是由原来的摩尼教徒改宗而来的，所以，早期回鹘文译经中不免常常带有摩尼教的痕迹，其中最明显的就是《天地八阳

---

① 这六部文献分别为《大秦景教三威蒙度赞》、《尊经》、《宣元至本经》、《志玄安乐经》、《一神论》和《序听迷诗所经》，经文均见于江文汉《中国古代基督教及开封犹太人》，北京：知识出版社，1981年，第57—92页。另有二部《大秦景教大圣通真归法赞》和《大秦景教宣元至本经》据传亦出自敦煌，但据林悟殊、荣新江考证，当系伪经，见其所著《所谓李氏旧藏敦煌景教文献二种辨伪》，《九州学刊》1992年4卷4期，第19—34页。

② Wassilions Klein - Jürgen Tubach, Ein syrisch-christlisches Fragment aus Dunhuang/China, *Zeitschriftder Deutschen Morgenlandischen Gesellschaft* Bd.144 - Heft 1, 1994, S. 1-13.

③ 杨富学、牛汝极《沙州回鹘及其文献》，兰州：甘肃文化出版社，1995年，第79—81页。

④ 杨富学、牛汝极《沙州回鹘及其文献》，兰州：甘肃文化出版社，1995年，第112、114页。

⑤ 杨富学、牛汝极《沙州回鹘及其文献》，兰州：甘肃文化出版社，1995年，第125—126页。

⑥杨富学、牛汝极《沙州回鹘及其文献》，兰州：甘肃文化出版社，1995年，第209页。

神咒经》，摩尼教烙印甚深。① 比如在第四品中将汉文本原有的阴阳学说改译成善恶说，进而论述以天地为主体，以善恶为创造天地之法，以善代表阳，代表光明，以恶代表阴，代表黑暗，于是便形成了天—善—光明、地—恶—黑暗的二元论思想。而此善恶二元论正是摩尼教宇宙观的核心。将汉文本中阴阳五行说的诸神改译为风和灵魂的消伏，这又与摩尼教的风神与灵魂说密切相关。将汉文本“八者分别也，阳者明解也”改译成“八种光明智”，后又将“光明智”作为贯彻唯识学的理念。② 而“光明”在摩尼教中被作为信仰的标志，“智”则为“选民”的标志。可见，回鹘文《天地八阳神咒经》的“光明智”与摩尼教的“光明智”的理念是基本一致的。

关于回鹘佛教与摩尼教之间的关系，还可以从其对诸天的称呼上观察出来。在回鹘语佛典中，“梵天”（梵文作 Brahmā）被写作“埃孜卢亚”(Äzrua)，“帝释”(Indra)被称为“奥尔穆斯德”(Khormuzta)。吾人固知 Äzrua 乃伊兰神佐尔文（Zervan，意为“永恒的时间”）之转讹；Khormuzta 则为希腊文 Ormuzd 之转讹，二者后来都是摩尼教中有名的神祇。称恶魔为 Samnū，实由摩尼教恶行魔鬼Šmnū 转化而来。这些都说明，译经者是先奉摩尼教而后才改信佛教的，故将其已知的诸天及恶魔名称移置于新信奉的佛教的诸天及恶魔之上。③

同时，回鹘的摩尼教也无时不浸透着佛教的影响。如敦煌出土的 P. 3071 号摩尼教文献中就有“namo but namo dram namo sang 南无佛、南无法、南无僧”④ 之语，这是典型的佛教用语。又如敦煌本回鹘

---

① W. Bang-A. von Gabain-G. Rachmati，*Türkishche Turfan texte* VI，Berlin 1934，S.93-192.

② 孟凡人《略论高昌回鹘的佛教》，《新疆社会科学》1982 年第 1 期，第 68—69 页。

③羽田亨《西域文明史概论》，京都：弘文堂书房，1931 年，第 173—174 页。

④ J. Hamilton，*Manuscrits Ouïgours du IXe-Xe Siècle de Touenho-uang,* Tome I，Paris 1986，p. 58；杨富学、牛汝极《沙州回鹘及其文献》，兰州：甘肃文化出版社，1995 年，第 73 页。

文《天地八阳神咒经》的开首就是：

namo but namo dram namo sang tängri tängrisi burqan yarlïqamïš tängrili yirlidä säkiz yükmäk yarumïš yaltrïmïš ïduq darnï täk wip atilï sudur nom bitig bir tägzinč

南无佛、南无法、南无僧，《佛说天地八积阳神咒经》一卷。[①]

又如在吐鲁番本回鹘文《妙法莲华经·普门品》第 1 行也有 namo but namo dr (a)m namo sang[②] 一语，可见摩尼教中这一用语当来自佛教，甚至摩尼教教徒在称呼其教主摩尼时，竟有将其称为 Mani Burxan（摩尼佛）者，如敦煌发现的摩尼教文献 P.3049 的第 1 行即称：

alqatmïš bulzun · yaruq tängri mani burxan

请颂扬光明神摩尼佛。[③]

这一现象说明，佛（回鹘文 Burxan）已被摩尼教借用，以指代摩尼本人。在吐鲁番出土回鹘语摩尼教文献 T II D 171《二宗经》中，摩尼和其他先知被称作"摩尼佛和其他佛陀使徒"（Mani burxan amarï burxanlar brištilär）。[④] 这里所谓的"其他佛陀使徒"，也包括了基督耶稣（Jesus）。

---

① W. Bang-A. von Gabain-G. R. Rachmati, *Türkische Turfan-texte*. VI, Berlin 1934, S. 14.

② 张铁山《回鹘文〈妙法莲华经·普门品〉校勘与研究》，《喀什师范学院学报》1990 年第 3 期，第 57 页。

③ J. Hamilton, *Manuscrits Ouïgours du IXe-Xe Siècle de Touenho-uang*, Tome I, Paris 1986, p. 38；杨富学、牛汝极《沙州回鹘及其文献》，兰州：甘肃文化出版社，1995 年，第 219 页。

④ A. von Le Coq, Türkische Manichäica aus Chotscho. *I, Abhandlungen der Preussischen Akademie der Wissenschaften, Phil.-hist. Klasse, Nr. 6*, 1911, S. 24.

佛的法身卢舍那（梵语 Vairocana）以其“光明遍照”之意而被崇尚光明的回鹘摩尼教徒所借用，以“卢舍那身”来表示摩尼教教义中经常出现的神祇——光耀柱（回鹘语作 lušyanta burxan öz）。吐鲁番出土回鹘语摩尼教文献 T I D 200 （Mainz 744）第 15—22 行载：

ol lušyanta burxan öz-i bar qamɤ yir taɤ taš qum·ögän ögüz suwï qamɤ toš baši yulat suwlar·qamɤ ï ïɤač barča tïnlïɤ yalnguq·näng antaɤ yir yoq kim lušyanta öz-i tolu yoq ärsär·qltï toyïn kiši äligi qanyuɤaru kötürsär · az-u qanyuɤaru sunsar ·antaɤ lušyanta burxan öz-i-ngä yaz-ïnmiš bolur

卢舍那佛身为万事万物，即土地、山峦、石头、沙砾、海边之水、河水及所有水塘、水道和湖泊、所有的树木、所有的生物和人类。卢舍那身无所不在，遍一切处。如果一个僧侣对某种事物举起或伸出他的手，那么他就对卢舍那身犯下了罪孽。①

回鹘摩尼教对佛经的吸收不仅仅表现在形式上，更重要的是对佛教思想的吸收。如吐鲁番出土的摩尼文回鹘语文献 T II D 178b 180 为一则摩尼教故事。但其思想核心却完全是佛教的：贪欲导致人的恶行，嗔怒造成人生痛苦，“生灵们如果不能克制自己的嗔怒，就会在无尽的轮回中如草一般被吞食，像粉一样被碾碎和转动”。② 这种现象颇值得重视。

那么，为什么会有这种情形呢？笔者认为应从摩尼教与佛教的关系中去探寻原因。

吾人固知，摩尼教本身就是吸收了包括佛教在内的多种宗教因素而

① W. Bang-A. von Gabain，*Türkische Turfan-texte*.V，Berlin 1931，S. 335；马小鹤《摩尼教的“光耀柱”和“卢舍那身”》，《世界宗教研究》2000 年第 4 期，第 109 页。

② W. Bang-A. von Gabain，*Türkische Turfan-texte*. II，Berlin 1929，S. 423–425.

形成的。[①] 当摩尼教传入中国后，为了适应中原地区佛教流行这一特定的历史环境，摩尼教更是大量吸收佛教成分，甚至不惜披上佛教的外衣。《通典》卷四〇所载“开元二十年（739 年）七月敕，末摩尼法，本是邪见，妄称佛教，诳惑黎元，宜严加禁断”[②] 之语，反映的正是这种情况。宝应二年（763 年），回鹘从唐朝引入的摩尼教，已是一种佛化程度很深的改变了原有形式的宗教。敦煌发现的摩尼教经典《摩尼光佛教法仪略》（写于开元十九年，731 年）对此有着集中的反映：

> 佛夷瑟德乌卢诜者，本国梵音也，译云光明使者，又号具智法王，亦谓摩尼光佛，即我光明大慧无上医王应化法身之异号也。当欲出世，二耀降灵，分光三体；大慈愍故，应敌魔军。亲受明尊清净教命，然后化诞，故云光明使者；精真洞慧，坚疑克辩，故曰具智法王；虚应灵圣，觉观究竟，故号摩尼光佛。光明所以彻内外，大慧所以极人天，无上所以位高尊，医王所以布法药。则老君托孕，太阳流其晶；释迦受胎，日轮叶为象。资灵本本，三圣亦何殊？成性存存，一贯皆悟道。[③]

经中把摩尼、释迦牟尼、老子并称，认为他们本是同源，根本没有本质的区别，于是，摩尼就被附会成释迦牟尼的化身而称为“摩尼光佛”。更有甚者，《摩尼光佛教法仪略》还公然引证佛经（如《摩诃摩耶经》《观佛三昧海经》等）内容，俨然以佛教之一宗的面目出现，这

---

① David A. Scott, Manichaean Views of Buddhism, *History of Religions* Vol. 25, No. 2, 1985, pp. 99–115; H. J. Klimkeit, Jesus' Entry into Parini-rvāna: Manichaean Identity in Buddhist Central Asia, *Numen* Vol. 33, Fasc. 2, 1986, pp. 225–240.

②［唐］杜佑撰，王文锦等点校《通典》卷四〇《职官二十二》，北京：中华书局，2003 年，第 1103 页。

③ 林悟殊《摩尼教及其东渐》，北京：中华书局，1987 年，第 230 页。

是摩尼教入华前所未曾有的。[1] 所以我以为，回鹘从唐朝引入的摩尼教实际上已经是摩尼教、佛教乃至道教的混合物。这正是回鹘摩尼教徒不排斥佛教，而回鹘佛教徒也不排斥摩尼教的重要原因，这种宗教意识促进了回鹘佛教与摩尼教的互相激荡与共同发展。

---

① 林悟殊《摩民教及其东渐》，第 173—174 页。

第二节

## 文学成就

回鹘是一个富有文学传统的民族，古来擅长诗歌。《北史·高车传》称其先人敕勒（高车）人“好引声长歌”，脍炙人口的《敕勒歌》便是他们留给后人的一份宝贵的文学遗产：

敕勒川，阴山下，天似穹庐，笼盖四野。
天苍苍，野茫茫，风吹草低见牛羊。[①]

寥寥数笔，勾勒出北国草原之莽莽苍苍，其辽阔无边、气象雄浑的景象，具有强大的艺术感染力，千百年来，历久不衰，蜚声四播，震撼人心，载誉诗坛。《敕勒歌》应该是北魏时期产生的敕勒民歌，也可以说是古代维吾尔族的民歌。

9 世纪中叶，回鹘西迁至西域、河西后，由于受到当地高度发展的多民族文化的影响，文学成就也达到了前所未有的高度，文学作品体裁多样，内容丰富。这一时期之回鹘文学，从内容到形式都深受当时流行的佛教、摩尼教的影响；所使用的语言为回鹘语，文字主要是回鹘文，

① [宋] 郭茂倩《乐府诗集》卷八六，上海：上海古籍出版社，1998 年，第 918 页。

仅有少量文献用摩尼文或其他文字书写；几乎没有传世文献，今所见者，差不多都是19世纪末20世纪初以来敦煌、吐鲁番、哈密等地的出土物，多为写本，亦有一定数量的印本；以诗歌作品居多，既有佛教、摩尼教、景教诗歌，也有数量相当丰富的民间诗作，如田园诗、爱情诗、格言诗、劝喻诗、挽歌等。①

依据敦煌出土的有关文献，兹从译经文学、诗歌创作和民间文学三个方面对当时回鹘之文学成就略作述论。

## 一、译经文学

敦煌回鹘在数百年间，一直崇信佛教、摩尼教和景教，尤以佛教信仰最为兴盛，故佛教译经文学也最为发达。

为了适应讲说佛经、诵读、供养诸方面的迫切需要，回鹘人翻译了很多佛经。大凡宗教，不管是佛教、摩尼教、景教，还是其他宗教，大都充满了无尽的奇思幻想，常常把抽象、枯燥的说教寓于生动、形象的故事之中，使原本枯燥的经典变成了一篇篇优美的文学作品。这些作品在世界各地广为流传，对许多国家和民族的民间文学乃至文人创作都发生过明显的影响，回鹘亦概莫能外。在9—15世纪间，回鹘人翻译了大量的佛教、摩尼教、景教典籍，它们不仅富有极强的文学性，且对回鹘纯文学的形成与发展影响巨大，以致我们在论及回鹘文学史时不能不从经典的翻译着手。

这些经典大多数是由汉文本转译的，因为当时印度的佛教已经衰微，因而中土佛教曾一度向西倒流。这些译经不少出自名家之手，用词非常优美，质朴典雅，达到了很高的水平。从内容方面看，这些作品都是译作。但从艺术方面看，又表现了译者的创新，有些七言古诗被译成

---

① A. von Gabain, Zentralasiatische türkische Literaturen, 1: Vorislamische alttürkische Literatur, *Handbuch der Orientalistik* 5:1, Leiden 1963, S. 207–228.

古典维吾尔诗歌形式，表现了译者的将原作回鹘化的高超构思能力和艺术天才，同时表现了当时敦煌回鹘文学的完美和创作手法的多样化，反映了古典维吾尔文学语文的特点。在这些作品中，《善恶两王子的故事》就是具有典范意义的艺术杰作。

该文献现藏巴黎法国国立图书馆，编号为P.3509，为一由20大张纸组成的册子式早期回鹘文佛经，字体为行书体，内容与汉文本《大方便佛报恩经》卷四《恶友品》最接近。其中一些词句又与汉文本《贤愚经》卷九《善事太子入海》、卷八《大施抒海》和《根本说一切有部毗奈耶破僧事》卷一一中的故事相当。回鹘文本似译自汉文，但译文比较自由，语言简朴流畅。如该文献第一叶正面：

tasɤaru ilinüka atlanturdi erti baliq tašin tariɤ či-laraɤ korür erti quruɤyerig suwayu ol terig tariyu quš quzɤun suqar yoriyur sansiz tüman ozlüg olürür tariɤtariyu amari tinliɤ-lariɤ

［太子］骑马去郊外观光。他看到城外的许多农夫，他们灌溉着干渴的土地，再在湿润的土地上播种。飞禽在啄食［昆虫］，无数的众生死亡了。

懂得古代维尔语文的人对照一看便知回鹘文译者具有很高的译作修养，译文词义准确，文法流畅，属于一种标准的古典维吾尔文学语言，词汇和佛教术语的处理十分得当。的确，每当读完这些译作时，不能不佩服译者已达到的高度水平。

9—14世纪回鹘佛经翻译很兴盛，有时，一部佛经就有很多种译本。比较典型的是《天地八阳神咒经》的回鹘文译本。

视该经内容，显然为中土僧徒所造，故学界一般都称之为“伪经”，从敦煌吐鲁番出土文献看，该经在宋元时代的回鹘社会，是极为流行的。学者们在收集、整理有关该经的写本、印本断片后，总会发现歌本之间都有不尽一致的地方。早在20世纪30年代，即有学者对各种断片细加甄别，从中划分出七十二种不同的本子。[①] 后来还不断有新的本子被发现、研究和刊布。总括起来，很难说清该经到底有多少种回鹘文本子。日本学者小田寿典在研究了这些本子之后认为该经里掺有波斯的信仰，亦即掺有拜火教的成分。他还认为各种写本大致上可以分为三种，既有旧的写本，也有新的写本。旧的东西逐渐被修正，越是新的，修正的地方就越多，而波斯信仰也就逐渐被排除。[②] 写本之时代也不一致，有早有晚，一般认为早的早至中唐以后，晚的可能完成于1231—1322年间。其中保存最完好的就是英国人斯坦因于敦煌发现的编号为Or. 8212-104（原编号为Ch. 0013）的写卷。文献长约24.9英尺，卷子式，首部残缺，存466行，似属10—11世纪之遗物，是古代敦煌佛教历史上比较有代表性的一部经典。[③]

## 二、诗歌创作

在维吾尔古典文学中，诗歌占有非常重要的地位。但敦煌留存的早期回鹘诗歌数量却不多，仅可见到二例，[④] 为作分析，现移录其一（编号为Or. 8212-119）如下：

---

① W. Bang，A. von Gabain und G. R. Rachmati，*Türkische Turfantexte VI, Das buddhistische Sūtra Sakiz yükmak, Sitzungsberichte der Preussischen Akademie der Wissenschaften*，Berlin 1934，S. 9.

② 小田寿典《パルエ语本八阳经写本の系谱パ宗教思想的问题》，《东方学》第55辑，1978年，第104—108页。

③ W. Bang-A. von Gabain-G. R. Rachmati，*Türkische Turfantexte VI, Das buddhistische Sūtra Sakiz yükmak, Sitzungsberichte der Preussischen Akademie der Wissenschaften*，Berlin 1934，S. 1-102；小田寿典，《トルコ语本八阳经写本の系谱と宗教思想的问题》，《东方学》第55辑，1978年，第118—104页。

④ J. Hamilton，*Manuscrits Ouïgours du IXe-Xe Siècle de Touen-houang*，Tome I，Paris 1986，pp. 77-82；另一首编号为P. 2988，刊于同书，pp. 83-92，兹不复引。

1. qat ay.toquz on qat aziqi
2. aɤluranmazun ayu tuɤlum elim
3. yawiz qulintin aɤluqranmazun tuɤluɤ
4. elim onmaz qulintin učuzlamazun
5. yilari yenčülüg yegran adɤir ayu
6. yetmiš tüman ogiringa qutluɤ bolzun
7. altmiš tüman ogiringa qutluɤ bolzun
8. bolzun süči bir tangri xanim süka
9. yoritsar ayu. yetmiš tüman sü-
10. isinga qutluɤ bolzun altmiš tüman
11. tüman aw isinga angliq bolzun
12. yoxnan aitidim

1. 层。所谓备用品不用囤蓄
2. 九十层，那是说我们汗国
3. 不让奴隶负担过重；
4. 我们的汗国尚未昌盛，切勿视奴隶无足轻重。
5. 所谓栗色种马的笼头上缀有珍珠，
6. 那是说他的七十万畜群有福；
7. 所有的马鞍都会齐备，尽管他有六十万马驹。
8. 所谓战士每天为我可汗征战，
9. 那是说他的七十万士兵
10. 有福不浅；猎人六十万，
11. 每人都有事情可干。
12. 约翰书写。

就其诗歌形式而言，大致可归结如下：

A. a. 7+7=14（音节）…ayu

b. 4+5+5=14 …mazun

c. 4+5+5=14 …mazun

B. a. 6+6=12 …ayu

b. 4+4+4=12 …bolzun

c. 4+5+4=13 …bolzun

C. a.7+7=14 …ayu

b. 4+4+4=12 …bolzun

c. 4+4+4=12 …bolzun

这三段诗的第一句均以 ayu 收尾，第二句和第三句以 -mazun/bolzun 结尾。这首诗不仅押尾韵，而且两段还押首韵。其音节数目比较严整。这些都反映了早期维吾尔诗律的特点。全诗语言优美，比喻生动，给人以深刻的印象。只是由于笔者水平有限，在汉译时未能充分表现出诗的特征和它的音韵特色。

敦煌还发现有大型的回鹘文佛教诗歌集。该文献现藏伦敦大英图书馆，编号为 Or. 8212-108，与前述回鹘文《说心性经》及《俱舍论颂》和回鹘文部派残卷等多种文献合订为一册，共 38 页，其中，第 1 页的正面与 17—33 页为诗集。纸质细薄，保存良好，字体较草，但很清晰。每面写 15—17 行，夹写汉字。全为押头韵的四行诗或八行诗，共 948 行，是迄今为止所知最为重要的回鹘佛教诗歌集，其中有著名回鹘学者安藏的《十种善行赞》和安藏与另一名著名回鹘学者必兰纳识里根据汉文而合力撰写的《普贤行愿赞》等。

安藏，西域别石八里人（今新疆吉木萨尔境内破城子），是元代畏兀儿著名学者、翻译家，一生译著丰富，具有很高的语言天赋，精通回鹘、汉语、蒙古、藏语等多种语言文字。安藏的作品甚为丰硕，在他去世时，元世祖下诏“收其家遗书，得歌、诗、偈、赞、颂、杂文数十卷，命刻梓传世”[①] 可惜其著作流传于世者较少。

安藏不仅翻译了大量的儒家典籍，将汉文典籍《尚书·无逸篇》《贞观政要》等翻译为蒙古文，成为世祖制定政策法令的借鉴，还奉旨翻译了《尚书》《资治通鉴》等儒家典籍，以及《难经》《本草》等中医经典。而且，他翻译了一些佛教经典，主要有根据藏文用汉文翻译的《圣救度佛母二十一种礼赞经》，随后又译为回鹘文本。此外，他还用回鹘文翻译了八十卷本《大方广佛华严经》《文殊所说最胜名义经》（?）等。安藏还创作了一些佛教诗歌，但现存世者不多，主要有本文所研究的《赞十种善行》，以及吐鲁番出土的《普贤行愿赞》。

《赞十种善行》共十四段，每段八行，都押头韵，内容是对大乘经典《华严经》的歌颂。今依特肯和耿世民先生的转写与译文，稍作变通，将前 3—6 段移录如下：[②]

第三段

17. qut buyan-lar ilig-ning qutluɣ bod-inta
18. qula-a ärip täp tägirmi praviš-i ärür
19. quršatilu yüz ming kolti sanin a yočan
20. qudulušu aɣilišu yaruq-lar önär
21. qutɣarɣuluɣ vayniki-lär yaraɣi iyin
22. quruɣ-suz yig asiɣ-lariɣ bütürgü üčün
23. qodi özü tägšindürü tolp-tin singar
24. qum saninča yirtin ü-lär sayu yadilur

① ［元］程钜夫《程雪楼文集》卷九《秦国文靖公神道碑》。

② R.R.Arat，*Eski Türk Şiiri,* Ankara 1965，S. 72–75；耿世民《古代维吾尔诗歌选》，乌鲁木齐：新疆人民出版社，1982 年，第 67—72 页。

17. 在其福德之王的圣体上，

18. 有一庹长的圆形光圈，

19. 环绕着数以万亿计由旬，

20. 放射出耀眼的光芒。

21. 为了拯救信徒们的需要，

22. 为了完成无上的利益，

23. 在下界十方旋转，

24. 分散在如沙数般的每个世界。

第四段

25. sarva artasidi tigin at öngdün-lüg

26. säkiz on yaš yašamiš-in körkitmiš ärür

27. sartvahi yolči yirči ašu-ča yimä

28. sani yüz ming kolti nayut yil ay yašayur

29. saqinip näng tükätinčsiz söz-lüg yitinčsiz

30. sansiz öküš kalp öd öz-ä ür kič särilür

31. sašimsiz yarp qut küsüš-lüg küči bar-intim

32. sansar uči tüpükgin čä päk mänggü turur

25. 从前名叫悉达多的王子，

26. 在世间活到八十岁。

27. 他又是世人的引路人，

28. 生活了亿万年月。

29. 他在想不尽、道不完的、

30. 无数多劫、久远时间中永存，

31. 他赋予数不尽的福分功德，

32. 将永存直到轮回的终止。

第五段

33.turqaru ödün köngül bilig basut či-lig-in

34.tudči yisdim ärtär käčär idiglig nom-lar

35.toɤmaq öčmäk törü-lüg ol ürlüksüz titir

36.tutyaqlanɤuluɤ yapšinɤuluɤ öz töz-i yoq tip

37.tuyunmiš-lar ilig-ning bilgä bilig-i

38.turum ara ärdä qisɤa bir kšan ödtä

39. tolp üč ödki alqu nom-nung töz-in bälgüsin

40. tuyu yumqi bir qalisiz tuyar ötkürür

33. 常祈求心灵智慧的福祉，

34. 珍惜美好的经典，

35. 那所谓无常的生死法则。

36. 自我的本性无执著障碍，

37. 洞悉一切的智慧。

38. 在短暂、瞬间的人生中，

39. 领悟三世所有经典的根本，

40. 无一疏忽遗漏。

第六段

41.bir uluš-ta yirtinčü-nüng yaruq yula-si

42.bilgülügčä qamaɤ nom-ta tuyunmiš ödtä

43.birlä yana adin alqu uluš-lar sayu

44.bir täg yangliɤ burqan bolmiš körki köšünür

45.birkärü ol alqu-lar-ni bir-kä siɤurur

46.bir-ni alqu-qa kigürmäki antaɤ oq ärür

47.bilü uɤusuz intra al toor-qa uqšati

48.birtämlädi tidilišmaz küü kälig qilur

41. 他犹如世界的一盏明灯，

42. 透彻地洞悉一切经典。

43. 他又在每个大千世界中，

44. 同样显现出佛祖的形象。
45. 他将一切融合为唯一，
46. 又同样把唯一融入一切，
47. 接连在因陀罗纲网之中，
48. 显示其无边的神通法力。

值得注意的是全诗的押韵方式。其第三段均以 qu- 起首，第四段则以 sa-/sä- 起首，第五段以 tu-/to- 起首，第六段则全以 bi- 起首，在古代回鹘文中，a、ä 互通，u、o 互通，可见，该诗全文均押首韵。押首韵是回鹘文诗歌的典型特征。

回鹘文诗歌中押首韵作品极多，其中最突出的例子堪称吐鲁番出土的回鹘文《摩尼大赞美诗》，全诗 123 段（每段 4 行）全部押首韵。①尾韵的产生稍晚一些，但在敦煌发现的 9—11 世纪的诗歌（如前引 Or. 8212-119 早期回鹘文诗歌）和 11 世纪成书的《突厥语大辞典》中即已得到广泛运用。有的只押首韵，也有的只押尾韵，更有的既押首韵，同时又押尾韵（如《赞十种善行》第 6 段，以 bi- 起首，以 -ür/1ur 结尾）。诗歌形式大多数为四行诗，有时是八行，双行诗多见于格言、谚语中。这种传统格律至今仍继续使用，特别在民间诗歌中，它一直保有强大的活力。②

在出自敦煌的同一回鹘文佛教诗集残卷中，还可看到古代著名回鹘翻译家、喇嘛僧必兰纳识里（Pratyaya-šri 或 Prajňāšri）③根据龙树所撰《金刚般若波罗蜜多赞》而创作的回鹘文诗歌——《金刚般若波罗蜜多颂

① W. Bang-A. von Gabain, *Türkische Turfan-texte. III: Der grosse Hymnus auf Mani, Sitzungsberichte der Preussischen Akademie der Wissenschaften*, Berlin 1930, S. 182–205.

② 耿世民《略论维吾尔古典诗歌中的韵律和形式》，《新疆文史论集》，北京：中央民族大学出版社，2001 年，第 153—155 页。

③ 必兰纳识里事见《元史》卷二〇二《释老传》，是唯一在《释老传》中立有专传的元代回鹘喇嘛僧和著名翻译家，此诗是他仅见的留世作品。

诗》（第64—66叶），全诗共21段，每段4行，兹选译其前2段如下：

yükünürmän bilgä bilig paramït qutïnga.
qopdin sïngar burqan-lar-qa ögidilmiš.
qolulayu ülgüläyü bulɤu-luɤ-suz.
quluɤ bilgä bilig sanga yükünürmön. ①
我以纯净、优美、卓越的颂词献给幸福的般若波罗蜜多。
您受到三千世界诸佛的颂扬。
以您的伟大，
我向般若波罗蜜多顶礼了

kök qalik täg yuqlunmaq-siz suq-suz.
körgülüg neng usik äkšär tapɤu-luɤ-suz.
körsär siz-ni yig yörüg-čä körmäksiz-in.
körür olar kirtü arïɤ burqan-lar-iɤ.
您净如蓝天，没有欲望，没有贪婪。
我找不到合适的语言、音节或文字来赞美您。
常人所见并非本质，
入眼的是纯净的、真正的佛陀。

该诗对仗极为工整。懂古代回鹘语文者对照一看便可看出作者所具备的高度文学修养，用词准确，表意完善，文法流畅，语言简练，对佛教术语的处理非常得当。

---

① R.R.Arat, *Eski Türk Şiiri*, Ankara 1965, S.156.

## 三、民间文学

敦煌发现的早期回鹘民间文学作品现存世者不多，主要是几首谚语和俗语。在编号 Or. 8212–116 的文献中所记载的回鹘谚语这样写道：①

1. yema sawdad bar toɤan quš
2. oɤli toquz bolur toquzin
3. bir tuɤun bolur toɤain
4. üčun tutɤan bolur
5. qad(i)ri üčün qapɤan
6. bolur

1．常言道：隼鸟
2．有九雏，九雏中
3．有一百雏
4．隼是贪婪的，
5．猛兽是寄
6．生的……

同样的几句谚语又见于 P. 2969 卷背中，但在其后又多出了这么几句：

aglar oɤli toɤa bilga bolur ortak oɤli toɤa suwuɤ bulur sansiz tüman yil bolti mangigü tängri yer yawa……

大臣的儿子生下来就有学问，鸭雏生来就能找水。数万劫年以

① J.Hamilton, *Manuscrits Ouïgours du IXe-Xe Siècle de Touen-houang*, Tome I, Paris 1986, pp. 99–101

来，永久神之地一片平静……

最后一话中的dansz tüman yil bolti（数万劫年以来）显然属于摩尼教术语。在高昌出土的回鹘摩尼教文献写本中即可见到该语，[①] 说明这一谚语当已受到了摩尼教的影响。

在另一组突厥谚语（P.2988）中，可以看到这样的箴言：[②]

1. quruɤ taɤda qa lan bolmaz quduɤ
2. suwinda baliq bolmaz keng ton
3. opramaz kengašlig bilig artamaz altun
4. sariɤnta korü ešič  qarasi yeg yürüng
5. kümüšda koru ayaq tolusi yeg aɤil
6. iti ališiq bolsa boriligi toz keyik
7. nača yol bilsa awči anča al bilir
8. bilga nača qarisa bilig sawi yangilmaz
9. arqar nača aqrisa qaya yol-i yangilmaz

1．荒山上无豹子，
2．井水中无游鱼。宽松的衣服
3．不易穿破，有益的智慧不会消失。
4．黄色的金不如黑色的锅，
5．白色的银不如充实的碗。
6．假如羊圈的狗被驯服，狼的本性就有了基础。
7．猎物有多少条道路逃遁，猎人就有多少种计谋。

① A. von Le Coq, Türkische Manichaica aus Chotscho, I, Abhandlungen der Preussischen Akademie der Wissenschaften, Phil.-hist. Klasse, 1912, S. 4–5.

② J. Hamilton, *Manuscrits Ouïgours du IXe-Xe Siècle de Touen-houang,* Tome I, Paris 1986, pp. 93–96.

8．智慧越悠久，智慧的语言就越不易出错；

9．岩石越古老，岩石的道路就越不会迷失。

这些谚语含义深刻、语言生动、朴实流畅、富有哲理，具有明显的教育意义和启发作用。这些谚语是在维吾尔族文化传统的土壤中，经过世代口传，被不断加工、补充、发展，经文人记录而流传下来的，带有鲜明的民族色彩。其中有不少谚语至今尚在维吾尔族中行用。①

回鹘民间所流行的俗语则可见于 Or. 8212-124 中：

1. yema türk wawinta

2. bar yer üza yol

3. bodun üza b…

1．又，突厥人有句俗话：

2．大地之上有道路，

3．民众之上有群臣。②

这句俗语与十一世纪维吾尔族学者穆罕默德·喀什噶里所记喀喇汗王朝流行的俗语 “yer basruai tar，budun basruqi bag（大地之上是山，民众之上是官）” ③ 颇为相近，真实地反映了不平等的社会现象，以及劳动人民对这种社会现象的认识水平。

---

① A. von Gabain，Zentralasiatische türkische literaturen，I：Vorislarnische alturkische literature，*Handbüch der Orientalistik*，5: 1，1963，S. 208–211.

② J. Hamilton，*Manuscrits Ouïgours du IXe-Xe Siècle de Touen-houang*，Tome I，Paris 1986，pp. 67–68.

③ 马合穆德·喀什噶里《突厥语辞典》卷 1，乌鲁木齐：新疆人民出版社，1981 年，第 466 年，现代维吾尔文版。

第三节

# 回鹘石窟艺术

## 一、早期回鹘石窟

早在1940年代，张大千先生即已从莫高窟划分出5个回鹘洞窟。[①]在此基础上，近年由刘玉权先生作了进一步的研究，从敦煌诸石窟中共划出23个沙州回鹘洞窟。作者还通过研究详细列出了这些洞窟的分期和相对年代表，兹引录如下：[②]

| 分期 | 石窟寺 | 窟号 |
|---|---|---|
| 前期(约1030——1070年) | 莫高窟 | 306、307、308、363、399、418、244（甬道） |
| | 榆林窟 | 21（前室甬道）、39 |
| 后期(约1070——1127年) | 莫高窟 | 409、237（前室、甬道）、148（甬道及后室局部）、309、97、330、310、245、207 |
| | 西千佛洞 | 4、9（甬道）、10（甬道）、12、13 |

① 张大千《莫高窟记》，台北：台湾故宫博物院，1985年，第124—126、222—224、350—351、627—629页。张编窟号分别为53、98、99、172、308，分别相当于敦煌研究院编号的237、309、310、368和464窟。

② 刘玉权《关于沙州回鹘洞窟的划分》，《1987 敦煌石窟研究国际讨论文集·石窟考古编》，沈阳：辽宁美术出版社，1990年，第24页。

从表中知，作者是把这 23 个洞窟划分为前后两期了。其中前期的相对年代与本文所列沙州回鹘国存在的年代大致相当，是可信的，但后期的相对年代就不一定准确了。如后期的莫高窟第 409、237、148 等窟中都有回鹘可汗、回鹘王子或回鹘汗妃的供养人像，说明这些洞窟都是属于回鹘王室的，故不可能开凿于沙州回鹘王国消亡之后的西夏统治时期。[①]

图 6-3 吉木萨尔北庭西大寺回鹘可汗像

在莫高窟第 409 窟中，男窟主的装束完全是回鹘风俗的，身穿圆领窄袖盘龙纹袍，腰束带，着靴，头戴云镂冠，面型丰圆，眼似柳叶，高鼻，嘴角上翘，手持香炉。身后八名侍从，头戴毡冠，身穿圆领窄袖短袍，腰间佩带，着靴，手持伞、扇、弓、剑、盾、铁笊篱等。[②] 这些都与吐鲁番柏孜克里克石窟[③]及吉木萨尔北庭西大寺[④]（图 6-3）中的回鹘可汗、贵族画像中的那种装饰极为相似，显然该窟窟主当系回鹘可汗或贵族身份。

在瓜州榆林窟中，也可见到与此身份差不多相当的男回鹘主画像。如榆林窟第 39 窟前室甬道南壁中的第

① Yang Fu-hsueh，On the Sha-chou Uighur Kingdom，*Central Asiatic Journal*，38-1，1994，pp.93–96.

② 万庚育《莫高窟、榆林窟的西夏艺术》，《敦煌研究文集》，兰州：甘肃人民出版社，1982 年，第 323 页。

③ A. von Le Coq，*Chotscho：Facsimile-wiedergaben der wichtigeren Funde der ersten Königlich preussischen Expedition nach Turfan in Ost-Turkistan*，Berlin 1913，Tefel 30a.

④ 中国社会科学院考古研究所编著《北庭高昌回鹘佛寺遗址》，沈阳：辽宁美术出版社，1991 年，图版八六，图 1。

一、二身画像就很引人注目。第一身头戴三尖冠，着圆领窄袖赭色大团花长袍，腰带上佩有解结锥、短刀等。第二身则头戴毡冠，身着绿色小团花长袍，其服饰、面态、体型均与第一身基本相同。二人中间还有持杖侍者。在与其相对的北壁上，有与柏孜克里克王后像[①]基本相同的女供养人像。

除了上述23个窟洞之外，还当有更多的回鹘洞窟，如莫高窟65、430等窟即应为沙州回鹘的洞窟。[②]莫高窟152窟的回鹘壁画也为数不少。[③]尤其值得注意的是莫高窟第194窟南壁的男供养人像，原本漫漶不清，过去一般定性为西夏遗墨。[④]但近期敦煌研究院工作人员通过多光谱成像技术进行拍照，得到比较清晰的图像（图6-4），从中可以看到其服饰特征为：身着团花图案圆领长袍，腰束二革带，还有类似回鹘供养人的蹀躞带挂。从男供养人服饰特征痕迹看，与回鹘供养人服饰较为类似。[⑤]请比较下图。这些说明，敦煌的回鹘研窟艺术尚有待于进一步研究、甄别。学者们的研究表明，沙州回鹘的洞窟艺术既与汉民族唐宋传统艺术有着密切的联系，又具有回鹘民族艺术风格和民族气质的鲜明特征。[⑥]一般来说，9—12世纪沙州回鹘的壁画艺术可分为前后两期，前期基本上沿袭了五代，北宋时期的艺术风格，有自身特点的内容不多，诸如敦煌莫高窟306、307、308、363及榆林窟第39等窟莫不如此

---

① A. von Le Coq, *Chotscho: Facsimile-wiedergaben der wichtigeren Funde der ersten Königlich preussischen Expedition nach Turfan in Ost-Turkistan*, Tefel 30b.

② 霍熙亮《莫高窟回鹘与西夏窟的新划分》（提要），提交1994年敦煌学国际学术讨论会论文。

③ 敦煌文物研究所整理《敦煌莫高窟内容总录》，北京：文物出版社，1982年，第51页。

④ 同上书，第76页。

⑤ 柴勃隆、范宇权、苏伯民、王小伟《莫高窟194窟漫漶壁画多光谱成像调查与研究》，《敦煌研究》2010年第6期，第76页。

⑥ 前揭刘玉权《关于沙州回鹘洞窟的划分》，《1987敦煌石窟研究国际讨论文集·石窟考古编》，沈阳：辽宁美术出版社，1990年，第12—23页。

图 6–4 莫高窟 194 窟南壁供养人

图 6–5 榆林窟 29 窟南壁东侧西夏男供养人

图 6–6 榆林窟 39 窟前室甬道南壁回鹘供养人

(图 6–5、6–6)；后期则富有浓郁鲜明的民族风格，其基本特征是造型新颖、笔法简洁、色调热烈明快、装饰富有趣味性，以大量的暖色使气氛显得活跃、奔放。比较典型的洞窟有莫高窟 245、207 及西千佛洞的第 4、13 等窟。透过其所绘的图案与供养人像等，还可以看到当时回鹘人的社会生活等情况，如当时回鹘人的生活用品、衣冠服饰和人物特征等。

## 二、莫高窟 464 窟及其与回鹘之关系

464 窟（张大千编号 308 窟，伯希和编号 181 窟）位处莫高窟最北端，左与第 465 窟，右与第 463 窟相毗邻，其规模在莫高窟属于中等，有前后二室。前室平顶，略有尖脊，顶部地仗大部分脱落，仅存东南角的千佛十余身。南北壁中部绘屏风式方格连环画善财五十三参变，画面受人为损毁严重，多处被切割、刻划。通往后室的西壁甬道口南北二角

元代加砌坯墙，向东延长甬道，于西北角和西南角各封堵成独立的两个小方室。其中西北角者尚存半截坯墙，而西南角已荡然无存，唯地面尚存墙迹。后室绘观音三十二应化现变。①

464窟长期被认定为西夏窟。② 笔者通过研究，确认该窟开凿于北凉时期，原为多禅室窟，后来（很有可能为元代）通往南北二壁的禅窟甬道被封堵，多禅室窟才变成了毗诃罗窟；由于前室坍塌，原来前室、中室（主室）、后室形制变为前室和后室结构；后室重修于元代早期，内有梵文六字真言，后来回鹘改造前室与甬道时，对后室壁画有一定破坏。③ 下文主要讨论与回鹘关系密切的前室与甬道。

自20世纪初以来，464窟出土了大量不同文字的文献，大多属元代之物，其中以回鹘文数量最多。1908年出土363件，1989年出土25件，1941—1943年所获数目不详。森安孝夫依洞窟中出土文献以回鹘文居多，加上石窟中存在的回鹘文题记，遂作出如下判断：

> 伯希和编号的敦煌181窟（可能还有182窟）是回鹘佛教徒开凿的，洞中所出回鹘文、汉文、西夏文、蒙古文、婆罗谜文和藏文文书均属于当地回鹘佛教团体的……在先前的工作中，伯希和编号181窟（包括第182窟）的全部文书的时代均被粗略地确定为

---

① 梁尉英《元代早期显密融汇的艺术——莫高窟第四六四诸窟的内容和艺术特色》，敦煌研究院、江苏美术出版社编《敦煌石窟艺术·莫高窟第四六四、三、九五、一九四窟（元）》，南京：江苏美术出版社，1997年，第11页。

② 如敦煌文物研究所整理《敦煌莫高窟内容总录》，北京：文物出版社，1982年，第170页；宿白《敦煌莫高窟密教遗迹札记》（下），《文物》1989年第10期，第71、82页；谢继胜《莫高窟第465窟壁画绘于西夏考》，《中国藏学》2003年第2期，第69—79页。

③ Yang Fuxue, Three Uighur Inscriptions Quoted from *Altun Yaruq* in Dunhuang Mogao Grottoes 464, Presented to "Şingko Şeli Tutung Anısına Uluslararası Eski Uygurca Araştırmaları Çalıştay?" adïyla 4-6 Haziran 2011 tarihlerinde Ankara；杨富学《敦煌莫高窟第464窟的断代及其与回鹘之关系》，《敦煌研究》2012年第6期，第1—18页。

13—14 世纪（即蒙元时代），但我们现在可以确定其时期为 14 世纪早期到中期。①

客观地讲，森安的断言不能说没有根据，但若仅据敦煌藏经洞以外诸处发现的有确切纪年的回鹘文、蒙古文或汉文的文书与题记，大多都写成于 14 世纪的早期和中期，而 464 窟出土的回鹘文僧侣祈愿文(第 212 号文书）的署期是至正十二年（1352 年）等因素而推定 464 窟营造于 14 世纪早期到中期，便显得证据不足。不错，464 窟出土文献多为元代之物，但窟内文献的出土会有很大的偶然性，就如同藏经洞出土文献虽然很多，但仅凭这些文献无法为藏经洞断代的道理是一样的。文献的出土只能作为石窟断代的参考，而不足以作为铁证。职是之故，尽管森安先生在许多场合都申述其观点，但始终不为学术界，尤其是敦煌石窟考古学界所认可，甚至很少有人提及这一结论。究其原因，对该窟的定性与断代仅凭出土文献以及未释读的模糊不清的回鹘文题记还不足以服人，尚需要更有力的新证据。

464 窟内回鹘文题记众多，故长期以来一直是国内外回鹘语文研究者所关注的石窟之一，但由于石窟位处悬崖峭壁之上，即使借助云梯，登临仍相当困难，致使有缘临其境者鲜寡。十年前笔者曾登临过，但来去匆匆，没留下多少印象。当时本人对回鹘文题记的研究没有多少兴趣，主要原因在于，回鹘文题记不仅辨识困难，且没有可资对照的文本，不易把握，以至匈牙利突厥语大师卡拉（Georg Kara）在研究了莫高窟 217 窟（伯希和编号 70 窟）回鹘文题记后发出的这样的感慨：“它需要

---

① Moriyasu Takao, An Uigur Buddhist's Letter of the Yüan Dynasty from Tunhuang 敦煌（Supplement to "Uigurica from Tun-huang"), *Memoirs of the Research Department of the Toyo Bunko* 40, 1982, p. 15；［日］森安孝夫著，杨富学、黄建华译《敦煌出土元代回鹘文佛教徒书简》，《敦煌研究》1991 年第 2 期，第 46 页。

人们付出大量劳动，却很少给人成果。”[1] 况且，464 窟题记特别难以辨识，研究回鹘文者，因难识其内容，言其为回鹘式蒙古文；而研究蒙古文者，出于同样原因，又言其为回鹘文。转瞬间十多年过去了，虽然不时有人询及 464 窟题记之事，我一直未挂于心间。近期，敦煌研究院石窟考古研究所王惠民研究员专事对该窟的研究，邀我再次登临，对窟内壁画，尤其是壁面上的题记进行了仔细的考察辨认。464 窟的回鹘文题记尽管数量众多，但大都漫漶不清，难以释读，唯后室甬道南北二壁的三则回鹘文题记尚清晰可读，故我对窟中题记的研究就从这里入手，期间得到新疆大学人文学院阿依达尔·米尔卡马力博士的协助，完成了对甬道题记的释读。仅凭直观感觉，就可看出，这些文字应属于壁画榜题，与壁画是一体的，与当年伯希和所言一致。那么，如果能够释读这些题记的内容，石窟之定性自然也就迎刃而解了。

后室甬道南北二壁现各存菩萨二身（图 6–7、6–8），均已完全氧化为黑色，各菩萨头顶皆有宝幢形榜题框，内书回鹘文字。为明晰起见，依次编号为 A、B、C。其中南壁右侧（A）菩萨像，保存完整，榜题亦保存完好，书文字 4 行：

A1. bešinči orunṭaqï bodïstv-larqa körü qanïnč-sïz
A2. körklä qïz ärdini tolp ät’öz-in üküš türlüg
A3. ärdinilig yevig ti ẓiglär üz-ä etinip yaratïnïp
A4. töpüsintä yana xu-a-lïṣ tetim kädmiši köẓünür:

其中第 4 行第 3 自 tetim，意为“冠”，当借自粟特语 δyδm<希腊语

① Georg Kara, Petites inscriptions ouigoures de Touen-houang, Gy. Kaldy-nagy (ed.), *Hungaro-Turcica. Studies in Honour of Julius Németh*, Budapest 1976, p. 55.

图 6-7 464 窟后室甬道南壁菩萨

图 6-8 464 窟后室甬道北壁菩萨

διάδημα。① 该词出现在麻赫穆德·喀什噶尔《突厥语大辞典》中，作 didim，表示新婚之夜给新娘戴的冠。② 在既刊回鹘文文献中该词多以 alp tetimlig 形式对应汉语的“勇猛”:alp tetimlig köngül “勇猛心”③；uluṣ küčlüg alp tetimligin qatï landačï atl(ï)γ <t(ä)ngri> burhan “大精进勇猛佛”。④ 故可将这段题记翻译如下：“为五地菩萨显现美丽无比之宝女，全身装扮各种珠宝璎珞，头戴花冠之［景象］。”

---

① G. Clauson, *An Etymological Dictionary of Pre-Thirteenth-Century Turkish*, Oxford 1972, p. 456.

② 麻赫穆德·喀什噶里著，校仲彝等译《突厥语大词典》第 1 卷，北京：民族出版社，2002 年，第 418 页。

③ Jens Wilkens, *Das Buch von der Sündentilgung*. Teil 1-2, Edition des alttürkischen Kšanti kllṣuluq Nom Bitig 9(=BBT XXV0), Brepols 2007, S. 68.

④ Jens Wilkens, *Das Buch von der Sündentilgung*. Teil 1-2, Edition des alttürkischen Kšanti kllṣuluq Nom Bitig (=BBT XXV), Brepols 2007, S. 132.

依大乘佛教，学佛修道者，欲证得“阿耨多罗三藐三菩提”，须历经三大阿僧祇劫，从初发心，经“十住”“十行”至“十回向”，即佛法所称“三贤位”之菩萨；再从“初地”至“十地”，即佛法所称“十圣位”之菩萨，如是“三贤位”及“十圣位”，总共“四十阶位”，再历经“等觉”，方能证得妙觉（阿耨多罗三藐三菩提）。十地菩萨既可以说是一种境界，也可以说是菩萨的一种等级，唐代于阗僧尸罗达摩译《佛说十地经》对此有详述。十地菩萨为真正大菩萨，何以称“十地”？概因地能生万物，树木花草依地而生，一切有情也依地而存在。菩萨以地分阶位，是因地为万物之母，能生诸功德，故菩萨登地，则离成佛就不远了。

图 6–9　464 窟后室甬道南壁右侧回鹘文榜题

464 窟甬道南壁右侧题记（图 6–9）所描述的“五地菩萨”，又称“难胜地”，意为不但修满禅定，而且证悟真谛，离诸戏论，证悟空有不二，不住生死，不住涅槃，为极难到达之阶位，故称“难胜地”。

同壁左侧（B）菩萨半残，头顶榜题框亦残，仅留残文（图 6–10），内容如下：

B1.[törtünč orunṭaqïbodïstv]-larqa [tört yïngaqdïn yeellig

B2.tilgenler tüü türlüg adruq ad] ruq tütsük xu-a čečekl[är]

B3.[sača töke kelip] tolp yaγïz yer yüẓin xu-a čečeklär üz-ä tošγ urmïš[larï]

B4. köz-ünür：

其中第 1、2 行的 yeellig tilgän 对应“风轮”，指存在于须弥山之下，支撑着全世界的四种大轮之一。其余三个大轮分别为“虚空轮”“水轮”“金轮”。[①] 译文：“[为四地菩萨] 显现 [风轮从四方散洒各种芳香的] 花朵，用花朵遍布褐色大地 [的景象]。”

题记中的“四地菩萨”，又称“焰慧地”或“炎地”，指精进修习三十七道品，除了我执、法执，见解上无愚无痴，思想上亦无谬误，不生爱染，不起嗔怒，智慧之光似火焰炽盛，照亮佛道，故有“焰慧地”之谓。

甬道北壁左侧（C）菩萨像同样已氧化呈黑色，但保存完整，榜题亦完好如初（图 6–11），书文字 9 行：

C1. onunč orunṭaqï bodistv-larqa sopïγ altun önglüg ät'öz-

C2. lüg altun önglüg ök yaruq-luγät'öz-intin sačrayu ünä

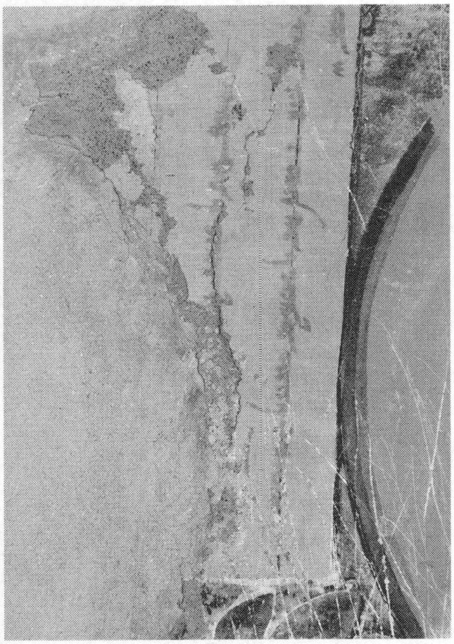

图 6–10 464 窟甬道南壁左侧回鹘文榜题

C3. turur körü qanïnčsïz körklä burxan körki ülgüsiz üküš

C4. kolti sanïn ča äz-rua t(ä)ngri-lär quvraγ -ï üz-ä tägrikläp

C5. tapïγ uduγ a γïr ayaγ üz-ä üz-äliksiz üstinki

C6. yeg soγančïγ tatïγ -lïγ nom tilgän-in γävir-e

C7.nom nomlayu y(a) rlïqamïš-ï köẓünür ::

C8.: :: ::

C9.bu tetir on orun-lar sayuqï erü bälgü-lär köẓünmäki:

① 中村元《佛教语大辞典》，东京：东京书籍，1981 年，第 1186 页。

图 6-11　464 窟甬道北壁左侧回鹘文榜题

其中第 1 行第 4 字 sopïγ，显然是 altun“金”的修饰语。已经刊布的其他回鹘文文献均不见该词语。土耳其学者卡亚（Ceval Kaya）读作sobak，但未解其意。[①] 在哈萨克语中 sobïq 表示“玉米棒子”。如考虑玉米棒呈金黄色这一因素，那此文献中的 sopïγ 就是对于金色的修饰语。第 9 行第 5 自 erü，卡亚读作 irü。[②] ir-表示“厌烦”“腐烂”之意，在此处意不通。依词义应读作 er-，应为“到达”“跟随”“附属”之意。这段文字可汉译如下：“为十地菩萨显现金色光身普照无量光耀之美丽无比的［如来］菩萨被无量亿梵王围绕，用充满尊重的供养［之心］转于无比殊胜的妙法轮，演说正法［之景象］。此乃十地一切悉相明见。”

这里的“十地菩萨”，又称“法云地”，达到这一境界，就成为真正的法王子了，为补处菩萨，“自以取得无边善法普益苍生，悲覆若云，法泽如雨，能令善根开敷道耳滋义”，故名“法云地”。[③]

甬道北壁右侧菩萨像半残，榜题框内文字尽失，推而论之，应为九地菩萨，即“善慧地”。九地菩萨，无相无功用行，为人说法，不待功用，以自然而然的清净法力，守护佛法宝藏，以纯善智慧开示众生，遂得名“善慧地”。

藉由回鹘文题记的释读与研究，我们得以首次在敦煌石窟中确认十

① C.Kaya，*Uygurca Altun Yaruk Giriş，Metin ve Dizin.* Ankara 1994，S. 194.

② C.Kaya，*Uygurca Altun Yaruk Giriş，Metin ve Dizin.* Ankara 1994，S. 195.

③［唐］李师政撰《法门名义集》，《大正藏》第五四卷，No.2124，页 202b。

地菩萨像的存在，值得引起注意。

以上回鹘文榜题之内容完全对应于义净译《金光明最胜王经》卷四《最净地陀罗尼品第六》有关文字，兹引录如下，其中下划线部分为回鹘文榜题之相应内容：

> 善男子！初地菩萨是相先现，三千大千世界，无量无边种种宝藏，无不盈满，菩萨悉见。
>
> 善男子！二地菩萨是相先现，三千大千世界地平如掌，无量无边种种妙色，清净珍宝庄严之具，菩萨悉见。
>
> 善男子！三地菩萨是相先现，自身勇健，甲仗庄严，一切怨贼，皆能摧伏，菩萨悉见。
>
> 善男子！<u>四地菩萨是相先现，四方风轮种种妙花，悉皆散洒，充布地上，菩萨悉见</u>。
>
> 善男子！<u>五地菩萨是相先现，有妙宝女，众宝璎珞周遍严身，首冠名花以为其饰，菩萨悉见</u>。
>
> 善男子！六地菩萨是相先现，七宝花池有四阶道，金沙遍布，清净无秽，八功德水皆悉盈满，嗢钵罗花、拘物头花、分陀利花随处庄严，于花池所游戏快乐，清凉无比，菩萨悉见。
>
> 善男子！七地菩萨是相先现，于菩萨前，有诸众生应堕地狱，以菩萨力便得不堕，无有损伤，亦无恐怖，菩萨悉见。
>
> 善男子！八地菩萨是相先现，于身两边，有师子王以为卫护，一切众兽悉皆怖畏，菩萨悉见。
>
> 善男子！九地菩萨是相先现，转轮圣王无量亿众围遶供养，顶上白盖，无量众宝之所庄严，菩萨悉见。
>
> 善男子！<u>十地菩萨是相先现，如来之身，金色晃耀，无量净光，皆悉圆满，有无量亿梵王围绕，恭敬供养，转于无上微妙法</u>

轮，菩萨悉见。[①]

通过上文比较，可以看出，上述榜题皆系《金光明最胜王经》卷四有关文字的摘录。如所周知，《金光明最胜王经》为大乘佛教最重要的经典之一，有多种汉译本行世，其中较为重要者有三，即北凉昙无谶《金光明经》四卷十八品、隋开皇十七年大兴善寺沙门宝贵编《合部金光明经》十卷三十一品和义净译（703年）《金光明最胜王经》十卷三十一品。及至10世纪，该经又由别失八里著名回鹘佛教翻译家胜光法师（Šïngqo Säli Tutung）译为回鹘文，题作altun önglüg yaruq yaltrïqlïš qopda kötrülmiš nom iligi atlïš nom bitig，文末跋尾明确地记载了翻译过程：

y(ä)mä qutluγ öngdün uluγ tavγ ač ilintä tayš-ing sivšing alγu šastïrlarïγ qamaγ nomlarïγ qalïsïz ötkürü topulu bilmiš boš ṣunmïš bodistv kitsi samtso atlïγ ač arï änätkäk tilintin tavčač tilinčä ävirmiš yana bu kälyük bulγanyuq biš öbik yavlaq ödtäki kinki boš-čutlu beš-balïqlïγ šïngqo säli tutung tavγ ač tilintin ikiläyü türk tilinčä aqtarmïš altun önglüg y(a)ruq yaltrïqlïγ qopta kötrülmiš nom iligi atlïγ nom bitig tükädi.

时幸福的东方之伟大的桃花石国（即中国——引者）中洞彻大乘[与]小乘一切经的菩萨义净三藏从印度语译为汉语。时此五浊恶世之中别失八里后学胜光法师都统（Šïngqo Säli Tutung）又从汉语译为突厥，定名为《金光明最胜王经》，写讫。善哉！善哉！祝福！[②]

---

① 《大正藏》第一六卷，No.665，页419b—c。

② F.W.K.Müller, Uigurica, *Abhandlungen der Preussischen Akademie der Wissenschaften* 1908, 2, Berlin 1908, S.13–14.

明确记载回鹘文《金光明最胜王经》是以义净译本为依据进行翻译的。

今天所知回鹘文《金光明最胜王经》最完整的写本出自甘肃省酒泉文殊沟，为马洛夫（S.E.Malov）于1910年所获，现存圣彼得堡俄罗斯科学院东方写本研究所（以下简称“文殊沟本”）；该刻本中散失的二叶为瑞典考古学家贝格曼（F.Bergman）于1927—1935年参加西北科学考察团时于甘肃某地所得，现存斯德哥尔摩民族学博物馆。除文殊沟本外，吐鲁番发现的残本则更多，计有583件。① 其中大多收藏于柏林，近由热合曼（S.Ch.Raschmann）进行了编目整理。②

“文殊沟本”抄写年代为康熙二十六年（1687年），抄经地为敦煌。写本高23cm，宽60.5cm，共398叶，双面书写，每面平均写22—25行，字体为回鹘文楷书体。将莫高窟464窟所见榜题与“文殊沟本”逐字对译，可以看出，除个别地方在用词方面略有不同外，整体译文基本一致。如在“五地菩萨”一段中第3行的etinip yaratïnïp在酒泉文殊沟发现的回鹘文《金光明最胜王经》译本中写作etip yaratïp，第4行kädmiši在“文殊沟本”中为kädmišläri③；“十地菩萨”一段的第二行ät'öz-intin在“文殊沟本”中为ät'öz-inte，第5行üz-ä在“文殊沟本”中为alu，第6行tatïṣ -lïṣ前面“文殊沟本”中多了一个noš。④ 其余部分在用词、翻译、语序等方面均完全一致，说明这三段回鹘文榜题皆为

① 杨富学《回鹘文〈忏悔灭罪金光明经冥报传〉研究》，《敦煌学》第26辑，2005年，第37页。也有言多达800多件，见Johan Elverkog，*Uygur Buddhist Literature*（Silk Road Studies I），Turnhout: Brepols 1997，p.65.

②S. Ch. Raschmann，*Alttürkische Handschriften.* Teil 5: Berliner Fragmente des Goldglanz-Sūtras. Teil 1: Vorworte und Erstes bis Drittes Buch，Stuttgart 2000；ibid，*Alttürkische Handschriften.* Teil 6: Berliner Fragmente des Goldglanz-Sūtras. Teil 2: Viertes und Fünftes Buch，Stuttgart 2002.

③ C.Kaya，*Uygurca Altun Yaruk Giriş，Metin ve Dizin.* Ankara 1994，S.194.

④ C.Kaya，*Uygurca Altun Yaruk Giriş，Metin ve Dizin.* Ankara 1994，S.195.

胜光法师译回鹘文《金光明最胜王经》之摘抄。

前人多言，前室有双层壁画，底层为西夏画，外层为元画。笔者仔细观察，却看不出哪个地方有重层壁画之遗痕。该窟内容复杂，为清楚起见，这里将其分作三个层面来叙述。

其一为464窟之原始形态，建于北凉，为禅窟。但有无绘画已看不出，从现存壁面观察，当时无画，应为素壁。

其二为后室，北、西、南三壁前设佛床，但塑像今已荡然无存，唯壁画保存完好，具有显密融合的艺术特点，明显受到藏传佛教的影响。

其三前室与甬道。后室甬道原来仅为0.90米左右，后来向东加长为2.50米，在西南角和西北角各构成一个封闭式方室，然后绘制壁画。从画面看，甬道二壁、甬道加长部分二侧壁与前室南北壁壁画是浑然一体的，不管是线条、着色还是晕染法，以及前室窟顶与甬道顶部所保存的千佛造像，都是完全一致的，无疑完成于同时。

加长甬道以构成独立的小方室，这种情况在莫高窟极其罕见。何以如此？值得深究。

如所周知，二方室之内各围一废弃的小禅室，其中西北角的小禅室后来成为瘗埋“元代公主”之墓。1920年，滞留于莫高窟的沙俄残部，曾对该墓进行了盗掘，将其中的珠饰钗钿洗劫一空。[①] 唯留一只“公主”脚，至今尚存敦煌研究院。[②] 至于“元代公主”之说是否可信，今已无从考证。在莫高窟北区，用于瘗埋僧人骨灰、遗体和遗骨的瘗窟较为多见，有25个，其中15个是专门为瘗埋死者而开凿的瘗窟，另有7窟是改造原来的禅窟而成。[③] 464窟“公主墓”显然属于后者，但值得注意

① 史苇湘《丝绸之路上的敦煌与莫高窟》，《敦煌研究文集》，兰州：甘肃人民出版社，1982年，第105页。

② 刘永增《回鹘写本与敦煌莫高窟第二藏经洞》，《敦煌研究》1988年第4期，第44页。

③ 彭金章、王建军《敦煌莫高窟北区石窟》第1卷，北京：文物出版社，2000年，第346—347页。

的一点是，464 窟规模与通常的瘗窟是不可相提并论的，若没有特殊且尊贵的身份与地位，是不可能获此殊荣的，尤其是当时为了掩人耳目，竟对石窟整体结构进行了改造，将原来的甬道加长一倍以上，将公主墓完全隐藏了起来。由是以观，“元代公主”墓之说当非空穴来风，而是可信的。公主身份高贵，随葬物较多可想而知。为保持一致，在石窟前室西南角也修建了同样形状的方室。

1908 年，伯希和对 464 窟进行了考察，并予以清理，获得众多文物。关于该窟的内容与时代，他做了如下叙述：

> 过道中每个壁面的装饰主要由占据了洞窟整个上部的一幅画组成，它约有 3 米长，位于 a、b 之间，被分成由冗长的蒙文引文分隔开的斜长的小画面，而这些引文一般均写作红色，唯有引文开始处的标题系用蓝色写成，所有的题识都写于黑色底面上。这一切绝会使人产生一种印象，认为它们原来是组成长篇蒙文和藏文写本的叶子，而那些绘画则相当于在内部装饰了夹板的两个版面的细密画。有关这种装饰（它也是过道中和洞子中的装饰）的时代，我们掌握有如下论据：它覆盖了一个石灰粉刷层，后者上面就写满了西夏文（同时还有藏文和汉文）游人题记。因此，它肯定是元代的。①

伯氏依石窟中的蒙古文题记，且题记书写于壁画营造之初，从而确定该窟为元代之物。这一断代是可信的，但必须指明一点，其中的文字为回鹘文而非蒙古文。伯希和精通回鹘文，可能是时间紧迫，加上题记多模糊不清，导致伯希和作出了错误的判断，但这一误判并不动摇其断代的根基。

---

① [法] 伯希和著，耿昇译《伯希和敦煌石窟笔记》，兰州：甘肃人民出版社，2007 年，第 374 页。

伯氏依题记对石窟的断代之法为日本学者森安孝夫所接受，他进一步引申说：

> 由伯希和图录观之，第181窟壁面上的回鹘文，并没有后世不断添加或涂鸦的痕迹，而是在营造之初与壁画同时写上去的。这是不会错的。有一藏文题铭，观其与壁画之关系，倒可定为后世添加物。故而，若将第181窟定于西夏时期（并非开凿），那窟中会存在与壁画相一致的回鹘文榜题也就匪夷所思了。所以，还应遵从伯希和的推断，认为是在“蒙古统治时期”的看法是妥当的。[①]

应该说，森安的思考也是有根有据的，遗憾的是，他并未意识到464窟的壁画是双层的，表层为元代，本无异议，但还有底层壁画。森安为肯定该窟为回鹘窟，为否认西夏因素的存在而断定464窟出土的西夏文文献也为蒙元时代回鹘人使用之物。[②] 似乎大可不必。关键还在于窟中的题记，如伯氏所说，这些题记与壁画形成于同一时间，故题记的释读对壁画的断代与定性势必会产生决定性的影响。

上文释读的三则题记，反映的是四地、五地和十地菩萨，九地菩萨虽榜题毁失，但图像犹在。《法门名义集》云：“圣种性有十地菩萨，自此已后是出间圣人之位。”[③] 从窟中现存遗迹可以看出，甬道二壁所绘恰为十尊菩萨，合为“十地菩萨”，除现存4尊外，其余6尊皆因土坯所砌甬道的被毁而残缺，如北壁甬道现存部分呈曲尺形（图6-12），下边长2.50米，上边残长0.90米，就是明显的例证。

---

① 森安孝夫《ウィグル語文献》，山口瑞凤编《讲座敦煌 6 敦煌胡语文献》，东京：大东出版社，1985年，第74页。

② 森安孝夫《ウィグル語文献》，山口瑞凤编《讲座敦煌 6 敦煌胡语文献》，东京：大东出版社，1985年，第74页。

③ ［唐］李师政撰《法门名义集》，《大正藏》第五四卷，No.2124，页202a。

其中，一至五地菩萨位于南壁，自左向右依次排列；六至十地菩萨位于北壁，自右向左依次排列。从 1908 年伯希和所摄照片看，西北角和西南角的两个方室当时即已被拆毁，[①] 原作为方室建筑一部分的甬道南北二壁延伸墙壁上的菩萨像也随之毁于一旦。

依据甬道十地菩萨榜题，结合窟内随处可见的其他回鹘文题记，势必需将之与回鹘相联系。考虑到前室二壁中的四体六字真言和五体六字真言的存在，加上洞窟中出土的文献绝大多数为元代之物，可以认为，464 窟前室及甬道现存壁画应出自回鹘之手，为元代之画作，而元代也是回鹘在敦煌比较活跃的时期。

这里还存在另外一个问题，敦煌偏处西北，何来“元代公主”之葬呢？恐还需从瓜沙地区的统治者——蒙古豳王家族与敦煌石窟的关系中寻找答案。

如所周知，蒙古于 1227 年占领敦煌，“隶八都大王”。[②] 元世祖至元十四年（1277 年），元政府设瓜沙二州，隶肃州，归中央政府管辖，授当地百姓田种、农具。十七年，沙州升格为路，设总管府，统瓜沙二州，直接隶属于甘肃行中书省。十八年正月，“命肃州、沙州、瓜州置立屯田”。[③] 是后于至元二十四年始筑沙州城，“以河西爱牙赤所部屯田军同沙州居民修城

图 6–12　464 窟北壁甬道现存状况

① *Mision Pelliot en Asie Centrale I Les Grottes de Touen-houang*, Tome 6, Paris: Libairie Paul Geuthner 1924, pl. CCCXLV.

②《元史》卷六〇《地理志三》，北京：中华书局，1976 年，第 1450 页。

③《元史》卷一〇〇《兵志三》，第 2569 页。

河西瓜、沙等处”[①]。4 年后，以政局不稳，元政府尽徙瓜州居民入肃州，瓜州名存实亡。这一时期，瓜沙之地位渐趋衰微，直到大德七年（1303 年）随着蒙古大军的屯驻，局面才得以扭转。《元史》卷二一载：

> [大德七年]六月己丑，御史台臣言："瓜、沙二州，自昔为边镇重地，今大军屯驻甘州，使官民反居边外，非宜。乞以蒙古军万人分镇险隘，立屯田以供军实，为便。"从之。[②]

是时，“甘州军隶诸王出伯”。[③] 出伯与其弟哈班均受赐金印，以诸王身份出任河西至塔里木南道方面军事统帅重任，节制甘肃行省诸军。大德八年，“封诸王出伯为威武西宁王，赐金印”。[④] 威武西宁王位列诸王第三等，佩金印驼纽。大德十一年，出伯进封豳王，[⑤] 由三等诸王晋升为一等，佩金印兽纽，由甘州移驻肃州（今甘肃酒泉市），豳王乌鲁斯得以正式形成。接着，至顺元年（1330 年），出伯孙速来蛮被封为西宁王，[⑥] 佩金印螭纽，位列二等诸王，驻于沙州（敦煌市）。元统二年（1334 年）五月，又以出伯子亦里黑赤袭其旧封为威武西宁王，[⑦] 地位次于西宁王，佩金印驼纽，驻于哈密。出伯兄哈班之后宽彻于天历二年八月被封封为肃王，[⑧] 位同豳王，为一等诸王，佩金印兽纽，驻于瓜州。本文所谓的豳王家族即为豳王、西宁王、威武西宁王和肃王的总称。有元一代，豳王家族受元政府之名统领镇戍诸军，防守西起吐鲁番

---

① 《元史》卷一四《世祖纪十一》，第 299 页。
② 《元史》卷二一《成宗纪四》，第 452 页。
③ 《元史》卷二〇《成宗纪三》，第 443 页。
④ 《元史》卷二一《成宗纪四》，第 461 页。
⑤ 《元史》卷一〇八《诸王表》，第 2738 页。
⑥ 《元史》卷三四《文宗纪三》，第 755 页。
⑦ 《元史》卷三八《顺帝纪一》，第 822 页。
⑧ 《元史》卷三三《文宗纪二》，第 739 页。

东至吐蕃一线。[①]

蒙古大军入驻后，瓜沙社会生产逐步得到恢复发展，莫高窟、榆林窟的佛事活动也在元代晚期渐趋高涨。至顺二年（1331 年）瓜州知府、瓜州郎使郭承直与其子郭再思、司吏吴才敏、巡检杜鼎臣等巡礼榆林窟，是元代最早的纪年题记。[②] 西宁王速来蛮镇守沙州，于至正八年（1348 年）在莫高窟立《六字真言碣》，率领王子、王妃、公主、驸马等诵经奉佛。[③] 三年后，速来蛮又主持修复莫高窟文殊洞（第 61 窟）外的皇庆寺。[④] 在莫高窟现存的 10 个元代石窟（1、2、3、95、149、462、463、464、465、477）中，大多都属于晚期。至正十三年，守镇官员下令重修榆林窟。[⑤] 榆林窟的 4 个元窟（第 3、4、6、27 窟），都建于元代晚期。

由于蒙古统治者如同西夏晚期统治者一样推崇藏传佛教，自西夏以来即流行于敦煌的藏传佛教得以继续发扬光大，故莫高窟现存的藏传佛教艺术除去西夏传下来的汉密画派（如第 3 窟和 61 窟甬道）之外，又有风格迥异的金刚乘藏密画派（如 465 窟）。[⑥] 在莫高窟、榆林窟现存的14 个元代洞窟中，又以属于晚期者居多，[⑦] 故学界认为“元代晚期方是莫

---

① 杉山正明《ふたつのチヤガタイ家》，载小野和子编《明清時代の政治と社会》，京都：京都大学人文科学研究所，1983 年，第 677—686 页。

② 榆林窟第 12 窟、13 窟汉文题记。见张伯元《安西榆林窟》，成都：四川教育出版社，1995 年，第 198、202 页。

③ 李永宁《敦煌莫高窟碑文录及有关问题》（二），《敦煌研究》（试刊）第 2 期，1982 年，第 108—112 页。

④ 同上，第 112—116 页。

⑤ 榆林窟第 15 窟《大元重修三危山榆林窟千佛寺记》。见张伯元《安西榆林窟》，成都：四川教育出版社，1995 年，第 207 页。

⑥ 史苇湘《关于敦煌莫高窟内容总录》，载敦煌文物研究所整理《敦煌莫高窟内容总录》，北京：文物出版社，1982 年，第 184 页。

⑦ 段文杰《榆林窟党项蒙古政权时期的壁画艺术》，《段文杰敦煌艺术论文集》，兰州：甘肃人民出版社，1994 年，第 441 页。

高、榆林二窟修建的高涨时期”。[①] 这种局面的形成，盖与瓜沙地区统治者豳王家族在敦煌大兴佛事有关。[②] 前文述及的“元代公主”，很可能就是豳王家族成员之一。如同莫高窟《六字真言碣》所显示的那样，豳王家族成员有王子、王妃、公主、驸马等，称号几同于中原大汗。说明诸王之女也被称作公主。[③] 曾出家为尼的某公主，亡后瘗埋于464窟。否则，敦煌何来公主呢？而亡于他地，并未在敦煌出过家的中原大汗之女绝不会千里迢迢而远葬西北边陲之地敦煌。

有元一代，回鹘与蒙古王室关系密切，回鹘亦都护巴而术阿而忒的斤被成吉思汗封为第五子，享受诸王待遇，并嫁公主。[④] 是后，回鹘人中大凡“有一材一艺者毕效于朝”。[⑤] 豳王家族“兼领瓜沙以西北至合剌火者畏兀儿地征戍事”，[⑥] 与回鹘关系同样非常密切，故酒泉文殊山石窟发现的著名碑刻——汉—回鹘文合璧《重修文殊寺碑》记录了豳王家族兴修文殊寺的事迹，碑主为第三代豳王喃答失太子。[⑦] 作为蒙古人，碑文不用蒙古文，却使用汉文与回鹘文。至正十二年(1352年)，来自哈密的威武西宁王不颜嵬厘赴榆林窟朝山，题写的文字也是回鹘文而非蒙古文，均体现了回鹘与豳王家族关系之特殊性。前已述及，464窟

---

① 敦煌研究院编《中国石窟·安西榆林窟》，北京：文物出版社、东京：平凡社，1997年，第247页。

② 张海娟、杨富学《蒙古豳王家族与河西西域佛教》，《敦煌学辑刊》2011年第4期，第84—97页。

③ 上引《敦煌莫高窟碑文录及有关问题》(二)，第108—112页。

④ 额尔登泰、乌云达赉校勘《蒙古秘史》，呼和浩特：内蒙古人民出版社，1980年，第1029页。

⑤ [元]念常《佛祖历代通载》卷二二《敕赐乞台萨理神道碑》，《大正藏》第四九卷，No. 2036，页727c。

⑥ [民国]屠寄《蒙兀儿史记》卷四二《出伯传》，北京：中国书店，1984年，第337页。

⑦ 耿世民、张宝玺《元回鹘文〈重修文殊寺碑〉初释》，《考古学报》1986年第2期，第253—263页。

出土文献差不多均为元代之物，凡纪年明确者，皆属 14 世纪的早期和中期，其中 Or. 8212-109 回鹘文《吉祥胜乐轮（Śri-cakrasamvara）》甚至是奉沙州西宁王子阿速歹（Asuday）之命而抄写的。[①] 在北京大学图书馆收藏的敦煌写本（北大D154v和北大 附 C29V[②]）中还有两首赞美西宁王速来蛮的回鹘文头韵诗，证实当地回鹘佛教与豳王家族间存在着极为密切的关系。[③] 其出土地点虽不详，但依早期发现元代回鹘文文献的情况看，应以 464 窟可能性最大。

图 6-13 后室东壁南侧回鹘文题记与壁画之叠压关系

其时当在元朝的后半期，正值莫高窟营建之高涨期。464 窟由回鹘修复，窟内却瘗埋着蒙古豳王家族的公主，那么，回鹘之修复活动则必与豳王家族息息相关。易言之，豳王家族应为该窟的供养主。

有一个现象特别值得注意，即后室东壁，即甬道西口南北二侧壁之壁画在保存完好而且非常清晰的情况下曾被人粉刷过，覆盖后题以回鹘文文字（图 6-13）。其中，南侧满壁书文字 29 行，北侧第 1 行文字未及写完便戛然止笔了，显然系受外力影响而中断。何以如此？令人费解，或许只有那些已完全模糊不清的回鹘文文字能够告诉我们原因，遗憾的是这些文字今天已完全无法辨识了。笔者个人臆测，应为功德记之属，期待

① 杨富学《回鹘之佛教》，乌鲁木齐：新疆人民出版社，1998 年，第 123—124 页。

② 北京大学图书馆、上海古籍出版社编《北京大学图书馆藏敦煌文献》第 2 册，上海：上海古籍出版社，1995 年，第 140、316 页。

③ Abuduishid Yakup, Two Alliterative Uighur Poems from Dunhuang，《言语学研究》第 17/18 号，1999 年，pp. 3-4，pp. 9-10.

着来日能有办法释读出这些文字，为疑团的解决提供些许信息。

在敦煌石窟营建过程中，未竣工而突然终止的情况时有所见，尤其是在北朝、五代等战乱年代更是常见。致其生变的因素固然很多，但改朝换代始终居于首位，464 窟之情况当亦属同样因素所致。

至正二十八年（1368 年），朱元璋建立明朝，并于同年攻陷元都大都，元朝灭亡，但瓜沙二州尚处于蒙古豳王家族统治之下，464 窟前室南壁东段墨书“至正卅年（1370 年）五月五日”[①] 即是明证，因为至正二十八年元朝即已灭亡了，但瓜沙地区仍行用元朝年号。洪武五年（1372 年），朱元璋遣冯胜率大军经略河西，在瓜沙击败元朝留守河西军之残部。464 窟之修复活动之所以功未竟而突然中止，当与这场变故有关。能够对我们这一解释提供佐证的是 464 窟大批回鹘文木活字实物的发现。1908 年，伯希和于此窟掘获回鹘文木活字 968 枚，1989 年，敦煌研究院考古人员又发现 19 枚。这些活字，都为蒙元时代之物，[②] 敦煌回鹘掌握并开始使用活字印刷的时间，似乎应在 12 世纪末到 13 世纪上半叶。[③] 464 窟废弃活字之时代，伯希和推定为 1300 年左右。[④] 这

---

① 敦煌研究院编《敦煌莫高窟供养人题记》，北京：文物出版社，1986 年，第 175 页。

② Francis Macouin，A propos de caracteres d’imprimerie ouïgours，*Le livre et l’imprimere en extreme-orien et en Asie du sud, Numero special de la 〈Revue Française d’ histoire du Livre*〉, Paris 1984，pp. 147–157；杨富学《敦煌研究院藏回鹘文木活字》，《敦煌研究》1990 年第 2 期，第 34—37 页；史金波、雅森·吾守尔《中国活字印刷术的发明和早期传播——西夏和回鹘活字印刷术研究》，北京：社会科学文献出版社，2000 年；彭金章、王建军《敦煌莫高窟北区洞窟所出多种民族文字文献和回鹘文木活字综述》，《敦煌研究》2000 年第 2 期，第 154—159 页；Yang Fuxue，Uighur Wooden Movable-Types from Dunhuang and Related Problems，《敦煌学与中国史研究论集》，兰州：甘肃人民出版社，2001 年，第 346—350 页；彭金章、王建军《敦煌莫高窟北区石窟》第 3 卷，北京：文物出版社，2004 年，第 104 页。

③ 杨富学《少数民族对古代敦煌文化的贡献》，《敦煌学辑刊》2005 年第 2 期，第 97 页。

④ T.F.Carter, *The Invention of Printing in China and Its Spread Westward,* New York 1925，p. 167.

些说明该窟在元代时有可能是一个回鹘刊经场所。[①] 在经历数百年之后，在同一窟中尚能发现如此众多的木活字实物，说明当时活字印刷的废弃应是短时间内发生的；反之，如果是逐步废弃的，那么活字实物就会自然散乱，而不可能呈现如此集中的状态。

464窟前室与甬道壁画为同时所绘，但后室明显与之不同，除了线条、着色迥异外，前室所用晕染法，在后室完全看不到，甬道菩萨造像所用沥粉堆金法，在后室也是看不到的。就绘画风格论，前室所见善财五十三参变与后室所见观音三十二应化现变也迥然有别，前者挥毫恣意，大度有力，潇洒疏朗，颇有大家风范；后者工笔严谨，精致细腻，内涵丰富，呈细密之风。[②] 这些都说明，二者非同一时代所画。前文已论及，后室东壁有梵文六字真言，说明该窟的上限不早于元初。值得注意的是，该窟东壁甬道二侧之画面曾被粉刷过，并覆以回鹘文题记。从壁面的叠压关系，明显可以看出，前室要晚于后室。结合各种因素，可定后室壁画当为元代早期之遗存，壁画少部分遭到破坏，当为元朝末期之事。当时回鹘所覆盖的画面尚相当清新，证明二者时代相距不远，推定为百年以内当不致大误。

这些因素说明，464窟前室与甬道是回鹘人在蒙古豳王家族的支持下进行修复的，具体时间，确切地说，当在元朝末期，但不迟于《吉祥胜乐轮》的抄写年代——1350年。在甬道与前室完工后，回鹘人有意保留了当时保存尚完好的后室，仅对后室东壁甬道二侧的墙壁进行了粉刷，准备题写文字。由于明朝军队突然攻破沙州，文字的题写工作尚未完毕便草草收场了，该窟遂再度废弃。

综上所述，可见回鹘在蒙古豳王家族，即沙州西宁王的支持下重修

---

① [法] 伯希和著，耿昇译《伯希和敦煌石窟笔记》，兰州：甘肃人民出版社，2007年，第375页。

② 前引梁尉英《元代早期显密融汇的艺术——莫高窟第四六四诸窟的内容和艺术特色》，第23页。

并对464窟进行了改造，加长原来通往后室的甬道而构成方室以掩盖方室内侧的元代公主墓，并根据胜光法师译回鹘文本《金光明最胜王经》在甬道南北二壁绘制了十地菩萨像，窟内随处可见回鹘文题记，可确认前室与甬道现存壁画当出自回鹘之手，窟内有藏传佛教风格的六字真言题辞二方，加上洞窟内发现的古代文献、文物绝大多数均属元代末期，故而可确认该窟前室与甬道为元代回鹘窟，更确切地说，应为元末的洞窟。后室则为元代早期洞窟。

第四节

# 多种历法的使用

关于敦煌回鹘人所使用的历法，汉文史籍未作任何记载，但从回鹘文献看，敦煌回鹘人如同高昌回鹘一样，主要是采用十二生肖来纪年的。其中，早期文献有 P. 3046 卷背回鹘文《账单》，文载："it yilin qutsi-ning qintu-qa bergüsi erdi qutsi bermadi men otadim 狗年，库兹应送还剪刀，［但］库兹没有还，是我借给他的。"① P. 2998 卷背回鹘文《牒状》则曰："qutluɤ qut……yunt yïl bešinč a altun el yalawač kaltimiz ačuqi yüz elling-ning qiz qolaɤali qiz 幸福的……马年五月，我们金国（即于阗——笔者按）的使者为了向百户长之女求婚来到沙州。"② 在晚期敦煌回鹘文文献中，这种历法一直很流行，如《阿毗达磨俱舍论实义疏》（编号 Or. 8212/75A—B，原编号 Ch. xix. 001—002）（图 6–14）有回鹘文题记曰："luu yïl ikinti ay bïš ygirmikä män tükäl

① J. Hamilton, *Manuscrits Ouïgours du IXe-Xe Siècle de Touen-houang*, Tome I, Paris 1986, p. 166；杨富学、牛汝极《沙州回鹘及其文献》，兰州：甘肃文化出版社，1995 年，第 117—119 页。

② J. Hamilton, *Manuscrits Ouïgours du IXe-Xe Siècle de Touen-houang*, Tome I, pp. 93–94；杨富学、牛汝极《沙州回鹘及其文献》，兰州：甘肃文化出版社，1995 年，第 115—116 页。

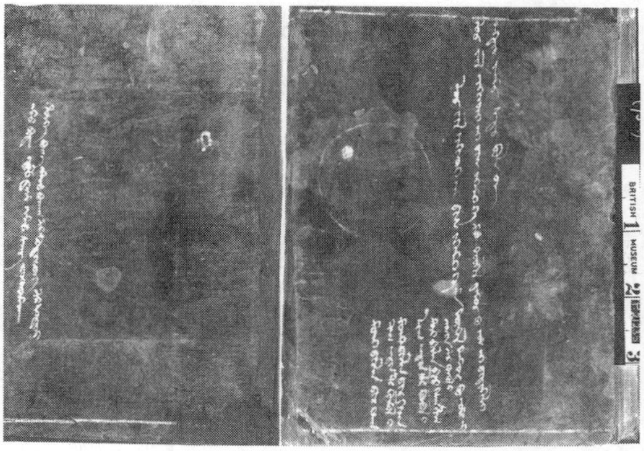
图 6-14　回鹘文龙年题记

tämür bu nomnï bidigäli tägdim yamu sadu bolzun 龙年二月十五日，余吐坎·铁木耳（Tükäl Tämür）写毕此经。善哉。”

此外，这类题记还可见于以下文献：

P. 4521 封面："luu yïl aram ay(龙年正月)。"①

P. Ouïgours Grotto 181 No. 213："bičin yïl ikinti ay on biš-tä 猴年二月十五日。"②

P. Ouïgours Grotto 181 No. 217："tawišɣan yïl ikinti ay yiti otuz (ta) 兔年二月二十七日。"③

Or. 8212—108 哲理诗尾题："küškü yïl toquz- unč ay-ning on yangï-ta 鼠年九月初十日。"④

在敦煌诸石窟的回鹘文游人题记中，这种纪年的使用就更普遍了，如榆林窟第 25 窟回鹘文题记："qut-luɣ yont yïl tortünč ay-ning yegirmi säkiz-kä 幸福的羊年四月二十八日。"⑤

这种纪年方法在回鹘中行用甚早，可追至漠北回鹘汗国时代。如《磨延啜碑》标有 7 个纪年，分别为羊年（743 年）、鸡年（745 年）、猪年（747 年）、虎年（750 年）、兔年（751 年）、羊年（755 年）、鸡年

---

① 森安孝夫《ウイグル语文献》，山口瑞凤编《讲座敦煌 6 敦煌胡语文献》，东京：大东出版社，1985 年，第 6 页。

② 牛汝极《回鹘佛教文献——佛典总论及巴黎所藏敦煌回鹘文佛教文献》，乌鲁木齐：新疆大学出版社，2000 年，第 270 页。

③ 同上，第 271 页。

④ R.R.Arat，*Eski Türk Şiiri*，Ankara 1965，S.124–125.

⑤ 哈密顿、杨富学、牛汝极《榆林窟回鹘文题记译释》，《敦煌研究》1991 年第 2 期，第 49—50 页。

(757年)。[1]《铁尔浑碑》同样也标有7个纪年，即蛇年（741年）、羊年（743年）、猴年（744年）、鸡年（745年）、猪年（747年）、鼠年(748年)、龙年（752年）。[2]《台斯碑》仅有一个纪年，即鸡年（757年）。[3] 这些记载说明当时的回鹘人是使用十二属相纪年的。汉文史料对此也有类似的记载。《太平寰宇记》卷一九九称黠戛斯“以十二属纪年。假若岁在子，则谓之鼠年；在戌，则谓之狗年。与回鹘同也”。高昌回鹘也一直使用这种纪年法。十二属相，回鹘文分别写作：1. sičɣan 或 küškü“鼠”；2. ud“牛”；3. bars“虎”；4. tawišɣan“兔”；5. luu 或 lü“龙”；6. yilan“蛇”；7. yont“马”；8. qoy (i)n“羊”；9. bičin“猴”；10. toqiɣu“鸡”；11. it“狗”；12. laɣzin 或 tonguz“猪”。这种历法的每个月的上旬在回鹘文中写作 yangi，意为“新”，用来表示每个月的前十天，意义相当于汉语的“初”，这当为受汉族历法影响的结果。回鹘人不仅用十二生肖纪年，而且还用于纪日。今西南民族，如彝藏、黎族、门巴族和拉祜族仍然使用十二属相纪日。

除了属相历法外，敦煌回鹘文献中还使用干支纪年法。如伯希和于敦煌莫高窟464窟（伯希和编号181窟）发现的编号为No.212号回鹘文文献中就有如下文字：

> 壬 šipqan-lïɣ luu yïl 癸 ikinti ay 乙 bir yangï tonguz 日 üzä
> 壬辰年癸卯二月乙亥朔日

---

① 王静如《突厥文回纥英武威远毗伽可汗碑译释》，《辅仁学志》第7卷第1—2期合刊，1938年，第25—51页。

② [苏] C. T. 克利亚什托尔内著，伊千里译《铁尔浑碑（研究初稿）》，《民族译丛》1981年第5期，第41—44页。

③ 杨富学《古代突厥文〈台斯碑〉译释》，《中国北方民族历史文化论稿》，兰州：甘肃人民出版社，2001年，第238—244页。

根据文中纪年，可推算该文献日期为 1352 年 2 月 16 日。①

比干支纪年法更常用的是以五行配十二属的历法，即人们习称的高昌残历，一般用法是在其前加 qutluɤ（吉祥的、有福的）一词，有时加 ki 字，当为汉语“吉”或“气”的音译。大致可归纳为以下三种情况：

Qutluɤ+ 五行 + 十二属相，如吉祥的土兔年；

qutluɤ+ki+ 五行 +qutluɤ+ 十二属相，如吉祥的火羊年；

以第若干甲 +ki+ 十干 + 五行 + 十二属相，如第二甲 ki+ 干的土牛年。②

在高昌残历中，其五行的顺序为木、火、土、金、水，与当时通行的汉族所说的五行顺序完全相同。在高昌残历中，以“五行”代“天干”，甲乙为木，丙丁为火，戊已为土，庚辛为金，壬癸为水；以十二生肖代十二地支。五行与十二属相依次相配，可组成火兔年、土龙年、水免年等。这种历法在维吾尔族中今已不再使用，而在藏族中却依然盛行。尤其值得注意的是，今藏历的纪年与高昌残历几乎完全相同。③

这种以五行配十二属的历法在敦煌回鹘中亦有使用，如 P. ouïgour 2 回鹘文《书信》中即有“to bičin yïlin tončor ay（土猴年 tončor 月）”之载。④ 文书中的 tončor 原为于阗文月份的名称。于阗文原作 ttamjara，意为秋一月，相当于汉历的七月。据考，该文献写成的时代应在公元

---

① 牛汝极《回鹘佛教文献——佛典总论及巴黎所藏敦煌回鹘文佛教文献》，乌鲁木齐：新疆大学出版社，2000 年，第 270 页。

② F. W. K. Müller, *Zwei Pfahlinschreiften aus den Turfanfunden,* Abhandlungen der Preussischen Akademie der Wissenschaften, Phil . -hist Klasse, Nr.3, 1915, S . 24.

③ 二者之间的传播关系参见杨富学《维吾尔族历法初探》，《新疆大学学报》1988 年第 2 期，第 66 页。

④ J. Hamilton，*Manuscrits Ouïgours du IXe-Xe Siècle de Touen-houang,* Tome I, Paris 1986，p. 102；杨富学、牛汝极《沙州回鹘及其文献》，兰州：甘肃文化出版社，1995 年，第 88—89 页。

948 年 9 月左右，或者是稍晚一些时间。[①] 这一记载说明，于阗历对敦煌回鹘的历法有着一定的影响。在回鹘文文献中，土猴年一般都表示为 topraq bič in yïl，唯有这里使用了汉语“土”的译音 to，明显表现出汉文化的影响。

此外，回鹘文文献中还有不少使用了中原的年号纪年法，如榆林窟第 12 窟前室甬道南壁的回鹘文题记中出现有 či čing taqïɣu yïl bišinč ay（至正鸡年五月）字样。[②] 其中的 či čing，即元顺帝年号至正（1341—1368 年），历 28 年，其中属于鸡年的有至正五年（1345 年）和至正十七年（1357 年）。需注意的是，元朝灭亡后，至正年号在敦煌地区却继续得到使用，如莫高窟 464 窟南壁东段即有墨书题记曰：“至正卅年五月五日。”[③] 所以，不能排除题记中的鸡年为至正二十九年(1369 年）的可能。

至正年号还见于敦煌出土回鹘文密宗文献《吉祥胜乐轮（Śri-cakrasamvara)》（编号 Or. 8212—109，原编号 Ch. xix. 003）：“či čing onunči bars yïl altïnč ay tört yangiɣa 至正十年（1350 年）虎年六月初四日。”[④]

清康熙（1662—1722 年）年号也出现在敦煌写本中，如酒泉文殊沟发现的回鹘文《金光明最胜王经》有题跋载：

---

① [法] 路易·巴赞著，耿昇译《突厥历法研究》，北京：中华书局，1998 年，第 322—323 页。

② Dai Matsui, Revising the Uigur Inscriptions of the Yulin Caves, *Studies on the Inner Asian Languages* XXIII, The Society of Central Eurasian Studies, 2008, p. 22.

③ 敦煌研究院编《敦煌莫高窟供养人题记》，北京：文物出版社，1986 年，第 175 页。

④ 庄垣内正弘《ウイグル语写本·大英博物馆藏 Or. 8212-109について》，《东洋学报》第 56 卷 1 号，1974 年，第 45 页；P. Zieme und G. Kara, *Ein uigurisches Totenbuch. Nāropas lehre in uigurischer Übersetzung von vier tibetischen Traktaten nach der Samelhandschrift aus Dunhuang British Museum Or. 8212—109,* Budapest 1970, S. 27–28.

kang-si yigirmi altinč yïl altïnč aynïng säkiz yangïsï, či tigma tutmaq kün sim si čqan kün üzä bašlayu bitip, säkizinč aynïng ay tolunï biš yigirmis-intä bitiyü tolu qïldïm kinki-lär-kä ulalmaq bolz-un! sadu ädgü!

我从康熙二十六年六月初八辛鼠日开始写，至八月十五日满月时写竟。让其流布后世吧！善哉！善哉！①

题记表明，该写本的抄写地点在敦煌，初写于康熙二十六年(1687年）六月初八，完成于八月十五日，历时二月有余。这是现知有纪年回鹘文文献中时代最晚者。

① В. В. Радлов–С.Е.Малов, *Suvarnaprabhāsa сутра золотого Блеска*(=Bibliotheca Buddhica XVII), Delhi 1992, S.343; A.von Gabain, *Alttü rkische Grammatik*, Leipzig 1950, S. 258.

第五节

## 回鹘文木活字及相关问题

中国是世界上最早发明印刷术的国家。不管是雕版印刷或是活字印刷，都是我国古代汉族人民首先发明的。

雕版印刷术的发明，大约始于唐初，盛行于晚唐以后。9 世纪中叶，回鹘由漠北西迁至西域及河西等地，受当地盛行的佛教的影响，回鹘民众大多放弃原来尊崇的摩尼教而皈依了佛教。随着民众对佛经需求量的日益增加和宗教徒刻经布道的需要，当时单靠手工抄写佛经或用捶拓石经的方法复制书籍，已经不能满足社会的需要，因此，他们便从汉人那里借鉴了雕版印刷的办法。

回鹘是一个以善于兼容外来文明而著称于世的民族，曾先后信奉过萨满教、摩尼教、佛教、景教、祆教和道教等多种宗教，但所有的回鹘文印本都是佛教典籍，而其他多种宗教及世俗文献却全为手抄本，竟无一件采用印刷技术。何以如此？我们认为应是以两方面因素交互作用的结果，其一，回鹘佛教徒人数远比其他宗教多，故佛经需求量也远在其他宗教之上；其二，回鹘佛教的主要来源是汉传佛教，[1] 故其采用来自

---

① 高士荣、杨富学《汉传佛教对回鹘的影响》，《民族研究》2000 年第 5 期，第 71—76 页。

中原地区的雕版印刷技术也就顺理成章了。

继雕版印刷之后，活字印刷应运而生，它是我国对世界文化的又一大贡献。活字印刷是北宋庆历年间（1041—1048 年）毕昇首创的，最早为泥活字。沈括《梦溪笔谈》卷一八记载：

> 庆历中，有布衣毕昇，又为活版。其法用胶泥刻字，薄如钱唇，每字为一印，火烧令坚。先设一铁版，其上以松脂蜡和纸灰之类冒之。欲印则以一铁范置铁板上，乃密布字印，满铁范为一板，持就火炀之，药稍镕，则以一平板按其面，则字平如砥……不以木为之者，木理有疏密，沾水则高下不平，兼与药相粘，不可取。①

说明当时毕昇曾尝试性地用木头刻制过活字，但木沾水后易变形，又容易粘药，故未为毕昇所取。毕昇的泥活字究竟印制过哪些书籍，由于史书中没有记载，更没有任何印刷品实物流传而无法得知。有幸的是，在现已确认的十几种早期西夏文活字印刷品中竟有泥活字印刷品存在，那就是内蒙古额济纳旗黑城遗址和甘肃武威都有出土的西夏文《维摩诘所说经》。② 其时当在 12 世纪。后来，人们又推陈出新，先后创造出木活字、锡活字、铜活字、铁活字、铅活字、铅锡合金活字等。

按照一般的说法，木活字是由山东人王祯于 13 世纪末发明的。据载，王祯在作旌德县尹时，曾作《农书》，因字数甚多，难以刻印，故独出心裁，请工匠制木活字三万枚左右，历两年乃成。他本想用活字来印《农书》，但因调官江西，江西方面将其书仍整版刊印。他的这套活

---

① [宋] 沈括著，刘尚荣校点《梦溪笔谈》（新世纪万有文库本），沈阳：辽宁教育出版社，1997 年，第 102 页。

② 史金波、雅森·吾守尔《中国活字印刷术的发明和早期传播》，北京：社会科学文献出版社，2000 年，第 57—58 页。

字仅在大德二年（1298）试印过自己纂修的《大德旌德县志》。[①] 此后，该法未见再用，直到二十余年后的1322年左右，才由浙江奉化地方的知州马称德再次使用，以刊印《大学衍义》等书。[②] 这要比西夏人用活字印书的时代晚得多。通过对黑城及河西走廊诸地发现的西夏文木活字印本的研究，不难看出，其实在毕昇发明活字印刷仅一百年左右，西夏地区就已经在熟练地应用木活字印刷书籍了，比王祯使用木活字要早一百多年。宁夏发现的西夏文佛经《吉祥遍至口和本续》就是可确认的目前世上最古老的木活字印本实物。在经文的部分页面上，尚可鉴定出隔行竹片印痕。[③] 回鹘文木活字（图6–15)的出现亦应与西夏使用木活字的时代大致相当。

1908年，伯希和于敦煌莫高窟北区第181窟（今敦煌研究院编号第464窟）发现了一桶回鹘文木活字，计有960枚之多，悉数携往法国，现藏于巴黎吉美博物馆（Musée Guimet)，馆藏号为MG25507。当初这些活字上都沾满了泥土，一直存放在博物馆的储藏室里。经清洗后，现安放于依木活字尺寸制成的木盒子内。

继其后，俄国探险家奥登堡（S. F. Oldenburg）又于莫高窟北区发现回鹘文木活字130枚，现藏于圣彼得堡。

1944—1949年间，敦煌艺术研究所（今甘肃省敦煌研究院的前身）收集到回鹘文木活字6枚。从1988年到1995年，敦煌研究院考古专业人员曾断断续续对开凿于北区的248个洞窟分六次进行了发掘，又发现了许多重要遗迹和大批珍贵遗物。在出土文献中，除汉文外，还有西夏文、回鹘文、藏文、回鹘式蒙文、八思巴文、梵文、叙利亚文、婆罗迷

① 张秀民《中国印刷术的发明及其影响》，北京：人民出版社，1978年，第80页。

②《[康熙] 奉化县志》卷一一所收李洧孙《知州马称德去思碑记》。

③ 牛达生《西夏文佛经〈吉祥遍至口和本续〉的学术价值》，《文物》1994年第9期，第58—62页；牛达生《人类印刷史上的重大发现——西夏文佛经〈本续〉认定是现存世界最早的木活字版印本及其价值》，《中华印刷科技年报》（台北），1997年，第391—403页。

文等多种文字文献，还发现了 48 枚回鹘文木活字。① 这些活字发现于北区 B56 窟（1 枚）、B160 窟（16 枚）、B162 窟（2 枚）、B163 窟(10 枚)、464 窟（17 枚）等 6 个窟内。宽均为 1.3 厘米，高均为 1.1 厘米，长则依木活字所表示的意义不同而有异。这批活字大多为单个活字，另有动词词干、词缀、字母、不表示词义或语法的语言组合、标点符号、版框线和夹条等。② 与当年伯希和、奥登堡等劫往法国(960 枚)、俄国(130 枚）的回鹘文木活字大小、性质、质地、构成完全相同。

今天可见到的回鹘文木活字共计 1118 枚。这是世上仅有的古代活字实物样品。

早在 1925 年，美国印刷史专家卡特就敏锐地认识到回鹘文木活字在印刷史上的价值，指出：“回鹘文是字母文字，来源于阿拉美文字。当回鹘人开始使用活字时，会立即看到表示单个字母的活字的优点，这种系统要比中国的活字方便多了。在敦煌发现的活字完全由以词为单位的活字组成，其完全模仿中国活字。也许他们事实上有过字母活字，但没有关于这一事实的记载，迄今也没有发现过字母活字的物证。敦煌发现的活字仍然仿照中国的办法，不是字母，而是一个个拼成了的字。” ③

图 6–15　敦煌发现的回鹘文木活字

由于卡特本人不识回鹘语文，而

① 彭金章、王建军《敦煌莫高窟北区洞窟所出多种民族文字文献和回鹘文木活字综述》，《敦煌研究》2000 年第 2 期，第 154—159 页。

② 雅森·吾守尔《敦煌出土回鹘文木活字及其在印刷术西传中的意义》，《出版史研究》第 6 辑，北京：中国书籍出版社，1998 年，第 1—12 页；史金波、雅森·吾守尔《中国活字印刷术的发明和早期传播》，北京：社会科学文献出版社，2000 年，第 91—110 页。

③ T. F. Carter, *The Invention of Printing in China and Its Spread Westward,* New York 1925, pp. 167–168.

得到的用作样品的4枚回鹘文木活字又都是单个的词，致使其误认为回鹘文木活字如同王祯活字以字为单位相仿，是以单个词为单位的。卡特之说影响甚巨，一直影响学术界数十年。然而笔者早先仅仅查看了敦煌研究院旧藏的6枚回鹘文木活字，即发现这一结论是完全靠不住的。因为在这6枚木活字中，既有单个字(2枚)，也有词根（2枚)，还有词缀(1枚）和标点符号（1枚)，而且非为草体。[①] 后来，又进一步接触到更多的回鹘文木活字，更进一步确定卡特之说的非是。

这些回鹘文木活字的时代，依其存放的地点和其他因素，伯希和将其考订为1300年左右的遗物。[②] 事实上，这只能是活字因弃用而封存的年限，而制作和使用年代自然比之更早。因为目前还没有可资证实回鹘文活字创制与应用时代之类的证据，对其年代的判断还只能依据间接的材料和有关的历史背景来推测。考虑到回鹘在敦煌的活动情况及莫高窟兴衰的历史，或可将回鹘文木活字的时代推定在12世纪末到13世纪上半叶之间。[③] 这个时代正是西夏印刷术蓬勃发展的时代，而回鹘与西夏佛教关系密切，经济、文化交流频繁，在印刷技术上互相有所影响当为情理中事。13世纪末，敦煌地区回鹘势力已经衰落，全然不见于史书的记载，所以，这些木活字的创制早于1300年的可能性要比晚于它的可能性更大。说明如同西夏人一样，在王祯使用木活字印刷之前回鹘人就已经使用木活字进行印刷了。

上面的论述说明，敦煌的回鹘人在接受了中原活字印刷技术之后，推陈出新，创造出或者说是进一步发展了木活字印刷技术。不仅如此，

---

① 杨富学《敦煌研究院藏回鹘文木活字——兼谈木活字的发明》，《敦煌研究》1990年第2期，第34—37页。

② T. F. Carter，*The Invention of Printing in China and Its Spread Westward,* New York 1925，p. 167.

③ Yang Fuxue，Uighur Wooden Movable-Types from Dunhuang and Related Problems，《敦煌学与中国史研究论集——纪念孙修身先生逝世一周年》，兰州：甘肃人民出版社，2001年，第346—350页。

他们还把自己所掌握的印刷技术进一步传向西方。

在古代回鹘语乃至今天的维吾尔语中，有一词曰 bas，意为“印刷”，此外又有“复制”“刊登”“盖章”“压制”等多种含义。究其来源，当来自古代汉语的“复”。复，《广韵》“方六切”音福。《集韵》“芳六切”音蝠。拟音为 *pjuk，古读重唇音，屋韵收 -k，维吾尔语收 -s 当系辅音弱化演变的结果。[①] 在 bas 后加 -ma，表示“印刷、印本、版本”之意。-ma 者，布也，相当于后世的“纸张”之意。

有意思的是，在今天的波斯语中，与印刷术有关的语词，大多都借自维吾尔语的 basma。如 bāsme 表示名词“印刷”；bāsme kardan 表示动词“印刷”；bāsme-che 表示“印刷者”；bāsme-kari，表示的是活字印刷。

那么，这个词是何时被借入波斯语中的呢？虽于史无征，但可以知道，波斯第一次采用印刷技术始于 1294 年。这一年，波斯的蒙古统治者仿照忽必烈发行的纸币，上书阿拉伯文字，但同时写有汉文的“钞”字。由于这种纸币不为民众所接受，仅流行了三天便宣告终止。[②] 这一记载说明，波斯的印刷术比回鹘要晚得多，可以推定，波斯语对回鹘语 basma 的借用当在 1294 年以后。

回鹘是较早从中原汉人那里学会雕版印刷的兄弟民族之一，并且是把中国古代印刷术从古代西域，沿着丝绸之路，传入波斯、埃及和阿拉伯世界及欧洲西方世界的最重要的媒介，为世界文化的交流与发展作出了重要贡献。

---

① 赵相如《中国印刷术西传刍议——维吾尔语“bas”（印刷）一词源流考》，《中国突厥语研究论文集》，北京：民族出版社，1991 年，第 46 页。

② 王永生《波斯伊利汗国对元朝钞法的仿行》，《中国钱币》1994 年第 4 期，第 30—32 页。

# 参考文献

一、古籍与古籍整理

[北齐] 魏收撰《魏书》，北京：中华书局，1974 年。

[隋] 阇那崛多译《佛本行集经》，《大正藏》第三卷，No.190。

[唐] 令狐德芬撰《周书》，北京：中华书局，1971 年。

[唐] 李百药撰《北齐书》，北京：中华书局，1972 年。

[唐] 李延寿撰《北史》，北京：中华书局，1974 年。

[唐] 魏征、令狐德芬撰《隋书》，北京：中华书局，1973 年。

[唐] 姚汝能著，曾贻芬点校《安禄山事迹》，上海：上海古籍出版社。

[唐] 岑参著，陈铁民等校注《岑参集校注》，上海：上海古籍出版社，2004 年。

[唐] 杜牧著《樊川文集》，上海：上海古籍出版社，1987 年。

[唐] 杜佑撰，王文锦等点校《通典》，北京：中华书局，2003 年。

[唐] 李吉甫著，贺次君点校《元和郡县图志》，北京：中华书局，1983 年。

[唐] 李德裕著，傅璇琮、周建国校笺《李德裕文集校笺》，石家

庄：河北教育出版社，2000 年。

［唐］玄奘、辩机原著，季羡林等校注《大唐西域记校注》，北京：中华书局，1985 年。

［唐］希运撰《黄檗断际禅师宛陵录》，《大正藏》第四八卷，No. 2012B。

［唐］李师政撰《法门名义集》，《大正藏》第五四卷，No.2124。

［唐］义净《金光明最胜王经》，《大正藏》第十六卷，No.665。

［后晋］刘昫等撰《旧唐书》，北京：中华书局，1975 年。

［宋］欧阳修等撰《新唐书》，北京：中华书局，1975 年。

［宋］薛居正等撰《旧五代史》，北京：中华书局，1976 年。

［宋］欧阳修撰《新五代史》，北京：中华书局，1974 年。

［宋］乐史撰，王文楚等点校《太平寰宇记》，北京：中华书局，2007 年。

［宋］宋敏求编《唐大诏令集》，北京：中华书局，2008 年。

［宋］王溥著《唐会要》，上海：上海古籍出版社，2006 年。

［宋］司马光著，［元］胡三省注《资治通鉴》，北京：中华书局，2007 年。

［宋］李焘撰《续资治通鉴长编》，北京：中华书局，1979—1995 年。

［宋］沈括著，刘尚荣校点《梦溪笔谈》（新世纪万有文库本），沈阳：辽宁教育出版社，1997 年。

［宋］曾公亮撰《武经总要》，四库全书本。

［宋］李攸《宋朝事实》，四库全书本。

［宋］司马光《司马光传家集》，万有文库本。

［宋］章如愚著《山堂考索》，北京：中华书局，1992 年。

［宋］吕祖谦编《皇朝文鉴》，四部丛刊本。

［宋］洪皓著《松漠纪闻》，《辽海丛书》第 1 册，沈阳：辽沈书

社，1985年。

［宋］王钦若等编《册府元龟》，北京：中华书局，1960年。

［宋］赵汝愚编《宋名臣奏议》，四库全书本。

［宋］郭茂倩编《乐府诗集》，上海：上海古籍出版社，1998年。

［宋］赞宁撰《大宋僧史略》，《大正藏》第五四卷，No.2126。

［元］脱脱等撰《宋史》，北京：中华书局，1974年。

［元］脱脱等撰《辽史》，北京：中华书局，1974年。

［元］虞集撰《道园学古录》，四部丛刊本。

［元］程钜夫《程雪楼文集》，湖北先正遗书本。

［元］念常纂《佛祖历代通载》，《大正藏》第四九卷，No.2036。

［元］中峰《怀净土诗》，《续藏经》第七〇卷，No.1402。

［元魏］慧觉等译《贤愚经》，《大正藏》第四卷，No.202。

［明］宋濂等撰《元史》，北京：中华书局，1976年。

［明］陈诚《陈竹山文集》，嘉庆乙卯刻本。

［清］董诰编《全唐文》，上海：上海古籍出版社，1990年。

［清］徐松辑《宋会要辑稿》，北京：中华书局，1957年。

［清］吴广成著，龚世俊等校证《西夏书事校证》，兰州：甘肃文化出版社，1995年。

［清］戴锡章编撰，罗矛昆校点《西夏纪》，银川：宁夏人民出版社，1988年。

［清］毕沅撰《续资治通鉴》，郑州：中州古籍出版社，1994年。

［清］何秋涛《朔方备乘》，《中国西北文献丛书》第94册，兰州古籍书店，1990年。

［清］张澎辑录《凉州府志备考》，西安：三秦出版社，1988年。

《［康熙］奉化县志》。

［民国］屠寄撰《蒙兀儿史记》，北京：中国书店，1984年。

《大方便佛报恩经》，失译，《大正藏》第三卷，No.156。

［波斯］拉施特著，余大钧、周建奇译《史集》第1—3卷，北京：商务印书馆，1983—1986年。

二、研究著作与资料汇编

阿里木·玉苏甫《回鹘文〈说心性经〉来源考》，《民族语文》2010年第1期，第59—64页。

阿依达尔·米尔卡马力、杨富学《回鹘文〈八十华严·毗卢遮那品〉残叶研究》，《内陆アジア言语の研究》第22号，中央ユーラシァ学研究会，2007年，第39—52页。

艾尚连《试论摩尼教与回鹘的关系及其在唐朝的发展》，《西北史地》1981年第1期，第34—40页。

安家瑶《唐永泰元年（765）—大历元年（766）河西巡抚使判集（伯二九四二）研究》，《敦煌吐鲁番文献研究论集》，北京：中华书局，1982年，第232—264页。

［法］路易·巴赞著，耿昇译《突厥历法研究》，北京：中华书局，1998年。

北京大学图书馆、上海古籍出版社编《北京大学图书馆藏敦煌文献》第1—2册，上海：上海古籍出版社，1995年。

毕长朴《回纥与维吾尔》，台北：新文丰出版公司，1986年。

［法］伯希和著，耿昇译《伯希和敦煌石窟笔记》，兰州：甘肃人民出版社，2007年。

岑仲勉《吐鲁番木柱刻文略释》，《中央研究院历史语言研究所集刊》第十二本，1947年，第117—119页。

岑仲勉《突厥集史》，北京：中华书局，1958年。

柴勃隆、范宇权、苏伯民、王小伟《莫高窟194窟漫漶壁画多光谱成像调查与研究》，《敦煌研究》2010年第6期，第74—76页。

晁华山《火焰山下无名的摩尼古寺》，《文物天地》1992年第5期，第 26—29 页。

晁华山《初寻高昌摩尼寺的踪迹》，《考古与文物》1993 年第 1 期，第 84—93 页。

晁华山《寻觅湮没千年的东方摩尼寺》，《中国文化》第 8 期，1993 年，第 1—20 页。

陈高华《黑城元代站赤登记簿初探》，《中国社会科学院研究生院学报》2002 年第 5 期，第 49—56 页。

陈国灿《敦煌所出诸借契年代考》，《敦煌学辑刊》1984 年第 1 期，第 1—9 页（收入陈国灿著《敦煌学史事新证》，兰州：甘肃教育出版社，2002 年，第 327—344 页）。

陈俊谋《顿莫贺与摩尼教》，《新疆社会科学》1985 年第 6 期，第 57—60、85 页。

陈述辑校《全辽文》卷六，北京：中华书局，1982 年。

陈垣《摩尼教入中国考》，《陈垣学术论文集》第 1 集，北京：中华书局， 1980 年，第 329—397 页。

陈祚龙《敦煌学园零拾》，台北：台湾商务印书馆，1986 年。

承哉熹《柏孜克里克石窟方形窟誓愿画配置状况的比较——以图像构图与主题的演变为中心》，《吐鲁番学研究——第三届吐鲁番学暨游牧民族的起源与迁徙国际学术研讨会论文集》，上海：上海古籍出版社，2010 年，第 807—813 页。

程溯洛《释汉文〈九姓回鹘毗伽可汗碑〉中有关回鹘和唐朝的关系》，《中央民族学院学报》1978 年第 2 期，第 20—28 页（收入林幹编《突厥与回纥历史论文选集》（下册），北京：中华书局，1987 年，第 706—719 页；《唐宋回鹘史论集》，北京：人民出版社，1993 年，第 102—114 页）。

程溯洛《高昌回鹘王国亦都护谱系考——西域时代回鹘史札记》，《西北史地》1983 年第 4 期，第 13—23 页。

［德］茨默著，王丁译《有关摩尼教开教回鹘的一件新史料》，《敦煌学辑刊》2009 年第 3 期，第 1—7 页。

崔明德《中国古代和亲史》，北京：人民出版社，2005 年。

邓文宽《张淮深平定甘州回鹘史事钩沉》，《北京大学学报》1986 年第 5 期，第 86—98 页。

邓文宽《〈凉州节院使押衙刘少晏状〉新探——兼论九世纪八十年代的河西政局》，《敦煌学辑刊》1987 年第 2 期，第 62—68 页。

丁谦《新唐书回纥等国传地理考证》，《蓬莱轩地理学丛书》第 2 册，北京：北京图书馆出版社，2008 年。

段文杰《榆林窟党项蒙古政权时期的壁画艺术》，《段文杰敦煌艺术论文集》，兰州：甘肃人民出版社，1994 年，第 439—463 页。

敦煌文物研究所整理《敦煌莫高窟内容总录》，北京：文物出版社，1982 年。

敦煌研究院编《敦煌莫高窟供养人题记》，北京：文物出版社，1986 年。

敦煌研究院编《中国石窟·安西榆林窟》，北京：文物出版社、东京：平凡社，1997 年。

俄罗斯科学院东方研究所圣彼得堡分所、俄罗斯科学出版社东方学部、上海古籍出版社编《俄藏敦煌文献》第 1—17 册，上海：上海古籍出版社，1992—2001 年。

俄罗斯科学院东方研究所圣彼得堡分所、俄罗斯科学出版社东方学部、上海古籍出版社编《俄藏敦煌文献》第 1—13 册，上海：上海古籍出版社，1992—2001 年。

额尔登泰、乌云达赉校勘《蒙古秘史》，呼和浩特：内蒙古人民出版社，1980 年。

樊保良《维吾尔族历史上的一个重要转折时期》，《西北史地》1985 年第 2 期，第 32—39 页。

冯承钧《景教碑考》，北京：商务印书馆，1935 年。

冯家昇《回鹘文写本〈菩萨大唐三藏法师传〉研究报告》，《冯家昇论著辑粹》，北京：中华书局，1987 年，第 373—413 页。

冯家昇、程溯洛、穆广文《维吾尔族历史分期问题》，《中国民族问题研究集刊》第 5 辑，中央民族学院研究部编印，1956 年，第 29—59 页。

冯家昇、程溯洛、穆广文编《维吾尔族史料简编》上册，北京：中央民族学院研究部编印，1955 年（北京：民族出版社，1981 年）。

高自厚《甘州回鹘汗国的创建者》，《敦煌研究》1991 年第 2 期，第 13—18 页。

葛全胜、方修琦、郑景云《中国历史时期温度变化特征的新认识》，《地球科学进展》2002 年第 4 期，第 311—317 页。

耿世民《回鹘文"摩尼教寺院文书初释"》，《考古学报》1978 年第 4 期，第 497—516 页（收入氏著《新疆文史论集》，北京：中央民族大学出版社，2001 年，第 354—382 页）。

耿世民《回鹘文玄奘传第七卷研究》，《民族语文》1979 年第 4 期，第 249—262 页。

耿世民《古代维吾尔诗歌选》，乌鲁木齐：新疆人民出版社，1982 年。

耿世民《维吾尔族古代文化与文献概论》，乌鲁木齐：新疆人民出版社，1983 年。

耿世民《回鹘文〈阿毗达磨俱舍论〉残卷研究》（1—2），《民族语文》1987 年第 1 期，第 56—61 页；《中央民族学院学报》1987 年第 4 期，第 86—90 页。

耿世民《新疆文史论集》，北京：中央民族大学出版社，2001 年。

耿世民《略论维吾尔古典诗歌中的韵律和形式》，《新疆文史论集》，北京：中央民族大学出版社，2001 年，第 152—169 页。

耿世民《兰州本回鹘文〈俱舍论实义疏〉》，《维吾尔古代文献研究》，北京：中央民族大学出版社，2003年，第397—408页。

耿世民《古代突厥文碑铭研究》，北京：中央民族大学出版社，2005年。

耿世民、张宝玺《元回鹘文〈重修文殊寺碑〉初释》，《考古学报》1986年第2期，第253—263页。

耿世民、阿不都热西提·亚库甫编著《鄂尔浑—叶尼塞碑铭语言研究》，乌鲁木齐：新疆大学出版社，1999年。

哈密顿、杨富学、牛汝极《榆林窟回鹘文题记释》，《敦煌研究》1998年第2期，第39—54页。

《哈密文物志》编写组《哈密文物志》，乌鲁木齐：新疆人民出版社，1993年，第68—69页。

韩小忙、孙昌盛、陈悦新《西夏美术史》，北京：文物出版社，2001年。

郝春文编著《英藏敦煌社会历史文献释录》第2卷，北京：社会科学文献出版社，2003年。

何应中《试论公元七—十世纪回纥的社会发展》，林幹编《突厥与回纥历史论文选集》（下册），北京：中华书局，1987年，第625—646页。

胡小鹏《元代西北历史与民族研究》，兰州：甘肃文化出版社，1995年。

胡振华《黠戛斯碑文选译》，《民族语文论文集》，北京：中央民族学院出版社，1993年，第249—261页。

胡振华《黠戛斯叶尼塞文献使用的字母》，《突厥语言与文化研究》，北京：中央民族大学出版社，1996年，第58—67页。

华涛《贾玛尔·喀尔施和他的〈苏拉赫词典补编〉》，《元史与北方民族史研究集刊》第10辑，1986年，第60—69页。

黄盛璋《敦煌汉文与于阗文书中龙家及其相关问题》，《全国敦煌学研讨会论文集》，台北：国立中正大学印行，1995年，第57—84页。

黄盛璋《汉于阗吐蕃文献所见“龙家”考》，郑炳林、樊锦诗、杨富学主编《丝绸之路民族古文字与文化学术讨论会文集》，西安：三秦出版社，2007年，第225—258页。

黄征、吴伟编校《敦煌愿文集》，长沙：岳麓书社，1995年。

霍熙亮《莫高窟回鹘与西夏窟的新划分》（提要），提交1994年敦煌学国际学术讨论会论文。

卡哈尔·巴拉提《多罗郭德回鹘文碑的初步研究》，《新疆大学学报》1982年第4期，第76—78页。

［苏］C.T.克利亚什托尔内著，伊千里译《铁尔浑碑（研究初稿）》，《民族译丛》1981年第5期，第41—44页。

［苏］C.Г.克利亚什托尔内著，李佩娟译《古代突厥鲁尼文碑铭——中亚细亚史原始文献》，哈尔滨：黑龙江教育出版社，1991年。

［日］吉田丰《粟特文考释》，新疆吐鲁番地区文物局编《吐鲁番新出摩尼教文献研究》，北京：文物出版社，2000年，第3—199页。

贾应逸《新疆吐峪沟石窟佛教壁画泛论》，《佛学研究》第4期，1995年，第240—249页。

贾应逸、侯世新《莫高窟409窟与柏孜克里克石窟供养人对比研究》，《吐鲁番学研究》2008年第1期，第110—119页。

贾应逸、祁小山《印度到中国新疆的佛教艺术》，兰州：甘肃教育出版社，2002年。

姜伯勤、项楚、荣新江《敦煌邈真赞校录并研究》，台北：新文丰出版公司，1994年。

［德］阿尔伯特·冯·勒柯克、恩斯特·瓦尔德施密特著，巫新华译《新疆佛教艺术》，乌鲁木齐：新疆教育出版社，2006年。

李并成《“西桐”地望考——附论明安定卫城》，《西北民族研究》

1998年第1期，第49—54页。

李符桐《李符桐论著全集》（1—5册），台北：台湾学生书局，1992年。

李经纬《突厥如尼文〈苏吉碑〉译释》，《新疆大学学报》1982年第2期，第114—117页。

李经纬《古代维吾尔文献〈摩尼教徒忏悔词〉译释》，《世界宗教研究》1982年第3期，第57—78页。

李军《关于晚唐西州回鹘的几个问题》，《西北第二民族学院学报》2007年第2期，第20—26页。

李树辉《回鹘文摩尼教寺院文书写作年代及相关史事研究》，《西北民族研究》2004年第3期，第14—22页。

李树辉《博采众长、兼容并蓄的高昌回鹘文化》，《丝绸之路民族古文字与文化学术讨论会文集》，西安：三秦出版社，2007年，第259—300页。

李树辉《P.2988v、2909v回鹘文写卷研究》，《敦煌研究》2007年第2期，第82—88页。

李永宁《敦煌莫高窟碑文录及有关问题》（1—2），《敦煌研究》（试刊第1期），1981年第56—79页；《敦煌研究》（试刊第2期），1982年，第108—126页。

李正宇《关于金山国和敦煌国建国的几个问题》，《西北史地》1987年第2期，第63—75页。

李正宇《敦煌文学杂考二题》，《敦煌语言文学研究》，北京：北京大学出版社，1988年，第92—99页。

李正宇《悄然湮没的王国——沙州回鹘国》，《1990年敦煌学国际研讨会文集·史地语文编》，沈阳：辽宁美术出版社，1995年，第149—174页。

李正宇《西同考——附论六龙地望》，《敦煌研究》1997年第4期，第 110—120 页。

李正宇《曹仁贵归奉后梁的一组新资料》，《魏晋南北朝隋唐史资料》第 11 辑，1991 页，第 274—281 页。

梁尉英《元代早期显密融汇的艺术——莫高窟第四六四诸窟的内容和艺术特色》，《敦煌石窟艺术·莫高窟第四六四、三、九五、一四九窟(元)》，南京：江苏美术出版社，1997 年，第 11—26 页。

林幹、高自厚《回纥史》，呼和浩特：内蒙古人民出版社，1994 年。

林梅村、陈凌、王海城《九姓回鹘可汗碑研究》，《欧亚学刊》第 1 辑，北京：中华书局，1999 年，第 151—171 页。

林悟殊《摩尼教及其东渐》，北京：中华书局，1987 年。

林悟殊、荣新江《所谓李氏旧藏敦煌景教文献二种辨伪》，《九州学刊》1992 年 4 卷 4 期，第 19—34 页。

刘戈《论回纥可汗顿莫贺达干》，《西域史论丛》第 2 辑，乌鲁木齐：新疆人民出版社，1985 年，第 28—34 页。

刘美崧《论归义军节度与回鹘关系中的几个问题》，《中南民族学院学报》1986 年第 3 期，第 127—132 页。

刘美崧《两唐书回纥传回鹘传疏证》，北京：中央民族学院出版社，1988 年。

刘统《唐代羁縻府州研究》，西安：西北大学出版社，1998 年。

刘义棠《回鹘西迁对其社会文化之影响研究》，《维吾尔研究》，台北：正中书局，1998 年，第 203—269 页。

刘义棠《回鹘马研究》，《维吾尔研究》，台北：正中书局，1975 年，第 321—371 页。

刘义棠《回鹘与唐朝婚姻关系及其影响研究》，《维吾尔研究》(修订本)，台北：正中书局，1997 年，第 373—432 页。

刘义棠《突回研究》，台北：台湾经世书局，1990 年。

刘义棠《天可汗探原》，《庆祝札奇斯钦教授八十寿辰学术论文集》，台北：联合报文化基金会国学文献馆编印，1995 年，第 151—198 页。

刘迎胜《察合台汗国史研究》，上海：上海古籍出版社，2006 年。

刘永增《回鹘写本与敦煌莫高窟第二藏经洞》，《敦煌研究》1988 年第 4 期，第 40—44 页。

刘玉权《再论西夏据瓜沙的时间及其相关问题》，《敦煌研究》1993 年第 4 期，第 68—79 页。

刘玉权《略论沙州回鹘与西夏》，《首届西夏学国际学术会议论文集》，银川：宁夏人民出版社，1998 年，第 168—177 页。

刘玉权《关于沙州回鹘洞窟的划分》，《1987 敦煌石窟研究国际讨论文集·石窟考古编》，沈阳：辽宁美术出版社，1990 年，第 12—23 页。

刘玉权《沙州回鹘史探微》，《1994 年敦煌学国际研讨会文集——纪念敦煌研究院成立 50 周年·宗教文史卷》（下），兰州：甘肃民族出版社，2000 年，第 1—39 页。

柳洪亮《吐鲁番胜金口北区寺院是摩尼寺吗？》，新疆吐鲁番地区文物局编《吐鲁番新出摩尼教文献研究》，北京：文物出版社，2000 年，第231—249 页。

卢向前《关于归义军时期一份布纸破用历的研究——试释伯四六四〇背面文书》，《敦煌吐鲁番文献研究论集》第 3 辑，北京：北京大学出版社，1986 年 2 月，第 394—466 页。

陆庆夫《思结请粮文书与思结归唐史事考》，《敦煌研究》1994 年第 4 期，第 55—63 页。

陆庆夫《甘州回鹘可汗世次辨析》，《敦煌学辑刊》1995 年第 2 期，第 31—40 页。

陆庆夫《归义军晚期的回鹘化与沙州回鹘政权》，《敦煌学辑刊》1998 年第 1 期，第 18—24 页。

陆庆夫《金山国与甘州回鹘关系考论》，《敦煌学辑刊》1999 年第

1 期，第 49—58 页。

陆庆夫《唐宋之际的凉州嗢末》，《敦煌归义军史专题研究续编》，兰州：兰州大学出版社，2003 年，第 505—516 页。

罗继祖《辽史校勘记》，上海：上海人民出版社，1958 年。

罗香林《唐元二代之景教》，香港：香港中国学社，1966 年。

罗香林《唐代天可汗制度考》，《唐代文化史》，台北：台湾商务印书馆，1955 年，第 54—87 页。

罗新《可汗号之性质——兼论早期政治组织制度形式的演化》，《中古北族名号研究》，北京：北京大学出版社，2009 年，第 1—26 页。

马驰《铁勒契苾部与契苾何力家族》，《'98 法门寺唐文化国际学术研讨会论文集》，西安：陕西人民出版社，2000 年，第 174—181 页。

马小鹤：《摩尼教"光耀柱"和"卢舍那身"研究》，《世界宗教研究》2000 年第 4 期，第 104—113 页（收入氏著《摩尼教与古代西域史研究》，北京：中国人民大学出版社，2008 年，第 136—149 页）。

马燕云《对〈河西巡抚使判集〉（P2942）相关问题的思考》，《内蒙古农业大学学报》（社会科学版）2007 年第 1 期，第 306—307 页。

麻赫穆德·喀什噶里《突厥语辞典》第 1—3 卷（现代维吾尔文版），乌鲁木齐：新疆人民出版社，1981—1984 年。

麻赫穆德·喀什噶里著，校仲彝等译《突厥语大词典》（1—3 卷），北京：民族出版社，2002 年。

满志敏《关于唐代气候冷暖问题的讨论》，《第四纪研究》1998 年第 2 期，第 20—30 页。

孟凡人《略论高昌回鹘的佛教》，《新疆社会科学》1982 年第 1 期，第 58—74 页。

孟凡人《北庭史地研究》，乌鲁木齐：新疆人民出版社，1985 年。

孟凡人、赵以雄、耿玉琨编绘《高昌壁画辑佚》，乌鲁木齐：新疆人民出版社，1995年。

孟凡云、陶玉坤《辽代后妃参政现象考略》，北京：国际华文出版社，2001年。

［英］阿·克·穆尔著，郝镇华译《一五五〇年前的中国基督教史》，北京：中华书局，1984年。

牛达生《西夏文佛经〈吉祥遍至口和本续〉的学术价值》，《文物》1994年第9期，第58—62页。

牛达生《人类印刷史上的重大发现——西夏文佛经〈本续〉认定是现存世界最早的木活字版印本及其价值》，《中华印刷科技年报》（台北），1997年，第391—403页。

牛汝极《敦煌榆林窟佛教徒回鹘文题记》，《回鹘佛教文献——佛典总论及巴黎所藏敦煌回鹘文佛教文献》，乌鲁木齐：新疆大学出版社，2000年，第351—380页。

牛汝极《回鹘佛教文献——佛典总论及巴黎所藏敦煌回鹘文佛教文献》，乌鲁木齐：新疆大学出版社，2000年。

牛汝极《敦煌榆林千佛洞第12窟回鹘文题记》，《新疆大学学报》2002年第1期，第120—129页。

潘重规《敦煌变文集新书》，台北：文津出版社，1994年。

彭金章、王建军《敦煌莫高窟北区洞窟所出多种民族文字文献和回鹘文木活字综述》，《敦煌研究》2000年第2期，第154—159页。

彭金章、王建军《敦煌莫高窟北区石窟》第1—3卷，北京：文物出版社，2000—2004年。

钱伯泉《回鹘在敦煌的历史》，《敦煌学辑刊》1989年第1期，第63—78页。

钱伯泉《沙州回鹘研究》，《［甘肃］社会科学》1989年第6期，第101—105页。

秦明智《关于甘肃省博物馆藏敦煌遗书之浅考和目录》，《1983年全国敦煌学术讨论会文集·文史遗书编》（上），兰州：甘肃人民出版社，1987 年，第 459—499 页。

《全唐诗》，北京：中华书局，1985 年。

任半塘《敦煌歌辞总编》，上海：上海古籍出版社，2006 年。

荣新江《归义军及其与周边民族的关系初探》，《敦煌学辑刊》1986 年第 2 期，第 24—44 页。

荣新江《沙州张淮深与唐中央朝廷之关系》，《敦煌学辑刊》1990 年第 2 期，第 1—13 页。

荣新江《唐代河西地区铁勒部落的入居及其消亡》，费孝通主编《中华民族研究新探索》，北京：中国社会科学出版社，1991 年，第 281—304 页。

荣新江《曹议金征甘州回鹘史事表微》，《敦煌研究》1991 年第2期，第 1—12 页。

荣新江《沙州归义军历任节度使称号研究（修订稿）》，《敦煌学》第 19 辑，1992 年，第 15—67 页。

荣新江《敦煌写本〈敕河西节度兵部尚书张公德政之碑〉校考》，《周一良先生八十生日纪念论文集》，北京：中国社会科学出版社，1993 年，第 206—216 页。

荣新江《甘州回鹘与曹氏归义军》，《西北民族研究》1993 年第2期，第 60—72 页。

荣新江《甘州回鹘成立史论》，《历史研究》1993 年第 5 期，第 32—39 页。

荣新江《敦煌邈真赞所见归义军与东西回鹘的关系》，《敦煌邈真赞校录并研究》，台北：新文丰出版公司，1994 年，第 57—129 页。

荣新江《张氏归义军与西州回鹘的关系》，《1990 年敦煌学国际研讨会文集·史地语文编》，沈阳：辽宁美术出版社，1995 年，第 118—132 页。

荣新江《龙家考》，《中亚学刊》第 4 辑，北京：中华书局，1995 年，第 144—160 页。

荣新江《归义军史研究——唐宋时代敦煌历史考索》，上海：上海古籍出版社，1996 年。

萨仁高娃、杨富学《敦煌本回鹘文〈阿毗达磨俱舍论实义疏〉研究》，《敦煌研究》2010 年第 1 期，第 117—124 页。

沙知辑校《敦煌契约文书辑校》，南京：江苏古籍出版社，1998 年。

上海古籍出版社、法国国家图书馆编《法藏敦煌西域文献》第1—34 册，上海：上海古籍出版社，1994—2005 年。

史金波、白滨、吴峰云编《西夏文物》，北京：文物出版社，1988 年。

史金波、雅森·吾守尔《中国活字印刷术的发明和早期传播》，北京：社会科学文献出版社，2000 年。

史苇湘《丝绸之路上的敦煌与莫高窟》，《敦煌研究文集》，兰州：甘肃人民出版社，1982 年，第 43—121 页。

史苇湘《关于敦煌莫高窟内容总录》，载敦煌文物研究所整理《敦煌莫高窟内容总录》，北京：文物出版社，1982 年，第 177—202 页。

师小群、王建荣《西安出土回纥琼、李忠义墓志》，《文博》1990 年第 1 期，第 90—91 页。

［日］松泽博《西夏文〈瓜州监军司审判案〉遗文——以橘瑞超带来在龙谷大学大官图书馆馆藏品为中心》，《国家图书馆学刊》2002 年《西夏研究专号》，第 73—83 页。

苏军整理《阿毗达磨俱舍论实义疏》，方广锠主编《藏外佛教文献》第 1 辑，北京：宗教文化出版社，1995 年，第 169—250 页。

苏莹辉《瓜沙曹氏兼事宋、辽颠末》，《大陆杂志》第 63 卷第 6 期，1981 年，第 13—16 页（收入《瓜沙史事丛考》，台北：台湾商务印书馆，1983 年，第 98—107 页）。

苏哲《伯二九九二号文书三通五代状文的研究》，《敦煌吐鲁番文献研究论集》第 5 辑，北京：北京大学出版社，1990 年，第 437—469 页。

宿白《敦煌莫高窟密教遗迹札记》（上、下），《文物》1989 年第 9 期，第 45—53 页；《文物》1989 年第 10 期，第 68—86 页（收入《中国石窟寺研究》，北京：文物出版社，1996 年，第 279—310 页）。

孙伯君《德藏吐鲁番所出西夏文〈瑜伽长者问经〉残片考》，《丝绸之路民族古文字与文化学术讨论会文集》上册，西安：三秦出版社，2007 年，第 30—36 页。

孙楷第《敦煌写本〈张淮深变文〉跋》，《中央研究院历史语言研究所集刊》第 7 本第 3 分，1937 年，第 385—404 页。

孙培良《摩尼教及其东西传播》，《西南师范学院学报》1979 年第 4 期，第 29—37 页。

孙修身《敦煌遗书 P.2992 号卷〈沙州上甘州回鹘可汗状〉有关问题考》，《西北史地》1985 年第 4 期，第 80—85 页。

孙修身《试论甘州回鹘在中西交通中的作用》，《北方文化研究——中国古代北方民族文化史论文集》第 2 集，哈尔滨：黑龙江教育出版社，1989 年，第 497—521 页。

孙修身《五代时期甘州回鹘可汗世系考》，《敦煌研究》1990 年第 3 期，第 40—45 页。

孙修身《试论瓜沙曹氏与甘州回鹘之关系》，《1990 年敦煌学国际研讨会文集·史地语文编》，沈阳：辽宁美术出版社，1995 年，第98—117 页。

谭真《从一份资料谈藏经洞的封闭》，《敦煌研究》1988 年第 4 期，第 36—39 页。

汤开建《甘州回鹘余部的迁徙及与西州回鹘之关系》，《新疆社会科学》1984 年第 3 期，第 86—93 页。

唐长儒《唐肃代期间的伊西北庭节度使及留后》，《山居存稿》，北京：中华书局，1987 年，第 411—428 页。

唐长孺《关于归义军节度的几种资料跋》，《中华文史论丛》第 1 辑，北京：中华书局，1962 年，第 275—296 页。

唐耕耦、陆宏基编《敦煌社会经济文书真迹释录》第 1 辑，北京：书目文献出版社，1986 年。

唐耕耦、陆宏基编《敦煌社会经济文书真迹释录》第 2—5 辑，北京：全国图书馆文献缩微复制中心，1990 年。

田卫疆《"卜古汗传说"史实解析》，《民族研究》2000 年第 3 期，第 79—87 页。

万庚育《莫高窟、榆林窟的西夏艺术》，《敦煌研究文集》，兰州：甘肃人民出版社，1982 年，第 319—331 页。

王国维《黑车子室韦考》，《观堂集林》卷十四，北京：中华书局，1959 年，第 623—628 页。

王见川《从摩尼教到明教》，台北，新文丰出版公司，1992 年。

王静如《引论》，《北平图书馆馆刊》第 4 卷 3 号"西夏文专号"，1932 年，第 1—39 页（2439—2499 页）。

王静如《突厥文回纥英武威远毗伽可汗碑译释》，《辅仁学志》第 7 卷第 1—2 期合刊，1938 年，第 25—51 页（收入林幹编《突厥与回纥历史论文选集》（下），北京：中华书局，1987 年，第 669—705 页）。

王日蔚《唐后回鹘考》，《国立北平研究院史学集刊》第 1 期，1936 年，第 19—69 页。

王世丽《安北与单于都护府——唐代北部边疆民族问题研究》，昆明：云南人民出版社，2006 年。

王天津、白研《回鹘经济发展史上的一个逆演进现象》，《甘肃民族研究》1987 年第 1—2 期合刊，第 93—100 页。

王尧《西夏黑水桥碑考补》，《西藏文史考信集》，北京：中国藏学出版社，1994 年，第 100—117 页。

王尧、陈践《敦煌吐蕃文献选》，成都：四川民族出版社，1983 年。

王尧、陈践编著《敦煌吐蕃文书论文集》，成都：四川民族出版社，1988 年。

王永生《波斯伊利汗国对元朝钞法的仿行》，《中国钱币》1994 年第 4 期，第 30—32 页。

王媛媛《中古波斯文〈摩尼教赞美诗集〉跋文译注》，朱玉琪主编《西域文史》第 2 辑，北京：科学出版社，2007 年，第 129—153 页。

王媛媛《从波斯到中国：摩尼教在中亚和中国的传播》，北京：中华书局，2012 年。

王重民《金山国坠事零拾》，《国立北平图书馆馆刊》第 9 卷第 6 号，1935 年，第 5—32 页。

王重民《敦煌遗书论文集》，北京：中华书局，1984 年。

王重民校辑《敦煌曲子词集》，上海：商务印书馆，1954 年。

王重民、王庆菽等编《敦煌变文集》，北京：人民文学出版社，1984 年。

《维吾尔族简史》编写组《维吾尔族简史》，乌鲁木齐：新疆人民出版社，1991 年。

魏良弢《喀喇汗王朝史稿》，乌鲁木齐：新疆人民出版社，1986 年。

翁绍军《汉语景教文典诠释》，北京：三联书店，1996 年。

乌瑞著，熊文彬译《藏人使用六十甲子纪年法的早期例证》，载《国外藏学研究译文集》第 5 辑，西藏人民出版社，1989 年，第 82—119 页。

［日］武内绍人（原译作继仁竹内）著，陈楠译《公元 790—860 年吐蕃、回鹘在北庭、安西（龟兹）与西州》，《国外藏学研究译文集》第 8 辑，拉萨：西藏人民出版社，1992 年，第 232—252 页。

吴玉贵《突厥汗国与隋唐关系史研究》，北京：中国社会科学出版社，1998 年。

向南《辽代石刻文编》，石家庄：河北教育出版社，1995 年。

谢继胜《莫高窟第 465 窟壁画绘于西夏考》，《中国藏学》2003 年第 2 期，第 69—79 页。

谢静《敦煌石窟中西夏供养人服饰研究》，《敦煌研究》2007 年第 3 期，第 24—31 页。

谢静、谢生保《敦煌石窟中回鹘、西夏供养人服饰辨析》，《敦煌研究》2007 年第 4 期，第 80—85 页。

徐俊纂辑《敦煌诗集残卷辑考》，北京：中华书局，2000 年。

徐晓丽《曹议金与甘州回鹘天公主结亲时间考——以 P.2915 卷为中心》，《敦煌研究》2001 年第 4 期，第 112—118 页。

薛宗正《突厥史》，北京：中国社会科学出版社，1992 年。

薛宗正《回鹘西迁新考》，《新疆大学学报》1996 年第 4 期，第 36—40 页。

薛宗正《回鹘南迁考》，《西域研究》1997 年第 4 期，第 40—52 页。

雅森·吾守尔《敦煌出土回鹘文木活字及其在印刷术西传中的意义》，《出版史研究》第 6 辑，北京：中国书籍出版社，1998 年，第 1—12 页。

严耕望《唐代交通图考》，上海：上海古籍出版社，2007 年。

杨宝玉、吴丽娱《P.3016v〈厶乙致令公状〉考释》，《敦煌研究》2006 年第 3 期，第 100—107 页。

杨宝玉、吴丽娱《跨越河西与五代中原世界的梯航——敦煌文书 P.3931 校注并研究》，《中国社会科学院历史研究所学刊》第 6 集，北京：商务印书馆，2010 年，第 93—168 页。

杨富学《维吾尔族历法初探》，《新疆大学学报》1988 年第 2 期，第 63—68 页。

杨富学《古代新疆实物货币——粗棉布》，《中国钱币》1989 年第 3 期，第 14—17 页。

杨富学《吉木萨尔文管所收藏的一枚回鹘文钱币》，《中国钱币》1991 年第 3 期，第 11—16 页。

杨富学《回鹘文书所见高昌回鹘王国的纸钞与铸币》，《中国社会经济史研究》1992 年第 1 期，第 8—14 页。

杨富学《敦煌研究院藏回鹘文木活字——兼谈木活字的发明》，《敦煌研究》1990 年第 2 期，第 34—37 页。

杨富学《吐鲁番出土回鹘文木杵铭文初释》，《甘肃民族研究》1991 年第 4 期，第 76—85 页。

杨富学《9—12 世纪的沙州回鹘文化》，《敦煌学辑刊》1994 年第 2 期，第 90—100 页。

杨富学《西域敦煌文献所见回鹘之佛经翻译》，《敦煌研究》1995 年第 4 期，第 1—36 页。

杨富学《沙州回鹘及其政权组织——沙州回鹘研究之一》，《1990 年敦煌学国际研讨会文集·史地语文编》，沈阳：辽宁美术出版社，1995 年，第 175—200 页。

杨富学《敦煌本突厥文 Ïrq 书跋》，《北京图书馆馆刊》1997 年第 4 期，第 104—105 页。

杨富学《回鹘之佛教》，乌鲁木齐：新疆人民出版社，1998 年。

杨富学《西域敦煌宗教论稿》，兰州：甘肃文化出版社，1998 年。

杨富学《高昌回鹘王国的西部疆域问题》，《唐代的历史与社会》，武汉：武汉大学出版社，1997 年，第 568—579 页。

杨富学《古代突厥文〈台斯碑〉译释》，《中国北方民族历史文化论稿》，兰州：甘肃人民出版社，2001 年，第 238—244 页。

杨富学《论回鹘文化对西夏的影响》，《宋史研究论丛》第 5 辑，保定：河北大学出版社，2003 年，第 279—294 页。

杨富学《回鹘文献与回鹘文化》，北京：民族出版社，2003 年。

杨富学《高昌回鹘医学稽考》，《敦煌学辑刊》2004 年第 2 期，第 127—137 页。

杨富学《论多种文字在古代维吾尔族中的行用》，《民族史研究》第 5 辑，北京：民族出版社，2004 年，第 288—315 页。

杨富学《回鹘宗教史上的萨满巫术》，《世界宗教研究》2004 年第 3 期，第 123—132 页。

杨富学《回鹘僧与〈西夏文大藏经〉的翻译》，《敦煌吐鲁番研究》第 7 卷，北京：中华书局，2004 年，第 338—344 页。

杨富学《少数民族对古代敦煌文化的贡献》，《敦煌学辑刊》2005 年第 2 期，第 85—99 页。

杨富学《回鹘文〈忏悔灭罪金光明经冥报传〉研究》，《敦煌学》（台）第 26 辑，2005 年，第 29—43 页；《甘肃省博物馆学术论文集》，西安：三秦出版社，2006 年，第 262—284 页。

杨富学《〈张淮深变文〉所见“破残回鹘”来源考》，高国祥主编《文献研究》第 1 辑，北京：学苑出版社，2010 年，第 16—29 页。

杨富学《唐代回鹘仆固部世系考——以蒙古国新出仆固氏墓志铭为中心》，《西域研究》2012 年第 1 期，第 69—76 页。

杨富学《酒泉文殊山：回鹘佛教文化的最后一方净土》，《河西学院学报》2012 年第 6 期，第 1—6 页。

杨富学《敦煌莫高窟第 464 窟的断代及其与回鹘之关系》，《敦煌研究》2012 年第 6 期，第 1—18 页。

杨富学、阿依达尔·米尔卡马力《回鹘文〈华严经·十无尽藏品〉写本残卷研究》，《敦煌研究》2007 年第 2 期，第 74—81 页。

杨富学、杜斗城《河西回鹘之佛教》，《世界宗教研究》1997 年第 3 期，第 39—44 页。

杨富学、李吉和辑校《敦煌汉文吐蕃史料辑校》第一辑，兰州：甘肃人民出版社，1999 年。

杨富学、牛汝极《敦煌研究院藏的一页回鹘文残卷》，《敦煌研究》1991 年第 2 期，第 33—36 页。

杨富学、牛汝极《沙州回鹘及其文献》，兰州：甘肃文化出版社，1995 年。

杨森《小议张淮深受旌节》，《敦煌研究》1999 年第 1 期，第96—99 页。

杨圣敏《回纥史》，桂林：广西师范大学出版社，2008 年。

杨秀清《敦煌西汉金山国史》，兰州：甘肃人民出版社，1999 年。

［波斯］佚名著，王志来译注《世界境域志》，上海：上海古籍出版社，2010 年。

伊斯拉非尔·玉苏甫、张宝玺《文殊山万佛洞回鹘文题记》，吐鲁番学研究院编《语言背后的历史——西域古典语言学高峰论坛论文集》，上海：上海古籍出版社，2012 年，第 94—106 页。

余太山主编《西域通史》，郑州：中州古籍出版社，1996 年。

张宝玺《东千佛洞西夏石窟艺术》，《文物》1992 年第 2 期，第 81—94 页。

张伯元《安西榆林窟》，成都：四川教育出版社，1995 年。

张大千《莫高窟记》，台北：台北故宫博物院，1985 年。

张广达《关于马合木·喀什噶里的〈突厥语词汇〉与见于此书的圆形地图》，氏著《文书典籍与西域史地》，桂林：广西师范大学出版社，2008 年，第 46—70 页。

张广达、荣新江《有关西州回鹘的一篇敦煌汉文文献——S.6551 讲经文的历史研究》，《北京大学学报》1989 年第 2 期，第 24—36 页。

张广达、荣新江《关于敦煌出土于阗文献的年代及其相关问题》，《纪念陈寅恪先生诞辰百年学术论文集》，北京：北京大学出版社，1989 年，第 284—306 页（收入《于阗史丛考》，上海：上海书店出版，1993

年，第98—139页）。

张广志《回纥与奴隶制——“从少数民族史看初始阶级社会的非奴隶制性质”专题研究之四》，《青海师范大学学报》1983年3期，第110—113页。

张海娟、杨富学《蒙古豳王家族与河西西域佛教》，《敦煌学辑刊》2011年第4期，第84—97页。

张铁山《回鹘文〈妙法莲华经·普门品〉校勘与研究》，《喀什师范学院学报》1990年第3期，第56—68页。

张铁山《莫高窟北区B53窟出土回鹘文〈杂阿含经〉残叶研究》，《敦煌研究》2001年第2期，第101—106页。

张铁山《敦煌莫高窟北区出土回鹘文〈中阿含经〉残叶研究》，《中央民族大学学报》2001年第4期，第128—131页。

张铁山《莫高窟北区B159窟出土回鹘文〈别译杂阿含经〉残卷研究》，《民族语文》2001年第6期，第36—46页。

张铁山《敦煌莫高窟北区B159窟出土回鹘文〈别译杂阿含经〉残卷研究》（二），《民族语文》2003年第1期，第59—67页。

张铁山《莫高窟北区B128窟出土回鹘文〈慈悲道场忏法〉残页研究》，《丝绸之路民族古文字与文化学术讨论会文集》，西安：三秦出版社，2007年，第37—47页。

张铁山、王梅堂《北京图书馆藏回鹘文〈阿毗达磨俱舍论〉残卷》，《民族语文》1994年第2期，第63—70、7页。

张铁山、赵永红《古代突厥文〈占卜书〉译释》，《喀什师范学院学报》1993年第2期，第31—42页。

张秀民《中国印刷术的发明及其影响》，北京：人民出版社，1978年。

张亚莎《11世纪西藏的佛教艺术——从扎塘寺壁画研究出发》，北京：中国藏学出版社，2008年。

张玉范《北京大学图书馆藏敦煌遗书目录》，《敦煌吐鲁番文献研究论集》第5辑，北京：北京大学出版社，1990年，第503—562页。

章群《唐代蕃将研究》，台北：联经出版事业公司，1986年。

赵和平《后唐时代甘州回鹘表本及相关汉文文献的初步研究——以P.3931号写本为中心》，《九州学刊》第6卷第4期（敦煌学专辑），1995年，第89—102页。后收入周一良、赵和平著《唐五代书仪研究》，北京：中国社会科学出版社，1995年，第231—252页。

赵和平辑校《敦煌表状笺启书仪辑校》，南京：江苏古籍出版社，1997年。

赵相如《中国印刷术西传刍议——维吾尔语“bas”（印刷）一词源流考》，《中国突厥语研究论文集》，北京：民族出版社，1991年，第46—66页。

赵贞《回鹘归义军始末》，《西域研究》2006年第2期，第23—30页。

郑炳林《敦煌地理文书汇集校注》，兰州：甘肃教育出版社，1989年。

郑炳林《敦煌碑铭赞辑释》，兰州：甘肃教育出版社，1992年。

郑炳林《敦煌本〈张淮深变文〉研究》，《西北民族研究》1994年第1期，第142—155页。

郑炳林、冯培红《唐五代归义军政权对外关系中的使头一职》，《敦煌学辑刊》1995年第1期，第17—28页（收入郑炳林主编《敦煌归义军史专题研究》，兰州：兰州大学出版社，1997年，第48—70页）。

郑炳林、羊萍《敦煌本梦书》，兰州：甘肃文化出版社，1995年。

郑炳林、张红丽《〈张淮深变文〉的年代问题》，《1994年敦煌学国际研讨会文集·宗教文史卷》（上），兰州：甘肃民族出版社，2000年，第319—332页。

中国社会科学院历史研究所、中国敦煌吐鲁番学会敦煌古文献编辑委员会、英国国家图书馆、伦敦大学亚非学院合编《英藏敦煌文献(汉文佛经以外部分)》第1—14卷，成都：四川人民出版社，1990年—1995年。

中国社会科学院考古研究所编著《北庭高昌回鹘佛寺遗址》，沈阳：辽宁美术出版社，1991年。

中国社会科学院历史研究所资料室编《敦煌资料》第1辑，北京：中华书局，1961年。

周尚兵《聚合与波散之间：感受回鹘文化——读杨富学先生〈回鹘文献与回鹘文化〉》，《新疆师范大学学报》2006年第3期，第29—32页。

周绍良、张涌泉、黄征辑校《敦煌变文讲经文因缘辑校》，南京：江苏古籍出版社，1998年。

朱谦之《中国景教——中国古代基督教研究》，北京：东方出版社，1993年。

朱振宏《唐代“皇帝·天可汗”释义》，《汉学研究》第21卷第1期，第413—433页。

荒川慎太郎（ARAKAWA Shitaro）《プリンストン大学所藏西夏文佛典断片（Peald）について》，《アジア·アフリカ言语文化研究》第83号，2012年，第5—36页。

百济康义《ウイグル译〈俱舍论颂注〉一页》，《印度学佛教学研究》第28卷2号，1980年，第44—48（940—944）页。

百济康义《ウイグル〈阿毗达磨顺正理论〉抄本》，《佛教学研究》第38号，1982年，第1—27页。

百济康义《ウイグル译〈阿毗达磨俱舍论〉初探——藤井有邻馆所藏断片》，《龙谷大学论集》第425号，1984年，第65—90页。

池田温《中国古代籍账研究》，东京：东京大学东洋文化研究所，1979年。※［日］池田温著，龚泽铣译《中国古代籍账研究》，北京：

中华书局，1984 年。

池田温《中国古代写本识语集录》，东京：东京大学东洋文化研究所，1990 年。

冈崎精郎《タングート古代史研究》，京都：京都大学文学部东洋史研究会，1972 年。

片山章雄（KATAYAMA Akio）《タリアト碑文》，载森安孝夫、オチル编《モンゴル国现存遗迹·碑文调查研究报告》，中央ユーラシア学研究会，1999 年，第 168—176 页。

庄垣内正弘《ウイグル语写本·大英博物馆藏 Or.8212—109について》，《东洋学报》第 56 卷 1 号，1974 年，第 44—57 页。

庄垣内正弘（SHŌGAITO Masahiro）《ウイグル文《阿毗达磨顺正理论》——大英图书馆所藏 Or.8212—75Bかろ》，《内陆アジア言语の研究》Ⅲ，神户：神户市外国语大学外国学研究所，1987 年，第159—207 页。

庄垣内正弘《古代ウイグル文阿毗达磨俱舍论实义疏の研究》第 1—3 卷，京都：松香堂，1991—1993 年。

吉田丰《ソグト文在で表记きれた汉字音》，《东方学报》（京都）第 66 册，1994 年，第 271—380 页。

杉山正明（SUGIYAMA Masaaki）《ふたつのチヤガタイ家》，载小野和子编《明清時代の政治と社会》，京都：京都大学人文科学研究所，1983 年，第 651—700 页。

土肥义和（DOHI Yoshikazu）编《西域出土汉文文献分类目录初稿·非佛教之部·古文书类》II，东京：东洋文库，1967 年。

土肥义和《敦煌发见唐·回鹘间交易关系汉文文书断简考》，《中国古代の法と社会·栗原益男先生古稀记念论集》，东京：汲古书院，1988 年，第 399—436 页。※［日］土肥义和著，刘方译《敦煌发现唐、回鹘交易关系汉文文书残片考》，《西北民族研究》1989 年第 2 期，第

193—209 页。

中村元（NAKAMURA Hajime）《佛教語大辞典》，東京：東京書籍，1981 年。

羽田亨《回鹘文摩尼教徒祈愿文の断简》，《羽田博士史学论文集》下卷《言语·宗教篇》，京都，1975 年，第 325—347 页。

羽田亨（HANEDA Tōru）《唐代回鹘史の研究》，《羽田博士史学论文集》上卷：历史篇，京都：同朋舍，1975 年，第 157—324 页。

羽田亨《西域文明史概论》，京都：弘文堂书房，1931 年。※［日］羽田亨著，耿世民译《西域文明史概论》，北京：商务印书馆，2005 年。

林俊雄（HAYASHI Toshio）、白石典之（SHIRAISHI Noriyuki）、松田孝一（MATSUDAI Kōichi）《バイバリク遺迹》，载森安孝夫、オチル编《モンゴル国现存遗迹·碑文调查研究报告》，中央ユーラシア学研究会，1999 年，第 196—198 页。

藤枝晃（FUJIDA Akira）《沙州归义军节度使始末》（一—四），《东方学报》（京都）第 12 册第 3 分，1941 年，第 58—98 页；第 12 册第 4 分，1942 年，第 42—75 页；第 13 册第 1 分，1942 年，第63—94 页；第 13 册第 2 分，1942 年，第 46—98 页。※［日］藤枝晃著，金伟、张虎生、李波译《沙州归义军节度使始末》，《国外藏学研究文集》第 14 辑，拉萨：西藏人民出版社，1998 年，第 38—172 页。

松井太（MATSUI Dai）《カラホト出土蒙汉合璧税粮纳入簿断简》，《待兼山论丛》第 31 号，1997 年，第 24—49 页。

松井太《東西チャガタイ系儲王家さウイゲルチベット佛教徒》，《内陸史アジア研究》第 23 號，2008 年，第 25—48 页。

松井太《敦煌出土西夏语佛典に插入ちれたウイグル文杂记》，《人文社会论丛》（人文科学篇）第 27 号，2012 年，第 59—64 页。

水谷吉朗（MIZUTANI Yoshiro）《甘州回鹘可汗の系谱》，《史观》99 册，1978 年，第 76—86 页。

森安孝夫《ウイグルの西迁について》，《东洋学报》第 59 卷1—2 号，1977 年，第 105—130 页。※［日］森安孝夫著，陈俊谋译《关于回鹘的西迁》，《民族丛》1980 年第 1 期，第 8—14 页。

森安孝夫《增补：ウィグルと吐蕃の北庭争夺战及びその后の西域情势について》，流沙海西奖学学会编《アジア文化史论丛》3，东京：山川出版社，1979 年，第 199—238 页。

森安孝夫《ウイグルと敦煌》，《讲座敦煌 2 敦煌の历史》，东京：大东出版社，1980 年，第 297—338 页。※［日］森安孝夫著，高然摘译《回鹘与敦煌》，《西北史地》1984 年第 1 期，第 107—121 页。

森安孝夫《ウイグル仏教史史料としての棒坑文书》，《史学杂志》第 83 卷 4 号，1974 年，第 38—54 页。

森安孝夫《チベット文字ご书かおたウイグル文佛教教理问答(P.t. 1292）の研究》，《大阪大学文学部纪要》第 XXV 卷，1985 年，第 1—85 页。

森安孝夫《ウイグル语文献》，《讲座敦煌 6 敦煌胡语文献》，东京：大东出版社，1985 年，第 1—98 页。※［日］森安孝夫著，杨汉璋摘译《敦煌出土蒙元时代的回鹘文书》，《敦煌研究》1990 年第 3 期，第 57—64 页。

森安孝夫《敦煌と西ウイグル王国——トゥルファンからの书简と赠り物を中心に——》，《东方学》第 74 号，1987 年，第 58—74 页。※［日］森安孝夫著，陈俊谋译《敦煌与西回鹘王国——寄自吐鲁番的书信及礼物》，《西北史地》1987 年第 3 期，第 117—127 页。

森安孝夫《ウイグル=マニ教史の研究》（《大阪大学文学部纪要》第 31—32 期合并号），大阪：大阪大学文学部，1991 年。

森安孝夫《沙州ウイゲル集团と西ウイゲル王国》，《内陆アジア史研究》第 15 号，中央ユーラシァ学研究会，2000 年，第 21—35 页。

森安孝夫、オチル（A.Ochir）合編《モンゴル国现存遗迹·碑文调查研究报告》，中央ユーラシア学研究会，1999年。

森安孝夫、铃木宏节、齐藤茂雄、田村健、白玉冬《シネウス碑文译注》，《内陆アジア言语の研究》第24卷，中央ユーラシァ学研究会，2009年，第1—92页。

小田寿典《トルコ语本八阳经写本の系谱と宗教思想的问题》，《东方学》第55辑，1978年，第118—104页。

杉山正明《豳王チュベィとその系谱——元明史料と『ムィッズルーアンサーブ』の比较を通じて——》，《史林》第65卷第1号，1982年，第1—40页。

杉山正明《ふたつのチヤガタイ家》，载小野和子编《明清時代の政治と社会》，京都：京都大学人文科学研究所，1983年，第677—686页。

佐藤贵保、赤木崇敏、坂尻彰宏、吴正科《汉藏合璧〈黑水桥碑〉再考》，《内陆アジア言语の研究》第22卷，中央ユーラシァ学研究会，2007年，第1—39页。

Arat, R. R., *Eski Türk Şiiri*, Ankara 1965.

Asmussen, J. P., *Xuāstvānīft——Studies in Manichaeism* (=Acta Theol. Danica, Vol. 7), Kopenhagen 1965.

*Bailey, H.W., Saka Documents: Text Volume*, London 1968.

Bang, W. -A. von Gabain, *Türkische Turfan-texte.* II, Berlin 1929.

Bang, W. - A. von Gabain, *Türkische Turfan- texte. III: Der grosse* Hymnu sauf Mani, Sitzungsberichte der Preussischen Akademie der Wissenschaften, Berlin 1930.

Bang, W. -A. von Gabain, *Türkische Turfan-texte.*V, Berlin 1931.

Bang, W. -A. von Gabain- G. R. Rachmati, *Türkische Turfan-texte,*

*VI, Sitzungsberichte der Preussischen Akademie der Wissenschaften*, Berlin 1934.

Boyce, Mary, *A Reader in Manichaean Middle Persian and Parthian,* Leiden 1975.

Çagatay, S., *Türk Lehçeleri Ö rnekleri, Ankara* 1963.

Carter, T. F., *The Inventionof Printing in China and Its Spread Westward,* New York 1925.※［美］卡特著，吴泽炎《中国印刷术的发明和它的西传》，北京：商务印书馆，1957 年。

Chavannes, Éd. -P. P . elliot, Un traite manicheen retrouve en Chine, *Journal Asiatique* 1911, pp.499-617.

Chavannes, Éd.-P.Pelliot, Un traité manichéen retrouvé en Chine (2), *Journal Asiatique* 1913, pp. 99-394.［法］沙畹、伯希和著，冯承钧译《摩尼教流行中国考》，《西域南海史地考证译丛八编》，北京：中华书局，1958 年，第43—104 页。

Clark, L.V., The Conversion of Bügü Khan to Manichaeism, *Studia Manichaica. IV, Internationaler Kongreβ zum Manichäismus, Berlin 14.- 18. Juli 1997,* Berlin 2000, pp. 83-123.

Clauson, G., *An Etymological Dictionary of Pre-Thirteenth Century Turkish,* Oxford 1972.

Czeglédy, K., Gardīzī on the History of Central Asia, *Acta Orientalia Academiae Scientiarum Hungaricae* 27-3, 1973, pp. 257-267.

De Jong, J. W., Review to De Jong Buddhistische Uigurica aus Der Yüan-Zeit, *Indo-Iranian Journal* 25, 1983, p.226.

Drompp, Michael R., Breaking the Orkhon Tradition: Kirghiz Adherence to the Yenisei Region after A. D. 840, *Journal of the American Oriental Society* Vol. 119, No. 3, 1999, pp. 390-403.

Drompp, Michael R., *Tang China and Collapse of Uighur Empire.*

*A Documentary History,* Leiden/Boston 2005.

Durkin-Meisterernst, Desmond, Simone-Christiane Rashmann, Jens Wilkens, Marianne Yaldiz, Peter Zieme(ed.), *Turfan Revisited-The First Century of Research into the Arts and Cultures of the Silk Road,* Berlin 2004.

Eliasberg, D., Les signature en forme d' oiseau dans les manuscrits chinois de Touen-Houang, Contributions aus etudes sur Touen-houang (1), Geneva 1979, pp. 29-44.

Elverkog, Johan, *Uygur Buddhist Literature,* Brepols 1997.

Franke, H., A 14th Century Mongolian Letter Fragment, *Asia Major (n. s.)* Vo.11, no.2, 1965, pp. 120-126.

Gabain, A. von, Steppe und Stadt im Leben der altesten Turken, *Der Islam* 29-1/2, 1949, S. 30-62.

Gabain, A. von, *Alttürkische Grammatik*, Leipzig 1950.

Gabain,A. von,Zentralasiatische türkische Literaturen,1:Vorislamische alttürkische Literatur,*Handbuch der Orientalistik* 5:1,Leiden 1963, S. 207-228.

Geng Shimin, On the Lanzhou Version of the Uighur Abhidharmakośa-bhāṣyaṭīkā Tattvārtha, *Splitter aus der Gegend von Turfan. Festschrift für Peter Zieme anlässlich seines 60. Geburtstags,* Istanbul-Berlin 2002, pp. 75-85.

Hamilton, J., *Les Ouighours à l'époque des cinq Dynasties. D'apres les Documenta Chinos,* Paris 1955. ［法］哈密顿著，耿昇、穆根来译《五代回鹘史料》，乌鲁木齐：新疆人民出版社，1986 年。

Hamilton,J. ,Le Colophon de l'ïrq bitig,*Turcica* VII,Paris 1975, pp. 7-19.

Hamilton,J.,*Manuscrits ouïgours du IXe-Xe siècle de Touen-houang,* tome 1-2, Paris 1986.

Hamilton, J. -L. Bazin, Un manuscrt Chinois et runiforme de Touen-houang, British Museum Or.8218 (78)et (79), *Turcica* IV, 1972, pp. 25-42.

Hamilton,J. - Niu Ruji,Inscriptions ouïgoures des grottes bouddhiques de Yulin,*Journal Asiatique* 286,1998,pp.127-210.

Kamalov, Ablet, Turks and Uighurs during the Rebellion of An Lu-shan Shi Ch'ao-yi (755-762), *Central Asiatic Journal,* Vol.45, No. 2, 2001, pp. 245-253.

Kara,G.,Petites inscriptions ouigoures de Touen-houang,*Hungaro-Turcica. Studies in Honour of Julius Németh,*Budapest 1976,pp.55-59.

Kaya,C.,*Uygurca Altun Yaruk Giriş,Metin ve Dizin.* Ankara 1994.

Klein, Wassilions-Jürgen Tubach, Ein syrisch-christlisches Fragment aus Dunhuang/China, *Zeitschrift der Deutschen Morgenlandischen Gesellschaft* Bd.144,-Heft 1, 1994, S.1-13.

Klimkeit, Hans-Joachim, *Manichaean Art and Calligraphy, Iconography of Religions, Section XX, Manichaeism,* Leiden 1982. [德] 克林凯特著，林悟殊译《古代摩尼教艺术》，广州：中山大学出版社，1989年。

Klimkeit, Hans-Joachim, Jesus' Entry into Parinirvāna: Manichaean Identity in Buddhist Central Asia, *Numen* Vol. 33, Fasc. 2, 1986, pp. 225-240.

H.-J. Klimkeit,*Gnosis on the Silk Road. Gnosis Texts from Central Asia,* San Francisco 1993.

S. G. Klyashtorny,Old Turkic Monuments of Runic Writing from Eastern Turkestan, *Russian Expeditions to Central Asia at the Turn of the 20 the Century,* St. Petersburg 2008, pp.50-64.

Laut, J. P. Review to Buddhistische Uigurica aus Der Yüan-Zeit, *Zeitschrift der Deutschen Morgenlandischen Gesellschaft* 134, 1984, pp. 152-156.

Le Coq, A. von, Köktürkische aus Turfan, Sit zungsberichte der Preussischen Akademie der Wissenschafter, 1909, S. 1047-1061.

Le Coq, A. von, *Chuastuanift, ein Sü ndenbekenntnis der manichäischen Auditores,* Abhandlungen der Preussischen Akademie der Wissenschaften, Phil. -hist. Klasse, 1910, Berlin 1911.

Le Coq, A. von, Dr. Stein's Turkish Khuastuanift from Tun-huang, Being a Confession-Prayer of the Manichaean Auditores, *Journal of the Royal Asiatic Society* 1911, pp. 277-314.

Le Coq, A. von, Ein manichäisches Buch-Fragment aus Chotscho, *Festschrift für Vilhelm Thomsen zur Vollendung des 70. Lebensjahres,* Leipzig 1912, S. 145-154.

Le Coq, A. von, *Chotscho:Facsimile- wiedergaben der wichtigeren Funde der ersten Königlich preussischen Expedition nach Turfan in Ost-Turkistan,* Berlin 1913.※［德］勒柯克著，赵崇民译《高昌–吐鲁番古代艺术珍品》，乌鲁木齐：新疆人民出版社，1998 年。

Le Coq, A. von, Türkische Manichäica aus Chotscho. I, *Abhandlungen der Preussischen Akademie der Wissenschaften, Phil. - hist. Klasse,* Nr. 6, 1911.

Le Coq, A. von, Türkische Manichäica aus Chotscho. II, *Abhandlungen der Preussischen Akademie der Wissenschaften, Phil. -hist. Klasse,* 1919.

Le Coq, A. von, Türkische Manichäica aus Chotscho, III, *Abhandlungen der Preussischen Akademie der Wissenschaften, Phil. - hist. Klasse,* 1922, Nr.2.

Le Coq, A. von, *Buried Treasures of Chinese Turkestan,* London 1928.

［德］勒库克著，郑宝善《新疆之文化宝库》，南京：蒙藏委员会，1934年。［德］勒柯克著，陈海涛译《新疆的地下文化宝藏》，乌鲁木齐：新疆人民出版社，1999年。

Lieu, Samuel N.C., *Manichaeism in the Later Roman Empire and Medieval China: a historical survey,* Tubingen 1992.

Ligeti, L., *Monuments Préclassiques I, XIII-XIV Siècles* (Monumenta linguae Mongolicae Collecta II), Budapest 1972.

Macouin, Francis, A propos de caracteres d' imprimerie ouïgours, *Le livre et l' imprimere en extreme-orien et en Asie du sud, Numero sp ecial de la <Revue Française d'histoire du Livre>,* Paris 1984, pp. 147-157.

Matsui, Dai, Revising the Uigur Inscriptions of the Yulin Caves, *Studies on the Inner Asian Languages* XXIII, The Society of Central Eurasian Studies, 2008, pp.17-33.

Maue, D.-K. Röhrborn, Ein Buddhistischer Katachismus' in alttürkischer sprache und tibetischar Schrift (I-II), *Zeitschrift der Deutschen Morgenlandischen Gesellschaft* 134-2, 1984, S.286-313; 135-1, 1985, S.69-91.

Maue, D. K.Röhrborn, Ein Caityastotra aus dem alttürkischen Goldglanz-Sūtra, *Zeitschrift der Deutschen Morgenlandischen Gesellschaft*, 129, 1979, S.282-320.

Mackerras, Colin, *The Uighur Empire according to the T'ang Dynastic Histories: A Study in Sino- Uighur Relations 744-840,* Canberra 1972.

Martinez, A. P., Gardīzī's Two Chapters on the Turks, *Archivum Eurasiae Medii Avei* 2, 1983, pp.109-217.

Minorsky, V., *Hudūd al- 'Ālam. The Regions of the World. A Persian Geography 372 A.H.-982 A.D.,* London 1937.

Minorsky, V., *Türk, Iran, and the Caucasus in the Middle Ages,* London 1978.

*Mision Pelliot en Asie Centrale I Les Grottes de Touen-houang,* Tome 6, Paris: Libairie Paul Geuthner 1924.

Moriyasu, Takao, An Uigur Buddhist's Letter of the Yüan Dynasty from Tun-huang-Supplement to "Uigurica from Tun-huang", *Memoirs of the Research Department of the Tōyō Bunko* 40,1982,pp.1-18. [日] 森安孝夫著，杨富学、黄建华译《敦煌出土元代回鹘文佛教徒书简》，《敦煌研究》1991 年第 2 期，第 37–48 页。

Moriyasu, Takao, The Sha-chou Uighurs and the West Uighur Kingdom, *Acta Asiatica* vol.78, 2000, pp.28-48. [日] 森安孝夫著，梁晓鹏译《沙州回鹘与西州回鹘》，《敦煌学辑刊》2000 年第 2 期，第 136–146 页。

Moriyasu, Takao, Uighur Buddhist Stake Inscriptions from Turfan, *De Dunhuang a Istanbul. Hommage à James Russel Hamilton,* Turnhout 2001, pp.149-223.

Müller,F. W.K.,Handschriften-Reste in Estrangelo-Schrift aus Turfan, Chinesisch- Türkistan,*Sitzungsberichte der Preussischen Akademie der Wissenschaften,* 1904, S.241-268.

Müller,F. W. K.,*Uigurica,*Abhand Lungender Preussischen Akademie der wissenschafte Phil.-hist. Klasse, Berlin 1908, Nr. 2.

Müller,F.W.K.,*Uigurica* II,Abhandlungen der Preussischen Akademie der Wissenschaften, Phil.-hist. Klasse, Berlin 1910, Nr. 3.

Müller,F. W. K.,Ein Doppelblatt aus einem Manichäischen Hymnen buch (Mahrnamag),Abhandlungen der Preussischen Akademie der Wissenschaften, 1912,Berlin 1913,S.1-40.

Müller,F. W. K.,Zwei *Pfahlinschreiften aus den Turfanfunden,*Abhandlungen der Preussischen Akademie der Wissenschaften, Phil.-hist. Klasse, Berlin 1915, Nr.3.

Müller,F.W.K., *Uigurica III: Uigurische Avadāna-Bruchstücke I-VIII,* Abhandlungen der Preussischen Akademie der Wissenschaften, Phil.-hist. Klasse, Berlin 1920, Nr.2.

Müller,F.W.K.-A. von Gabain, *Uigurica* IV,Sit zungsberichte der Preussischen Akademie der Wissenchafter Phil.-hist. Klasse, Berlin 1931.

Pinks,E.,*Die Uiguren von Kan-chou in der frühen Sung-zeit960-1028,* Wiesbaden 1968.

Rachmati,G.R.,Zur Heilkunde der Uiguren. Sit zungsberichte der Preussischen Akademie der Wissenchafter,1930,S. 451-473.

Rachmati,G.R.,Zur Heilkunde der Uiguren.II ,Sit zungsberichte der Preussischen Akademie der Wissenchafter, 1932, S.401-448.

Rachmati,G.R., *Türkische Turfan-texte.*VII,Berlin 1936.

Radloff,W.,*Die alttürkischen Inschriften der Mongolei,* St.Petersbourg 1895.

Radloff, W., *Chuastuanift. Das Bussgebet der Manichäer* (=Bulletin del' Académie Impériale des sciences 1909: 6), St.Petersburg 1909.

Radloff, W., Nachträge zum chuastuanift(chuastuanvt),dem Bussgebete der Manichäe,Hörer,*Bulletin del'Académie Impériale des sciences,* St. Petersburg 1911,pp.867-869

Ramstedt, G.J., *Zwei uigurische Runenischiriften in der Nord- Mongolei,* Journal de la Societe Finno-Ougrienne, XXX, 1913, No. 3, S. 3-63.

Raschmann,S.Ch., *Alttürkische Handschriften.* Teil 5: Berliner Fragmente des Goldglanz-Sūtras. Teil 1: Vorworte und Erstes bis Drittes Buch, Stuttgart 2000.

Raschmann,S. Ch., *Alttürkische Handschriften*. Teil 6: Berliner Fragmente des Goldglanz-Sūtras. Teil 2: Viertes und Fünftes Buch,Stuttgart 2002.

Röhrborn, K., *Eine uigurische Totenmesse* (=Berliner Turfantexte II), Berlin 1971.

Ruben, W., Bir Uygur filozofu hakkinda, *III. Türk Tarih Kongresi, Ankara 15-20 kasim 1943. Kongrera sunulan tebligler, Türk Tarihkurumu yayinlarindan,* IX. seri, no.3, Ankara 1948, S. 314-337.

Russsell-Smith, Lilla, *Uygur Patronage in Dunhuang Regional Art Centres on the Northern Silk Road in the Tenth and Eleventh Centuries,* Leiden-Boston 2005.

Scott, David A., Manichaean Views of Buddhism, *History of Religions* Vol. 25,No. 2,1985,pp. 99-115.

Sundermann, W., Iranian Manichaean Turfan Texts concerning the Turfan Region, A. Cadonna(ed.), *Turfan and Tun-huang. The Texts,* Firenze 1992, pp. 63-84.

Tekin, Ş., *Buddhistische Uigurica aus Der Yüan-Zeit,* Budapest 1980.

Tekin, Talat, *A Grammar of Orkhon Turkic.* Bloomington 1968.

Tekin, Talat, *Irq Bitig. The Book of Omens,* Wiesbaden 1993.

Thomsen, V., Dr.M.A.Stein's Manuscripts in Turkish "Runic" Script from Miran and Tun-huang, *Journal of the Royal Asiatic Society* 1912, pp. 181-227.

Taleuchi, Tsuguhito, Sociolinguistic Implications of the Use of Tibetan in East Turkestan from the End of Tibetan Domination through the Tangut Period (9th - 12th c.), *Turfan Revisited-The First Century of Research into the Arts and Cultures of the Silk Road,* Berlin: Dietrich Reimer Verlag, 2004, pp. 341-348.

Uray, G., L'emploi du tibètain dans les chancelleries des États du Kan-sou et de Khotan postérieurs à la domination tibètaine, *Journal Asiatitique* 269, 1981, pp.81-90.

Uray, G.New Contributions to Tibetan Documents from the post-Tibetan Tun-huang, *Tibetan Studies,* Müchen 1988, pp.515-528.

Warnke, I., *Eine buddhistische Lehrschrift über das Bekennen der Sundan.Fragmente der uigurischen Version des Cibei-dao-changchanfa,* Berlin 1974(unpublished theisis).

Warnke, I., Fragmente des 25. und 26. Kapitels des Kšanti qïlɤuluq nom bitig, *Altorientalische Forschungen* 10, 1983, S.243-268.

Wilkens, Jens, *Das Buch von der Sündentilgung.* Teil 1-2, Edition des alttürkischen Kšanti kılṣuluq Nom Bitig(=BBT XXV), Brepols 2007.

Wittfogel Karl A.-Fêng Chia-shêng, *History of Chinese Society. Liao (907-1125),* Philadelphia 1949.

Yakup, Abuduishid, Two Alliterative Uighur Poems from Dunhuang, 《言语学研究》第17/18号，1999年，第1—25页。

Yamamoto, T.-O.Ikeda, *Tun-huang and Turfan Documents concerning Social and Economic History,* III, Contracts (B), Tokyo 1987.

Yang, Fuxue, Two New Uighur Coins, *East and West,* 45-1/4, 1995, pp.375-380.

Yang, Fuxue, On the Sha-chou Uighur Kingdom, *Central Asiatic Journal* 38-1, 1994, pp.80-107.

Yang, Fuxue, Uighur Wooden Movable-Types from Dunhuang and Related Problems, 《敦煌学与中国史研究论集——纪念孙修身先生逝世一周年》，兰州：甘肃人民出版社，2001年，第346—350页。

Yang, Fuxue, Three Uighur Inscriptions Quoted from *Altun Yaruq* in Dunhuang Mogao Grottoes 464, Presented to "Ṣingko Ṣeli Tutung

Anısına Uluslararası Eski Uygurca Araştırmaları Çalıştayı" adıyla 4-6 Haziran 2011 tarihlerinde Ankara.

Zach,E.Von,Entzifferung des Turfan-Manuscriptes T. M.190 des Berliner M useum für Völkerkunde,*Orientalische Literaturzeitung,*1 928, Nr. 11, S.952-954.

Zhang, Tieshan - P.Zieme, A Memorandum about the king of the On Uygur and his Realm, *Acta Orientalia Academiae Scientiarum Hungaricae* 64(2),2011,pp.129-159.

Zieme, P., Beiträge zur Erforschung des Xuāstvānīft, *Mittellungen des Instituts für Orientforschung* 12, 1966, S.351-378.

Zieme, P., Zu den Legenden im uigurischen Goldglanzsūtra, *Turkluk Bilgisi Araştimalari1,* 1977, S.149-156.

Zieme, P., *Buddhistische Stabreimdichtungen der Uiguren* (*=Berliner Turfan Texte XIII*), Berlin 1985.

Zieme, P., The"Sūtra of Complete Enlightenment" in Old Turkish Buddhism, *Collection of Essays 1993. Buddhism Across Boundaries Chinese Buddhism and the Western Religions,* Taipei 1999, pp. 449-483.

Zieme,P.-G.Kara,*Ein uigurisches Totenbuch. Nāropas lehre in uigurischer Übersetzung von vier tibetischen Traktaten nach der Samelhandschrift aus Dunhuang British Museum Or.8212-109,* Budapest 1970.

Бартольд, В., *Отчет о поездке В Среднюю Азию С науцною Цепью, 1893–1894гг*, СПБ 1897.

Баттулга, Ц., Бага Ойгорын Бичээсийг Дахин Нягтлах Нь, *Mongolian Journal of Anthoropology,Archaeaology and Ethonoly* Vol. 2 no. 2, 2006, pp.81-84.

Баттулга, Ц, Далан Уулын Бичээс, *Mongolian Journal of*

*Anthoropology, Archaeaology and Ethonoly* Vol. 3 no.1, 2007, pp.87-89.

Дмитриева, Л. В., *Хуастунифт*, *Тюркологические исследования*, М.–Л. 1963.

Киселев, С. В., Древние города Монголии, *Советская археология*, 1957, No. 2, стр. 45–46.

Малов, С.Е., *Памятник Древнетюркской Письменности. Тексты и исследования*, М. –Л. 1951.

Малов, С.Е., *Памятники Древнетюркской Письменности Монголии и киргизии*, М. –Л. 1959.

В. В. Радлов –С. Е. Малов, *Suvarnaprabhāsa. Сутра золотого Блеска*, *Текстъ уйгурской редакши* (=Bibliotheca Buddhica XVII), Delhi 1992.

Тихонов, Д. И., Хозяйство и Общественный Строй Уйгурского Государства X–XIV вв, М.–Л. 1966.

Худяков, Ю. С., Памятики уйгурской культуры *в* Монголии, *Центральная Азия и соседние территории в средние века*, Новосибирск 1990, стр. 84–89.

# 后　记

回鹘与敦煌的关系，可以说是我治学二十多年来思之最久的问题了。

1989 年，本人自新疆大学历史系毕业，当时主攻的方向就是维吾尔族史，正是辉煌灿烂的敦煌回鹘文化，吸引我一毕业便义无反顾地投身于敦煌大漠，尔来二十有四年矣。初到敦煌研究院工作，即受到段文杰院长的关怀与支持，鼓励我撰写论文参加来年将于莫高窟举办的敦煌学国际学术研讨会。1989 年 11 月，在院内召开的一次小型学术讨论会上，我作了《沙州回鹘王国及其政权组织》的报告，当时引起了激烈的争论。翌年 10 月，敦煌学国际研讨会在莫高窟如期召开，我以此文提交会议并作大会发言，认为西夏在 1036 年攻陷沙州后并未建立真正的统治秩序，而是让位于新兴起的“沙州回鹘国”。就在同一次会议上，李正宇先生也提交了《悄然湮没的王国——沙州回鹘国》一文。他以更丰富的资料和更富条理性和逻辑性的论述证实了沙州回鹘国的存在。“沙州回鹘国”这一概念的提出，引起了学术界的关注，有人支持，也有人反对，其中持反对意见最烈者当推日本学者森安孝夫先生。森安先生对沙州回鹘研究有素，在拙作发表后，曾多次撰文予以反驳，提出了不少反对意见，这些促使我不能不首先思考自身存在的问题，同时不断地寻找新的证据以完善自己的结论，以与森安先生展开讨论。通过辨诘，本人对沙州回鹘问题的认识逐步得到深化，本书的完成，一个重要的推力，即来自这场旷日持久的学术争论。这里我要对森安先生的关注与鞭策表示由衷的感谢。

2009年，本书有幸忝列“敦煌讲座书系”。书稿草成后，荣新江先生百忙之中二度审读了全稿，提出了不少修改意见和有益的建议，并不吝惠赐相关资料，使本书避免了各种错误并不断完善，在此致以深深的敬意与谢意。

本书图片除部分为本人拍摄、搜集外，有不少都是由敦煌研究院数字中心孙志军副主任提供的，于此深致谢意。

负责本书的编辑朱满良，为本书的出版殚精竭虑，认真负责，花费了很多工夫；兰州大学、西北民族大学的多位研究生——王东、俄玉楠、史淑琴、颜福、张海娟等，都不止一遍地校对书稿，尽心尽力。诸位的辛勤劳作，使本书的出版得以顺利进行，这里也表示诚挚的谢意。

作　者

2013年7月